제품과 서비스 너머, 경험을 매핑하라

복잡한 생태계 속, 실패 없이 고객에게 도달하게 해줄 마법 지도

제품과 서비스 너머, 경험을 매핑하라

복잡한 생태계 속, 실패 없이 고객에게 도달하게 해줄 마법 지도

초판 1쇄 2021년 11월 25일

지은이 제임스 캘박
옮긴이 장용원
발행인 최홍석

발행처 (주)프리렉
출판신고 2000년 3월 7일 제 13-634호
주소 경기도 부천시 원미구 길주로 77번길 19 세진프라자 201호
전화 032-326-7282(代) **팩스** 032-326-5866
URL www.freelec.co.kr

편 집 박영주
디자인 박경옥

ISBN 978-89-6540-317-3

제품과 서비스 너머, 경험을 매핑하라

복잡한 생태계 속, 실패 없이 고객에게 도달하게 해줄 마법 지도

제임스 캘박 지음 | **장용원** 옮김

O'REILLY® 프리렉

제임스 캘박은 에드워드 터프트의 지적 열정으로 가능한 모든 '디자인 씽킹' 또는 'UX 워크숍' 산출물(artifacts)의 기초가 되는 시각적 논리를 이해하기 쉽게 설명했습니다. 캘박은 사무실의 벽 전체를 덮는 거대한 서비스 청사진에 의미를 부여하고 관심을 유도했습니다. 바닥으로 떨어진 보잘것없는 접착식 메모지에까지 말입니다.

존 마에다(John Maeda)
기술자, 《제품의 언어(How To Speak Machine)》 저자

이 책은 몇 년 전에 제가 있었으면 했던 책입니다. 저는 의뢰인이나 스타트업들과 함께 일하면서 수백 개의 정렬 도표를 작성하고 경험을 매핑했지만, 지저분하고 흐릿하게 느껴지곤 했습니다. 캘박은 이 점을 구체화하고, 프로세스를 명확히 하며, 디자인 및 비즈니스 리더가 고객에게 보다 나은 서비스를 제공하도록 동기를 부여할 영감을 주는 시각적 예를 제공합니다.

케이트 러터(Kate Rutter)
컨설턴트, 디자이너, 캘리포니아 아트 칼리지 인터랙션 디자인 교수

음악, 영화, 책. 여러분은 어떤 것이 정말 좋은지 어떻게 알게 됩니까? 그것을 듣고, 보고, 읽을 때마다, 새로운 생각, 새로운 통찰, 새로운 관점을 발견하면 그럴 것입니다. 벨이 계속 울리고 또 울립니다. 이 책은 정확히 이렇습니다. 제가 알고 있는 도표들을 통해 가치를 창출하는 가장 포괄적인 가이드입니다. 저는 이 책을 동료와 제자, 파트너에게 추천합니다.

유리 베데닌(Yuri Vedenin)
UXPressia 설립자

경험 매핑은 인간 중심 매핑 방법론을 사용하여 조직의 사일로 전역에 걸쳐 관계자를 정렬하는 데 필수적인 가이드입니다. 캘박은 자신이 어렵게 얻은 실질적인 조언에 더해 프레이밍 철학과 실용적인 교훈을 접근하기 쉽고 곧장 실행 가능한 패키지로 제공합니다. 21세기에 제품과 서비스를 만드는 개인이나 팀 모두에게 필요한 참고 도서입니다.

앤드류 힌튼(Andrew Hinton)
《맥락 이해하기(Understanding Context)》 저자

이 개정판에서 캘박은 초판에서 이미 다루었던 매핑의 주제를 확장했습니다. 그의 통찰력은 이 책 이전에 뒤죽박죽으로 섞여 있던 상자와 화살표의 무더기를 명확하게 정리해 줍니다.

리오 프리시버그(Leo Frishberg)
Phase II Design 총장

프로젝트를 내부에서 외부로 접근하는 것은 쉽습니다. 경험을 매핑함으로써 제품 및 서비스를 사용하는 사람들에 대한 세부 정보를 파악하고, 이를 통해 관점을 외부에서 내부를 바라보도록 바꿀 수 있습니다. 그러면 결과적으로 보다 사려 깊고 영향력 있는 솔루션을 제공하게 될 것입니다.

프랜시스 클로스(Frances Close)
Open Systems Technology 디자인 책임

사용자와 경험을 한데 모으는 스토리를 알기 전에는 UX를 만들 수 없습니다. 경험 매핑은 사람들이 스토리텔링의 필수적인 작업을 수행하기에 적합한 도표와 프로세스, 구조를 선택할 수 있도록 도와 줍니다.

토리 포드마예르스키(Torrey Podmajersky)
《UX를 위한 전략적 글쓰기(Strategic Writing for UX)》 저자

이 책은 도표의 보물창고입니다. 특정 니즈에 적합한 것을 찾으려는 경우 이 책을 읽는 것이 올바른 첫 번째 단계입니다. 이 책은 여러분이 전문 용어의 미로에 갇히지 않도록 기본적인 정렬 개념에 집중하게 해 줍니다.

사디아 알리(Saadia Ali)
EPIC Consulting CX 컨설턴트 겸 여정 매퍼

이 책의 경험 매핑은 정말 중요한 고객과 함께 제품과 서비스가 공존하는 '경험'과 '시스템 생태계'를 시각화하는 방법을 서비스 설계자와 소비자 양쪽으로 하여금 이해하도록 합니다. 이 주제에 대한 저자의 접근은 광범위하면서 깊이가 있습니다. 분석과 실용/실무에 관한 장은 전략 및 서비스 설계와 관련된 시각적인 산출물(artifacts)에 대한 현재의 관심사를 직접적으로 대변합니다.

폴 칸(Paul Kahn)

Mad•Pow 경험 설계 분야 이사, 《웹 사이트 제작하기(Mapping Websites)》 저자

설계자가 점점 더 복잡해지는 서비스와 시스템과 씨름하는 환경에서는 시각적으로 매핑하는 것이 매우 중요합니다. 매핑에는 수백 가지의 다양한 방법이 있으며, 수백 권의 책과 학술 논문이 있습니다. 캘박은 UX, 서비스 설계, 비즈니스에 관련된 사람들의 책상 위에 있어야 할 모든 것을 하나로 모아 이 책 한 권에 담았습니다.

앤디 폴레인(Andy Polaine)

Fjord 설계 이사

외부에서 내부를 들여다보는 관점을 채택하고, 조직이 지원하는 사람들과 공감대를 형성한 뒤 이 모든 걸 시각화하는 것은 조직의 미래를 위한 힘의 세 가지 원천입니다. 이 세 가지가 제대로 균형을 잡을 때에야 비로소 내부적으로나 외부적으로 보다 섬세하고 조정된 방식으로 사람들을 지원할 수 있습니다. 또한, 이전에는 누구도 시도해 본 적 없었던 경로를 앞당겨 볼 수 있어 경쟁에서 벗어날 수 있습니다. 이 책은 이 세 가지 원천은 물론 즉시 사용할 수 있는 도구들까지 탁월하게 설명하고 있습니다.

인디 영(Indi Young)

연구 컨설턴트 겸 공감 코치, 《멘탈 모델》 저자

이 책의 저자인 제임스 캘박은 복잡한 시스템 설계 문제에 골머리를 앓는 모든 기업에게 훌륭한 서비스를 제공해 왔습니다. 그는 경험을 매핑하는 가장 좋은 방법을 문서화했으며, 다양하고 빠르게 변화하는 설계 실무에서의 통찰과 어려웠던 경험을 공유함으로써 주제를 쉽게 이해할 수 있도록 발전시킵니다. 이 책은 향후 수년간 필수 가이드가 될 것입니다.

앤드류 힌튼(Andrew Hinton)

《맥락 이해하기(Understanding Context)》 저자

우리는 텍스트보다 이미지가 강력해지는 시대에 살고 있습니다. 고객 경험 및 전략 분야에서 일하는 모든 사람은 아이디어를 시각적으로 표현하는 방법을 익히는 것이 좋습니다. 이 책은 바로 그것을 시작할 수 있는 좋은 기회입니다.

빅터 롬바르디(Victor Lombardi)
《우리가 실패한 이유(Why We Fail)》 저자

이 책은 도표를 경험 설계와 실행의 도구로 적절하게 사용할 수 있도록 접근 방식을 알려줍니다. 캘박은 더 나은 경험에 대한 아이디어에 맞춰 팀을 가장 잘 조정할 수 있는 방법에 대한 아이디어만이 아니라 실제로 일을 완수하기 위한 몇 가지 팁과 요령, 프로세스까지 전해 줍니다. 이 책 자체가 지금껏 없었던 실용적인 매뉴얼입니다. 이 책에서 다루는 것들을 제대로 소화한다면 여러분은 자신의 상황에 맞는 하나의 독특한 프로세스가 아니라, 고유한 도전에 적합한 방법을 찾을 것입니다. 누구나 이 책에서 유용함을 찾을 수 있습니다!

지니 월터스(Jeannie Walters)
360Connext CEO 겸 최고 고객 경험 조사원, 작가, 강연자

얼굴을 맞대지 않고 기업과 상호 작용해야 하는 고객은 종종 불편함을 느끼기 마련입니다. 이 책에서 다루는 모든 도구들이 제대로 작용한다면 실제로 우리가 직면할 수밖에 없는 불편한 관계를 청산할 뿐만 아니라, 설계자와 의사 결정권자 모두가 고객 경험의 영웅이 될 수 있을 겁니다.

로우 로젠펠트(Lou Rosenfeld)
로젠펠트 미디어 대표, 《웹 및 그 이상의 정보 아키텍처(Information Architecture for the Web and Beyond)》 공동 저자

고객 중심의 관점을 시각화하는 것은 분명 점점 더 확대되고 있습니다. 제임스 캘박은 이 주제에 대한 명쾌한 설명은 물론, 각 기업에 맞는 독자적 시각화를 위한 실질적 지침까지 제시하고 있습니다.

케리 보딘(Kerry Bodine)
《Outside In: 비즈니스 중심에 고객을 배치하는 힘(Outside In: The Power Of Putting Customers At The Center Of Your Business)》 공동 저자

사려 깊음. 엄격함. 명확함. 이 책은 조직 및 혁신가가 설계 프로세스를 성공적으로 탐색할 수 있는 새로운 매핑 방법을 알려줍니다. 저자의 '정렬에 따라 설계하기'와 '설계에 따라 정렬하기'라는 본질적인 주제는 UX를 보다 잘 체계화하고자 하는 기업에서 볼 수 있는 핵심 이슈들을 다루고 있습니다.

마이클 슈라지(Michael Schrage)
《고객이 어떤 사람으로 변화하길 바라는가?(Who Do You Want Your Customers to Become?)》 저자

차례

Contents

'경험 매핑'과 함께하는 내 여정은 내가 렉시스넥시스(LexixNexix)에서 일하던 2005년쯤에 시작되었다. 당시 우리는 법조인들의 업무 흐름을 이해하는 데 관심을 가졌다. 그때 매핑이라는 주제는 문헌에서 산발적으로만 다뤄질 뿐이었기에, 나는 다양한 접근법들을 직접 탐색할 수밖에 없었다. 여러 가지 면에서, 《시장을 통찰하는 비즈니스 다이어그램》은 그동안의 내 실수와 관찰의 집대성이었다.

매핑은 지난 10여 년 동안 주류로 자리 잡았다. 관계자들은 이제 설령 정확히 무엇을 요청하는지 모르더라도 다양한 '고객여정지도'를 요구하고 있다. 경험 설계, 서비스 설계, 고객 경험 관리 등과 같은 경험 매핑 관련 분야는 수요를 따라잡기 위해 빠르게 성숙되고 있다.

2016년 《시장을 통찰하는 비즈니스 다이어그램》이 출간된 이후, 이 분야를 지켜보면서 다섯 가지 트렌드가 눈에 띄었다.

우선 매핑은 결과물에 초점을 맞춘 활동에서 실현 가능성에 초점을 맞춘 활동으로 바뀌고 있다. 이것은 맵(명사)에 관련된 것이 아니라, 매핑(동사)에 관한 것이다. 도표 작성자는 반드시 퍼실리테이터가 되고, 도표는 인간 경험을 중심으로 한 집단적 감각의 발판이 된다. 이러한 추세를 더 잘 반영하기 위해 8~9장을 다시 집필했으며, 개정판에 포함된 많은 사례 연구는 어떻게 매핑을 보다 실행 가능하게 할지를 강조한다.

두 번째 경향은 다중 채널 경험 설계와 생태계 매핑에 대한 집중도가 높아진 것이다. 초판에서 그런 주제들을 언급하긴 했지만, 수요가 크게 증가했다. 이에 다중 정렬을 더 자세하게 다루기 위해 전체 장(14장)을 재구성했다.

셋째, 비상업적 부문에도 매핑이 적용되고 있다. 경험 매핑이란 개념은 사회와 정부, 또는 그 이상의 영역에서 사용되어 오고 있다. 예를 들어 1장 말미에서, 나는 전 폭력적 극단주의자들의 경험 매핑에 관여한 경험을 요약한다. 나는 또한 노숙자들과 싸우고, 토네이도 이재민들을 돕고, 심지어 가정 폭력과 싸우는 매핑도 봐 왔다. 결국, 경험 매핑은 소프트웨어 설계나 상용 애플리케이션만을 위한 것이 아니라, 인간이 처한 환경을 이해하는 것이다.

넷째, 우리는 관리 활동으로서 매핑의 확장을 보고 있다. 고객 경험(CX) 측정은 시판 중인 다양한 툴과 함께 상당히 성숙되었다. 나는 3장에서 이 진보에 관해 상세히 논의한다. 내가 경험 매핑에서 옹호하는 매핑 유형은 팀 정렬(alignment)과 가능성에 대한 창의적 탐색에서 시작하는 생산적 매핑 유형이다. 고객 경험 관리는 시간의 경과에 따른 경험의 정량화 및 추적에 초점을 맞춤으로써 이와 대비된다.

마지막으로, 우수한 고객 경험을 위한 동인으로서 직원 경험(EX)에 대한 집중도가 크게 증폭되었다. 직원 경험에서 매핑이 뚜렷한 역할을 하기 때문에, 나는 이 주제에 대한 완전히 새로운 장을 포함시켰다. 이것은 성장하는 문헌과 연구로 책 한 권을 다 채울 만큼 풍부한 분야다. 따라서, 내 초점은 직원 경험 매핑의 핵심 개념 중 일부, 특히 EX와 CX를 정렬하는 것으로 제한된다.

게다가 2020년의 코로나바이러스 팬데믹은 우리가 일반적으로 일하는 방식을 변화시켰고, 이와 함께 경험 매핑의 특성 역시 변화시켰다. 첫째, 매핑 연구 및 워크숍이 원격으로 이루어져야 했다. 원격 협업의 오랜 옹호자로서, 나는 이미 이 책의 초판에 원격 작업에 대한 몇 가지 관점을 포함시켰었다. 팬데믹 이후 세계에서는 온라인 매핑과 원격 워크숍 활성화가 뉴노멀의 일부가 될 것이며, 우리가 직장에서 협력하는 방식은 영원히 바뀔 것이다.

아마도 더 중요한 것은, 팬데믹이 기업을 직원들을 관리하는 것에서부터 출발해 성공을 위한 새로운 길 모색에 이르기까지 여러 가지 면에서 더욱 탄력적이게끔 강제했다는 점이다. 다시 말해, 매핑은 팀이 기존 고객 여정의 우선순위를 재조정하고 완전히 새로운 경험을 창출하는 데 도움이 된다. 예를 들어, 슈퍼마켓은 매핑을 활용하여 새로운 온라인 픽업 여정을 기획하고 가속화할 수 있으며, 대기업은 안정된 직원 경험을 위해 새로운 사무 공간과 직원 상호 작용을 매핑할 수 있다.

이 책《제품과 서비스 너머, 경험을 매핑하라》는 이러한 추세를 반영하는 최신 정보와 새로운 사례, 보다 많은 참고 자료를 포함하여《시장을 통찰하는 비즈니스 다이어그램》을 개정한 것이다.

"그때부터 저는 탁구공처럼 이리저리 패스 당하기 시작했죠."

내가 컨설팅하고 있던 회사의 요금 청구 절차를 경험한 고객의 말이었다. 이 과정을 조금 더 깊이 파헤쳐 보고 다른 고객의 이야기도 들어 보니 상황이 한층 분명해졌다.

이 회사는 고객들 사이에서 잘못된 청구서를 발송하기로 이름 난 것 같았다. 고객이 문제를 해결하는 과정도 어려울 때가 많아 보였다. 문제가 발생하면 처음에는 당연히 고객상담센터에 전화를 하지만, 상담센터 직원들은 청구서와 관련한 문제를 처리할 권한이 없었다. 그러면 고객은 영업 담당자에게 전화를 거는데, 영업 담당자도 요금 청구서에 관해 권한이 없기는 마찬가지였다. 얼마 지나지 않아 고객은 이 사람 저 사람 돌아가며 전화를 해야 하는 짜증스러운 상황에 처하고 만다.

하지만 상황은 여기서 끝나지 않았다.

수납 부서는 기일에 맞춰 체납 경고 통지를 발송했다. 고객이 잘못된 청구서 때문에 이의 제기를 했다는 사실을 몰랐던 것이다. 청구서의 오류를 바로잡느라 쩔쩔매는 와중에 체납 통지까지 받자, 고객의 문제 해결이 훨씬 어려워져 버렸다. 상처에 소금을 뿌린 격이었다. 이제 3~4개의 부서가 잘못된 청구서 하나를 두고 얽히고설켰고,

고객은 그 사이에 끼어 버리고 말았다. 탁구공이 된 것 같았다는 심정을 확실히 알 것 같았다.

그러나 이 상황은 어쩌다 일어나는 일이 아니었다. 추가로 그 회사를 이용하는 고객 몇 사람과 인터뷰를 해 보니, 어렵지 않게 비슷한 경험담을 들을 수 있었다. 그중 한 사람은 얼마나 화가 났던지, 자기 사업에 없어서는 안 될 이 서비스를 끊을 생각마저 하고 있었다.

설계자로서 나는 이런 이야기를 들을 때마다 실망감을 느낀다. 하지만 놀라운 얘기는 아니다. 여러 곳에서 이런 현상을 목격했다. 큰 조직일수록 오른손이 하는 일을 왼손이 모르는 경우가 많기 때문이다.

이 조사를 한 이유는 당시 수행 중이던 경험 매핑 프로젝트 때문이었다. 프로젝트가 끝나고 나온 결과물은 고객이 회사의 제품 또는 서비스를 이용하면서 겪는 상황을 나타낸 도표 몇 가지였다. 즉, 고객 여정을 처음부터 끝까지 다룬 지도와, 고객의 경험을 단계에 따라 보여주는 일련의 업무 흐름도였다.

프로젝트를 마무리 짓기 전에 영업 담당자, 마케팅 전문가, 업무 관리자, 설계자, 개발자 등 여러 팀의 다양한 관계자를 모아 워크숍을 개최했다. 참석자들은 도표를 하나하나 짚어 가는 과정에서 고객 경험을 자세하게 이해할 수 있었다.

나는 의도적으로 요금 청구 업무 흐름을 살펴보는 분임조에 들어가 무슨 일이 일어나는지 보기로 했다. 모든 일이 순조롭게 진행되다가 잘못된 청구서가 발송되고, 곧이어 체납 경고 통지까지 발송되는 지점에 이르자 분노의 목소리가 한꺼번에 쏟아져 나왔다. "어떻게 이런 일이 있을 수 있지?" 참가자들은 자기 회사가 고객에게 그런 큰 고충을 안기고 있다는 사실을 모르고 있었던 것이다.

이로써 명확한 조치 항목 하나가 도출되었다. 고객이 이의를 제기한 청구 건에 대해서는 추가 조치를 보류하자는 것이었다. 그렇게 하면, 문제가 해결될 때까지 체납 통지가 일괄 발송되는 일은 막을 수 있을 터였다. 그날 중으로 고객 서비스 책임자가 이 절차를 수행하기 위한 조치 초안을 내놓았다. 초기에는 급한 대로 수작업으로 처리하다가 나중에 자동화하기로 했다.

물론 문제의 시작점은 잘못된 청구서를 발송한 것이었다. 하지만 그 일을 바로잡는다 해도 더 크고 근본적인 문제가 있다는 사실이 토의 중에 드러났다. 고객 불만이나 요구 사항을 전 부서가 유기적으로 처리하지 못한다는 사실이었다.

그러자 영업 관리자가 영업과 상관없는 고객 문제를 해결해야 했던 이야기를 줄줄 털어놓았다. 그래서 고유 업무에 방해를 받는다고 했다. 고객 서비스 담당자는 자기들만으로 고객 요구 사항을 바로 해결해 주지 못하는 일이 자주 일어나고, 그러면 화가 난 고객으로부터 공격을 당할 수밖에 없다는 이야기를 했다.

참석자들은 저마다 자신이 경험한 이야기를 서로 나누며, 잘못된 청구서 문제 이전에 이 회사가 서비스를 제공하는 과정에서 전 부서가 어떻게 업무를 처리하는지에 대해 깊이 생각해 보는 기회를 갖게 되었다. 이제 회사가 시스템 차원의 거대 문제에 직면했다는 사실이 분명해졌다. 이런 사실은 고객 관점에서 고객 경험에 관심을 기울이고 나서야 드러날 수 있었던 것이다.

가치를 중심으로 정렬하기

일부러 자사 고객에게 나쁜 경험을 겪게 하려는 회사는 없을 것이다. 하지만 앞에서 얘기했던 그런 일은 항상 일어나고 있다. 나는 그 근본적인 이유가 **정렬**(alignment)이라고 생각한다. 회사가 원하는 고객 경험과 고객이 실제로 겪는 경험이 서로 따로 노는 것이다.

정렬이 흐트러지면 회사 전체가 영향을 받는다. 팀마다 목표가 서로 다르고, 현실과 동떨어진 솔루션이 만들어지며, 경험보다 기술에 초점을 맞추고, 근시안적인 전략이 수립된다.

그에 반해 정렬된 조직은 성취하려고 하는 목표를 공유하는 멘탈 모델(mental model)을 가지고 있다. 그래서 모든 구성원이 고객에게 놀라운 경험을 선사하려는 생각에 사로잡혀 있다.

갈수록 사람들은 자신의 느낌과 경험을 바탕으로 제품이나 서비스를 선택한다. 이러한 시장의 기대를 충족하려면, 처음부터 끝까지 전체 경험을 중심으로 정렬할 수밖에 없다.

정렬을 하기 위해 조직이 반드시 따라야 할 세 가지 원칙은 다음과 같다.

수많은 기업과 일을 하며, 최고를 지향한다는 팀이 내부 프로세스에 지나치게 초점을 맞추는 경우를 많이 봐 왔다. 조직 차원에서 자기네 생각으로 똘똘 뭉쳐 있는 셈이다. 고객이 실제 어떤 일을 겪는지 모르는 이들도 많았다.

안에서 밖을 볼 것이 아니라 밖에서 안을 보는, 관점의 변화가 필요하다. 조직은 자기가 창출하는 경험을 명확히 이해하고 있어야 한다. 이는 일선에서 근무하는 직원들에게만 한정된 말이 아니다. 조직 구성원들 모두가 고객과 공감해야 한다.

이런 의미에서 공감한다는 말은 다른 사람과 같은 감정을 느끼는 것만을 의미하지 않는다. 그보다는 다른 사람이 경험하는 것을 깊이 이해하는 능력과 그 사람 입장이 되어 보는 능력을 말한다. 공감은 다른 사람의 관점이 내 관점과 다르다 해도 그것이 타당하다고 인정할 때 생긴다. 약간의 공감만으로는 충분하지 않다. 팀은, 고객은 물론 고객의 경험에도 깊은 관심을 기울여야 한다.

그뿐 아니라, 조직 구성원들은 사람들의 욕망과 동기를 내재화하고, 모든 일을 고객들의 편에 서서 해야 한다. 더 나은 경험 전반을 창출하기 위한 행동을 취함으로써 공감을 **온정**으로 바꿀 수 있어야 한다.

사일로화된 조직은 정렬을 가로막는다. 반면, 정렬된 조직은 팀별 역할의 경계를 넘나들며 활발히 돌아간다. 고객에게 멋진 경험을 선사하기 위해 필요한 일이 있으면 무엇이든 하려고 끊임없이 집중한다.

정렬은 단순히 피상적인 개선을 의미하는 것이 아니다. 지위의 높고 낮음을 떠나 조직 구성원들의 총체적 행동과 관련된 것이다. 무대 뒤편의 프로세스도 고객이 직접 부딪치는 무대 전면의 프로세스와 마찬가지로 고객의 전반적인 경험에 영향을 미친다.

식당의 전체적인 운영 방식을 바꾸어 망해 가는 식당을 살려 내는 TV 프로그램에서 세계적 톱 셰프인 고든 램지(Gordon Ramsay)가 제일 먼저 하는 것은 부엌을 손보는 일이다. 식자재 보관이 부적절하다거나 화덕 위에 있는 배기 후드가 지저분하다고 요리사를 꾸짖는다. 부엌에서 일어나는 일이 손님의 경험에 영향을 미치기 때문이다.

정렬된 조직은 부엌이 잘 정돈되어 있다. 그런 조직은 훌륭한 경험을 창출한다는 같은 동기를 가지고 같은 방향으로 움직인다. 그들은 경험의 일부분에 집중하지 않는다. 처음부터 끝까지의 상호 작용을 염두에 두고 있다. 부분적인 최적화의 합이 전체적인 최적화를 보장해 주지 않기 때문이다.

'정렬'이란 말이 이미 비즈니스 전략 용어로 굳어졌다는 사실에 주목하기 바란다. 일반적으로 관리자들은 상향식 정렬을 자주 입에 올린다. 즉, 조직 구성원들은 모두 위에서 정한 전략에 맞춰 일해야 한다는 것이다. 하지만 나는 정렬이란 용어를 **가치 정렬**에 초점을 맞춰 해석한다. 조직은 먼저 고객 관점에서 창출해야 할 가치를 찾아보고, 그다음에 그 가치를 제공하는 데 필요한 전략과 기술을 강구해야 한다는 뜻이다.

3

판단 기준을 공유하는 수단으로 시각화를 활용한다.

정렬이 어려운 이유는 조직 내의 각 팀이 상호 의존적이라는 사실을 잘 모르기 때문이다. 각각의 팀은 제 나름대로 잘 기능하고 있을지도 모른다. 하지만 고객 입장에서 겪는 경험은, 조각조각 이어 붙인 여러 상호 작용을 고객 혼자 힘으로 헤쳐 나가는 것일 수도 있다.

시각화야말로 사일로에 갇힌 사고 방식을 깨뜨릴 수 있는 방책이다. 고객 경험을 다룬 도표는 가시적인 모델이기 때문에 전 팀을 한데 모으는 역할을 한다. 그보다 더 중요한 것은, 시각화는 맞물려 돌아가는 전체적인 관계를 한눈에 보여준다는 점이다.

앞서 예로 든 청구서 사례를 보면, 영업 담당자와 상담센터 직원은 장애와 비효율에 맞닥뜨리자 자기네 관리자하고만 문제점을 공유하고 만다. 여러 요소가 관련되어 있다는 사실을 의사 결정권자가 알고 나서야 문제점과 솔루션이 분명해졌다. 보고서나 프레젠테이션 자료에는 이런 인과관계가 드러나지 않는다. 시각화를 해야 비로소 보이게 된다.

하지만 시각화를 한다고 바로 답이 보이는 것은 아니다. 시각화는 단지 논의를 촉진하는 역할을 할 뿐이다. 도표는 조직 내 다양한 구성원들의 관심과 주의를 끄는 강력한 도구이며, 모두를 논의에 끌어들이는 수단이 된다. 시각화했기 때문에 기회가 보이는 것이다. 그러므로 시각화는 혁신의 도약대 역할을 한다고 볼 수 있다.

넓은 의미에서 시각화는 전략에 영향을 미친다. 고객의 시각으로 시장을 바라보는 가장 좋은 방법이기 때문이다. 그러므로 경험 매핑은 하면 좋은 디자인 도구가 아니라, 전략적 정렬을 하기 위해 반드시 있어야 하는 필수 도구다.

끝으로, 린(lean) 제품 개발 같은 새로운 방법론이 조직 내에서 자리를 잡아 가면서, 이제는 정렬에 대한 필요가 점점 커지고 있다. 자율권을 부여받은 소규모 팀도 조직 내의 나머지 팀과 생각을 공유할 필요가 있다. 시각화가 설득력이 있으면 조직 내 구성원들 모두가 같은 이유를 가지고 같은 방향으로 가게 된다. 목적을 공유해야 조직이 민첩해진다.

이 책의 범위

이 책은 조직이 제공하는 각종 제품과 서비스 생태계를 깊고 넓게 들여다볼 수 있게 돕는 일종의 **도구**를 다루고 있다. 나는 이 도구를 정렬 도표(alignment diagram)라 부른다. 개인이 어떤 시스템 내에서 해당 시스템 및 시스템 제공자와 어떻게 맞물리는지를 파악하려는 모든 도표를 포괄하는 용어다. 정렬 도표를 작성하는 데는 올바른 답이나 접근 방식이 없다. 대신, 여러분이 풀고 있는 문제에 따른 다양한 옵션이 있다. 1장에서 좀 더 자세히 설명할 것이다.

이 책에서는 경험 매핑의 한 가지 기법이나 산출물에 국한하지 않고, 여러 가지 기법을 다루었다. 초점은 인간의 경험을 총체적으로 기술하려고 하는 도표의 범주다. 여기에는 많은 관련 기법이 포함되어 있다. 이런 도표들은 이미 수십 년 동안 디자인과 창의성 개발 분야에서는 필수적인 부분이었다. 사실 여러분도 업무에서 이미 정렬 도표를 사용해 왔을지도 모른다.

정렬 도표를 조직을 정렬하는 도구로 재구성하는 이유는 전략적 연관성 때문이다. 정렬 도표는 안에서 밖을 바라보던 조직의 시각을 밖에서 안을 바라보도록 전환하는 역할을 한다. 그렇게 함으로써 고객과 공감하게 하고, 고객이 처한 상황까지 포함하는 의사 결정 모델을 도출하는 것을 돕는다. 또한, 정렬 도표는 조

> 이 책은 가능성에 관한 것이다.
> 이 책을 읽고 나서 매핑 전반에 걸쳐 독자 여러분의
> 사고와 접근 방법이 폭넓어졌으면 하는 것이 내 바람이다.

직의 시각을 통일한다. 그리하여 모든 팀의 생각과 행위를 일치시키는 역할을 한다. 이런 내부적 일관성이 성공을 결정짓는 것이다.

그 전에 한 가지 분명히 할 것이 있는데, 정렬 도표는 만병통치약이 아니라 조직 정렬을 돕는 요소 중 하나에 불과하다는 점이다. 하지만 나는 정렬 도표가 들려주는 스토리는 조직을 정렬하는 데 큰 도움이 될 것이 분명하고, 특히 큰 조직일수록 그럴 가능성이 높다고 믿는다.

'매핑'의 개념은 복잡한 상호 작용 시스템을 이해하는 데 도움이 된다. 특히 경험이라는 추상적 개념을 다룰 때 더욱 그렇다. 그렇다고 경험을 매핑하는 것이 한 가지 종류의 도표에만 한정되는 독특한 활동인 것은 아니다. 다양한 관점과 접근 방식이 가능하다.

이런 맥락에서, 이 책은 **가능성**에 관한 것이다. 이 책을 읽고 나서 매핑 전반에 걸쳐 독자 여러분의 사고와 접근 방법이 폭넓어졌으면 하는 것이 내 바람이다.

이 책에서는 이름과 탄생 배경이 제각각인 여러 유형의 도표를 다룬다. 명칭에 너무 신경 쓸 필요는 없다. 대부분 처음에 만들어진 용어를 기준으로, 이전부터의 구분에 따라 사용한 것이다. 대신, 어느 한 가지 기법이 아니라 '가치 정렬'이라는 개념에 초점을 맞추어

읽기 바란다. 이런 방식을 더 발전시킨 새로운 유형의 도표를 만드는 것도 가능한 일이다. 여러분이 그 일을 해내기 바란다.

이 책이 다루지 않는 것

이 책은 고객 경험 관리나 서비스 설계, 고객 경험 설계를 다룬 책이 아니다. 그런 실무 분야를 포괄하는 개념 모델로서의 도표를 다룬 책이다. 책에서 설명하는 접근 방법은 **설계 프로세스가 아니라, 특정 분야와 상관없는 매핑 프로세스**이다.

이 책은 또한 그래픽 디자인이나 정보 설계, 일러스트레이션 분야의 정식 기법을 포괄적으로 다룬 책이 아니다. 그래픽 디자인이나 일러스트레이션에 관해서는 여기서 다룬 것보다 훨씬 깊이 있게 다룬 책이 많이 나와 있다.

끝으로, 엄밀히 말하면 두 용어, **지도(map)와 도표(diagram)에는 기술적인 차이가 존재**한다. 지도는 사물의 위치를 보여주는 것이고, 도표는 일의 진행 과정을 보여주는 것이기 때문이다. 하지만 이 책에서는 이 둘을 구분하지 않았다. 사실 고객여정지도나 경험 지도 같은 용어는 따지고 보면 부적절한 명칭이다. 하지만 이런 용어들이 널리 사용되고 있으므로 지도와 도표를 구분하는 것은 무의미한 일이다.

이 책을 읽어야 할 사람

이 책은 **제품과 서비스를 처음부터 끝까지 기획하고, 설계하고, 개발하는 일과 관련된 모든 사람**을 염두에 두고 있다. 즉, 자신이 제공하는 제품이나 서비스의 생태계를 전체적인 시각에서 볼 필요가 있는 사람을 위한 책이다. 여기에는 설계자와 제품 관리자, 브랜드 관리자, 마케팅 전문가, 전략가, 기업가, 사업주 등이 포함된다.

여러분의 매핑 기량 수준이 어떻든 간에, 이 책이 도움이 될 것이다. 도표를 처음 작성하는 초보자라면, 여기 설명된 단계별 프로세스를 보고 충분한 기초 지식을 습득할 수 있을 것이다. 전문가라면, 관련 기법에 대한 설명을 보고 새로운 통찰을 얻을 수도 있을 것이다.

도표에 관하여

나는 이 책에 경험 매핑에 대한 여러 가지 접근 방법을 반영하는 다양한 도표를 실으려고 많은 공을 들였다. 특히 신경 쓴 부분은 도표 예시를 있는 그대로 통째로 실어 전체 모습을 볼 수 있도록 하는 것이었다. 도표가 선명하게 보이도록 최선을 다했지만, 간혹 글자를 알아보기 힘든 경우도 있을 것이다. 그럴 때는 책에 밝힌 도표의 출처를 보고 온라인에서 접근 가능한 자료라면 원본을 확인하기 바란다. 또한, 여러분만의 샘플 도표를 수집하여 새로운 시각에서 바라보는 길잡이로 삼기를 권한다.

이 책의 구성

이 개정판은 세 부분으로 구성되었다.

1부 | 가치 매핑하기

1부에서는 정렬 도표 개념의 개요와 배경을 설명한다.

- **1장**에서는 문서의 한 종류로서의 정렬 도표라는 용어를 소개한다. 정렬 도표는 개인의 경험과 조직의 서비스를 시각적으로 정렬하기 위해 작성하는 것이다. 이 장은 가치 정렬과 가치 중심 설계라는 개념에 초점을 두고 있다.
- **2장**에서는 경험 매핑을 구성 요소별로 하나하나 나눈 다음, 주요 요소를 살펴본다.
- **3장**에서는 특히 직원 경험(EX)에 집중하여 광범위한 경험 설계 주제를 소개한다.
- **4장**에서는 일반적인 전략 주제와 전략 수립에 있어서 시각화가 하는 역할을 폭넓게 다룬다.

2부 | 경험 매핑 프로세스

2부에서는 착수, 조사, 도해, 정렬이라는 4단계로 나누어 정렬 도표를 작성하는 일반적인 프로세스를 자세히 설명한다. 현재의 경험을 이해하고 공감한 뒤 바람직한 미래 경험의 모습을 구상해 보는 것이다.

- **5장**에서는 프로젝트의 프레임을 효과적으로 잡기 위해 고려해야 할 주요 요소를 포함해, 매핑 프로젝트에 착수하는 방법을 자세히 설명한다.
- **6장**에서는 도표를 작성하기 전에 이루어지는 사전 조사 및 연구 수행 방법을 설명한다.

- **7장**에서는 도표를 작성하는 방법을 전반적으로 살펴본다.
- **8장**에서는 솔루션을 개발하기 전에 해결해야 할 문제를 탐색하고 이해하기 위해 워크숍에서 도표를 사용해 팀을 정렬하는 방법을 다룬다.
- **9장**에서는 미래의 경험을 구상하고 실험과 설계, 개발을 거쳐 매핑을 현실화하기 위해 정렬 도표와 함께 사용하는 여러 가지 보완 기법을 살펴본다.

3부 | 주요 도표 유형 살펴보기

마지막 3부에서는 몇 가지 유형의 도표를 역사적 변천 과정과 함께 자세히 알아본다.

- **10장**에서는 이 책에서 다루는 도표 중 가장 오래된 서비스 청사진(service blueprint)에 관해 설명한다.
- **11장**에서는 고객여정지도(customer journey map)를 자세히 살펴보고, 의사 결정과 전환 퍼널에 대해서도 알아본다.
- **12장**에서는 경험 지도(experience map)에 대해 살펴본다. 또한, 업무 흐름도(workflow diagram)와 과제 지도(job map)도 다룬다.
- **13장**에서는 인디 영(Indi Young)이 창안한 멘탈 모델 도표(mental model diagram)에 관해 알아본다. 또한, 기초 이론과 정보 아키텍처 및 관련 도표에 관해서도 논한다.
- **14장**에서는 생태계 지도(ecosystem map)에 관해 설명한다. 이것은 주체와 그들 간 상호 작용의 광범위한 시스템을 시각화하고자 하는 도표다.

저자에 대하여

제임스 캘박(James Kalbach)은 사용자 경험 설계와 정보 구조 설계 및 전략 분야에서 잘 알려진 작가로, 강연이나 강의도 한다. 현재는 온라인 화이트보드 선도 기업인 MURAL에서 고객 경험 책임자로 일하고 있다. 지금까지 컨설팅한 대기업으로는 이베이(eBay), 아우디(Audi), 소니(SONY), 시트릭스(Citrix), 엘스비어 사이언스(Elsevier Science), 렉시스넥시스(LexisNexis) 등이 있다. 문헌정보학 석사 학위와 음악 이론 및 작곡학 석사 학위를 가지고 있는데, 둘 다 럿거스대학(Rutgers University)에서 취득했다.

캘박은 2013년 미국으로 돌아가기 전 15년 동안 독일에서 지내며, '유럽 인포메이션 아키텍처 컨퍼런스(European Information Architecture conference)'의 공동 발기인으로서 오랫동안 행사를 주최했다. 캘박은 또 독일 내 사용자 경험 설계를 선도하는 IA Konferenz

의 공동 발기인이기도 하다. 그 이전에는 사용자 경험 정보 분야에서 선두를 달리는 잡지 《박시즈앤애로우즈(Boxes and Arrows)》의 보조 편집인으로 일한 적이 있다. 2005년과 2007년에는 '인포메이션 아키텍처 협회(Information Architecture Institute)'의 자문 위원으로도 활동했다.

2007년 첫 단행본 《사용자 경험 최적화를 위한 웹 내비게이션 설계 원칙(Designing Web Navigation)》을 출간했으며, 2020년에는 화제작 《해결과제 플레이북(The Jobs To Be Done Playbook)》을 내놓았다. 캘박의 블로그 주소는 experiencinginformation.com이고, 트위터 계정은 @JimKalbach이다. 또한 그는 The JTBD Toolkit(jtbdtoolkit.com)에서 워크숍과 온라인 코스도 진행하고 있다.

감사의 글

글쓰기는 혼자 하는 일이지만, 출판은 여러 사람의 공동 작업이다. 놀라울 정도로 많은 사람이 관여하는 일이다. 모든 분께 감사드린다. 내가 한 사람도 빠트리지 않기를 바란다.

우선 이 책이 나올 수 있도록 도와준 오라일리 출판사(O'Reilly)의 많은 분, 그중에서도 특히 안젤라 루피노(Angela Rufino), 크리스틴 브라운(Kristen Brown), 론 빌로도(Ron Bilodeau), 레이첼 헤드(Rachel Head)에게 감사드린다.

모든 검토자의 피드백에 감사드린다. 먼저 최초 기술 검토자에게 특별한 감사를 표한다.

- **리오 프리시버그(Leo Frishberg)**는 사려 깊고 비판적인 피드백을 제공했는데, 이는 책에 큰 영향을 미쳤다.
- **케이트 러터(Kate Rutter)**의 세심한 분석은 새로운 관점들과 의견을 더해 주었고, 나는 기꺼이 받아들였다.
- **네이선 루시(Nathan Lucy)**는 예상대로 특히 철저한 피드백을 주었으며, 《시장을 통찰하는 비즈니스

다이어그램》의 개정 방향에 관해 생각할 거리를 많이 주었다.

모두 이 책을 자세히 읽어 준 데 감사드린다!

나는 다른 많은 검토자들로부터도 중요한 통찰을 얻었다. 앤드류 힌튼(Andrew Hinton), 빅터 롬바르디(Victor Lombardi), 굴람 알리(Ghulam Ali), 사디아 알리(Saadia Ali), 유리 베데닌(Yuri Vedenin), 토리 포드마예르스키(Torrey Podmajersky), 엘런 치사(Ellen Chisa), 프랜시스 클로스(Frances Close), 크리스티안 데자르댕(Christian Desjardin) 덕분이다.

개정판의 [Case Study]가 크게 확장되고 개정되었다. 이런 재능 있는 사람들이 이 책에 기여하게 된 것에 대해 매우 감사하게 생각한다.

- 2장 사례 연구의 훌륭한 소비자 개입 매핑 기법에 대해 맷 싱클레어(Matt Sinclair)에게 감사드린다.
- 3장 사례 연구에서 고객 경험과 직원 경험을 정렬하는 데 기여한 시마 제인(Seema Jain)에게 감사드린다.
- 4장의 사례 연구를 제공해준 전 동료들, 젠 파딜라(Jen Padilla), 엘리자베스 타프리알(Elizabeth Thapliyal), 라이언 캐스퍼(Ryan Kasper)에게 감사드린다.
- 6장 소노스의 사례 연구에 대해 앰버 브래든(Amber Braden)에게 감사드린다.
- 7장의 훌륭한 사례 연구와 멋진 도표들에 대해 폴 칸(Paul Kahn)과 매드포(Mad*Pow)에 감사드린다.
- 8장에서 리오 프리시버그(Leo Fishberg)가 추정 디자인에 대해 설명해 준 데 특별히 감사드린다.
- 9장의 고객 여정 게임에 관련된 사례 연구에 대해 크리스토프 탈렉(Christophe Tallec)에게 감사드린다.
- 에릭 플라워스(Erik Flowers)와 메건 밀러(Megan Miller)가 10장에 실용적인 서비스 청사진 기법을 사용한 작품을 기증해 준 데 감사드린다.
- 11장에서 가치 스토리 매핑을 소개해 준 마이클 데니스 무어(Michael Dennis Moore)에게 감사드린다.
- 12장의 가정 폭력과 싸우기 위해 경험 지도를 사용한 놀라운 이야기에 대해 캐런 우드 박사(Dr. Karen Wood)에게 특별히 감사드린다.
- 13장의 멘탈 모델 도표에 관한 인디 영(Indi Young)의 설명에 다시 한번 감사드린다.
- 14장의 생태계와 관련된 사례 연구에 대해 코르넬리우스 라치에루(Cornelius Rachieru)에게 감사드린다.

7장의 멋진 도표에 기여하고, 《시장을 통찰하는 비즈니스 다이어그램》에 이어 《제품과 서비스 너머, 경험을 매핑하라》에서도 아트워크를 제공해 준 것에 대해 헤니 패로우(Hennie Farrow)에게 특별히 감사드린다. 고마워요, 헤니!

마지막으로 온라인 또는 워크숍에서 《시장을 통찰하는 비즈니스 다이어그램》에 대한 피드백을 주신 모든 분께 감사의 말씀을 전하고자 한다. 이렇게 긍정적인 반응을 받게 되어 영광이고, 이번 개정판을 낼 수 있게 되어 또 영광이다.

"감사합니다!"

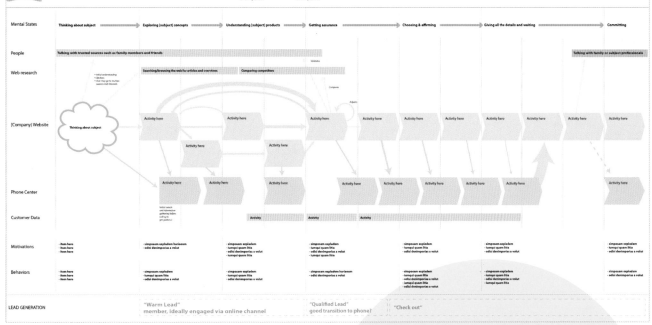

이 도표는 다중 채널 경험 지도의 템플릿이다.
경험 매핑 분야의 권위자인 크리스 리스돈(Chris Risdon)이
어댑티브패스(Adaptive Path) 재직 당시 동료 직원과 함께 작성한 경험
지도다(《경험 지도의 해부학(Anatomy of an Experience Map)》에서
게재 허락을 받고 발췌하여 여기에 실었다).
앞으로 이 모델을 비롯해 몇 가지 도표를 완성하는 방법을 배우게 된다.
그럼으로써 팀의 시각을 '내부에서 외부'가 아닌 '외부에서 내부'로
정렬할 수 있을 것이다.

Mapping Experiences

Part

01

1부

가치 매핑하기

나는 조직이 내부 프로세스에 둘러싸여 서비스해야 할 시장을 돌아보지 않는 경우를 숱하게 보아 왔다. 조직의 운영 효율성을 고객 만족보다 우선시해서다. 고객이 무슨 경험을 하는지조차 모르는 조직이 많았다.

하지만 우리는 최근 코페르니쿠스적 전환을 목격하고 있다.[1] 이제는 고객이 기업을 중심으로 돌지 않는다. 오히려 기업이 고객의 삶에 어떻게 맞추어야 할지 이해해야 한다. 이것이 사고방식의 전환을 요구한다. 이 책이 여러분을 도울 수 있다.

1부에서는 도표를 작성하는 프로세스, 즉 과정을 기본적으로 다룬다.

1장에서 소개하는 '가치 정렬 도표'는 조직이 나아갈 방향을 새로 정해 주는 도표들이다. 조직 안에서 밖에 있는 시장을 바라보던 시각을, 밖에서 안을 바라볼 수 있도록 바꾸는 데 도움을 준다.

2장에서는 경험을 도표로 나타내는 방법 전반에 대해 다룬다. 경험이라는 개념이 모호할 수도 있지만, 체계적인 방법을 이용해 경험을 도표로 옮기는 방법을 소개한다.

우수한 고객 환경을 조성하는 가장 좋은 방법은 뛰어난 직원 경험을 육성하는 데 주력하는 것이다. 이는 3장의 주제이며, 매핑 기법을 사용하여 단순히 만족을 넘어 직원들 사이에 목적 의식을 형성하고 개선 및 혁신하는 방법을 보여준다.

4장에서는 도표가 전략을 알리는 새로운 기회를 어떻게 가리키는지 살펴본다. 이는 시장, 조직, 조직이 갖는 시장에서의 위치를 보는 새로운 방식을 나타낸다.

---

1 예를 들어 《포브스 (2014.2)》에 실린 스티브 데닝(Steve Denning)의 글 <왜 더 좋은 제품을 만들어도 팔리지 않을까(Why Building a Better Mousetrap Doesn't Work Anymore)>를 참고하라.
http://onforb.es/1SzZdPZ

chapter

1

가치 시각화:
외부에서 내부로 정렬하기

사람들은 조직이 제공하는 제품이나 서비스를 소비할 때, 거기서 어떤 혜택이나 유용성을 기대한다. 즉 어떤 일을 처리하거나, 문제를 해결하거나, 특별한 감정을 경험하려고 한다. 그런 다음 그 혜택이 가치 있다고 생각하면, 돈이나 시간 또는 관심이라는 형태로 대가를 지불한다.

성공하기 위해, 조직은 제공하는 제품이나 서비스에 대해 소비자로부터 대가를 받아야 한다. 또한, 수익을 올리거나, 시장을 극대화하거나, 이미지를 개선해야 한다. 이처럼 가치 창출은 양방향성을 지닌다.

그렇다면 이런 관계에서 가치의 원천은 어디에서 찾을 수 있을까? 간단히 말하면, 가치 창출은 소비자(개인)와 제공자(조직)가 상호 작용하는 교차점에서 이루어진다. 바로 그 지점에서 시장에서의 개인 경험과 조직이 제공하는 제품이나 서비스가 서로 교차한다(그림 1-1).

몇 년 전 나는 프로젝트를 수행하던 중, 고객여정지도(customer journey map)와 멘탈 모델 도표(mental model diagram), 서비스 청사진(service blueprint) 등을 놓고 어떤 것을 사용해야 할지 고심한 적이 있었다. 이때 이들 도표를 사용한 몇 가지 예를 비교해 보다가 일련의 유사한 원칙들이 적용되었다는 사실을 알

그림 1-1
가치는 개인과 조직의 제품이나 서비스가 서로 교차하는 지점에 있다.

게 되었다. 모든 도표가 가치 창출 방정식을 저마다 다른 방식으로 보여주고 있다는 것이었다.

도표 사이에서 공통점을 발견하자, 선택의 폭이 넓어졌다. 그래서 그중 딱 하나의 방식만 고집하지 않기로 했다. 어떤 특정 기법에 초점을 맞출 것이 아니라, 가치 정렬이라는 보다 넓은 개념에 초점을 맞춰야 한다는 것을 깨달았다.

그보다 더 중요한 것은, 인간 중심의 디자인과 사업 목표 사이의 접점들을 좀더 바람직하게 연결할 수 있었다는 점이다. **정렬**이라는 개념에 초점을 맞추니 사업 목표 달성에 경험 매핑이 얼마나 중요한지 경영진이나 이해 당사자에게 이야기할 수 있을 것 같았다. 얼마 지나지 않아 경영진들과 워크숍을 가질 수 있었고, CEO에게 내가 만든 도표들을 소개할 수 있었다.

개인과 조직 사이의 상호 작용에 초점을 맞추어 솔루션을 찾는 것은 가치 중심 디자인이라 불리는 관점이 의도하는 바와 같다. 서비스 디자인 전문가 제스 맥멀린(Jess McMullin)은 〈디자인의 중심을 찾아서(Searching for the Center of Design)〉라는 글에서 가치 중심 디자인을 다음과 같이 정의했다.

가치 중심 디자인은 개인과 조직의 이상적인 상호 작용, 그리고 각자가 그 상호 작용으로부터 얻는 혜택에 관한 스토리에서 시작한다.

이 장에서 나는 **(가치) 정렬 도표(alignment diagram)**라는 개념을 도입하여, 개인과 조직 사이의 상호 작용에 관한 스토리를 시각화한 여러 종류의 도표를 설명하려고 한다. 이 장을 다 읽고 나면 가치 정렬을 모델링하는 방법, 다양한 도표 유형의 몇 가지 핵심 공통점, 가치 정렬의 유용성을 확실하게 이해하게 될 것이다.

1.1 경험 매핑

1997년 스티브 잡스가 애플 CEO로 복귀했다. 잡스는 타운홀 미팅에서 어떤

1
유튜브 동영상 <SteveJobs
CustomerExperience> 참조.
https://www.youtube.com/
watch?v=r2O5qKZlI50

직원이 회사의 기술에 관한 질문을 하자 다음과 같이 답했다. "우리는 고객 경험에서 시작해 기술을 향해 역방향으로 일해야 합니다."[1]

이 말을 통해 잡스는 애플을 어떻게 변모시킬지에 대한 자신의 생각을 내비쳤다. 소프트웨어를 공급하는 표준 방정식을 뒤집겠다는 것이었다. 잡스는 기술을 개발한 다음 개발한 기술을 고객에게 마케팅하는 것이 아니라, 먼저 이상적인 경험을 마음속에 그린 뒤 그 경험에 기술을 맞추고 싶다고 했다.

이 전략은 주효했다. 적어도 애플에는 그랬다. 다른 기업들은 이런 사고방식을 받아들이는 데 더뎠지만, 그럼에도 여전히 그 방향으로 나아가고 있다. 원론적으로는 단순한 일인데도 전통적인 기업들은 가치를 창출하는 새로운 관점을 받아들이는 데 어려움을 겪고 있다.

이 어려움은 부분적으로 '경험'이라는 개념이 정확한 정의를 거부하는 데서 기인한다. 기업은 그런 모호한 개념을 다룰 준비가 되어 있지 않다. 그런데 어떻게 경험에서 시작해 기술을 향해 역방향으로 일할 수 있겠는가?

'경험'을 이해하는 핵심 방법은 경험을 시각적으로 보여주는 **모델**을 만드는 것이다. 모델은 이미 혁신과 디자인에서 공통분모가 되었다. 예컨대 페르소나는 주어진 시장에서의 개인을 표현하는 것이고, 비즈니스 모델은 조직이 어떻게 수익을 올릴 수 있는지 보여주는 것이다.

유명한 디자이너이자 비즈니스 컨설턴트인 휴 더벌리(Hugh Dubberly)는 모델이 현대 비즈니스 운용의 복잡성을 해소하는 솔루션이라고 믿는다. 모델은 모든 가동부를 한눈에 볼 수 있도록 시각화함으로써, 조직이 자신의 활동 영역과 시장을 잘 이해하는 데 도움을 줄 수 있다는 것이다.

(인터넷 시대에는) 사실상 무한한 조합이 있어, 어떤 고객도 다른 고객과 똑같은 것을 절대 하지 않는다. 이런 식의 조합은 끝이 없다. 계속 늘어나고, 바뀌고, 그때그때 끊임없이 업데이트된다. 모델은 무슨 일이 일어나고 있는지 알기 위해 이 모든 것을 한눈에 볼 수 있게 만든 것이다. 모델은 이런 신상품을 만드는 데 필요한 사람들로 이루어진 팀을 관리하는 훌륭한 도

구가 될 수 있다.[2]

그렇다면, 경험 모델이 그 경험을 실현해야 하는 사람들의 관점을 정렬할 수 있는 것은 분명하다. 이것이 팀이 함께 솔루션을 찾을 수 있게 해주는, 시각적 스토리텔링의 한 형태인 경험 매핑의 역할이다.

전체적으로 보았을 때, 도표 작성은 시장 수요를 충족하기 위해 제품이나 서비스를 만들어 내는 조직 내부의 구성원과 외부 세계의 통찰을 조율하는 작업이다. 바꿔 말하면 모델은 **문제 영역**에서 **솔루션 영역**으로 전환하는 축 역할을 할 수 있다.

1.2 (가치) 정렬 도표

나는 가치 창출의 양면을 한눈에 볼 수 있도록 해주는 지도(map)나 도표(diagram), 또는 그 밖의 시각화 도구를 일컫기 위해 '**정렬 도표(alignment diagram)**'라는 용어를 사용한다. 정렬 도표는 개인과 조직 간의 상호 작용을 시각화한 모델의 한 **범주**로, 그러지 않으면 보이지 않을 추상적 상황(즉, 개인의 경험)을 감지하고 이용할 수 있게 한다.

논리적으로 정렬 도표는 두 부분으로 구성되어 있다(그림 1-2). 한 부분은 개인 경험의 양상들, 즉 전형적인 사용자가 보여주는 총체적 행태를 나타낸다. 다른 부분은 조직이 제공하는 제품이나 서비스와 그 제공 과정을 보여준다. 둘 사이의 상호 작용 지점이 가치 교환이 일어나는 곳이다.

이런 도표들은 새로운 것이 아니며 이미 실무에 활용되고 있다. 따라서 내가 말하는 정렬 도표의 정의는 구체적인 기법을 보여주는 것이라기보다 '어떻게 하면 기존의 접근 방법을 새롭고 건설적으로 바라볼 수 있을까' 하는 인식에 가깝다. 독자 여러분 중에는 이미 다음과 같은 도표를 사용하는 사람도 있을 것이다.

2
데이비드 브라운(David Brown)이 휴 더빌리를 인터뷰한 글에서 발췌. 《GAIN: AIGA Journal of Design for the Network Economy(2000.5)》에 데이비드 브라운이 쓴 글 <슈퍼모델러: 휴 더빌리>를 참조하라.

그림 1-2 정렬 도표의 두 부분: 한쪽은 개인의 경험을 나타내고, 다른 쪽은 조직이 제공하는 제품이나 서비스를 나타낸다. 둘 사이에서 상호 작용이 일어난다.

- 고객여정지도
- 서비스 청사진
- 경험 지도
- 멘탈 모델 도표

고객여정지도(CJM)를 예로 들어 보자. 고객여정지도는 개인이 어떤 기업의 고객으로서 겪는 경험을 그림으로 나타낸 도표다. 고객여정지도는 일반적으로 세 가지 주요 단계를 포함한다. 바로 제품이나 서비스를 인식하는 단계, 구매를 결정하는 단계, 충성 고객으로 남을지 아니면 사용을 중단할지 결정하는 단계다.

그림 1-3 간단한 고객여정지도를 통해 조직 전체에서 실현하려는 활동과 개인의 경험을 정렬할 수 있다.

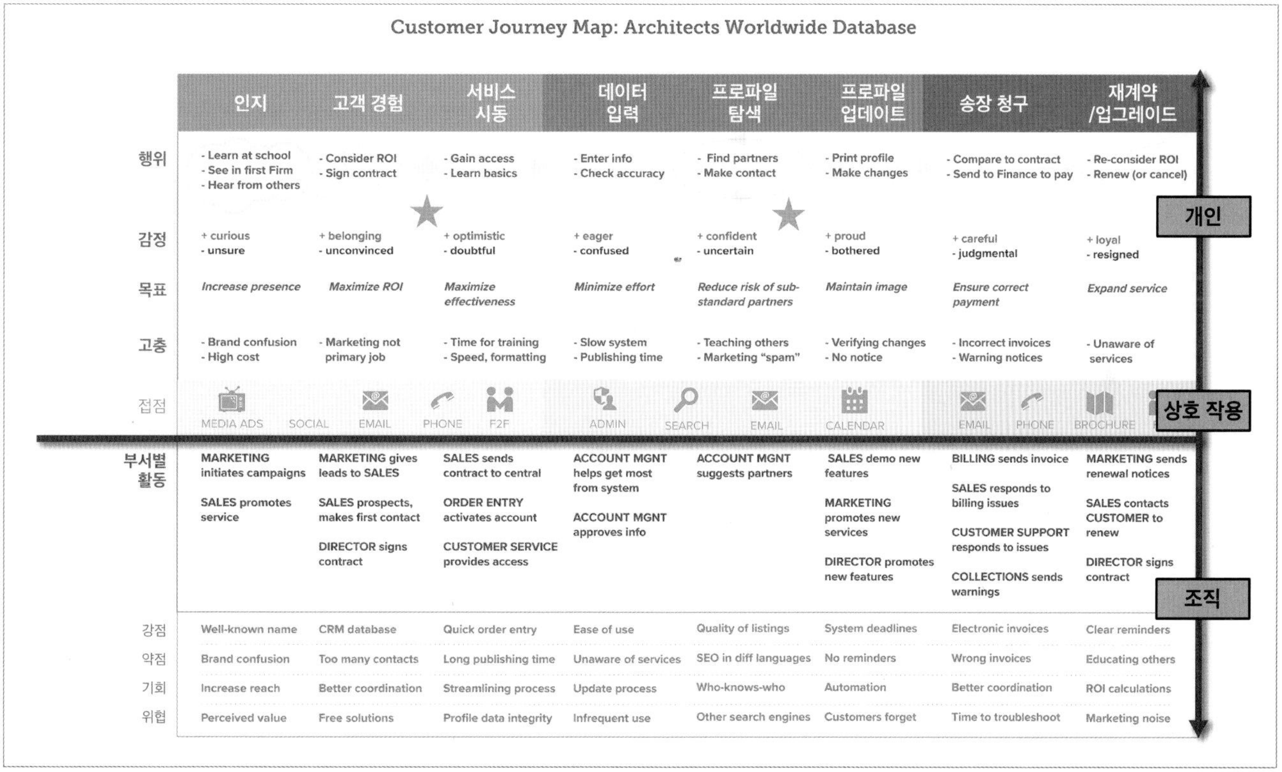

Customer Journey Map: Architects Worldwide Database

	인지	고객 경험	서비스 시동	데이터 입력	프로파일 탐색	프로파일 업데이트	송장 청구	재계약/업그레이드	
행위	- Learn at school - See in first Firm - Hear from others	- Consider ROI - Sign contract	- Gain access - Learn basics	- Enter info - Check accuracy	- Find partners - Make contact	- Print profile - Make changes	- Compare to contract - Send to Finance to pay	- Re-consider ROI - Renew (or cancel)	**개인**
감정	+ curious - unsure	+ belonging - unconvinced	+ optimistic - doubtful	+ eager - confused	+ confident - uncertain	+ proud - bothered	+ careful - judgmental	+ loyal - resigned	
목표	Increase presence	Maximize ROI	Maximize effectiveness	Minimize effort	Reduce risk of sub-standard partners	Maintain image	Ensure correct payment	Expand service	
고충	- Brand confusion - High cost	- Marketing not primary job	- Time for training - Speed, formatting	- Slow system - Publishing time	- Teaching others - Marketing "spam"	- Verifying changes - No notice	- Incorrect invoices - Warning notices	- Unaware of services	
접점	MEDIA ADS SOCIAL	EMAIL PHONE F2F		ADMIN	SEARCH EMAIL	CALENDAR	EMAIL PHONE BROCHURE		**상호 작용**
부서별 활동	MARKETING initiates campaigns SALES promotes service	MARKETING gives leads to SALES SALES prospects, makes first contact DIRECTOR signs contract	SALES sends contract to central ORDER ENTRY activates account CUSTOMER SERVICE provides access	ACCOUNT MGNT helps get most from system ACCOUNT MGNT approves info	ACCOUNT MGNT suggests partners	SALES demo new features MARKETING promotes new services DIRECTOR promotes new features	BILLING sends invoice SALES responds to billing issues CUSTOMER SUPPORT responds to issues COLLECTIONS sends warnings	MARKETING sends renewal notices SALES contacts CUSTOMER to renew DIRECTOR signs contract	**조직**
강점	Well-known name	CRM database	Quick order entry	Ease of use	Quality of listings	System deadlines	Electronic invoices	Clear reminders	
약점	Brand confusion	Too many contacts	Long publishing time	Unaware of services	SEO in diff languages	No reminders	Wrong invoices	Educating others	
기회	Increase reach	Better coordination	Streamlining process	Update process	Who-knows-who	Automation	Better coordination	ROI calculations	
위험	Perceived value	Free solutions	Profile data integrity	Infrequent use	Other search engines	Customers forget	Time to troubleshoot	Marketing noise	

가치 시각화: 외부에서 내부로 정렬하기

그림 1-3은 전 세계를 대상으로 건축가를 찾는 검색 서비스에 관한 간단한 고객여정지도를 보여준다. 몇 년 전 내가 맡았던 프로젝트에서 만든 도표로, 제품과 회사명을 감추고 내용을 일부 수정한 것이다. 당시 목적은 고객이 서비스에서 느끼는 현재 상태의 경험을 지도로 나타내는 것이었다.

가장 윗줄에는 '인지'부터 '재계약/업그레이드'까지 각 상호 작용이 단계별로 표시되어 있다. 각각의 가로줄은 고객 경험의 여러 가지 측면, 즉 행위, 감정, 목표, 고충을 나타낸다.

상호 작용선(Interactions) 아래에는 고객을 지원하거나 고객 요구사항에 대응하는 부서별 주요 활동을 표시했다. 그 아래 강점, 약점, 기회, 위협을 분석해 놓았다. 가운데 가로줄에는 상호 작용에 사용하는 주요 수단이 열거되어 있다.

전반적으로, 이 도표는 왼쪽에서 오른쪽으로 시간의 흐름에 따라 고객의 경험과 그 경험과 교차하는 기업의 업무 프로세스 간의 정렬을 보여준다. 당시 나와 함께 일하던 팀은 고객 여정 중 혁신할 점이나 개선할 점이 있는지 찾기 위해 이 도표를 활용했다. 우리는 소비를 가로막는 몇 가지 커다란 장애물을 찾아내 해결할 수 있었다. 그전에는 모르던 것이었다.

서비스 청사진도 서비스 상호 작용을 시간 순서대로 보여주는 또 다른 유형의 도표다. 그림 1-4는 '표현형 서비스 청사진(expressive service blueprint)'의 예로, 수전 스프라라겐(Susan Spraragen)과 캐리 챈(Carrie Chan)이 작성한 것이다. 이 도표는 안과 병원을 찾은 환자의 상호 작용을 보여준다.

여기서 의도하는 바는 서비스 접점에서 느끼는 사람의 감정을 솔직하게 보여주는 것이다. 이 예에서 환자는 처방 때문에 당황해하는데, 이는 혼란과 걱정이라는 두 감정 상태의 영향이다.

여기서도 도표가 두 부분으로 나뉜 것을 볼 수 있다. 바로 무대 앞에서 이루어지는 개인의 경험(분홍색과 보라색)과 무대 뒤에서 이루어지는 조직의 업무 프로세스(초록색과 파란색)다. 이 도표는 서비스의 비효율과 고객을 위해 개

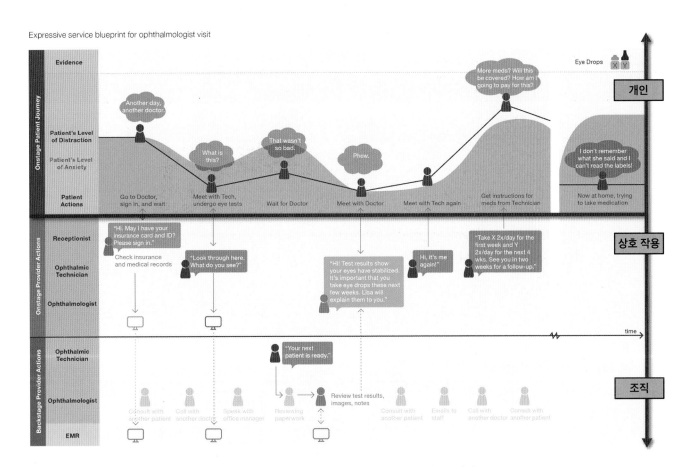

그림 1-4 안과 의사와의 조우를 묘사한 '표현형 서비스 청사진'의 예(수전 스프라라겐과 캐리 챈 공동 작성)

선할 요소를 꼭 집어내는 진단 도구의 역할을 한다.

경험 지도는 고객여정지도나 서비스 청사진에 비교적 최근에 나온 정렬 도표다. 그림 1-5는 경험 매핑 분야의 저술가이자 권위 있는 이론가인 크리스 리스돈(Chris Risdon)이 작성한 경험 지도다. 경험 지도는 정해진 주제 안에서 사람들이 겪는 경험을 보여주는데, 이 경우에는 기차로 유럽을 여행하는 것이다.

경험 지도의 윗부분은 여행하는 동안 고객이 겪게 되는 경험을 보여준다. 아랫부분에는 서비스 제공자의 사업 기회를 표시한다. 둘 사이의 상호

가치 시각화: 외부에서 내부로 정렬하기

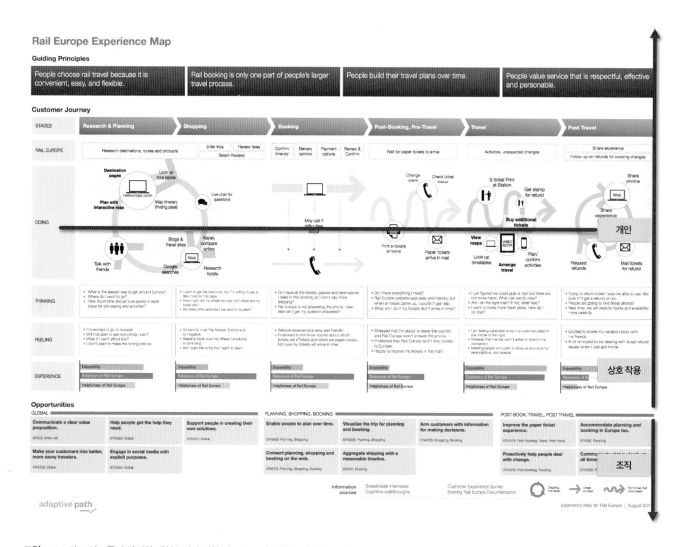

그림 1-5 크리스 리스돈이 작성한 레일유럽의 경험 지도는 유럽 여행의 맥락을 폭넓게 보여준다.

작용은 도표 가운데에 표시되어 있다. 이 관점을 통해 다양한 서비스가 개인의 광범위한 목표와 어떻게 맞물리는지 이해할 수 있다. 여기에서는 레일유럽(Rail Europe)이 제공하는 서비스가 여행자의 경험에 맞춰 다시 정렬된다.

이 밖에도 정렬 도표로 간주할 수 있는 여러 도표가 있다. 예컨대 **멘탈모델 도표**는 인간의 행동과 감정 및 동기를 폭넓게 탐구하는 도표다. 인디 영

(Indi Young)이 창안한 기법으로, 영은《멘탈 모델(Mental Models)》이란 책에서 이 내용을 자세히 다루고 있다. 멘탈 모델 도표는 대체로 매우 크기 때문에 인쇄물로 출력하면 벽 한 면을 메울 수 있을 정도다.

그림 1-6은 영화 보러 가는 과정을 나타낸 멘탈 모델 도표 일부를 확대한 것이다.

도표는 가운데 수평선을 기준으로 두 부분으로 나뉜다. 윗부분은 개인의 과업과 감정, 인생관을 보여준다. 이것을 주제별로 분류하여 '타워(tower)'라 불리는 형태로 묶은 뒤, 이 타워를 다시 목표 공간별로 나눈다(그림에서 목표 공간이란 '영화 선택'과 '영화 자세히 알아보기'를 말한다). 중심선 아래에 있는 상자는 여러 제품이나 서비스의 목표 달성을 지원하는 기업 활동을 나타낸다.

그림 1-6 멘탈 모델 도표는 고객 행동과 기업의 지원 활동을 계층화하여 정렬하려고 한다.

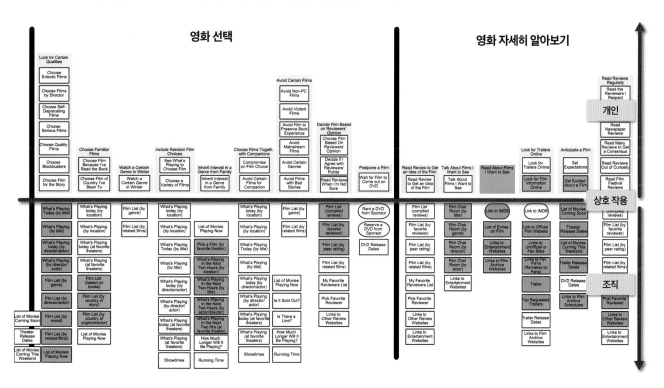

(가치) 정렬 도표는 유사한 그룹의 사람들 사이에서 일어나는 전형적인 행동과 감정에 관한 종합적인 스토리를 들려준다. 스토리를 들려주는 방법은 저마다 다르다. 고객여정지도는 시간의 흐름에 따른 접점을 폭넓게 다루기에 고객 경험을 개선하는 데 유용하다. 서비스 청사진은 서비스 장면을 단계별로 자세히 보여주므로, 서비스 제공 프로세스를 최적화하는 데 적합하다. 경험 지도는 보다 큰 맥락을 표시함으로써 제품이나 서비스를 어떻게 통합할지 찾을 수 있도록 한다. 멘탈 모델 도표는 완전히 새로운 솔루션을 위한 자극제로 작용할 수 있는, 충족되지 못한 니즈를 보여준다.

일반적으로 정렬 도표를 둘러싼 용어가 일치하지 않는다는 점에 유의하기 바란다. 누구는 고객여정지도라 부르는 것을 다른 사람은 경험 지도나 서비스 청사진이라 부르기도 한다. 도표 간의 구분은 불분명할 때가 많다. 그러니 이름에 너무 집착하지 말라. 그보다는 매핑 작업을 통해 얻고자 하는 결과, '**정렬**'에 초점을 맞추기 바란다.

지금까지의 예를 보면 정렬 도표라는 개념의 공통점을 발견할 수 있을 것이다. 고객 경험과 사용자 경험, 서비스 디자인 영역이 발전하고 또 중첩됨에 따라, 새로운 도전에 적응하기 위해서 독특한 문제를 해결할 수 있는 다양한 접근 방법을 갖추는 것이 갈수록 중요해지고 있다.

결국, 정렬 도표란 경험을 매핑하는 다양한 기법을 일컫는다. 밖에서 안을 보는 관점으로 만들어진 정렬 도표는, 공감을 형성하고 의사결정을 조정한다. 우리가 하는 일은 문화기술지(ethnography) 연구자처럼 외부 세계를 관찰한 다음 표현하는 것이다. 그러나 그들과 달리, 우리가 만들어내는 것은 장문의 연구 저술이 아니라 도약의 발판이 될 비교적 간결한 시각 자료이다.

여러분의 상황에 맞게 가장 적합한 접근 방법을 선택하는 것은 여러분의 몫이다. 이 책은 여러분이 바로 그 일을 할 수 있게 도우려는 목적으로 집필한 것이다. 다음 장부터 나는 여러분이 상황에 가장 맞는 경험 매핑 방법을 찾을 수 있도록 돕고자 한다.

'경험'을 이해하는
중요한 방법은
경험을 시각적으로 나타내는
모델을 만드는 것이다.

1.3 다중 정렬

매핑(mapping)은 보통 단일 행위자와 단일 경험에 초점을 맞춘다. 하지만 복잡한 현대 비즈니스 환경으로 인해, 우리는 매핑 작업에 좀더 포괄적인 내용을 담고 싶어 하게 되었다. 다중 정렬(다수 행위자와 다수 접점의 정렬)도 가능하지만, 기법은 여전히 개발 중이다.

내가 찾은 **다수 행위자의 경험을 매핑**하는 한 가지 방법은, 각각의 대상 세그먼트에 대해 서로 관련이 있으면서도 분리된 일련의 도표를 만드는 것이다. 예컨대 이베이(eBay)는 명확하게 구분되는 두 그룹의 사용자, 즉 구매자와 판매자를 대상으로 한다. 따라서 그림 1-7에 나타난 바와 같이, 별개의 상호 작용을 두 가지 연동 경험으로 보여주는 것이 가능하다. 두 도표를 관통하는 세로줄의 윗부분과 아랫부분을 보면, 두 경험을 시각적으로 비교할 수 있다(예를 들면, 그림 1-7에서 '주문받기'와 '주문하기'를 비교하는 것이다).

하나의 도표에 셋 또는 그 이상의 행위자 간 상호 작용을 나타낼 수도 있다. 이때는 특정한 개인의 경험보다 전체적인 프로세스에 초점을 맞춘다. 손꼽히는 서비스 디자인 전문가 앤디 폴레인(Andy Polaine)은, 다수 행위자를 함께 매핑함으로써 서비스 청사진을 확장했다. 폴레인의 접근 방법은 간단하다.

그림 1-7 다수 행위자의 경험을 정렬하기 위해, 함께 볼 수 있는, 분리되었지만 서로 관련이 있는 도표를 작성한다.

판매자 경험	판매 결정	품목 등재	주문 받기	제품 출하
행위				
사고				
감정				

구매자 경험	검색	주문 하기	출하 대기	제품 사용
행위				
사고				
감정				

가치 시각화: 외부에서 내부로 정렬하기

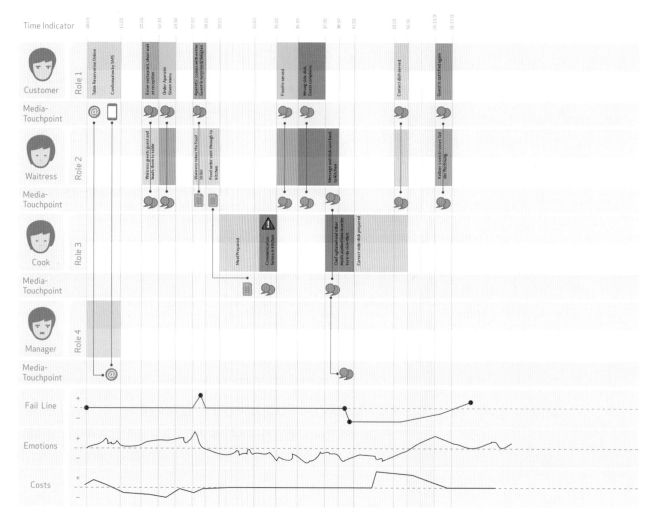

그림 1-8 앤디 폴레인이 작성한 이 확장형 서비스 청사진에는 다수의 행위자가 각각 분리된 줄에 등장한다.

그림 1-8에서 볼 수 있듯이 서비스 생태계에 새로운 역할이 등장할 때마다 도표에 한 줄씩 추가하는 것이다.

　　다중 정렬과 관련한 또 다른 문제는 **다수 접점**에서 일어나는 상호 작용을 어떻게 보여줄 것인가이다. 지안루카 브루뇰리(Gianluca Brugnoli)는 〈사용자 경험 점 연결하기(Connecting the Dots of User Experience)〉라는 글에서 그림 1-9의

1부 · 가 치 매 핑 하 기

접점 매트릭스를 제안했다. 브루뇰리는 단일 행위자의 상호 작용을 가능한 접점 위에 시간순으로 채워 넣었다. 시간의 경과는 왼쪽에서 오른쪽으로 표시하지 않고 접점을 따라 원형으로 표시했다. 브루뇰리는 상호 작용의 순서와 위치를 보여줌으로써 하나의 여정에서 여러 접점의 전체적인 맥락을 제공했다.

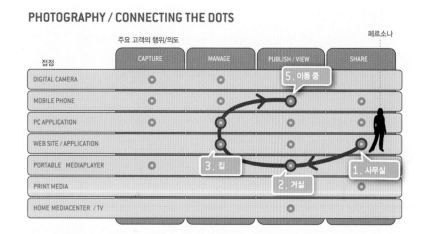

그림 1-9 지안루카 브루뇰리가 만든 접점 매트릭스는 연속적으로 일어나는 상호 작용을 보여준다.

브루뇰리는 시스템이 경험이라고 생각한다. 시스템이란 모든 접점뿐만 아니라 그 사이의 연결까지 합친 개념이다. 그는 이렇게 말한다.

> 논리적으로 볼 때 그다음 도전 과제는 연결을 설계하는 것이다. 시스템 시나리오를 설계할 때는 폐쇄적이고 자급자족적인 시스템이나 도구 또는 서비스를 만들어 내는 것보다, 네트워크와 그 구성 요소 내에서 올바른 연결을 찾아내는 데 중점을 두어야 한다.

사업가 겸 검색 시스템 설계 전문가인 타일러 테이트(Tyler Tate)가 만든 교차 채널 청사진(cross-channel blueprint)을 보자(그림 1-10). 다른 유형의 도표처럼 시각적으로 화려하지는 않지만, 분명히 사용자 행동(표의 맨 윗줄)을 채널(왼

　가치 시각화: 외부에서 내부로 정렬하기

쪽 세로줄) 및 조직의 지원(맨 아랫줄)과 정렬하고 있다. 단순하지만 통찰력 있는 이 도표는 제품 분류 체계가 모든 채널에 걸쳐 있으며, 팀을 넘나드는 협업이 필요하다는 점을 강조한다.

어떤 접근 방법이 되었든, 정렬(alignment)이라는 동일한 핵심 원칙이 적용된다. 목표는 현재 운영 중인 일의 전체 흐름과 관련된 내부 및 외부 요인을 시각적으로 조정하는 것이다. 작업 결과는 의도하는 경험을 실현시켜야 할 관련 팀들의 관점을 정렬하는 데 도움이 될 것이다. 다중 채널 설계와 생태계 매핑에 관해서는 14장에서 자세히 다룰 것이다.

가치는
인지된 이로움이다.

Cross-Channel Blueprint

A tool for planning user tasks across multiple channels.

	Lookup	Explore	Compare	Organize	Purchase
Print Catalog	Low priority Table of contents Index	**High priority** Immersive photography	Low priority Flip pages back/forth	N/A Flip pages back/forth	**High priority** Order by phone Order by mail Order online
Website	**High priority** Search box	**High priority** Browse by category	**High priority** Table view of selected items	**High priority** Favorites Wish list / gift registry	**High priority** Standard checkout Expedited checkout Order by phone
Tablet App	**High priority** Search box Voice input	**High priority** Catalog-like browsing experience	**Medium priority** Table view of selected items	**Medium priority** Favorites Wish lists	**High priority** Expedited checkout Standard checkout
Mobile App	**High priority** Search box Voice input Barcode scanner	**Medium priority** Browse by category	N/A Impractical due to screen size	Low priority Add items to favorites and wish list, but limited ability to edit	**High priority** Expedited checkout
Physical Store	**High priority** Clear signage Store map Helpful staff	**High priority** Wander the aisles	**Medium priority** Compare side by side Ask staff	Low priority Gift registry / wish list	**High priority** Attendant-assisted Self-checkout Scan-as-you-go
Shared Assets	**Product taxonomy** All channels powered by a single set of categories		**Compare engine** Web & tablet powered by one component	**Universal Favs** Favorites list shared by web, tablet, mobile	**Checkout workflow** Universal checkout process for web, tablet, and mobile

by Tyler Tate

그림 1-10 타일러 테이트가 작성한 교차 채널 청사진은 사용자 행동을 채널 및 조직의 지원과 정렬한다.

1.4 가치 창출에 집중하기

비즈니스계의 거물 워렌 버핏(Warren Buffet)이 이런 말을 한 적이 있다. "가격은 당신이 지불하는 것이고, 가치는 당신이 얻는 것이다(Price is what you pay, value is what you get)." 즉 개인의 관점에서 볼 때, 가치는 사람의 행동과 감정까지 포괄하므로 값어치보다 훨씬 풍부하고 역동적인 개념이다. 즉 가치는 인지된 이로움이다.

본질적으로 주관적인 개념인 가치를 이해하는 데는 기존 사고의 틀이나 체계가 도움이 된다. 잭디시 세스(Jagdish Sheth)와 브루스 뉴먼(Bruce Newman), 바바라 그로스(Barbara Gross)는 고객 가치를 다섯 가지 유형으로 구분한다.[3]

3
잭디시 세스, 브루스 뉴먼, 바바라 그로스의 공저 《소비 가치와 시장 선택(Consumption Values and Market Choices)(1991)》을 참고하라.

- **기능적 가치**: 실용적인 목적을 달성하는 능력과 관계가 있다. 이런 유형에서 중요하게 고려할 사항은 성능과 신뢰성이다.

- **사회적 가치**: 사람들 사이의 상호 작용과 관계가 있으며, 생활 방식이나 사회 의식이 강조된다. 예를 들어서 스카이프 인 더 클래스룸(Skype in the Clasroom)이라는 프로그램이 개발된 목적은 원격지에서 강의하는 저명한 강사의 수업을 듣고 학생들이 영감을 받도록 하기 위해서이다.

- **정서적 가치**: 조직이 제공하는 제품이나 서비스와 상호 작용하는 과정에서 개인이 보이는 감정이나 정서 반응을 강조한다. 예를 들어, 개인 정보 보안 서비스는 개인 정보 도용이나 데이터 손실에 대한 두려움을 이용한다.

- **인식론적 가치**: 호기심이나 학습 욕구 때문에 만들어진다. 이 유형에서는 개인의 성장과 지식 습득을 중요시한다. 예를 들어서 칸 아카데미(Khan Academy)는 개인별로 학습 속도를 조절할 수 있는 온라인 강좌 서비스를 제공한다.

- **상황적 가치**: 특정 상황이나 맥락에 따라 달라지는 혜택이나 유용성을 말한다. 예를 들어, 미국에서 호박이나 괴물 복장의 인지된 가치는 해마다 핼러윈(Halloween) 직전 시기에 높아진다.

이런 유형과 별도로, 디자인 전략가 겸 교육자인 나단 쉐드로프(Nathan

Shedroff)는 의미를 가치의 한 유형으로 지목하고 '프리미엄 가치(premium value)'라 불렀다.[4] 이 시도는 단순히 참신함이나 즐거움을 넘어서서, 제품이나 서비스가 우리 삶에서 가지는 목적까지 보자는 것이다. 의미 있는 경험을 제공하는 제품이나 서비스는, 이 세상을 이해하는 데 도움이 될 뿐 아니라 개인의 정체성을 부여해 주기도 한다.

스티브 딜러(Steve Diller)와 대럴 리어스 쉐드로프(Darrel Rheas Shedroff)는 공저 《의미 만들기(Making Meaning)》에서 프리미엄 가치를 다음과 같이 15개 유형으로 분류했다.

4
나단 쉐드로프가 Interaction South America에서 디자인과 가치 창출을 주제로 한 연설 <전략과 디자인 연결하기: 디자이너는 어떻게 비즈니스 가치를 창출하는가(Bridging Strategy with Design: How Designers Create Value for Businesses) (2014.11)>를 참고하라.

1. 성취 목표를 달성했을 때 느끼는 자부심	6. 깨우침 무언가에 대해 배우며 느끼는 희열	11. 만회 과거의 실패에서 해방
2. 아름다움 감각 기관에 즐거움을 주는 일상의 미학에 대한 감상	7. 자유 구속받지 않고 사는 느낌	12. 안도감 손실에 대한 걱정에서 자유로움
3. 공동체 의식 주위 사람들과의 유대감	8. 조화 전체를 이루는 부분 사이에서 균형을 잡는 즐거움	13. 진실성 정직하고 성실하겠다는 약속
4. 창조 무언가를 만들어 냈을 때의 만족감	9. 정의 공정하고 공평한 대우에 대한 보장이나 확신	14. 인증 자신의 가치에 대한 외부의 인식
5. 의무 책임을 완수했을 때 느끼는 만족감	10. 동일성 주변의 사람이나 사물과 하나가 된 일체감	15. 경이로움 일반적인 인식을 넘어서는 무언가를 경험하는 것

도표는 가치 창출과 관련된 인간 역학을 모든 수준에서 보여준다. 가치의 주관적 특성까지 포괄적으로 다룰 뿐 아니라, 조직이 실제로 창출하는 가치를 외부 시각으로 볼 수 있게 해주는 것이다. 가치가 개인의 관점에서 어떻게 인식되는지 알려주는 것을 잊지 않기를 바란다.

(가치) 정렬 도표는 제품이나 서비스 생태계 내에 있는 가치를 시각화해 찾아낼 수 있도록 도와주는 문서다. 그 덕분에 우리는 다음과 같은 질문을 할 수 있다. 경험의 매 순간 우리 조직이 고객에게 제안하는 가치는 무엇인가? 고객 관점에서 우리 조직이 의미상 얼마나 특별하게 보이는가? 우리 조직은 고객에게 어떤 의미를 제공하는가?

정렬의 원칙

여러 정렬 도표 사이의 공통점을 이해하면 선택의 폭이 넓어진다. 한 가지 방법에만 얽매이지 않아도 되기 때문이다. 다음은 기억해야 할 몇 가지 가이드라인이다.

큰 그림을 보아라

정렬 도표는 커다란 생태계의 한 부분으로서 인간 행동에 초점을 맞춘다. 제품 연구나 상품 기획을 하기 위한 것이 아니다. 주어진 상황에서 개인이 무슨 행동을 하고, 무슨 생각을 하고, 무엇을 느끼는지 가능한 한 많이 살펴보려는 것이다.

다양한 측면을 포함하라

정렬 도표는 정보의 다양한 측면을 동시에 보여준다. 그래서 이 기법에 '정렬'이란 용어를 사용하는 것이다. 사용자 측면에서 일반적인 요소로는 행위, 생각, 감정, 심리 상태, 목적, 고충 등을 들 수 있다. 조직 측면에서 일반적인 요소로는 프로세스, 활동, 목표, 측정 지표(metrics) 등을 들 수 있고, 여기에 행위자나 역할이 추가되기도 한다.

가치가 어떻게 교환되는지를 보여라

정렬 도표는 접점과 함께 그 접점에서 발생하는 전후 맥락을 보여준다. 다양한 정보 계층이 합쳐져서 가치 교환을 보여준다. 그 결과 정렬 도표는 경험의 원형(prototype)을 만든다. 도표에 있는 여러 접점을 자세히 살펴보면 각각의 상호 작용을 둘러싼 보다 넓은 환경을 쉽게 분석할 수 있다.

경험을 시각화하라

정렬 도표는 그래프 개요 하나로 경험을 종합적인 관점으로 보여준다. 정렬 도표가 강력한 이유는 이렇게 모든 것을 한꺼번에 시각화하는 즉각성 때문이다. 같은 정보를 담고 있다 해도 10페이지짜리 보고서나 프레젠테이션 자료로는 이 정도 효과를 내지 못한다. 시각화를 하면, '사용자 경험' 같은 추상적이고 보이지 않는 개념이 눈에 보이듯 드러나게 된다.

자명하게 만들어라

정렬 도표는 설명이 거의, 또는 전혀 필요하지 않아야 한다. 일단 보면, 어렵지 않게 내용을 이해할 수 있기 때문이다. 하지만 시각화만 한다고 해서 간결해지는 것이 아니라는 사실을 알아야 한다. 핵심만 남을 때까지 최대한 정보를 줄이려는 노력을 해야 한다.

조직과의 관련성을 확보하라

정렬 도표는 조직과 관련이 있어야 한다. 그래서 도표 작성자는 조사를 통해 조직의 목표와 도전 과제, 향후 계획을 알고 있어야 한다.

조사를 수행하라

정렬 도표는 혼자 고립된 채로 만들면 안 되고 조사를 바탕으로 만들어야 한다. 실제 현장을 조사하고 관찰해야 하므로 어떤 식으로든 관계자들과의 접촉이 필요하다.

1.5 (가치) 정렬 도표의 유용성

(가치) 정렬 도표는 만병통치약이 아니다. 즉석에서 직접적인 답을 주지 않는다. 그보다는 설득력 있는 시각화로써 여러 관계자를 가치 창출에 관한 중요한 논의 자리에 동참하게 만든다. 그러므로 우리의 최종 목표는 도표 작성 자체가 아니라, 조직 내에서 포괄적인 대화가 이루어지게 하는 것이다. 이러한 관점에서 정렬 도표는 다음과 같은 여러 가지 잠재적 유용성을 제공한다.

정렬 도표는 고객에 대한 온정을 촉진한다

조그만 조직에서는 자기 고객이 실제로 경험하는 것을 어떻게 알 수 있을까 하고 놀랄 때가 있다. 정렬 도표에서는 실제로 사람이 겪는 상황이 뚜렷이 조명된다. 그래서 조직 구성원이 정렬 도표를 보면 조직에 공감이 스며들 뿐만 아니라 더 중요하게는 고객의 니즈를 충족시키려는 의도로 온정이 담긴 행위가 이어지게 된다.

고객 경험 관리 분야 리더인 브루스 템킨(Bruce Temkin)은 이런 매핑 활동의 연관성과 중요성을 강조했다. 그의 블로그를 보면 이런 글이 있다.

> 기업에는 고객이 실제로 무엇을 필요로 하는지 파악하기 위한 도구와 프로세스가 있어야 한다. 이 분야의 핵심 도구 중에 고객여정지도라 불리는 것이 있다. … 이 지도가 제대로 활용된다면, 기업의 관점은 안에서 밖을 바라보는 것이 아니라 밖에서 안을 바라보는 식으로 바뀔 것이다.[5]

외부의 시각으로 조직을 바라보면 관점이 바뀌게 되고, 고객의 생각과 감정에 더 세심해진다.

정렬 도표는 조직 공통의 '빅 픽처'를 제공한다

정렬 도표는 여러 구성원이 공유하는 준거로 기능하기에, 조직 전체가 공감대를 형성하는 데 도움이 된다. 이런 의미에서 정렬 도표는 전략적 도구다. 모든

5

브루스 템킨이 자신의 블로그
Customer Experience Matters
(https://experiencematters.blog)에 올린 글
<고객 여정이 가장 중요하다(It's All About
Your Customer's Journey)(2010.3)>를
참고하라.

계층의 의사 결정에 영향을 미치고, 조직 행동에 있어 일관성을 이끌어 내기 때문이다.

예를 들어 현 모더니스트 스튜디오(Modernist Studio) 파트너 존 콜코(Jon Kolko)는, 정렬 도표가 사람들이 서로 동기화되지 않는 경향, 이른바 '**정렬 약화**(alignment attrition)' 현상을 다루는 데 도움이 된다고 믿고 있다. 그는 말한다.

> 정렬 약화를 최소화하는 데는 시각적 모델이 매우 효과적인 도구다. 시각적 모델은 어떤 시점의 생각을 포착해서 고정시켜 준다. 시각적 모델을 작성하는 과정에서 정렬도 도출되어 도표상에 고정된다. 우리 생각이나 의견이나 관점은 바뀔 수도 있겠지만, 도표는 바뀌지 않을 것이므로 그 당시의 생각을 잡아 둔 셈이다. 즉, 제품이나 서비스에 대한 비전이 어떻게 변하는지를 그때그때 구체적으로 시각화하는 도구가 되는 것이다.[6]

6
존 콜코, <기능 장애 조직에서 기능 장애 상품이 나온다(Dysfunctional Products Come from Dysfunctional Organizations)>, 《하버드 비즈니스 리뷰(2015.1)》

여기에 더해, 정렬 도표는 조직의 인적 구성이 달라져도 조직 공통의 큰 그림이 계속 유지되도록 돕는다. 팀 구성에 변동이 생겨도 조직의 연속성이 유지되게 하는 것이다. 이런 맥락에서 보면 지식 경영의 역할도 하는 셈이다.

정렬 도표는 조직 내 사일로를 무너뜨린다

고객은 제품이나 서비스를 총체적으로 경험한다. 이상적인 솔루션은 조직 내 팀 간 경계를 쉽게 넘나들 수 있다. 고객 경험을 시각화하면 팀 간의 연결 부분이 드러나게 마련이다. 이 연결 부분을 둘러싼 논의는 팀을 초월한 협업을 촉발시킨다.

그러나 주의할 점은 정렬 도표는 종종 불편한 진실을 함께 가져온다는 것이다. 사일로 파괴는 결코 단순한 일이 아니다. 결함과 알려지지 않은 현상을 지적하는 것은 저항에 부딪힐 수 있다. 정렬은 먼저 조직의 모순을 드러낸 뒤, 구성원들이 이를 수용하도록 설득한다. 이는 꼭 각자의 이익을 위해서만

정렬 도표는 설득력 있는 시각화로써 가치 창출에 관한 중요한 논의 자리에 여러 관계자를 동참하게 만든다.

은 아니고, 고객이 누릴 혜택을 위해서다.

대기업의 경우, 개인의 관점에서 바라본 기능 전반에 대한 조망이 훌륭한 고객 경험을 창출하는 데 매우 중요하다.

정렬 도표는 조직을 집중하게 만든다

7
부즈앤드컴퍼니, <Executives Say Theyre Pulled in Too Many Directions and That Their Companys Capabilities Don't Support Their Strategy(2011)>

부즈앤드컴퍼니(Booz and Company)가 2011년 실시한 연구[7]에서 조사에 참여한 경영자 1,800명 중 대다수가 사업 전략에 집중할 수 없었다고 대답했다. 그들은 지나치게 많은 방향으로 유도되고 있었다. 그 결과 많은 기업은 일관성이 부족했다.

사업 전략의 일관성은 파울 라인반트(Paul Leinwand)와 체사레 마이나르디(Cesare Mainardi)가 쓴 《본질적 강점(The Essential Advantage)》에서 다루는 주제이기도 했다. 두 사람은 수년 동안 기업 전략을 연구한 뒤 다음과 같은 결론을 내렸다.

> 일관성이 갖는 이점을 활용하려면 다음과 같은 신중한 조치가 필요하다. 먼저 현재의 전략을 재검토하고, 대외 활동과 대내 활동 간의 기존 구분을 없앤 다음, 조직의 역량을 집중해야 한다.

정렬 도표는 그런 신중한 조치에 해당한다. 본질적으로 대외적 노력과 대내적 노력을 일치시키려고 하기 때문이다. 그럼으로써 정렬 도표는 조직에 집중력과 일관성을 제공한다.

정렬 도표는 기회를 보여준다

시각화는 즉각적으로 이해하게 만들고, 이전에 인지하지 못했던 가치 창출 기회에 관한 통찰을 제공한다. 인디 영(Indi Young)은 멘탈 모델을 본 관계자들이 공통으로 보인 반응을 통해 이러한 가능성을 다음과 같이 설명한다.

> 나는 프레젠테이션을 할 때 다른 사람들보다 경영진을 15분 먼저 초청한

다. 벽에 붙은 도표를 왼쪽에서 오른쪽까지 쭉 훑어보면서 나한테 질문할 시간을 주기 위해서다. 나는 질문에 대답하면서 제품 디자인을 할 때 도표를 어떻게 활용할 것인지에 대해 설명한다. 이런 식의 검토는 짧은 시간 안에 요점 위주로 이루어지며, 내용은 주로 경영진의 관심사인 '놓쳐 버린 기회'나 '미래 기회'의 맥락에 머무른다. 그런데 이렇게 많은 정보를 간결하게 압축하여 한곳에 모아 놓은 것을 한 번도 본 적이 없다는 경영진이 많았다.[8]

8
인디 영의 저서 《멘탈 모델(Mental Models) (2009)》을 참고하라.

도표 자체는 직접적인 솔루션을 제시하지 못하지만, 도표를 본 구성원들에게 주의를 환기시키는 효과를 줄 때가 많다. 조직의 운영 효율성이나 경험 설계 양쪽에서 개선할 점을 정확히 짚어낼 뿐 아니라 성장 기회도 보여준다. 좋은 도표는 조직에 대한 외부 관점을 제공하며, 설득력이 있고 매력적이다.

정렬 도표는 오래 사용할 수 있다

경험 매핑은 기본적인 업무 활동이다. 정렬 도표는 인간의 근본적인 욕구와 감정을 밝히는 것이므로 데이터가 쉽게 바뀌지 않는다. 그래서 도표는 한번 만들면 자주 바꿀 필요가 없어 일반적으로 몇 년 동안은 사용할 수 있다. 이러한 관점에서 매핑은 프로젝트 수준 활동이 아닌 지속적이면서 장기적인 이점을 제공하는 투자로 간주하는 것이 바람직하다.

정렬 도표는 상용을 넘어선다

가장 광범위한 의미에서 '경험'은 단순히 서비스 제공업체와 고객의 관계가 아니라 사람이 처한 상황을 반영한다. 이 책은 상업적인 맥락에 초점을 맞추고 있지만, 매핑 기법은 사회, 정부 등 다양한 환경에서 사용될 수 있다. 나는 매핑이 디자인 학습, 도시 계획 및 개선, 환경 보호에 사용되는 경우를 본 적이 있다. 가능성은 무한하다.

요약
SUMMARY

1장에서는 (가치) 정렬 도표의 개념을 다루었다. 이것은 개인의 경험을 조직과 나란히 정렬시켜서 시각적으로 보여주는 도표를 말한다. 정렬 도표는 현재 실무에 활용되고 있는 여러 가지 접근 방식을 통칭하는 말이다. 어떤 특정 기법이나 방법을 가리키는 용어가 아니라 현존하는 사례들을 재구성한 것이다.

정렬 도표의 예로는 고객여정지도, 서비스 청사진, 경험 지도 그리고 멘탈 모델 도표가 있다. 이 책 전반에 걸쳐 더 많은 도표들이 제시되어 있다. 페르소나와 같은 비즈니스 설계에 사용되는 다른 모델과 마찬가지로, 정렬 도표는 추상적이고 모호한 것을 구체화한다.

정렬 도표가 갖는 유용성은 다음과 같다.

- 적절하게 만들어진 정렬 도표는 공감, 궁극적으로는 온정을 형성하여 조직의 시각을 내부에서 외부로 이동시킨다.

- 정렬 도표는 조직 공통의 큰 그림을 공유하게 한다.

- 정렬 도표는 조직의 사일로를 무너뜨리는 데 도움이 된다.

- 정렬 도표는 조직을 집중하게 만든다.

- 정렬 도표는 조직에 개선과 혁신의 기회를 시사해 준다.

또한, 정렬 도표는 상당히 오랫동안 사용할 수 있다. 인간의 기본 욕구와 감정을 바탕으로 작성하기 때문이다. 그래서 한번 만들어지면 쉽게 바뀌지 않는다. 마지막으로, 정렬 도표는 상업적 차원을 넘어서서 경험의 이해가 필요한 다양한 상황에 적용될 수 있다.

정렬 도표는 토대가 된다. 답이나 솔루션을 직접 제공하지는 못하지만, 팀 간 논의를 촉진시키고 깊이 생각해 보게 한다. 사업 활동이 복잡해질수록 즉답을 찾는 접근 방식은 더 이상 바람직하지 않다. 정렬 도표야말로 조직이 스스로 창출한 경험을 잘 파악하기 위해 반드시 필요한 도구다.

경험 매핑으로
폭력적 극단주의와
싸우기

수행자

제임스 캘박(James Kalbach)

2016년 11월, 나는 헤다야(Hedayah)의 매핑 워크숍을 이끌어 달라는 요청을 받았다. 헤다야는 아부다비에 본부를 둔 비정부기구(NGO)로 폭력적 극단주의에 대응하는(CVE) 단체였다. 프로젝트의 초점은 자신이 몸담고 있던 증오 단체와 결별한 전(前) 폭력적 극단주의자들, '포머(formers, 전직자)'의 경험을 이해하는 것이었다.

포머는 CVE 단체 활동에 중요한 사람들이다. 이들은 '개 호루라기(일반인에게는 평범하게 들리는 암호화된 신호)' 소리를 들을 수 있고, 내부의 시각에서 극단주의 단체를 볼 수 있다. 게다가 증오 단체를 벗어나려고 하는 사람들이 포머에게 그 사실을 털어놓는 경우도 많다. 조직을 배반한다는 것이 어떤 의미인지 이해하는 사람들이기 때문이다.

내 후원자는 포머의 경험을 매핑하면 포머를 더 많이 모집할 수 있는 통찰을 얻을 수 있으리라고 생각했다. 그래서 '경험 매핑(mapping experiences)'을 검색하다 내 작업물을 알게 되었고, 나를 워크숍에 초대한 것이었다. 나는 무상으로 그 제의를 수락한 뒤 아부다비 여행과 워크숍 계획을 세우기 시작했다.

1 올바른 범위 설정하기

　나는 폭력적 극단주의에 대해 아는 것이 많지 않았기에 행사를 앞두고 포머에 대한 기초 조사를 진행했다. 적어도 그 분야의 전문가들과 보조를 맞출 수 있을 만큼 이해하고 싶었고, 워크숍에서 검증받아 완성할 수 있도록 예비 경험 지도를 준비하고 싶었다.

　하지만 내가 한 예비 작업은 궤도를 벗어난 것으로 드러났다. 설명을 제대로 이해하지 못해 경험 매핑 수준을 잘못 결정한 것이다. 그림 1-11의 윗부분은 내가 당초 틀리게 매핑한 전체 경험을 보여준다. 극단주의에 빠졌다가 증오 단체와 결별한 뒤 다시 사회에 복귀하는, 일반적인 폭력적 극단주의의 전 여정이다.

　그러다 이것은 한 번의 워크숍에서 다루기에는 너무 광범위하다는 생각이 들었다. 그 정도로 폭넓은 주제의 대화를 이끌 수 없을 것 같았다. 예감이 맞았다. 관계자와의 후속 통화를 통해 작업 범위를 명확히 할 수 있었다.

　그림 1-11의 아랫부분은 초점이 개선되었음을 보여준다. 범위가 훨씬 좁아졌는데, 특히 왜 어떤 포머는 증오와의 싸움에 뛰어들고 어떤 포머는 그러지 않는지에 초점을 맞추었다. 주요 관계자와 함께 적절한 범위를 설정하는 것은 프로젝트의 성공을 위해 매우 중요했다.

2 워크숍 진행하기

　아부다비에서 진행된 워크숍에는 7명의 포머가 참가했는데, 이 중에는 백인우월주의자였던 사람도 있었고, 알카에다였던 사람도 있었고, 갱 조직원이었던 사람도 있었다. 모두 증오와의 싸움에 뛰어들기로 한 사람들이었다. 이들 외에도 미국 국무부나 다른 NGO 등 여러 CVE 단체에서 참가한 사람이 9명이었다. 나는 신경이 곤두섰다. 이 멤버들로 워크숍을 제대로 진행할 수 있을지 자신이 없었기 때문이다.

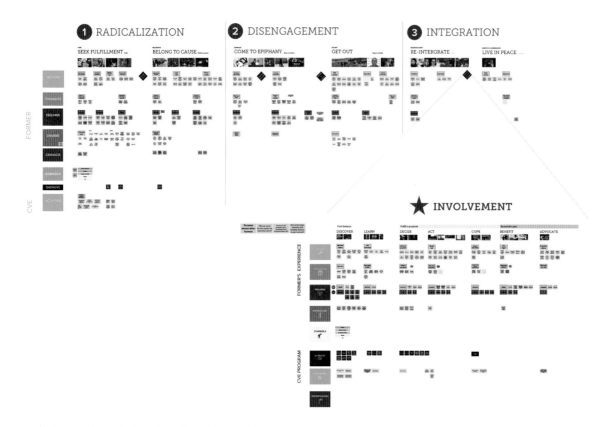

그림 1-11 서로 다른 세밀도를 보여주는 두 개의 예비 경험 지도

나는 이번 워크숍을 평소 하던 전형적인 경험 매핑 워크숍 형식으로 진행하기로 했다. 물론 초점은 포머들이 어떻게 CVE 활동에 참여하게 되었는지에 관해 광범위한 논의를 촉진하기 위한 그룹 매핑 작업이었다(그림 1-12 참조). 포머들은 CVE에 참여하기까지의 여정 동안 자신이 한 행동이나 품었던 생각, 느낀 감정을 이야기했다. 우리는 모두 함께 관심을 기울여야 할 핵심 순간을 찾아낸 뒤, 거기서 아이디어를 얻어 구체적인 솔루션으로 발전시켰다.

전체적으로 워크숍은 성공적이었고, 매우 긍정적인 피드백을 받았다. 어떤 NGO에서 온 참가자는 "제가 지금까지 참가한 워크숍 중 최고의 실무 워크숍이었습니다."라고 했다. 또, 포머 한 사람은 이렇게 말했다. "경험 매핑이 CVE 활동에 대한 제 관점을 바꿨습니다. 경험을 매핑하여 공감대를 형성한다면, 단순히 비즈니스 성과를 최적화하는 것을 넘어 기술을 고도화하여 보다 평화로운 세상을 건설하는 자산이 될 것입니다."

그림 1-12 폭력적 극단주의 단체에서 벗어난 사람들과 함께한 워크숍에서는 경험을 매핑하는 다양한 기법이 활용되었다.

3

최종 결과

수일간의 워크숍에서 나온 주요 산출물은 포머가 CVE 활동에 참여하게 되는 여정을 나타낸 지도였다. 이 지도는 헤다야가 작성한 심층 분석 자료에 포함되었다. 그림 1-13은 죄책감(극단주의 단체에서 벗어난 후의 일반적인 감정)에서 CVE 활동에 참여하게 되는 주된 동기인 속죄로 이행하는 경로를 보여준다.

전반적으로 이 워크숍은 새로운 영역을 탐색하는 것이었다. 그때까지 포머가 CVE 활동에 참여하는 경로를 조사한 사람은 아무도 없었다. 이런 의미에서 이 프로젝트는 왜 어떤 포머는 CVE 활동에 참여하고 어떤 포머는 참여하지 않는가를 보다 폭넓게, 장기적으로 이해하는 데 기여했다.

내 입장에서 당시의 작업은, 경험 매핑 기법이 상업적 환경 밖에서 더 광범위하게 활용될 수 있다는 생각을 재확인하는 계기가 되었다. 실제로 콘퍼런스나 회의에서 내 이야기를 공유한 후, 많은 사람이 이에 자극을 받아 자신의 일이나 삶에서 경험 매핑과 같은 창의적 기술을 사회적으로 활용할 방법을 고려하겠다고 말했다.

그림 1-13 폭력적 극단주의와 결별한 포머의 여정을 나타낸 최종 도표는 죄책감에서 속죄에 이르기까지 여러 단계의 감정 변화를 보여준다.

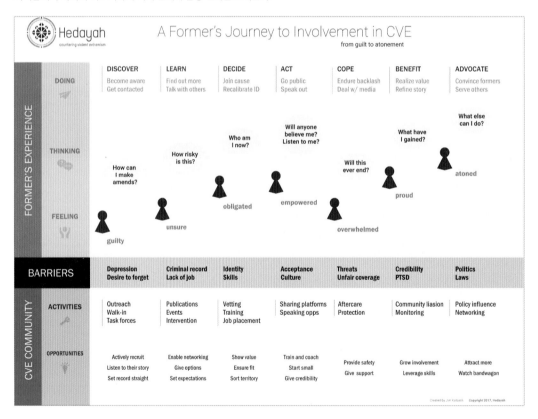

Mapping Experiences

가치 시각화: 외부에서 내부로 정렬하기

chapter

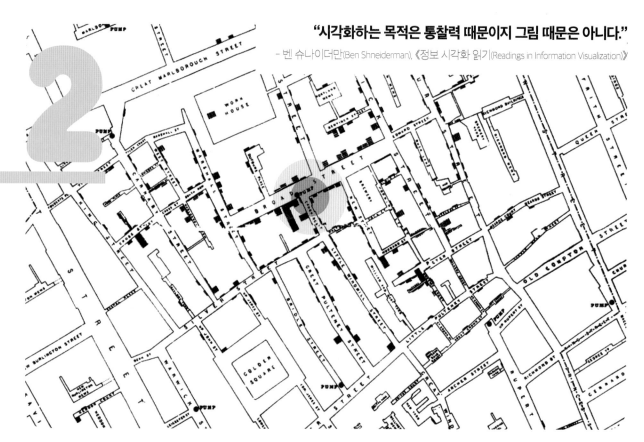

2

"시각화하는 목적은 통찰력 때문이지 그림 때문은 아니다."

– 벤 슈나이더만(Ben Shneiderman), 《정보 시각화 읽기(Readings in Information Visualization)》

그림 2-1 1854년 콜레라 발생 당시를 표현한 존 스노우의 런던 지도. 빨간 원은 병의 근원지였던 물 펌프를 강조한다.

경험 매핑의 기본 원칙

1854년 런던 콜레라 대유행의 원인은 당초 불분명했다. 루이 파스퇴르의 세균 이론 이전에, 많은 사람은 이 질병이 공기로 전파된다고 생각했다. (하지만) 런 던의 내과의사 존 스노우(John Snow)의 설명은 달랐다. 그는 콜레라가 물속에 있다고 믿었다. 현미경 검사가 결론에 이르지 못하자, 스노우는 대신 콜레라의 확산을 분석해 자신의 예감을 증명했다.

이를 위해 스노우는 런던 소호 지역의 콜레라 발병 사례를 지도화했다(그림 2-1). 그 결과 나타난 패턴은 인과관계를 입증했다. 특정 식수원인 물 펌프와의 근접성은 높은 확률로 콜레라 발병과 연관성이 있던 것이다. 콜레라의 쇠퇴는 스노우가 그 펌프를 폐쇄하라고 권고한 것에 기인했다.

스노우의 지도에는 거리, 콜레라 환자의 집, 물 펌프 등 여러 계층의 정보가 포함되어 있었는데, 이는 이전에 발견되지 않은 증거(이 경우 질병의 원인)를 밝힐 수 있게 했다. 그 방법은 간단하지만 효과적이었고, 스노우는 지도를 바탕으로 가설을 세울 수 있었다. 즉, 특정 펌프를 폐쇄한다면, 콜레라 환자는 줄어들 것이다.

시각화는 즉각적으로 이해하게 만들고, 가설에 이르도록 도와준다. 마찬가지로 도표는 생태계 내 상호 연관성을 보여준다.

당장 드러나지는 않겠지만, 나는 스노우의 사례에 정렬(alignment) 개념이 내재되어 있다고 주장하고 싶다. 그 정렬은 다음과 같다. 물(수도사업소에서 제공하는 서비스), 물 펌프(시스템의 접점), 소호 지역의 콜레라 발병 가정들(개인). 스노우가 보여준 것은, 수 킬로미터 떨어진 곳에 있는 수도 처리 및 저장 시설이 런던 중심부의 사람들에게 영향을 미친다는 사실이었다. 이 결론은 대체로 전 세계 공중 보건 개념의 시작으로 인정받고 있다.

이것이 내가 온갖 종류의 도표를 좋아하는 이유다. 그것들은 개요를 제공하고, 창의적인 상상으로 새로운 통찰로 이어지는 새로운 관계를 보여준다. 단지 지도와 몇 가지 데이터만으로도 존 스노우는 당대 최고의 현미경이 볼 수 없는 것을 볼 수 있었다. 아주 효과적이었다.

마찬가지로, 경험 매핑은 새로운 통찰력을 제공한다. 인간의 상황에 대한 조사와 도해로 시작해서는, 그의 니즈를 뒷받침하는 방법을 강구한다.

도표는 우리가 창출하는 경험의 전체 모습을 체계적으로 보여준다. 매핑 프로세스에서는 조직 내의 논의가 촉진되어, 일관되지 않은 상호 작용이 방지되고 일관성이 증진되는 효과가 있다. 어떤 유형의 도표가 되었든 경험을 매핑하면서 반드시 고려해야 하는 대단히 중요한 측면이 있다. 이 장에서 앞으로 자세히 설명하겠지만, 다음과 같은 측면이다.

1. 작업의 프레임을 명확히 할 것. 도표의 구조 및 사용 방법뿐 아니라 관점, 범위, 초점을 확실히 하라는 의미이다.

2. 진실의 순간(moments of truth)이라 불리는 극히 중요한 순간뿐 아니라 시스템 내에서 다양한 접점을 규명할 것.

3. 가치 창출에 집중할 것. 제품이나 서비스, 또는 사업을 개선하거나 혁신하려는 목적으로 도표를 이용하라는 의미이다.

이 장을 읽고 나면 경험 매핑에서 이루어지는 주요 결정들을 더 잘 이해하게 될 것이다.

2.1 매핑 작업 프레임 잡기

경험이란 말을 정확하게 정의하기는 쉽지 않다. 그래도 이해를 돕기 위하여 경험이란 말을 듣고 사람들이 공통적으로 생각하는 내용을 뽑아 보았다.

경험은 총체적이다

경험이란 본질적으로 행위와 생각, 시간이 가면서 생기는 감정 등 모든 것을 아우르는 개념이다.

경험은 개인적이다

경험은 제품이나 서비스의 객관적인 특성이 아니라, 개인의 주관적인 인식이다.

경험은 상황 의존적이다

나는 롤러코스터를 좋아하지만 밥을 많이 먹은 직후에는 그렇지 않다. 보통은 아주 신나는 경험이지만 식사 직후에 타면 메스꺼워 너무 불쾌하기 때문이다. 롤러코스터는 바뀌지 않았다. 상황이 바뀌었을 뿐이다. 경험은 상황에 따라 달라진다.

경험 매핑의 기본 원칙

그렇다면 우리는 어떤 방식으로 경험 매핑에 접근해야 할까? 간단히 말하면, 그것은 선택의 문제다. 목적에 따라 도표의 범위를 좁혀야 한다. 어떤 요소는 포함하고 어떤 요소는 배제할지는 도표 작성자인 여러분의 결정에 달렸다.

예를 들어, 일반 지도를 작성할 때도 지도상에 무엇을 나타낼지 선택한다. 1933년 처음 발간된 해리 벡(Harry Beck)의 런던 지하철 노선도를 보자(그림 2-2). 많은 정보를 싣지 않고 노선, 역, 환승 정보, 템스 강만 표시했다.

그림 2-2 해리 벡은 1933년 유명한 런던 지하철 노선도를 제작했다.

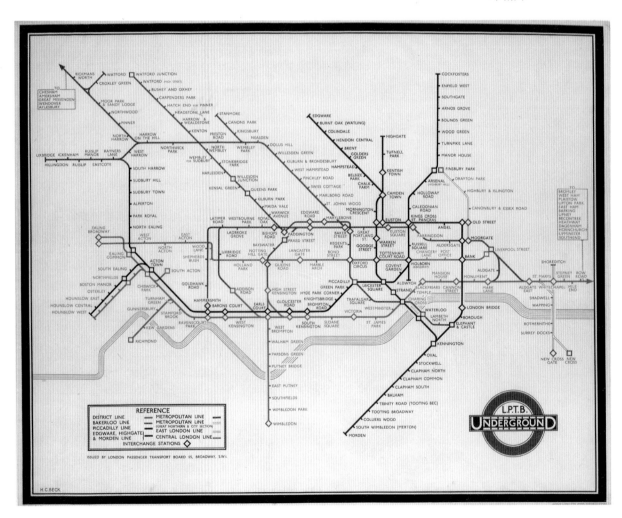

또한, 실제 노선대로 그리지 않고 수평선과 수직선, 45도의 사선으로만 그렸다. 역 사이의 간격도 동일하게 나타냈는데, 실제는 역 사이의 거리가 아주 다양하다. 전혀 문제가 안 된다. 지도는 실제 세계를 추상화한 것이기 때문이다.

벡이 그린 지도는 몇 가지 소소한 업데이트 외에는 70년이 넘은 지금까지도 그대로 사용되고 있다. 이 지도가 뛰어난 이유는 도로, 건물, 휘어진 노선, 역 사이의 실제 거리 등 지도에 표시하지 않는 정보 때문이다. 즉, 꼭 필요한 요구만 더할 나위 없이 완벽하게 충족하고 있는 것이다. 특정한 니즈를 매우 잘 충족시키는 이런 적절성이 이 지도의 장수 비결이다.

마찬가지로 경험 매핑에도 선택이 필요하다. 왜곡은 반드시 발생하지만, 작업의 정의가 목푯값에 도달한 경우 전체 메시지는 유효하다. 물론 프로젝트의 프레임은 조직과 관련 있어야 하며 조직의 목표에 맞추어야 한다.

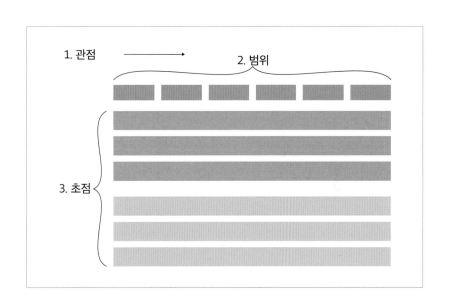

그림 2-3 세 가지 핵심 기준에 맞추어 모든 매핑 작업을 정의한다.

매핑 작업을 시작하기 전에 그림 2-3에 표시된 다음과 같은 세 가지 기본 요소를 정의해야 한다.

경험 매핑의 기본 원칙

1. 관점 - 당신은 누구의 경험을 매핑하고 있으며 어떤 경험이 포함되어 있는가?

2. 범위 - 경험은 언제 시작해서 언제 끝나는가?

3. 초점 - 어떤 유형의 정보가 포함될 것인가?

또한 도표의 구조는 예정된 용도와 함께 미리 결정되어야 한다.

도표 작성자로서, 궁극적으로 도표의 이용자가 될 주요 관계자들로부터 이러한 측면들에 대한 합의를 이끌어 내는 것은 여러분의 책임이다. 각 항목은 다음 절에서 자세히 설명하겠다.

관점

도표의 관점과 관련하여 다음 질문에 답해야 한다. "이 도표는 누구의 관점을 취하고 있는가?" 몇몇 경우에, 답은 분명할 것이다. 그러나 다른 맥락, 예를 들어 더 복잡한 B2B 상황에서는 상호의존적으로 상호 작용을 하는 관련 행위자가 대여섯 명 이상일 수 있다. 따라서 먼저 어떤 경험을 매핑해야 하는지 분류해야 한다.

관점에는 두 가지 기준이 있다. 하나는 관련된 사람이고, 다른 하나는 그들이 참여하는 경험의 유형이다. 예를 들어, 뉴스 잡지에는 독자와 광고주라는 뚜렷이 구분되는 두 부류의 고객이 있다. 이들 고객과 잡지사 간의 상호 작용은 서로 많이 다를 것이다.

일단 초점을 맞추어야 할 사람-여기서는 독자로 가정하자-을 정했으면, 그다음에는 여러 경험 중 어떤 경험을 나타낼 것인지를 선택해야 한다. 뉴스 잡지의 독자라면 다음 세 가지 경험을 생각해 볼 수 있다.

도표의 관점을 이해하는 것은 접근 방식과 메시지를 결정하는 데 있어 매우 중요하다.

구매 행동

하나의 관점은 독자가 이 뉴스 잡지를 어떻게 구매하는가를 보는 것이다. 처음으로 잡지를 인지하게 되는 경위, 잡지를 사는 이유, 재구매 의향 등과 같은 것이다. 이런 관점으로 경험을 매핑하면 판매를 최대로 늘릴 필요가 있을 때 도움이 된다. 고객여정지도(customer journey map)를 사용하면 적합하다.

다른 관점은 일반적으로 독자가 어떤 방식으로 뉴스를 소비하는가를 보는 것이다. 사람들이 정보를 접하는 다양한 경로 중 이 잡지가 차지하는 위치를 보려는 것이다. 이런 관점은 잡지 사가 뉴스 제공 범위를 넓히고자 할 때 도움이 될 수 있다. 이 경우에는 멘탈 모델 도표(mental model diagram)가 적합하다.

일상생활

전형적인 독자의 일상생활을 보는 관점도 있다. 뉴스 잡지가 독자의 일상생활과 어떻게 맞물 려 돌아가는지 보는 것이다. 언제, 어디에서 잡지를 접하는가? 뉴스를 찾아 읽기 위해서 하는, 그 밖의 다른 행동은 무엇인가? 이런 경험을 매핑하는 경우 경험 지도가 적합하다.

각각의 관점에 따라 구매 행동과 뉴스 소비, 일상생활 등과 같이 분석 대상이 달라진다. 조직이 무엇을 필요로 하느냐에 따라 그에 적합한 관점을 선택하면 된다. 이처럼 도표의 관점을 이해하는 것은 접근 방식과 메시지를 결정하는 데 있어 중요하다.

일반적으로, 하나의 도표는 단일 관점을 반영한다. 명확한 관점은 도표의 메시지를 강화한다. 따라서 관점을 명확히 하고자 경험 지도의 상단 모서리에 페르소나에 대한 정보를 포함하는 것이 보통이다.

그러나 1장에서 언급한 바와 같이, 도표는 다양한 관점으로 조정될 수 있다. 그 경우에도 누구의 어떤 경험을 포함할지를 정해야 할 것이다. 종종, 주요 관점이 먼저 정의된 뒤 보조 관점이 그에 맞춰진다.

매핑 작업에서 관점을 어떻게 결정하느냐는 질문에는 옳고 그른 답이 없다. 여러분이 보여주기로 결정한 것은 관계자의 필요에 따라 다르다. 도표의 관점을 조직의 목표와 일치시키기 위해 노력해야 한다.

범위

범위는 상당히 이해하기 쉽다. "경험이 언제 시작해서 언제 끝나는가?"라는 질문에만 답하면 된다. 시간순으로 배열한 도표의 왼쪽 끝에서 오른쪽 끝까지를 범위라고 생각하라. 매핑 작업의 범위가 자명해 보일 때도 있겠지만, 추가로 고려해야 할 사항이 생기면 시작점과 끝점이 달라질 수 있다.

앞서 예로 든 롤러코스터를 생각해 보자. 경험이 시작되는 것은 롤러코스터를 타고 안전벨트를 착용할 때부터인가, 줄 서서 기다릴 때부터인가? 아니면 놀이공원에 도착하기 전부터 시작되는가? 집에서 출발할 때부터, 아니면 그보다 더 일찍인가? 그러면 경험의 끝은 언제인가? 롤러코스터에서 내릴 때인가, 아니면 탑승 중 찍힌 사진을 볼 때인가? 아니면 한 달 뒤에 다시 그 사진을 볼 때 끝나는가?

도표에 포함할 경험의 범위를 정하는 일은 작성자인 여러분에게 달렸다. 여기에 맞고 틀린 것은 없다. 프로젝트의 필요에 따라 정하면 된다. 나는 종종 분명한 시작점을 찾고 나서 경험이 시작되기 전의 선행 요소를 포함시키기 위해 한 단계 이전으로 거슬러 올라갈 때가 있다.

일례로 한 프로젝트에서 우리는 어떤 회사 직원들에게 보다 고객 중심적인 사고방식을 조성하고자 했다. 처음에 우리는 직원 경험의 범위를 입사 첫날부터로 정했다. 하지만 채용 공고 단계나 채용 단계를 비롯한 그 이전의 단계로 거슬러 올라가자, 고객 중심적인 사고방식을 강화할 기회가 훨씬 많다는 것을 알게 되었다(예컨대, 채용 과정에 원하는 태도를 주입하거나 채용 공고문에 회사가 바라는 바를 명시하는 등이다).

그림 2-4는 진 스미스(Gene Smith)와 트레버 반 고프(Trevor van Gorp)가 작성한 다양한 유형의 게이머에 관한 경험 지도의 앞부분을 확대한 것이다(이 도표의 전체 모습은 그림 12-4에 나와 있다). 여기서 경험의 시작을 '과거의 경험(Past Experiences)'으로 정의했다는 점에 주목하자. 사람들이 과거의 경험을 현재의 경험에 끌어들인다는 점을 명백히 인식하고 있는 것이다. 이 도표의 범위는 그냥 게임만 하는 것보다는 넓다. 이렇게 하면 이전에는 고려하지 못했던 기회를 포착하는 데 도움이 될 수 있다.

하지만 범위를 단지 경험의 시작과 끝으로만 생각해서는 안 된다. 또한

> 적절한 범위를 설정한다면 경험에 대한 후속 이해는 물론, 잠재된 전략적 기회도 포착할 수 있을 것이다.

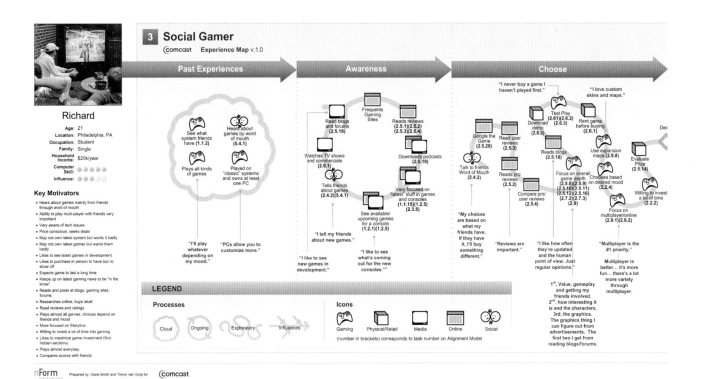

그림 2-4 여기 표시된 '과거의 경험'처럼, 주된 경험이 시작되기 전의 요소를 경험 지도에 채워 넣을 수도 있다.

범위를 세분화할 때도 절충이 필요하다. 전체 경험을 처음부터 끝까지 나타낸 도표는 큰 그림은 보여주지만 세부적인 내용은 보여주지 못한다. 반면, 일부를 자세히 표시한 도표는 구체적인 상호 작용을 보여주는 대신 다루는 범위가 좁다.

예컨대 벡이 작성한 런던 지하철 노선도(그림 2-2)는 역 사이의 간격을 동일하게 표시했기에 전체 시스템이 한 장에 들어갈 수 있었다. 역 간격을 실제대로 표시했다면, 종착역은 지도 바깥으로 나갔어야 했을 것이다. 전체 노선을 보여줘야 한다는 전제를 감안할 때, 실제대로 그리지 않은 것은 불가피한 일이었다.

예를 들어 우리가 미국에 있는 어느 도시의 관광청과 계약을 맺고, 특히 모바일 서비스 개선이라는 구체적인 목표를 가지고 방문 관광객의 경험을 개선하는 일을 맡았다고 하자.

한 가지 접근 방식은 관광객이 집에서 계획을 세울 때부터 실제 도시를 방문할 때까지의 전체 방문 과정과 그 이후의 후속 활동까지를 범위에 포함하는 것이다. 그러면 전체 서비스 생태계에 존재하는 다양한 유형의 접점을 담은 광범위한 도표를 작성하여 여러 관계자에게 보여줄 수 있다.

또 다른 접근 방식은 범위를 모바일 서비스와 관련된 도시 내의 경험으로 한정하는 것이다. 이 경우 여정은 아마 도시에 도착할 때 시작해 도시를 떠날 때 끝나겠지만, 특정 유형의 사용자가 경험하는 모바일 접점에 관하여 보다 깊이 있는 정보를 제공할 수 있을 것이다.

두 접근 방식 모두 해당 조직의 니즈뿐만 아니라 관심사나 지식 격차에 따라서 각각 다르게 유효하다. 각각의 구체적인 문제에 초점을 맞출 것인가, 아니면 전체 시스템을 볼 것인가? 중요한 것은 사전에 둘 사이의 절충 관계를 명확히 하고, 올바른 기대치를 설정하는 것이다. 적절한 범위를 설정한다면 경험에 대한 후속 이해는 물론, 잠재된 전략적 기회도 포착할 수 있을 것이다.

초점

어떤 유형의 정보를 도표에 포함시킬 것인가? 무엇에 관한 도표인가? 주어진 도표에서 정보가 담길 행들을 기준으로 생각해 보자. 그러면 무슨 내용을 포함시켜야 할지 알 수 있을 것이다. 다시 말하지만 여기서도 어떤 측면에 초점을 맞출 것인지는 작성자인 여러분에게 달려 있다. 도표가 여러분의 조직과 관계자의 요구와 밀접하게 연결되도록 노력하라.

고려할 요소는 다양하다. 그중 어떤 요소를 선택할 것인가는, 작업 프레임을 어떻게 잡았는지(5장 참조)와 조직에 가장 중요한 측면이 무엇인지에 따라 달라진다.

나는 보통 경험을 묘사할 때 기본적으로 개인의 행동과 생각, 감정에서부터 시작한다. 여러분의 프로젝트에서 강조해야 할 초점은 다를 수도 있을 것이다. 조직에 의미 있는 도표를 작성하기 위해 포함시킬 수 있는 전형적인 측면에는 다음과 같은 것이 있다.

- **물리적:** 인공물, 도구, 기기
- **행태적:** 행위, 활동, 과업
- **인지적:** 생각, 견해, 의견
- **정서적:** 감정, 욕구, 심리 상태
- **니즈:** 목표, 결과, 해결과제
- **도전 과제:** 고충, 제약, 장애물
- **맥락:** 배경, 환경, 장소
- **문화:** 신념, 가치, 철학
- **이벤트:** 계기, 진실의 순간, 장애점

조직을 나타내는 요소로는 다음과 같은 것을 들 수 있다.

- **접점:** 매체, 기기, 자료
- **제공물:** 제품, 서비스, 특색
- **프로세스:** 내부 활동, 업무 흐름
- **도전 과제:** 문제, 쟁점, 고장
- **운영:** 역할, 팀, 보고 체계
- **측정 지표:** 트래픽, 재무, 통계
- **평가:** 강점, 약점, 학습
- **작업:** 난도, 비능률, 상호 작용의 용이성
- **기회:** 격차, 약점, 잉여
- **목표:** 수입, 절감, 평판
- **전략:** 정책, 디자인 상품화, 원칙

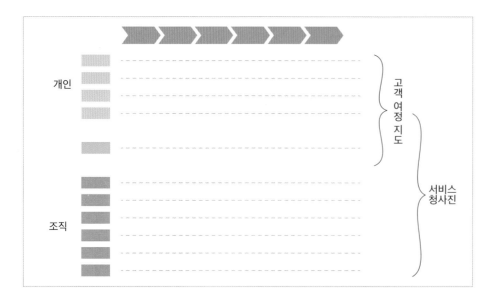

개인

조직

고객여정지도

서비스 청사진

그림 2-5 도표 유형에 따라 초점이 달라진다.

앞에서 언급한 여러 요소 간의 균형 문제도 중요하다. 여러분이 작성할 도표와 가장 관련 있는 대상의 측면들을, 여기 제안한 것부터 시작해 모두 나열해 보기를 추천한다. 그런 다음 도표 밑그림에 각 측면을 배치해 가면서 여러분이 추구하는 목표 달성에 부합하는지 확인하면 된다.

또한 도표 유형에 따라 초점이 달라진다는 점도 생각해야 한다(그림 2-5 참조). 예컨대 고객여정지도는 조직에 대한 설명은 최소화하고 주로 개인의 경험에 초점을 맞출 수 있다. 반대로 서비스 청사진은 전 채널에 걸친 서비스 제공 과정을 강조하는 대신, 사용자 경험에 대한 자세한 설명은 생략할 것이다.

구조

정렬 도표는 다양한 구조로 작성할 수 있다. 가장 보편적인 형태는 시간 순서대로 작성한 것인데(그림 2-6a), 이 책에 나오는 도표는 대부분 시간 순서대로 구성되어 있다. 하지만 계층적 구조나 공간적 구조, 네트워크 구조 등 다른 유형의 구조도 가능하다(그림 2-6b, 2-6c, 2-6d).

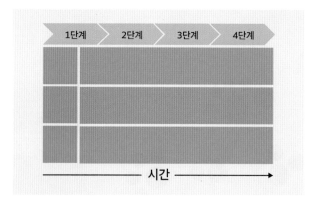

그림 2-6a 시간적 구조: 경험은 실시간으로 일어나는 것이므로, 경험을 시간 순서대로 배치하면 일련의 인간 행동이 자연스럽게 만들어진다. 정렬 도표를 구조화하는 데 가장 많이 사용하는 방법이 시간 순서를 이용하는 것이다. 자세한 내용은 10~12장 서비스 청사진, 고객여정지도, 경험 지도를 참고하기 바란다.

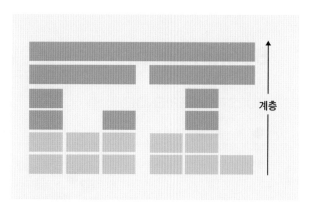

그림 2-6b 계층적 구조: 시간 차원을 없애고 경험을 계층 구조로 배치해서 도표를 작성한다. 동시에 일어나는 여러 측면을 보여주려고 할 때, 시간 순서대로 나타내기 어려우므로 이 구조가 유용하다. 13장에서 멘탈 모델 도표 등 계층적 구조의 도표에 관해 설명한다.

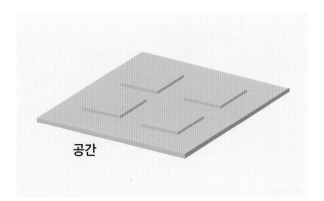

그림 2-6c 공간적 구조: 경험을 공간적으로 배치해서 도표를 작성한다. 상호 작용이 일어나는 물리적 장소를 보여주고자 할 때 이 구조를 적용한다. 대면 서비스 접점을 예로 들 수 있다. 이 구조는 비유적인 방식으로 경험을 나타낼 수도 있다. 즉, 실제는 그렇지 않으면서도 3차원 공간에서 경험이 일어나는 것처럼 보여줄 수 있기 때문이다.

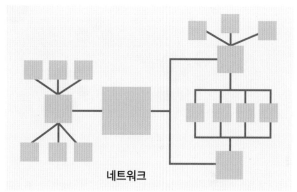

그림 2-6d 네트워크 구조: 네트워크 구조는 시간 순서대로나 계층적 구조로 나타내지 못하는 경험의 여러 측면 간의 상호 관계망을 보여준다.

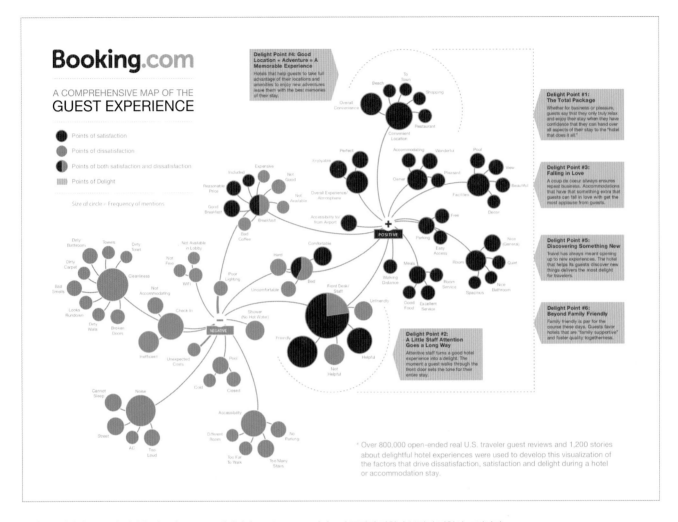

그림 2-7 행위자(actor)와 개념을 네트워크 구조로 배치하니, Booking.com 서비스의 긍정적 경험과 부정적 경험이 드러난다.

그림 2-7은 Booking.com 서비스의 고객 경험 지도이다. 네트워크와 유사한 구조로 경험을 나타낸 좋은 예다. 긍정적 경험이나 부정적 경험을 느끼게 하는 접점에 초점이 맞춰져 있다.

사용 목적

정렬 도표를 작성할 때는 처음부터 사용 목적을 염두에 두어야 한다.

먼저 도표에 있는 정보를 누가 사용할지 고려하자. 런던 지하철 지도는 매일 지하철에서 여행객들에게 읽힌다. 그들은 지도를 지하철망의 두 역 사이를 이동하는 방법을 결정하는 데 사용한다. 그러나 런던 지하철에서 개폐 신호를 관리하는 엔지니어들은 벡의 지도가 상세하지 못하다는 것을 알게 될 것이다. 작업을 수행하려면 더 높은 수준의 충실도와 사양이 필요하다. 벡의 지도는 엔지니어를 위한 것이 아니다.

다음으로 도표의 사용 목적이 무엇인지 생각해 보아야 한다. 조직의 니즈에 적합한 방식으로 작업 프레임을 잡아라. 조직이 궁금해하는 질문 중 도표가 답할 수 있는 것이 무엇인가? 도표가 채워줄 수 있는 지식의 빈틈은 무엇인가? 도표가 해결에 도움이 되는 문제는 무엇인가?

끝으로, 도표의 용도를 생각해 보기 바란다. 문제를 진단하기 위해서인가, 아니면 기존 시스템의 디자인을 개선하기 위해서인가? 발전에 필요한 전략이나 계획을 수립하기 위한 용도인가, 아니면 혁신과 성장에 필요한 새로운 기회를 찾기 위한 용도인가?

이 책에서 추천하는 도표 유형은 생산적인 활동에 가장 적합하다. 즉, 조직은 함께 창의적으로 기회를 찾기 위해 현재 상태의 경험 지도를 사용할 수 있다. 이러한 관점에서, 도표는 미래에 무엇을 할 수 있는지에 관한 대화의 발판 역할을 한다. 만들어진 솔루션에 따라 미래 상태의 경험 지도가 필요하거나 필요하지 않을 수 있다.

매핑은 또한 부가적인 기능을 제공할 수 있다. 여정 관리는 지속적인 모니터링을 위해 고객 경험의 접점에서 실시간 데이터(만족도 점수, 사용량 지표 등)를 조정하는 급성장 분야다. 조직은 여정의 각 단계에서 사람들이 실제로 경험하는 것에 대한 데이터를 실시간으로 볼 수 있다.

2.2 접점 찾기

앞에서 설명한 방식으로 작업 프레임을 잡으면, 전반적인 경험을 표현할 토대가 마련된 셈이다. 이제는 이들 경험 안에서 개인과 조직 사이의 관계도 고려해야 한다. 가치 교환의 수단인 **접점**이라는 개념을 이용하면, 개인과 조직 양자 간의 상호 작용을 나타낼 수 있다.

일반적으로 다음과 같은 것들이 접점에 해당한다.

- 텔레비전 광고, 인쇄 광고, 브로슈어
- 마케팅 이메일, 소식지
- 웹 사이트, 블로그, 온라인 뉴스레터
- 앱, 소프트웨어 프로그램
- 전화, 고객 전용 전화, 온라인 채팅
- 고객 상담 카운터, 계산 창구
- 물리적 대상물, 건물, 도로
- 포장재나 배송재
- 계산서, 청구서, 결제 시스템

접점은 전통적으로 크게 세 가지 유형으로 나뉜다.

고정 접점

사용자가 상호 작용할 수 없는 접점이다. 인쇄물, 표지판, 광고 같은 것이 여기에 속한다.

상호 작용 접점

웹 사이트나 앱이 상호 작용 접점에 속한다. 종종 행동 유도나 따라야 할 작업 흐름을 포함한다.

인적 접점

사람과 사람이 상호 작용하는 유형의 접점이다. 커뮤니티나 포럼뿐 아니라, 영업 담당자나 전화로 응대하는 상담 요원 등을 포함한다.

1

알렉스 로슨, 이완 던컨, 코너 존스가 《하버드
비즈니스 리뷰(2013.9)》에 기고한 〈고객
경험의 진실(The Truth About Customer
Experience)〉을 참고하라.

2

크리스토프 스펭글러(Christoph Spengler),
베르너 비르츠(Werner Wirth), 렌쪼
지그리스트(Renzo Sigrist)가 《Marketing
Review St. Gallen (2010.2)》에 기고한 글
〈360도 접점 관리-트위터가 우리 브랜드에
얼마나 중요한가?(360° Touchpoint
Management - How important is Twitter for
our brand?)〉를 참고하라.

경험을 생태학적 관점에서 보는 조직은 경쟁 우위를 확보할 수 있다. 기업이라면 최종 성과에 영향을 미치는 셈이다. 2013년에 알렉스 로슨(Alex Rawson)과 동료들이 수행한 연구에 따르면, 접점 최적화는 사업 건전성을 보여주는 중요한 예측 지표라고 한다.[1] 매출액 증가, 고객 유지율 향상, 긍정적 입소문 등 기업의 성과 개선과 20~30%가량 상관관계가 있다는 것이다. 마찰을 줄이고 일관된 경험을 제공하면 성과가 오른다.

그림 2-8에 나와 있는 접점 목록을 보기 바란다. 이 도표는 스위스 취리히에 본사를 둔 마케팅 회사 악셀러롬(Accelerom)이 360도 접점 관리 프로세스의 일환으로 작성한 것이다.[2] 회사와 고객 사이의 접점 목록이 상당히 광범위하게 나와 있다.

그림 2-8 스위스 회사 악셀러롬이 작성한, 360도 접점 매트릭스를 나타내는 도표

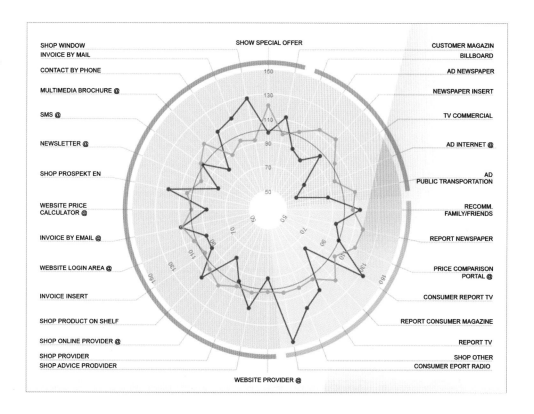

하지만 어떤 사람들은 더 넓은 시야를 요구한다. 그중 크리스 리스돈(Chris Risdon)은 접점을, 상호 작용을 둘러싼 전후 맥락으로 정의했다. 〈접점 멋지게 만들기(Unsucking the Touchpoint)〉라는 그의 글에는 다음과 같은 구절이 있다.

> 접점은 특정 시점, 특정 장소에서 특정한 사람이 갖는 니즈와 관련된 상호 작용점이다.

유명한 고객 경험 컨설턴트인 지니 월터스(Jeannie Walters)도 접점의 정의를 더 넓혀야 한다는 입장이다. 그녀는 다음과 같은 글로 접점 목록에 비판적인 입장을 취했다.

> 접점을 이런 식으로 바라볼 때의 문제점으로는 다음과 같은 것이 있다. 우선 이 접근 방식은 고객이 조직과 1차원적으로 직접적인 관계를 맺고 있다고 가정한다. 두 번째로, 고객은 의미 있는 방식으로 접점을 이해하고 이용한다고 가정한다. 간단히 말하면, 회사 위주로 접점을 바라본다는 뜻이다 (이것이 너무 지나쳐, 접점을 마케팅, 운영, 요금 청구 등과 같이 조직도에 따라 분류하기도 한다).[3]

3
지니 월터스, <고객 접점 목록이란 무엇인가? (What IS Customer Touchpoint?)>, 《Customer Think blog(2014.10)》

그러나 접점 시각화의 개념은 브랜드 인식과 수익을 최적화하려는 상업적 배경 이상으로 유용할 수 있다. 맷 싱클레어(Matt Sinclair), 레일라 쉘드릭(Leila Shedrick), 마리알레 모레노(Mariale Moreno), 엠마 듀베리(Emma Dewberry)는 광범위한 생태계를 가로지르는 접점을 볼 수 있는 독특한 도구를 개발했다. 이들은 단일 사용자를 위한 단일 라이프사이클을 넘어서는 상품을 개발하는 순환 디자인(circular design) 분야에서 일하면서, 관계자가 제품의 수명 연장에 개입할 수 있는 생태계 내의 지점을 매핑하고자 했다. 순환 디자인 및 소비자 개입 지도(consumer intervention map)에 대한 자세한 내용은 이 장 끝에 있는 [Case Study]를 참조하기 바란다.

정렬 도표는 고객과의 상호 작용을 생태학적으로 바라보는 관점을 강화해 준다. 각각의 접점을 나타낼 뿐만 아니라, 처음부터 끝까지 이어지는 경험의 전 과정을 보여주기 때문이다. 매핑에서 얻게 되는 통찰력은 단순히 고객을 즐겁게 하고 소비를 최적화하는 것을 넘어 생산, 제품 라이프사이클, 보다 지속 가능한 설계 수단에 혁신을 포함시킬 수 있는 전략적 토대를 마련해 준다.

2.3 진실의 순간(MOT)

정렬 도표는 단순히 접점의 집합이 아니다. 그것은 경험에서 가장 중요한 지점을 발견하고 이해하는 데 필요한 통찰력을 제공한다. **진실의 순간**(Moments of Truth)이라 불리는, 이들 주요 정서적 단계는 가장 중요한 측면에 조직의 관심을 집중하게 한다.

진실의 순간은 특별한 유형의 접점이라고 볼 수 있다. 진실의 순간은 아주 중요하고 감정이 충만한 상호 작용이며, 대개 원하는 결과를 얻기 위해 에너지를 많이 쏟을 때 생긴다. 진실의 순간에 어떻게 대처하느냐에 따라 관계가 형성되기도 하고 단절되기도 한다. 그것은 상호 작용의 핵심이다. 예를 들어, 새 집을 살 때, 어떤 매물을 구매할지를 선택하는 것은 아마도 진실의 순간이 될 것이다.

'진실의 순간'이란 용어는 스칸디나비아항공 CEO였던 얀 칼슨(Jan Carlzon)이 같은 제목의 책을 내면서 대중화되었다. 책에서 칼슨은 이 용어를 설명하기 위해, 탑승권을 놓고 공항에 온 승객의 스토리를 들려준다. 항공사 직원이 직접 차를 몰고 호텔에 가서 탑승권을 가져다 공항에 있는 승객에게 전해준다. 이렇게 해서 승객에게 결코 잊을 수 없는 인상을 남겼다는 이야기다.

진실의 순간은 혁신과 성장의 기회를 제시한다. 예를 들어, 경영학자이면서 컨설턴트인 나단 퍼(Nathan Furr)와 제프 다이어(Jeff Dyer)는 공저《혁신가의 방법(The Innovator's Method)》에서 여정 노선(journey line), 즉 고객이 겪는 여러 단계를 간단한 그림으로 시각화하라고 제안한다. 책에는 이런 내용이 나온다.

> 고객이 현재 과제를 어떻게 해결하며 과제 해결 과정에서 무엇을 느끼는
> 지 이해하려면, 고객의 고충을 알아볼 수 있는 상세한 그림을 그려 보라.
> 고객이 결과를 얻기 위해 밟는 여러 단계를 눈으로 볼 수 있게 매핑해 보는
> 것이다. 그러면 단계마다 고객의 감정을 표현하는 과정에서 고객이 어떤
> 느낌이 들지 이해할 수 있게 된다.

나아가, 그들은 '고객의 감정이 달아오르는 순간', 다른 말로 하면 진실의 순간을 찾아보라고 한다. 이런 순간에 활용할 수 있는 솔루션이야말로 수익을 낼 가능성이 높다는 것이 저자의 주장이다. 사람들은 대체로 니즈가 결정적일 때 이를 충족해 주는 서비스에 돈을 지불하고 싶어 하기 때문이다. 이런 의미에서 진실의 순간은 조직 입장에서는 기회 지점인 셈이다.

진실의 순간에 초점을 맞추면 중요한 경험에 에너지를 집중할 수 있다. 진실의 순간을 잘 다루어야 고객들이 여러분의 제품이나 서비스에 일관성이 있다고 인식하게 된다. 도표는 시간 경과에 따라 이런 지점들에 대한 통찰을 제공함으로써 조직이 보다 일관성 있는 경험을 설계하고, 전환에 따른 변동성을 줄일 수 있게 해 준다.

역사적으로, 시각적 정렬은 사람들이 세상을 이해하는 데 도움을 주었다. 1854년 런던, 존 스노우의 콜레라 환자 지도를 보자. 그는 말 그대로 지도에 여러 요소들을 층층이 쌓아 놓음으로써 발병 원인을 알 수 있었다. 경험을 시각화하는 것도 비슷한 효과를 낼 수 있다.

하지만 실제 공간과 달리, 경험은 실망스럽게도 눈에 보이지 않을 뿐만 아니라 범위가 너무 넓다. 도표 작성자로서 우리가 할 일은 도표의 프레임을 잡고, 도표에 배치할 경험을 결정하는 것이다. 즉 관점, 범위, 초점, 구조, 사용 목적 등을 결정하는 일이다. 이런 결정 과정은 5장에서 자세히 다룬다.

접점은 개인과 조직 사이에 상호 작용이 일어나는 수단이다. 상호 작용이 일어나는 접점으로는 일반적으로 광고, 앱, 웹 사이트, 고객 상담 카운터, 전화 등을 들 수 있다.

그러나 접점에 대한 더 넓은 정의는, 이러한 상호 작용이 발생하는 전체 맥락을 포함한다. 개인과 조직 사이의 상호 작용은 특정한 시점에 특정한 환경 아래에서 이루어진다는 것이다. 조직이 접점 전반을 일관성 있게 설계하고 관리하면 커다란 성과를 누릴 수 있다. 고객 만족도가 높아지고 충성도가 강해지고 매출이 늘어난다.

진실의 순간은 아주 중요하고 감정적으로 강렬한 순간이다. 관계가 맺어질 수도 있고 끊어질 수도 있는 단계다. 진실의 순간을 정의하면 잠재적인 혁신 기회를 발견할 수 있다.

개인의 관점에서 보면 가치는 주관적이고 복잡한 개념이다. 개인이 생각하는 가치에는 여러 유형이 있다. 기능적 가치, 정서적 가치, 사회적 가치, 인식론적 가치, 상황적 가치 등이다. 프리미엄 가치는 이런 유형과 별도로 가치에 의미와 정체성까지 부여한 개념이다.

수행자

맷 싱클레어(Matt Sinclair)

Case Study

소비자 개입 매핑:
순환 경제(circular economy)
전략 디자인

순환 디자인(circular design)은 단일 사용자를 위한 단일 제품의 라이프사이클을 다루는 것을 넘어, 다수의 사용자가 여러 번 사용할 수 있는 시스템 내 주체로서의 제품을 강조하는 제품 및 서비스의 착상과 창출에 활용되는 접근 방식이다.

소비자 개입을 매핑한다는 아이디어는 우리 연구팀이 순환 디자인을 분산 제조(redistributed manufacturing)에 적용할 방법을 찾는 '공학 및 자연과학 연구위원회(EPSRC)' 프로젝트에 참여했을 때 나왔다. 분산 제조란 작고 값싸면서 현지에 쉽게 설치할 수 있는 생산 기계로 생산하는 방식을 말한다(가장 잘 알려진 예로는 3D 프린터가 있다.).

우리는 순환 경제의 전략적 비전 대부분이 소비자를 소비 행위 외의 다른 것에는 거의 무관심한 존재로 본다는 사실을 깨달았다. 하지만 소비자를 보는 완전히 다른 개념도 존재한다. 비록 소극적일지라도 제품을 디자인하고, 제조하고, 수리하고, 재판매하는 과정에 참여하는 사람으로 보는 것이다. 이런 제품의 라이프사이클은 기존 소비재의 라이프사이클과 일치하지 않는다.

상업적 배경에서 작성된 접점 도표는 일반적으로 기업이 영향을 미칠 수 있는 가치 사슬 내에서 일어나는 경험에만 초점을 맞춘다. 제품 구입 후 개조, 수리, 대여, 재판매 같은 소비자 개입은 거의 주목받지 못한다. 기업의 수익과 연결되지 않기 때문이다. 우리는 순환 경제의 핵심 아이디어에 관심이 있는 사람들의 활동이 이루어지는 전반적인 생태계가 존재한다는 사실을 알게 되었다. 기업의 접점 도표에는 절대 나타나지 않는 활동이다.

소비자 개입 지도는 이런 활동을 포착하기 위한 우리 노력의 결과물이다. 우리가 이 작업을 한 이유는, 부분적으로 그런 활동 자체에 흥미를 느껴서이기도 하지만, 동시에 소비자 개입에 대한 관심을 불러일으킨다면 기업들이 이 부분을 제품 디자인 과정에서 고려해 보지 않을까, 하고 생각했기 때문이다. 그림 2-9는 소비자 개입 매핑의 기본 프레임워크를 보여준다.

도표 구조는 기업에서 사용하는 전통적인 브랜드 터치포인트 휠(brand touchpoint wheel)을 따랐다. 상위 접점을 구매 전 경험, 구매 경험, 구매 후 경험으로 분류했으며, 이것은 다시 신제품 개발(기업이 소비자 참여 영역으로 생각하지 않는 영역이다)을 포함한 6개의 범주로 세분되었다. 6개의 범주는 다시 18개로 나뉘었는데, 여기에는 유지 관리와 폐기 처분이 포함되어 있다(역시 기업의 접점 도표에서 종종 제외되는 영역이다).

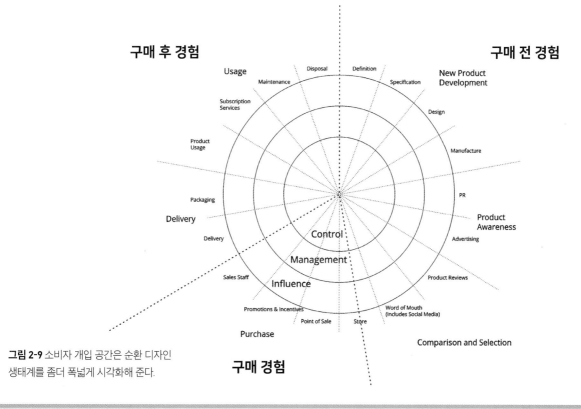

그림 2-9 소비자 개입 공간은 순환 디자인 생태계를 좀더 폭넓게 시각화해 준다.

도표를 더 자세하게 작성하기 위해 동심원을 추가했는데, 이 동심원은 소비자가 제품의 라이프사이클에 개입할 때 기업이 행사하는 통제의 정도를 나타낸다(예컨대, 소비자가 암시장에서 산 부품으로 제품을 직접 수리하는 것보다 지정 대리점에서 수리할 때 기업의 통제력이 더 크다).

도표에서 접점은 관계자가 능동적·의도적으로 제품의 의도된 고객 여정 모델에 개입하는 사건을 표시한 것이다. 소비자의 개입이 수반되지 않는 수동적 접점은 제외했다(예: 광고 보기). 접점에는 각각 다른 색을 사용하여 적절한 단계를 표시했다. 제조는 주황색, 의사소통은 분홍색, 공급은 파란색, 사용은 초록색이다. 색의 명도는 해당 접점에서 기업이 소비자에게 허용하는 개입 정도를 나타낸다.

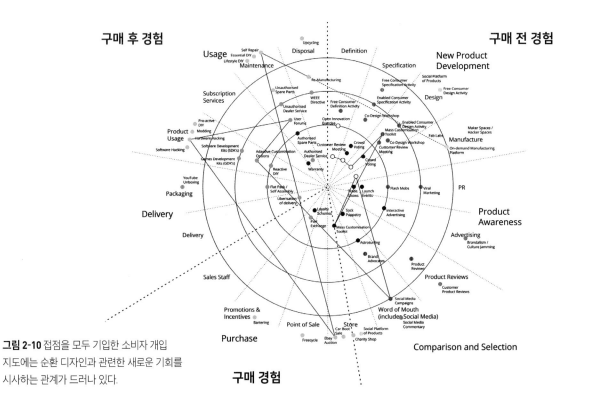

그림 2-10 접점을 모두 기입한 소비자 개입 지도에는 순환 디자인과 관련한 새로운 기회를 시사하는 관계가 드러나 있다.

신제품 개발의 '정의(Definition)' 단계부터 시작하는, 접점을 연결한 선은 구매 전 경험에서 구매 후 경험에 이르기까지 제품의 라이프사이클을 보여주기 위한 것이다. 그림 2-10은 재제조(remanufacturing) 과정에서 원료를 추출해 신제품 개발에 다시 투입하는 가상의 맞춤형 대량생산 제품의 라이프사이클을 예시한 것이다.

도표에 쓰인 접점은 문헌에서 찾은 것도 있고, 업계와 학계의 전문가들과 함께 진행한 세 번의 워크숍에서 발견한 것도 있다. 그중 한 번은 런던의 기계공학연구소에서 열린 것이었고, 또 한 번은 델프트에서 열린 제품 수명 및 환경 콘퍼런스였다. 각 워크숍의 참가자들은 접점에 관해 질문할 수도 있었고, 접점의 위치를 바꿀 수도 있었으며, 이전에 발견하지 못했던 새 접점을 추가할 수도 있었다. 이런 식의 검증과 개선을 통해 나온 결과물이 그림 2-11에 예시한 도표다.

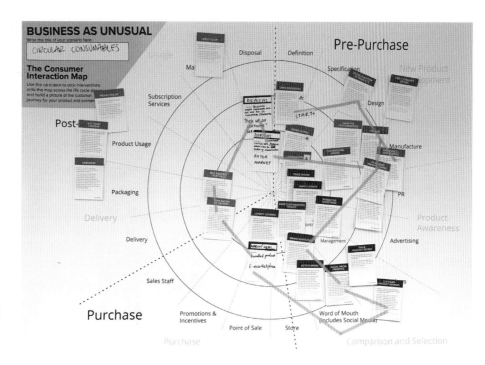

그림 2-11
워크숍 참가자들이 모여
작성한 미래의 제품
서비스 시스템 지도

경험 매핑의 기본 원칙

우리는 또 참가자들을 대상으로 미래 순환 경제 내의 제품 서비스 시스템을 상상해 보고, 소비자 개입 지도를 이용해 이것을 시각화하는 연습도 진행했다.

'소비자 개입 지도'라는 도구의 가치는 이런 연습 중 이루어진 토론에서 상당 부분 확인되었다. 또, 제품 전략 및 비즈니스 모델의 대안적 비전이 발견되는 과정에서도 부각되었다. 많은 참가자는 제약 조건이 아니라 가능성을 고려해 달라는 요청이 신선하게 느껴졌다고 했다. 그리고 도구가 사용자에게 초점을 맞추니, 이전에는 생각하지 않았던 관점을 가져오게 된다고도 언급했다. 이것이 우리가 소비자 개입 지도의 발전과 더불어 향후 협업을 통해 지속되기를 바라는 바이다.

언급된 자료를 이용하고 싶다면 다음 URL에 접속하면 된다.

· **소비자 개입 지도:** https://doi.org/10.17028/rd.lboro.4743577
· **워크숍 자료 및 상호 작용 카드:** https://doi.org/10.6084/m9.figshare.4749727

수행자 소개

맷 싱클레어(Matt Sinclair) 박사는 영국 러프버러 디자인 및 창작예술 스쿨의 산업디자인학과 프로그램 책임자다. 그의 연구는 '책임 있는 디자인의 미래' 분야에 폭넓게 자리잡고 있다. 사용자 경험 디자인에서 시작해 사용자, 소비자, 시민, 사람들을 변화의 중심에 두는 연구 방법을 활용한다. 그의 연구 활동이 궁금하다면 no-retro.com을 참조할 수 있다.

Mapping Experiences

경험 매핑의 기본 원칙

chapter

직원 경험: 내부 정렬

예전에 살던 독일 함부르크 집에서 모퉁이를 돌면, 품질 좋은 고기와 특산품을 팔던 델리카트슨(신선육과 가공육을 함께 판매하는 유럽형 정육점)이 있었다. 나는 다른 데서 구하기 힘든 물건을 사기 위해 자주 그 가게에 들렀다. 하지만 직원들이 무례하고 퉁명스러울 때가 많았다. 나는 가끔 그들과 얘기하기가 겁났다. 진열된 여러 살라미의 차이점에 대해 물어보면 그런 것도 모르느냐는 듯 짜증을 낼 것 같았기 때문이다.

아내는 그 지역에서 일하고 있었기 때문에 근처의 가게에 대해 잘 알았다. 내가 경험했던 불친절한 서비스에 대해 말했더니 아내는 바로 이렇게 대꾸했다. "그 집 원래 그래요. 주인도 똑같아요. 상대하기 힘든 사람들이에요." 아니나 다를까, 직원 이직률도 높다고 했다.

내가 말하고자 하는 것은, 조직은 자신이 제공하는 고객 경험의 거울일 때가 많다는 것이다. 직원이 무대 뒤에서 푸대접을 받는다면, 어떻게 고객에게 좋은 서비스를 제공하리라 기대할 수 있겠는가? 경영진이 고객을 대하는 모범을 보이지 못한다면, 직원이 굳이 경영진과 달리 행동할 이유가 있겠는가?

컴퓨터 프로그래머 멜빈 콘웨이(Melvin Conway)는 어떤 조직이 만들어

내는 솔루션은 그 조직의 의사소통 구조를 반영한다고 보았다. '콘웨이의 법칙'으로 불리는 그의 관찰은 조직 설계의 힘을 강조한다. 기업의 운영 방식은 그 기업이 만들어 내는 산출물만큼 중요하다는 것이다.

훌륭한 고객 경험이 외부에서 조직 내부로 전달되면, 고객 경험은 내부 전반에 걸친 정렬을 통해 구축된다. 이 과정은 그림 3-1에서 보는 바와 같이 두 단계를 거친다. 먼저 조직은 자신의 고객과 깊이 교감해야 한다. 그런 다음 조직 내의 각 팀은 이상적인 고객 경험뿐만 아니라 서로에게도 맞게 정렬되어야 한다.

이 장에서는 직원 경험의 렌즈를 통해 **내부 정렬**이라는 개념을 설명할 것이다. 갈수록 고객 경험(CX)이 기업의 성장에 필수적인 요소가 되어가듯이, 직원 경험(EX)도 기업의 성공에 없어서는 안 될 요소가 되어가고 있다. 다른 말로 하면, 좀더 고객 중심적인 방향으로 가는 길은 멋진 직원 경험을 창출함으로써 좀더 직원 중심적인 방향으로 가는 것이다. CX(고객 경험)와 EX(직원 경험)는 불가분의 관계다. 매핑을 하면 의도적으로 CX와 EX를 조화시키는 데 도움이 되므로, 두 차원의 정렬을 모두 강화할 수 있다.

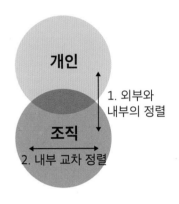

그림 3-1 정렬에는 두 가지 유형이 있다. 하나는 경험에 대한 정렬로, 외부에서 내부로 향하는 것이다. 다른 하나는 경험을 창출하는 팀 간의 내부 정렬이다.

3.1 직원 경험

직원 경험(employee experience, EX)은 신입사원의 순조로운 적응, 적절한 업무공간 배치, 복리후생 등을 넘어서는 비교적 새로운 영역이다. 그것은 직원 만족은 물론, 직원 몰입조차 넘어서는 개념이다.

직원 경험은 오랜 시간에 걸쳐 직원이 조직에서 겪은 경험(생각, 행동, 감정)의 총합을 감안한 것이다. 이는 직원이 조직의 비전과 전략을 어떻게 이해하고 내재화하는지를 말하는 것이고, 또한 조직의 사명을 위해 일하는 과정에서 보이는 행동을 가리키는 것이다.

직원 경험은 인적 자원(HR)이나 인력 운영(People Operations)과 같은 회사의 기존 팀과 겹친다. 여러 가지 면에서 볼 때 직원 경험은 그런 기존 분야를 확장한 것이며, 전반적인 경험이라는 렌즈를 통해 인력을 관리하는 최신 방법이다. 하지만 일반적인 인사 기능보다는 범위 면에서 더 넓다.

직원 경험은 기업 문화(company culture)라는 개념과도 겹치지만, 중요한 차이가 있다. 문화는 한 집단의 암묵적인 믿음과 철학이고, 세상이 어떻게 돌아가는지에 관한 그들의 집합적 가정이다. 반면 직원 경험은 오랜 시간에 걸쳐 직원들이 기업 문화에 따라 생활하는 방식이다.

궁극적으로 직원 경험에는 직원들에게는 직업을 바꿀 잠재적 자유가 있다는 분명한 인식이 있다. 실제로는 자신의 역할에 얽매여 회사에서 벗어나지 못하는 사람이 많지만, 직원 경험에서는 자유로운 직업 선택이 가능하다고 상정한다. 다른 말로 하면 기업을 위해(즉, 급여와 복리후생을 받기 위해) 행복하게 일하는 인력을 확보하는 것만으로는 충분하지 않다. 깨어 있는 기업은 소속감을 조성하여, 사람들이 **조직의 대의에 동참**하고 싶어 하게 만든다. 직원 경험은 고용에 수반되는 (월급만큼, 혹은 그보다도 강한) 일하는 목적과 관련이 있다.

이런 사실을 염두에 두고 직원 경험에 영향을 미칠 만한 요소를 전부 떠올려 보면 다음과 같다.

- 도구와 장비가 포함된 공간과 디지털 공간
- 내부의 시스템, 역량, 지원
- 유연성, 자율성, 투명성
- 가치를 인정받는 느낌 및 행위 주체감
- 직무 코칭 및 멘토링
- 개인적·직업적 성장
- 팀워크 및 업무의 사회적 측면
- 업무 흐름 및 프로세스
- 회사에 대한 열정
- 다양성 및 포용
- 건강 및 육체적 안녕
- 정서적·심리적 안녕

조직마다 필요한 요소에 차이가 있다. 관점에 따라 이 요소들을 여러 갈래로 나누어서 현재 조직에 가장 중요한 것이 무엇인지 강조할 수 있다. 예컨대 스타트업이라면 대기업보다 회사에 대한 열정과 업무 흐름을 더 강조할 것이다. 반면 대기업이라면 코칭과 경력 개발에 더 초점을 맞출 것이다.

《직원경험(The Employee Experience Advantage)》의 저자 제이콥 모건(Jacob Morgan)은 직원 경험을 전체적으로 파악할 수 있는 실용적 방법을 제안하고 있다. 모건은 직원 경험의 핵심 측면들을 세 가지 범주로 구분한다.

문화적 환경

직원 경험에 가장 큰, 그리고 아마도 가장 중요한 영향을 미치는 부분일 것이다. 여기에 포함되는 요소로는 목적의식, 조직 내의 직원들이 인식하고 있는 가치, 다양성 및 포용, 공정한 대우, 성장과 멘토링, 안녕(well-being) 등을 들 수 있다.

기술적 환경

직원이 사용하는 소프트웨어와 하드웨어가 기술적 환경을 구성한다. 직원들의 니즈와 비즈니스 니즈의 정렬과 더불어, 소프트웨어 및 하드웨어의 가용성과 범용 등급상의 옵션은 멋진 직원 경험을 제공하는 핵심 요소다.

물리적 환경

사무실, 원격지, 재택 등 직원이 일하는 공간을 말한다. 유연성과 다양한 업무 공간 옵션은 물리적 고용 환경을 결정하는 핵심 요소다. 모건은 친구를 업무 공간에 데리고 오고 싶어 하는 마음이 물리적 환경이 좋다는 것을 나타내는 신호라고 말한다.

요점은 직원 경험이 다양한 특성들을 동시에 고려하며, 다면적이라는 것이다. 기억해야 할 것은, 직원 경험은 있으면 좋은 그런 것이 아니라 성장을 위한 필수 요소라는 사실이다. 모건은 철저한 조사를 통해 직원 경험에 투자를 많이 한 기업의 성과가 다음과 같음을 확인했다.

- 글래스도어(Glassdoor)가 발표하는 '최고의 직장' 명단에 등재될 가능성이 11배 이상 높다

> 직원 경험은
> 오랜 시간에 걸쳐
> 직원들이 기업 문화에 따라
> 생활하는 방식이다.

- 링크트인(LinkedIn)이 선정하는 '가장 일하고 싶은 회사' 명단에 오를 가능성이 4배 이상 높다
- 《패스트컴퍼니(Fast Company)》가 발표하는 '가장 혁신적인 기업'에 선정될 가능성이 28배 높다
- 《포브스(Forbes)》가 선정하는 '세계에서 가장 혁신적인 기업' 명단에 2배 많이 등재되었다
- '미국 소비자 만족도 지수 차트(ACSI)'에서 발견될 가능성이 2배 높다

추가로 모건은 다음과 같은 사실도 발견했다. "EX 기업은 평균 수익이 4배 이상 많았고, 평균 매출액도 2배 이상 많았다. 게다가 규모는 거의 25%가량 작았는데, 이 말은 생산성과 혁신 수준이 높다는 것을 뜻한다."

이런 메시지가 꼭 새로운 것은 아니다. 1998년에 조지프 파인(Joseph Pine) 2세와 제임스 길모어(James Gilmore)는, 그들이 '경험 경제(experience economy)'라고 명명한 새로운 시대에 우리가 이미 접어들었음을 보였다.[1] 우리는 네트워크로 연결된 기업의 시대로 진화하고 있다. 이 시대에는 계층 구조로 이루어진 전통적인 기업은 디지털 플랫폼에서 협업하는 자기 조직화(self-organizing) 시스템으로 대체될 것이다.

결론은 기업의 일하는 방식이 기업이 만들어 내는 산출물만큼 중요하다는 것이다. 일하는 방식에는 직원 채용부터 조직도, 협업, 문화에 이르기까지 모든 것이 포함된다. 고려해야 할 요인이 너무 많다 보니 경험이라는 개념이 전체를 아우르는 힘이 된다. 바꿔 말해, 직원 경험을 고려하지 않고 고객 경험을 본다면 문제의 절반을 놓치는 셈이다.

3.2 직원 경험 매핑

직원 경험에 관심이 있는 조직은 직원 경험을 관찰하고 보고하는 것만으로 만족하지 않고 적극적으로 직원 경험을 만들고 싶어 한다. 다른 경험과 마찬가지로 직원 경험도 시간의 흐름에 따라 전개되는 연속적인 상호 작용의 모습으로

1
조지프 파인 2세와 제임스 길모어, <경험 경제로의 이행(Welcome to the Experiece Economy)>,《하버드 비즈니스 리뷰(1998. 7~8)》

매핑할 수 있다. 논리적으로 **직원 경험 지도**는 실천 가능한 결론을 도출하기 위한 대화를 촉진하는 중요한 첫 단계다.

직원 경험 지도를 작성하는 과정은 고객 경험 지도를 작성하는 과정과 다를 바 없다. 직원 경험을 처음부터 끝까지 이해하기 위해, 우리가 아는 고객 경험이나 인간 경험을 매핑하는 모든 방법을 적용할 수 있다.

먼저 매핑 프로세스에 참여할 팀을 구성한 뒤, 관점과 범위, 초점을 결정하는 것으로 작업을 시작한다. 그런 다음 어떤 직원 경험을 매핑할지 정하라. 모든 직원(예컨대, 경영진 대 개별 기여자)이 동일한 경험을 갖지는 않을 것이다. 우선 해결하고자 하는 문제와 가장 관련이 있는 관점을 정의하라.

그러나 누구의 경험을 매핑할지 정하는 것만으로도 금방 복잡해질 수 있다. 예컨대 여러분은 직원 경험과 관련해 프리랜서가 조직과 어떻게 맞물리는지 알고 싶어 할 수도 있다. 직원 경험 지도의 범위에서 외부 계약자를 배제하고 싶은 유혹을 느낄 수도 있겠지만, 외부 계약자는 분명 정규직 직원 경험에 영향을 미친다. 긱 이코노미(gig economy)[2]가 활성화되고, 갈수록 많은 기업이 프리랜서를 통한 성장을 추구함에 따라 외부 계약자와 프리랜서를 조직에 맞게 정렬하는 것이 매우 중요해졌다.

누구의 경험을 매핑할지 정했으면 다음에는 경험의 범위를 정하라. 그림 3-2는 온라인 매핑 도구 기업 UXPressia가 제공하는 직원 경험 지도를 예시한 것이다. 형식이나 구성이 고객여정지도와 거의 동일하다.

이 경우, 지도의 범위는 직원 채용에서부터 경력 개발에 이를 정도로 넓다. 이렇게 폭넓은 관점에서 보면, 전체적인 직원 경험에서 어떤 측면을 먼저 개선하는 것이 좋을지 우선순위를 정하는 데 도움이 될 수 있다. 예를 들어 직원 채용 과정에서의 문제를 해결하면 후속 단계에 하방 효과(downstream effect)가 미칠 수 있다. 또, 이 지도를 보면 조직 적응(onboarding) 단계가 다른 단계에 비해 약한 부분이라는 사실도 드러난다.

2
특정 기업에 소속되지 않은 독립적인 개인(임시직, 계약직 등)과 기업 간의 단기간 계약에 의해 거래가 실행되는 경제 시스템을 말한다. —옮긴이

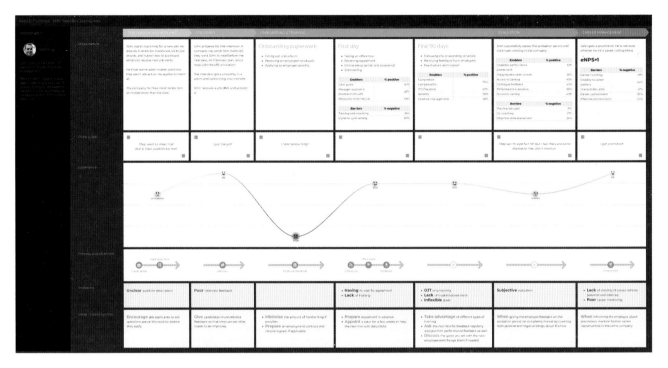

그림 3-2 처음부터 끝까지의 경험을 나타낸 지도는, 일자리 탐색부터 경력 관리에 이르기까지 직원이 조직과 접하는 접점을 연속적으로 폭넓게 보여준다.

한 부분만 확대해서 지도를 작성할 수도 있다. 예컨대 일자리 탐색에서 시작해 수습 단계를 마칠 때까지만 다루는 것이다. 전체 여정의 어느 지점에서든 깊이 파고들어 경험을 더 자세히 매핑할 수 있다. 지도의 세밀도와 작업 범위는 팀원들이 가장 중요하게 생각하는 문제를 해결하기에 적합한 수준으로 정해야 한다.

크리스 맥그래스(Chris McGrath)는 디지털 전환 컨설팅 회사 탱고워크(Tangowork) 직원의 일과를 지도로 작성했다. 그림 3-3의 윗부분은 직원의 하루 업무 흐름을 나타낸 것이다. 중간 부분은 직원이 흔히 하리라 추정되는 생각을 감정의 기복과 함께 표시한 것이다. 맨 아래의 유색 상자에는 직원의 고충을 해결할 구체적인 대책이 들어 있다.

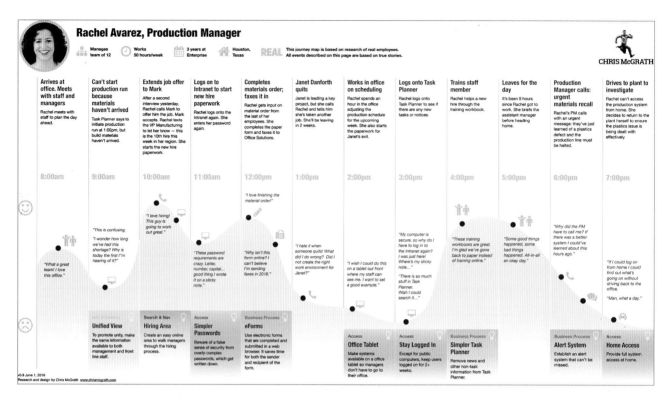

그림 3-3 직원 경험 지도는 고객여정지도를 따르지 않고 일과 형식을 취할 수도 있다.

이렇게 하루 단위의 관점에서 보면 지엽적이고 전술적인 솔루션밖에 나오지 않겠지만, 이런 수준에서 매핑하는 것은 보다 만족스러운 직원 경험을 창출하는 데 일조한다. 그런 세부적인 시각이 모여 전체적인 직원 경험의 큰 그림이 만들어지는 것이다.

혹은 그림 3-4에 예시한, 선도적인 비주얼 비즈니스 컨설팅 기업 엑스플레인(XPLANE)의 크리에이티브 디렉터 라파 비바스(Rafa Vivas)의 접근 방식을 고려해 볼 수도 있다. 직원 경험 템플릿은 맨 윗부분에 발견 및 조직 적응부터 업무, 보상, 퇴직에 이르기까지 일반적인 고용 단계를 나타낸다. 그다음 행들에는 내부 인력이나 도구 또는 시스템과의 접점, 추정되는 감정 곡선, 니즈

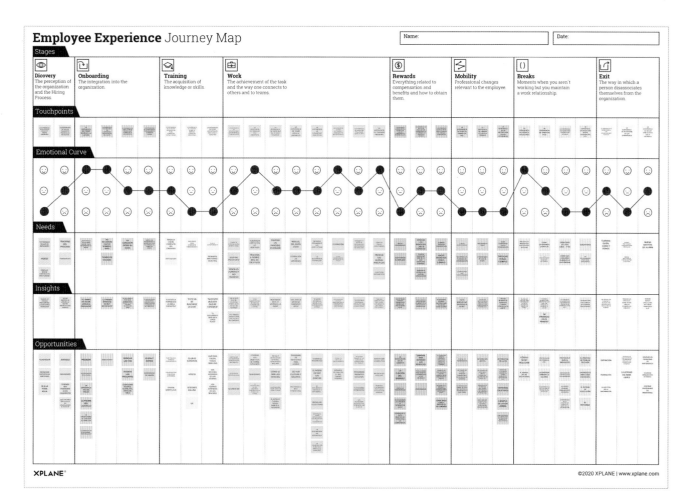

그림 3-4 XPLANE의 컨설턴트들은 공통 직원 경험 템플릿을 기반으로 도표마다 같은 형식을 이용해 다양한 직원 경험을 일관성 있게 나타낼 수 있었다.

를 차례로 표시한 뒤, 마지막 두 행에 통찰과 기회를 사용하여 결론을 내린다. 전반적으로 이 지도는 고용과 관련된 여러 측면에 걸친 정렬을 보여주고, 개선에 필요한 실천 가능한 결론을 제시한다.

매핑 프로세스의 기본 틀을 짰으면, 기존 직원과 채용 후보자의 데이터를 이용해 경험을 조사하라. 6장에서 설명하는 조사 절차를 따르면 된다. 그런 다음 7장에서 설명하는 대로 경험을 도표에 채워 넣어라. 목표는 조사를 통해 얻은 통찰이 반영된 스토리를 명확하고도 이해하기 쉽게 다른 사람에게 들려주는 것이다.

3.3 고객 경험과 직원 경험 정렬

나는 고객과 직원의 관계를 단일 생태계로 생각하고 싶다. 오늘날 기업이 고객에게 가치를 제공하는 **방법**은 제공하는 제품이나 서비스 자체만큼이나 중요하다. 핵심은 직원을 가치 창출 프로세스의 종단점으로 보는 것이다. 즉, 직원 경험은 고객 경험만큼 중요하다.

영업 담당자나 고객센터 직원 같은 무대 전면의 직원은 고객과 직접 접촉할 수 있다. 하지만 제품 개발부나 인사부 직원 같은 무대 뒤편의 직원도 똑같이 역할을 수행한다. 이들은 고객과 직접 접촉하는 직원을 지원하거나 제공하는 제품이나 서비스를 통해 고객과 상호 작용한다. 기업의 전 직원이 경험의 일부다.

그림 3-5는 직원 경험과 고객 경험이 어떻게 직·간접적으로 연결되어 있는지를 보여주는 개념 모형이다. 요점은, 기업은 조직 내외부 양쪽의 경험을 지원하는 인프라 개발에 관심을 기울여야 한다는 것이다. 고객에게 집착하려면 직원에게도 집착해야 한다.

> 고객에게 집착하려면,
> 직원에게도 집착해야 한다.

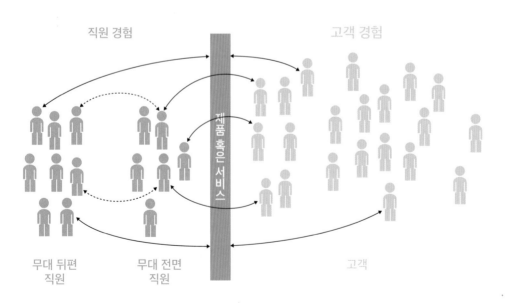

그림 3-5 고객 경험과 직원 경험을 단일 생태계로 간주한다. 고객과 직원은 제품과 서비스를 매개로 하여 직·간접적으로 소통한다.

직원 경험

고객 경험

제품 혹은 서비스

무대 뒤편
직원

무대 전면
직원

고객

브랜드 리더십 전문가 데니즈 리 욘(Denise Lee Yohn)은 이런 유형의 정렬이 중요하다고 말한다. 리 욘은 고객 중심 기업이 되는 데 있어 가장 큰 어려움은 고객 중심적이 될 수 있는 구조를 만드는 것이라고 지적한다. 리 욘은 브랜드라는 렌즈를 통해 고객 경험을 보고, 기업 문화와 직원 경험을 연관시킨다. 그녀는 자신의 책 《퓨전(Fusion)》에서 핵융합의 비유를 써서 이것을 설명한다.

두 개의 핵이 융합하면 완전히 새로운 것이 탄생한다. 이와 마찬가지로 조직의 두 핵을 융합하면 엄청난 힘을 발휘하게 할 수 있다. 두 핵 중 하나는 조직 구성원의 행동 방식과 그들을 특징 지우는 태도 및 신념(즉, '여기서 우리가 일하는 방식')을 뜻하는 조직 문화이고, 다른 하나는 고객이나 기타 관계자가 조직을 어떻게 인식하느냐를 뜻하는 브랜드 혹은 브랜드 정체성이다.

나는 고객 경험을 살아 움직이는 브랜드, 직원 경험을 살아 움직이는 기업 문화라고 생각한다. 바꿔 말해 브랜드가 시장에서 차지하는 기업의 전반적인 위상을 나타내는 것이라면, 고객 경험은 사람들이 기업과 상호 작용하면서 시간이 지남에 따라 그 브랜드를 어떻게 인식하느냐 하는 것이다. 마찬가지로 기업 문화는 조직을 규정하는 태도와 신념이지만, 직원 경험은 직원이 시간이 지남에 따라 업무 중 그들의 관점에서 어떻게 그 문화에 맞춰 살아가느냐 하는 것이다.

많은 기업이 리 욘이 추천하는 방식으로 고객 경험과 직원 경험의 연결을 추구한다고 명시적으로 밝히고 있다. 예를 들면 사우스웨스트항공(Southwest Airlines)은 자사 기업 문화에 관한 블로그 게시물에서 다음과 같이 밝혔다. "행복한 직원=행복한 고객=매출액/수익 증가=행복한 주주! 우리는, 우리가 직원을 올바르게 대하면 직원이 고객을 올바르게 대할 것이고, 그 결과 매출액과 수익이 늘어 모두가 행복해지리라고 믿습니다."

MURAL의 내 동료 시마 제인(Seema Jain)은 실용적인 방법으로 고객 경험과 직원 경험을 정렬한다. 그녀의 접근 방식은 간단하다. CX와 EX 양자를 한눈에 볼 수 있도록 매핑하여 시각적으로 정렬하는 것이다.

그림 3-6에 제인의 접근 방식을 보여주는 기본 템플릿을 예시했다. 분홍색으로 표시한 윗부분은 전형적인 고객여정지도다. 청록색으로 표시한 아랫부분은 직원 경험을 나타내는 공간이다. 목표는 고객 경험을 규정하는 핵심 요소(행위, 태도, 접점)를 나열하고, 그것을 경험을 지원하는 직원 경험 측면(프로세스, 팀 상호 작용, 시스템, 도구, 직원의 태도와 감정)과 연관시키는 것이다.

제인은 여러 관계자와 함께하는 워크숍에서, 직원의 업무를 어떻게 조정해야 고객 경험 측면에서 바람직한 결과를 도출할 수 있을 것인가에 관한 전략적 논의를 원활하게 이끌 수 있었다. 이 장 말미의 [Case Study]에서 제인의 접근 방식에 대해 더 자세히 알아보고, 완성된 CX/EX 정렬 템플릿 예시를 참고하기 바란다.

그림 3-6 일반적인 매핑 기법을 이용해 간단한 템플릿을 써서 고객 경험과 직원 경험을 시각적으로 정렬할 수 있다.

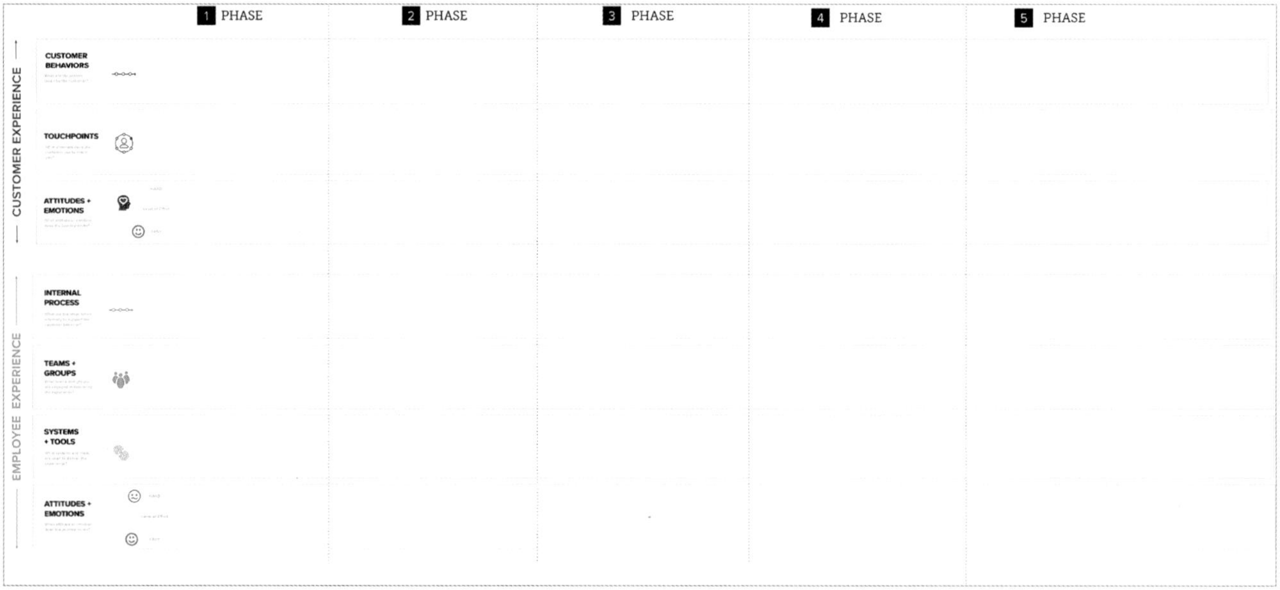

전체적인 직원 경험을 설계하는 것은 쉬운 일이 아니다. 전반적으로, 책임감과 인내를 필요로 하는 단계가 많다. 주요 고려 사항은 '어떻게 온정적 팀을 빌딩할 것인가', '어떻게 경험 중심으로 조직을 구성할 것인가', '어떻게 여정을 지속적으로 관리할 것인가'이다. 지금부터 이들 주제에 대해 차례로 알아보겠다.

온정적 팀 빌딩

고객과의 공감이 고객 중심적인 기업으로 가는 출발점이지만 그것만으로는 충분하지 않다. 가치를 창출하는 전체 시스템에서 '온정(Compassion)'을 허용해야 한다. 여기서 온정이란 이상적인 고객 경험을 창출하기 위해 필요한 조치를 취하는 능력을 말한다.

예컨대 입사하기 전부터 시작해 경력 개발 전반에 걸친 폭넓은 직원 여정을 살펴보면, 직원들이 고객 경험을 어떻게 내면화하고, 이를 위해 기여할 수 있는 역량을 갖추게 되는지를 분명하게 고려할 수 있다. 여정 전반에 걸쳐 직원들에게 고객에게 집착하는 역량을 부여하는 몇 가지 접근 방식을 알아보자.

구인

입사 전부터 입사 희망자가 회사에서 자신에게 기대하는 것이 무엇인지 감을 잡을 수 있도록 한다. 미리 어떤 유형의 직원을 찾고 있는지 의사를 표시하여 고객 경험에 대한 회사의 열의를 보여라. 원하는 고객 경험 문화를 넌지시 알려, 적합한 인력을 확보하라. 입사 희망자가 회사와 갖는 첫 번째 접촉(직무 기술서를 처음 접하는 순간)은 그의 직원 경험 중 일부가 될 뿐만 아니라 고객 집착에 대한 관심을 불러일으킬 수 있다.

면접

면접에서 입사 희망자에게 회사의 고객 경험에 대한 인상을 물어보라. 예컨대, 처음으로 여러분 회사 제품과 상호 작용한 경험이나, 여러분 회사의 고객 경험을 어떻게 개선하면 좋을지 물어보는 것이다. 이렇게 하면 입사 희망자가 일반적으로 고객 경험에 대해 어떻게 생각하는지 그리고 입사 후 자신의 역할 내에서 고객 경험에 어떤 영향을 미칠 것인지에 대해 통찰을 얻을 수 있다.

직원 경험: 내부 정렬

채용

합격 통지서 등 서류에 세계적 수준의 고객 경험을 제공하겠다는 회사의 열의를 강하게 시사하는 문구를 기재한다. 고객 경험에 대한 회사 입장과 직원들에게 회사가 기대하는 바를 강조하고, 고객 경험과 관련한 그들의 책임을 명시하라.

조직 적응

신입사원이 입사하면, 회사에서의 경험을 통해 이상적인 고객 경험을 창출하기 위한 조치를 취할 수 있는 역량이 강화된다는 사실을 초기에 보여준다. 예를 들어 《바지 벗고 일하면 안 되나요?(The Year Without Pants)》에서 저자 스콧 버쿤(Scott Berkun)은 워드프레스(WordPress)를 만든 기업 오토매틱(Automattic)에서 일하던 초창기 이야기를 들려준다. 오토매틱의 모든 신입사원은 고객의 지원 요청에 응대하는 일을 한다. 이를 통해 신입사원들은 고객과 직접 접촉할 뿐만 아니라 고객 경험을 제공하는 내부 및 외부 시스템에도 노출된다.

직무 역량 강화

모든 직원을 고객 통찰에 노출시키는 프로그램을 수립한다. 예를 들어, 세무 소프트웨어 대기업 인튜이트(Intuit)는 직원들을 회사 밖으로 내보내 고객의 근무지에서 고객을 관찰하게 하는 전사적 프로그램 '팔로우 미 홈(follow me home)'을 만들었다. 또 다른 예로 하얏트 호텔은 직원에게 고객과 대화할 때 대본을 사용하지 말고 자신의 본모습으로 응대하라고 독려한다. 직원이 고객과 보다 진심에서 우러나오는 공감 가는 대화를 나누도록 장려하는 것이다.

경력 개발 및 성장

고객 경험을 중심으로 조직 내에서의 승진이나 승급 기준을 정한다. 일반적으로 재무적 성과에 따른 보상은 보이지 않는 대들보처럼 조직을 내리눌러, 모든 행동과 조치가 하향식으로 이루어지게 한다. 예를 들어 경영진에게 분기별 매출 목표를 부여하는 식이다. 이렇게 하면 회사의 전략과 활동이 매출 목표에 의해 결정된다. 그보다는 어떻게 하면 고객 경험을 중심으로 하는 보상이 동기 부여가 될 수 있을지 생각해 보라. 더 나은 고객 경험을 창출하는 데 기여한 직원에게 보너스나 승진 등 명시적인 보상을 주고, 그런 사실을 널리 알리자.

브랜드 가치 실천

가능한 한 자주 직원들이 직접 브랜드 가치를 경험하고 고객의 입장이 될 수 있도록 설계하라. 예를 들어 에어비앤비(Airbnb)는 자사의 핵심 브랜드 정체성인 '빌롱 애니웨어(belong anywhere)'에 직원 경험을 맞춘다. 에어비앤비는 유연한 사무실 설계를 통해 직원이 사무실 여기저기를 이동하며 아무 책상에 앉아서나 작업할 수 있게 만들었다. 또, 직원이 세계 어디에 있어도 협업할 수 있는 환경을 구축해 놓고 원격 근무를 장려한다. 물리 공간과 가상 공간을 모두 갖춘 '빌롱 에니웨어' 같은 작업 공간은 직원들이 바람직한 고객 경험을 강화하면서 브랜드 가치를 실천할 수 있게 한다.

물론, 매핑은 직원 경험에 대한 통찰을 얻는 데 여러 가지로 도움이 된다. 매핑을 활용해 전반적인 직원 경험을 개선하는 세 가지 방법을 소개하겠다.

가치를 창출하는 전체 시스템에서
'온정(Compassion)', 즉 이상적인 고객 경험을
창출하기 위해 필요한 조치를 취하는
능력을 허용해야 한다.

그림 3-7 참여형 직원 경험을 위해 매핑을 정기적 팀 활동으로 만들고, 직원들이 고객 경험과 지속적으로 접촉하도록 한다.

1. **직원 경험에 관한 팀 단위 내부 워크숍을 개최한다.** 매핑은 더 나은 직원 경험을 설계하기 위한 대단히 중요한 첫걸음이다. 하지만 도표에서 얻은 통찰을 경영진이나 인사부가 활용하게 하려면, 사람들을 하나로 모아 협동 작업을 해야 한다. 워크숍을 개최해 직원 경험을 함께 검토하고, 행동 단계에 대한 합의를 도출하라. 워크숍을 준비하고 운영하는 데에는 8장에서 설명하는 여러 기법이 도움이 될 것이다.

2. **신입사원 교육에 경험 지도를 이용한다.** 신입사원 교육 기간 중, 신입사원들과 함께 기존의 경험 지도를 검토하라. 고객과 고객 경험에 집중할 수 있도록, 하루 이상의 시간을 할애하는 것을 고려해 보라. 지도를 사용해 신입사원들을 '자신의 직위가 고객 경험에 어떤 영향을 미치는지'에 관한 사고 훈련에 참여시켜라. 고객 경험을 서술하는 것은 물론이다.

3. **직원이 고객 중심적인 마음가짐을 갖도록 매핑 작업을 정례화한다.** 이 책에서 내가 누차 말했듯이, 중요한 것은 맵(명사)이 아니라 매핑(동사)이다. 직원들을 정기적으로 다양한 매핑에 참여시켜라. 분기에 한 번 정도가 좋다. 팀을 빌딩하고 직원 경험을 풍부하게 하기 위해 직원들이 함께 모여 고객 경험을 이해하는 시간을 갖는다(그림 3-7 참조).

직원 경험: 내부 정렬

경험 중심의 조직 구성

자신의 글 〈기능 장애 제품은 기능 장애 조직에서 온다〉에서 디자인 리더 존 콜코(Jon Kolko)는 관료주의, 사일로화된 조직, 방어적 문화를 제품 실패의 근본 원인으로 꼽았다.

> 조직의 프로세스, 문화, 일과(日課) 경험이 무질서하거나 고장 났다면 고객도 똑같이 고장 난 제품이나 서비스를 경험하리라 예측할 수 있다. … 나는 이 말의 타당성을 많은 제품과 기업에서 목격했다. 물론 예외는 있지만, 실패한 제품이나 서비스는 잘못된 정렬을 시사한다는 말은 대체로 사실인 것 같다.

콜코는 주기적인 팀 빌딩 행사나 정렬 워크숍 같은, 조직을 정렬하기 위한 다양한 활동을 추천한다(모두 직원 경험의 요소로 볼 수 있는 것들이다). 그에 따르면 경험 지도 같은 시각적 모델은 특히 중요한 역할을 한다. 더 중요한 것은, 의도하는 경험 모델을 **함께** 구축함으로써 고객 경험을 창출하는 사람들의 이해를 정렬할 수 있다는 것이다.

하지만 훈련과 워크숍만으로는 충분하지 않다. 그것은 피상적으로만 조직 전체에 경험적 마음가짐을 갖게 만들 뿐이다. 이상적인 고객 경험을 위해 조직 내부 전반을 정렬하는 것은 조직 구조의 문제이기도 하며, 폭넓은 변화 관리(change management)가 필요할지도 모른다.

어떤 회사든 직원이 몇 명 이상만 되면 사일로가 생긴다. 여정에 따른 사고를 하려면 업무가 사일로를 넘나들면서 진척되도록 조직을 구성해야 한다. 조직의 기능을 고객 여정의 양상에 맞춰 조정하는 것은 고객 경험을 직접 지원하는 직원 경험을 만드는 데 큰 도움이 된다. 이것은 단순한 상징 이상의 의미가 있다. 고객 경험을 반영해 조직을 구성하면 고객 중심의 회사를 만들겠다는 목표를 앞당길 수 있다.

여기서 누가 고객 경험을 책임지느냐는 의문이 제기된다. 궁극적으로는 회사 전체의 책임이다. '고객 경험' 또는 이와 유사한 이름이 붙은 팀은 전사적인 업무 조정을 위해 존재하는 것이지 모든 책임을 도맡기 위해서 존재하지 않는다. 이런 팀의 일은 전 직원이 신경 써서 고객 경험을 관리할 수 있도록 지원하고 그들의 역량을 강화하는 것이다.

　　"전 직원이 고객 경험을 책임진다."라는 말이나, 그게 아니어도 최소한 "전 직원이 고객 경험에 영향을 미친다."라는 말에 동의한다면, 조직을 어떻게 구성하느냐가 바람직한 결과를 제공하는 데 매우 중요하다는 사실에도 동의할 것이다.

　　예를 들어 전자상거래 기업에 근무하던 내 예전 고객은 자신을 발견(Discovery) 팀에 근무하는 직원이라고 소개했다. 그는 채널이나 매체를 불문하고 사람들이 회사에서 제공하는 상품을 찾을 수 있도록 돕는 것이 자신의 일이라고 했다. 이 회사에는 구입(Purchasing) 팀과 성공(Success) 팀도 있었다. 달리 말해, 이 회사는 조직을 기능별로 구분하거나 기술 유형별로 나누지 않고 고객 여정을 반영해 구성했다(그림 3-8 참조).

그림 3-8
고객 경험을 중심으로 조직을 구성하라.

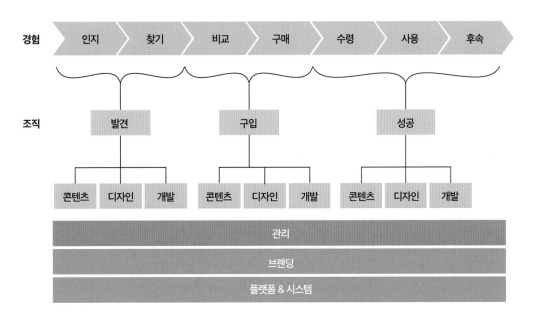

직원 경험: 내부 정렬

이런 유형의 조직에는 고객여정지도가 기반이 된다. 고객여정지도는 개인의 경험을 반영한 모델을 제시하여 조직에 있어 일종의 청사진 역할을 수행한다. 이를 통해 기업이 제공하는 제품이나 서비스를 새로운 관점에서 볼 수 있으며, 그 결과 혁신이 촉진된다.

게다가 고객 경험에 맞춰 조직을 정렬하면 목표 설정과 성과 평가도 쉬워진다. 예컨대 팀은 고객 여정의 여러 단계를 이용해 월별 또는 분기별 OKR(Objectives and Key Results, 목표 및 핵심결과 지표)을 설정할 수 있고, 인지도 증대나 제품 및 서비스 발견 가능성 향상 같은 특정 단계의 목표 결과를 이용해 성과 평가를 할 수도 있다. 고객 여정에 따른 조직 구성 원칙은 조직 전반에 적용될 수 있다.

고객 경험이 중요하다면, 그 뜻이 잘 전달될 수 있게끔 의미 있는 방식으로 조직을 구성해야 한다. 예를 들어, 미국의 퇴역 군인을 대상으로 금융 서비스와 보험을 제공하는 USAA가 다양한 '경험들'을 중심으로 조직을 구성한 예를 살펴보자.

USAA는 기능적 역량이나 서비스에 집중하던 과거의 방식(예: 당좌예금, 신용카드, 자동차 대출, 주택담보 대출 등)에서 벗어나 보다 사람 중심의 사업 영역으로 전환했다. 그리하여 지금은 당좌예금 계좌와 신용카드 전반에 걸친 경험을 책임지는 '일일 지출(daily spending)' 팀이 있다.

또 다른 예로 내가 한때 일했던 대형 출판사도 이와 비슷한 방식을 취했다. 이 출판사는 먼저 자사가 창출하고자 하는 경험과 논리적으로 연관된 네 팀을 파악한 다음, 이를 중심으로 오퍼링(offering) 팀을 만들었다. 비록 이런 구도가 조직의 최상부까지 반영되지는 않았지만, 교차 기능(cross-functional) 팀이 구성되어 의도한 고객 경험 중심으로 정렬되었다. 매핑을 통해 초기에 이러한 조직 구조를 알게 되었고, 시장과 공명하며 내부 협업을 증진시켰다.

경험을 중심으로 조직을 구성하면 조직 깊숙이 고객 중심적 태도가 스며든다. 쉬운 일은 아니지만, 고객에게 집착하는 기업이라면 이룰 수 있는 변화다. 이런 변화에 성공한 기업은 궁극적으로 경쟁사보다 뛰어난 성과를 낼 수 있다. 경험을 조직의 토대 차원에서 기반으로 다지면 고유한 직원 경험이 만들어지고, 전 직원이 보다 나은 고객 경험을 향해 같은 방향으로 나아가게 된다.

지속적 여정 관리

일회성 노력으로는 충분하지 않다. 더 나은 직원 경험을 통해 고객 경험을 견인하는 것은 지속적 작업이다. 진척도를 파악하고 직원의 노력이 고객에게 어떤 가시적 영향을 미치는지 알기 위해 고객 여정 관리는 지속적으로 이루어져야 한다.

이 책에서 주장하는 도표 유형은 일반적으로 팀 내에서 정성적 모델을 만들고 활성화하는 것에 중점을 두고 있다. 목표는 팀원들이 고객과 공감하게 하고, 앞으로 나아갈 기회와 실행 계획에 동의하게 하는 것이다. 이것이 전체적인 고객 경험 관리의 핵심 단계이지만, 그것만으로는 고객 경험을 지속적으로 개선할 모멘텀을 유지하기에는 충분하지 않다.

능동적 여정 관리는 경험을 보다 역동적으로 바라보며 직원 경험에 활력을 불어넣는다. 목적은 발생 시점의 실시간 데이터를 사용해 고객 여정을 모니터링하고, 고객 경험이 전개되는 과정을 모니터링하는 것이다. 이렇게 하려면 단순히 경험을 매핑하는 것보다 훨씬 많은 작업이 필요하다. 예를 들어 특정 유형의 대시보드를 이용해 여정에 측정 지표를 통합하는 것이다.

여정 모델에 실시간 데이터를 통합할 수 있는 다양한 도구나 솔루션이 나와 있다. 이런 도구를 이용하면 최근의 실제 고객 행동을 파악할 수 있다. 현재 나와 있는 도구를 몇 가지만 예시하자면 BryterCX(ClickFox사)와 Kitewheel, SuiteCX, TandemSeven, Touchpoint Dashboard 등을 들 수 있다.

이런 도구는 여정을 모델링하는 것에서부터 지속적으로 고객 경험을 관리하고 조정하는 일에 이르기까지 다양한 기능을 갖추고 있는 경우가 많다. 많은 도구가 분석 내용의 이해를 돕기 위해 지도와 같은 시각화 기법을 활용한다.

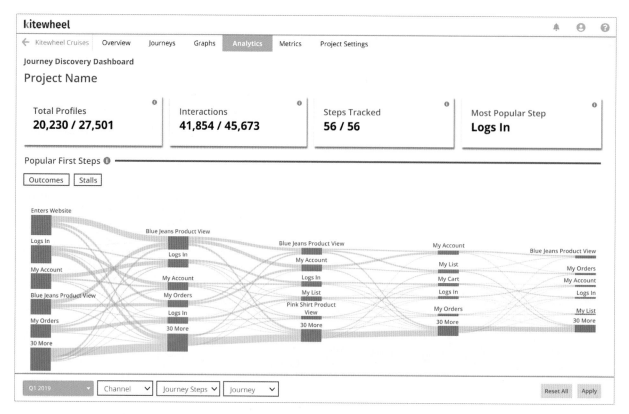

그림 3-9 Kitewheel이 제공하는 고객 여정 관리 대시보드의 예시로, 실시간 데이터 및 고객과의 상호 작용을 반영하고 있다.

그림 3-9는 Kitewheel이 제공하는 대시보드로, 온라인 서비스의 경로를 보여준다. 윗부분에 여정의 주요 지표를 나타냈고, 아랫부분에 웹 사이트를 통한 실제 경로를 표시했다.

여정 관리는 고객 경험 관리라는 넓은 영역의 한 부분으로, 각 접점에서 일어나는 상호 작용을 관리·모니터링하고자 한다. 목표는 적절한 때에 적절한 경험을 제공하는 것이다. 분석은 상당히 복잡하고 상세해질 수 있다.

예를 들어 Qualtrics XM Suite는 실시간 여정 관리 기능을 제공한다. 그림 3-10은 실제 고객 경험을 보고하는 XM Suite의 대시보드 중 하나를 보여준다.

그림 3-10 Qualtrix XM Suite는 고객 경험과 직원 경험 양쪽을 실시간으로 측정할 수 있는 강력한 도구 세트다.

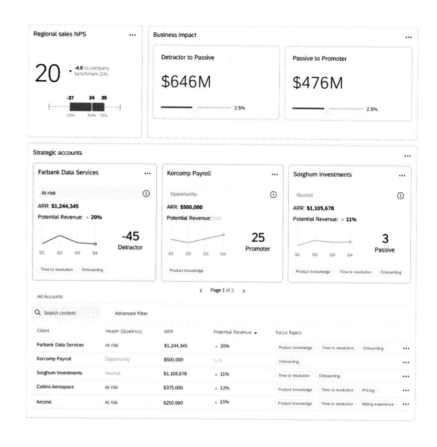

예상하듯 고객 경험 관리에 있어서 인공지능이 점점 중요한 역할을 하고 있다. 궁극적으로 AI는 고객 상호 작용의 개인화에 크게 기여할 것이다. 하지만 그런 기술의 개입과 관계없이 고객 경험 관리는 고객 여정에 대한 깊은 이해에서 출발한다. 그리고 대부분의 경우 조사에 뿌리를 두고 고객 여정 매핑을 통해 시각화된다.

생생한 고객 경험을 파악하려면 조직 전체의 노력이 필요하다는 사실을 염두에 두어야 한다. 고객 경험은 어느 단일 팀의 책임이 아니며, 지속적인 여정 관리만이 사일로를 허물 수 있다.

고객 여정 관리 프로그램 도입은 조직 전 팀의 승인과 최고위층의 의지가 필요한 전략적 시도다. 대체로 시간 경과에 따른 고객 여정을 모니터링하는 데 필요한 다섯 단계는 다음과 같다.

1. 처음부터 끝까지 고객 경험에 대한 비전을 정의한다. 정교한 분석을 할 필요는 없다. 단순하게 하려면, 비즈니스에서 멋진 고객 경험을 만든다고 생각되는 핵심 축이 무엇인지 정의하고 합의를 도출하면 된다.

2. 페르소나별로 여정을 구분한다. 모든 사람이 여러분 회사의 제품이나 서비스와 동일한 상호 작용을 하지는 않을 것이다. 신규 고객은 기존 고객과 다를 것이고, 구매자는 최종 사용자와 다를 것이며, 협력업체는 납품업체와 다른 경험을 할 것이고, 정규직 직원은 계약직 직원과 다를 것이다. 어떤 범주의 고객 여정을 추적할지 결정하라.

3. 고객 경험의 핵심 지표를 파악한다. 경험을 측정하기 위한 비즈니스 측정 지표를 정하는 것은 쉬운 일이 아니다. 단일 지표로 묶기 어려운 정량적 요소와 정성적 요소가 섞여 있을 수도 있다. 여정 분석(journey analytics)은 개별 접점에서의 고객 행동뿐만 아니라, 고객이 목표와 과제를 달성하려고 시도하면서 택하는 경로를 따라 일어나는 고객 행동을 통찰 및 측정하는 접근 방식이다.

4. 전 채널의 데이터를 연결한다. 여정 분석을 효과적으로 시행하려면 여러 채널의 데이터를 종합하는 기술 플랫폼이 필요할 것이다. 능동적 여정 관리에 입력하는 데이터로는 순고객추천지수(NPS), 만족도 조사 결과, 고객 노력 지수(CES) 등 여러 종류의 사용 측정 지표를 들 수 있다. 경우에 따라서는 신규 고객 설문 조사와 같은 새로운 데이터 수집 메커니즘이 필요할 수도 있다.

5. 이상적인 고객 여정을 위해 모든 활동을 조율한다. 고객 여정을 모니터링해서 얻은 통찰을 활용해 고객 경험을 개선하고 혁신한다. 변경하고 조정하면서 계속 학습하고 개선하라. 여정 관리는 지속적인 작업이다.

의심할 여지없이 기존 솔루션에 대한 고객 경험을 실시간으로 추적하는 시스템을 설계하는 것은 어려운 일이다. 많은 어려움과 장애에 봉착할 것이다. 충분한 결과를 얻을 만한 규모로 실행하려면 적절한 데이터와 적절한 거버넌스, 적절한 운영 모델이 필요하다. 또한, 작업을 할 적합한 직원과 작업과 관련된 적절한 직원 경험도 있어야 한다.

3
보딘의 글 <2018년 여정 관리자의 상황>을
참조하라. https://kerrybodine.com/product/
journey-manager-report

고객 경험 리더이자 작가인 케리 보딘(Kerry Bodine)은 직원 경험을 통해 고객 경험을 보다 효과적으로 구현하기 위해서는, 장기간에 걸쳐 고객 경험을 능동적으로 관리할 새로운 역할, 즉 여정 관리자(journey manager)가 필요하다고 말한다.[3] 보딘은 이 역할을 제품 관리자(product manager), 즉 회사에서 제공하는 제품이나 서비스를 관리하는 사람에 비유한다. 이 경우 회사가 제공하는 것은 경험이다. 여정 관리자는 조직 내의 서로 다른 인식을 하나로 모아 회사의 방향이 고객 경험 원칙을 향하도록 바꾸는 사람이다.

여정 관리는 일부 과학이고 일부 예술이지만, ROI(투자수익률)에 매우 효과적인 것으로 나타난다. 고객 경험 관리는 순이익 증가와 관련이 있다. 예를 들어 포레스터(Forrester)의 고객경험지수(Customer Experience IndexTM) 상위 기업은 하위권 기업보다 주가 상승률이 높았고 수익도 더 많았다.

메시지는 분명하다. 기업이 경쟁 우위를 확보하고 자사의 가치를 실현하려면 '저니 씽킹(journey thinking)'을 받아들여야 한다. 여정 관리와 설계에서는 전체가 부분의 합보다 크다. 이런 마음가짐은 고객 경험에 맞춰 정렬되고 지속적으로 관리되는 직원 경험을 통해 만들어진다. 직원 경험을 최적화할 계획 없이 고객 경험에만 초점을 맞춘다면, 목표의 절반을 놓치는 것이다.

요약
SUMMARY

직원 경험이라는 개념은 직원이 조직과 맺는 전반적인 관계에 관한 것으로, 오랜 시간에 걸친 직원의 행동과 생각, 감정의 총합이다. 급여나 복리후생 등 기본적인 필요조건을 충족시키는 것만으로는 충분하지 않다. 오늘날 조직은 사람들로 하여금 목적 의식을 갖도록 해서 기여에 동참하게 해야 한다.

고객 경험과 마찬가지로 직원 경험도 매핑을 통해 더 깊이 이해할 수 있다. 직원 경험을 시각화하면 조직이 개선의 주요 기회를 찾는 데 도움이 된다. 그것보다 중요한 것은 매핑이 고객 경험을 직원 경험에 맞춰 정렬하는 데 도움이 된다는 것이다. 회사가 직원을 올바르게 대하면 직원이 고객을 올바르게 대할 것이고, 그 결과 비즈니스는 성장할 것이다. 고객 경험이 살아 움직이는 브랜드라면, 직원 경험은 살아 움직이는 기업 문화다.

기업은 직원 경험을 매핑하여 열정적인 직원들을 독려하는 것 외에도, 각 팀을 고객 경험에 맞춰 정렬함으로써 경험을 중심으로 조직을 구성할 수 있다. 시간 경과에 따라 여정을 관리하고 정기적으로 직원에게 고객 통찰을 제공하는 것이 필수적이다. 여정 관리 도구와 기법은 조직 전반에 고객 중심적 마음가짐을 주입하는 데 도움이 된다.

결론적으로, 고객에게 집착하려면 직원에게도 집착해야 한다.

Case Study

(전략 수립을 위한)
CX와 EX의 정렬

수행자

시마 제인(Seema Jain)

고객여정지도는 첫 번째 접점에서 시작해 구매를 거쳐 브랜드와의 장기적 관계로 이어진다. 하지만 고객 경험에만 초점을 맞춘다면 스토리의 절반을 놓치는 것이다. 전통적인 고객여정지도에는 드러나지 않는 것이 있다. 바로 고객 경험을 창출하는 엄청난 양의 직원 활동이다(그림 3-11 참조).

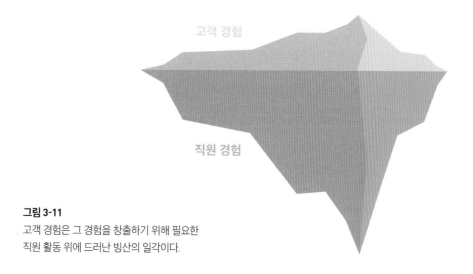

그림 3-11
고객 경험은 그 경험을 창출하기 위해 필요한
직원 활동 위에 드러난 빙산의 일각이다.

고객 측면과 직원 측면을 모두 평가해야 여정의 폭과 깊이를 이해하는 데 필요한 전체 그림을 볼 수 있다.

강력하고 효과적인 여정 지도를 작성하려면 고객을 비롯해 교차 기능 팀의 도움이 필요하다. 지리적으로 분산되어 있는 팀과 사람들은 한데 모으는 것이 어려울 때도 있었지만, 2020년에는 디지털 상호 작용으로의 급진적 전환이 비자발적으로 촉진되었다. 이런 현상은 코로나바이러스가 유행하기 전부터 시작되었다.

MURAL에서 우리는 새로운 기회를 찾기 위해 고객 경험을 직원 경험에 맞춰 명확하게 정렬하는 접근 방식을 가다듬었다. 이 프로세스는 네 단계로 이루어진다.

1 고객 여정을 매핑한다

고객 조사와 설문을 거쳐 고객 여정 전반에 걸친 단계별 행동을 매핑하는 작업부터 시작한다. 고객 행동, 핵심 상호 작용, 여정으로 인해 생기는 고객의 태도와 감정을 평가한다. 고객 감정을 이해하고 공감하는 것이 고객과 연결되고 공명하는 경험을 설계하는 핵심이다.

2 직원 여정을 매핑한다

직원 여정을 이해하기 위해 빙산의 아랫부분으로 내려가 지도를 완성한다. 고객 경험을 촉진하고 지원하는 업무 프로세스, 시스템, 도구, 교차 기능 팀 등 조직의 내부 활동을 밖으로 드러낸다.

모든 고객 대면 팀의 담당자를 참여하게 하면 직원 기능 및 직원 집단의 일과 실태를 파악할 수 있을 것이다. 직원들이 불만스러워하거나 어떤 문제를 겪을 때, 그 감정은 종종 고객에게 전이된다. 직원들의 만족도, 업무 몰입도, 고용 유지율을 높이기 위해서는, 이런 감정을 찾아내 내부 팀 및 직원과 연결되는 경험을 설계하는 것이 중요하다.

그림 3-12는 고객 경험과 직원 경험을 시각적으로 정렬하여 하나의 도표로 보여준다. 여기서는 MURAL에 적응하는 과정의 초기 부분을 중심으로 경험을 나타냈다.

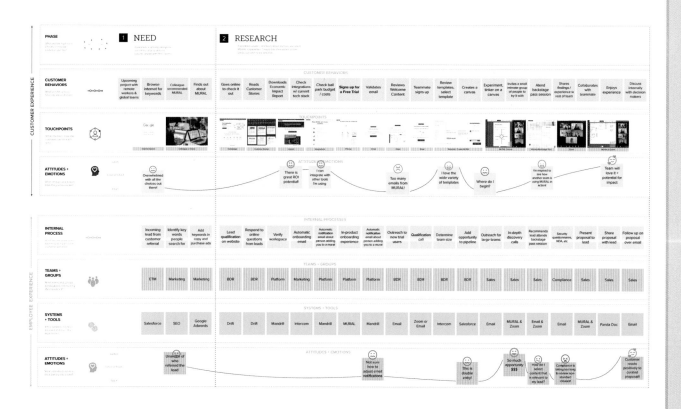

그림 3-12 고객 경험과 직원 경험을 한 도표에 정렬하여 둘 모두의 개선 기회를 찾는다.

3 여정 지도를 평가한다

고객과 직원의 감정을 평가함으로써 어디에서 진실의 순간이 발생하는지 쉽게 파악할 수 있다. 진실의 순간이란 고객과 직원에게 오래도록 긍정적 또는 부정적 인상을 남기는, 여정에서의 중요한 순간을 말한다. 이런 순간은 문제를 해결할 기회가 되기도 하고, 충성도와 지지도를 제고할 기회가 되기도 한다.

진실의 순간을 식별하면 문제나 기회를 "어떻게 할까요(How might we, HMW)?"라는 탐색적 질문으로 재구성할 수 있다. HMW 질문은 새로운 아이디어가 탄생할 열린 공간을 만들고, 답을 찾기 위해 다른 사람들과 협업하게 한다. 또, 너무 급하게 한 가지 솔루션에 뛰어듦으로써 탐색과 혁신의 문이 완전히 닫히지 않게 해준다.

4 우선순위를 정한다

디지털 워크숍이 이 단계에 이르면, 보통 성공적인 아이디어 창출의 발판이 되어줄 HMW 질문이 여럿 나온다. 이때 워크숍 참가자에게 가장 설득력 있는 질문에 투표하게 하면 초점을 좁힐 수 있다. 어디에서 시작해야 할지에 대한 민주적 합의에 이르는 것이다.

우리는 전략적 워크숍에서 고객사와 함께 이런 방법을 이용해, 향후 몇 년 동안 함께 무슨 일을 할 것인가를 정한다. 특히 우리는 직원 경험 측면에서 고객 경험을 개선할 핵심 수단을 파악할 수 있다.

예를 들어 최근 대형 생명보험사와 함께한 워크숍에서 우리는 이 프로세스를 이용해 외주 콜센터와 관련한 직원 여정으로부터 고객 여정에 부정적인 진실의 순간을 만들어 내는 몇 가지 문제를 도출할 수 있었다. 포괄적인 고객 경험+직원 경험 지도가 이러한 문제들을 조명했고, 결국 경영진으로부터 중요한 삶의 여정에 걸쳐 고객을 지원할 내부 역량을 구축하기 위해 필요한 승인과 투자를 이끌어 냈다. 우리는 직원 경험을 개선하고, 문제 발생 지점의 운영을 보다 효율적으로 바꾸고 관계자들을 만족시킴으로써 고객 경험을 향상시켰다. 그러자 궁극적으로 고객 유지율이 높아졌다.

고객사 직원은 이 프로세스에 대해 이렇게 말했다. "내부적으로 할 일이 이렇게 많은 지 몰랐어요. 여러분의 방법 덕분에 가장 어려운 고객 경험 과제를 어떻게 해결해야 할지 알게 되었어요." 직원 만족은 고객 경험을 나타내는 주요 지표다. 간단히 말해, 직원이 행복하고 업무에 몰입하면 더 나은 고객 경험을 창출할 것이고, 그에 따라 고객은 더 행복해질 것이다.

수행자 소개

시마 제인(Seema Jain)은 노련한 디자인 및 전략 리더로, 디자인 씽킹과 비즈니스 성과의 교차점에 열정을 쏟는다. 현재 MURAL의 솔루션 디자인 책임자이며, 고성능 디지털 협업 솔루션을 통해 측정 가능한 인간 중심 디자인을 실용화하기 위해 여러 조직과 협업하고 있다. 또한 그녀는 루마 인스티튜트(LUMA Institute)와 IBM이 인증한 디자인 씽킹 실무자(Design Thinking Practitioner)이기도 하다.

직원 경험: 내부 정렬

chapter

전략적 통찰 시각화

몇 년 전 나는 내가 일하던 회사에서 여러 날에 걸쳐 전략 워크숍을 진행한 적이 있었다. 저녁 식사를 하던 중에 영업 이사가 워크숍의 목적과 관련해서 자기 견해를 밝혔다.

"어떻게 하면 고객에게서 최대의 가치를 뽑아낼 수 있을지 생각해야 합니다." 그러더니 수건을 짜는 시늉을 하며 덧붙였다. "수건이 마를수록 더 힘 있게 짜야지요. 훌륭한 리더는 방법을 압니다. 거기다 전략이 좋을수록 더 쉽게 할 수 있지요."

영업 이사의 진지한 태도에 나는 경악했다. 우리 고객은 저 밖에 있는 '아무나', 즉 그저 잔돈푼이나 뜯어내면 되는 사람들이 아니다. 나는 속으로, 고객은 우리의 가장 소중한 자산이라고 생각했다. 우리는 고객에게서 더 많은 것을 배우려고 노력해야 한다. 그래야 더 좋은 제품이나 서비스를 제공할 수 있다.

영업 이사의 관점은 근시안적이었다. 사업에서 영업이 가장 중요하다고 생각하는 것이다. 단기간에는 이 말이 맞을지 모르지만, 이런 편협한 관점은 결국 실패로 이어지게 된다.

사업이 커질수록 전략적으로 보는 시야를 넓혀야 한다는 것을 깨닫지 못하는 기업이 많다. 나는 이것을 **전략 근시**(strategy myopia)라고 부른다. 이런 일이 몇 번이고 되풀이해서 벌어지다 보면, 결국 기업은 자기가 어떤 사업을 하는지조차 모르게 된다.

코닥을 예로 들어 보자. 코닥은 필름 업계의 강자로 한 세기 넘게 필름 시장을 지배했지만, 2012년에 파산을 신청하기에 이르렀다. 코닥이 디지털 카메라 기술을 도입하지 않아서 실패했다고 생각하는 사람이 많다. 이것은 사실이 아니다. 실제로는 1975년에 세계에서 처음으로 디지털 카메라를 발명했으며, 디지털 카메라 특허를 가장 많이 보유한 회사 중 하나였다.

코닥이 실패한 원인은 자신들의 사업 영역을 스토리텔링이 아니라 필름이라고 생각한 근시안적인 시각 때문이었다. 경영진은 디지털 기술이 자사의 이익을 잠식할까 두려워했다. 그들은 마케팅과 영업을 잘하면 기존 사업을 지킬 수 있을 것으로 믿었다. 결국, 코닥은 기술이 아니라 전략이 근시안적이어서 몰락했다.

잘나가는 조직은 끊임없이 혁신하고 영역을 넓혀 간다. 점진적으로 개선해서는 불충분하다. 기술 R&D로도 충분하지 않다. 그보다는 조직이 창출하는 가치에 계속 의문을 제기하며 성장해 나가야 한다.

경험 지도는 전략을 수립할 때 간과하기 쉬운 통찰, 즉 고객의 관점에서 바라본 시각을 보여준다. 이 장에서는 어떻게 경험 매핑이 놓치기 쉬운 전략적 통찰에 기여하고 궁극적으로 전략 근시의 교정 렌즈 역할을 하는지를 보여주고자 한다. 이는 내가 그 영업 이사와 수행한 워크숍에서의 초점이기도 했다. 우리는 함께 우리의 전략 근시를 극복하기 시작했다.

또한 이 장은 전략을 좀더 잘 시각화하기 위해 경험 매핑을 확장하는 몇 가지 보완 기법을 검토하는 것으로 마무리된다. 이 장을 모두 읽고 나면, 도표가 어떻게 여러분의 시야를 넓혀주는지 알게 될 것이다.

4.1 새로운 시각에서 바라보기

지난 몇 십 년 사이에 사업의 상황이 많이 바뀌었다. 이제 소비자는 가격이나 제품 정보, 세계 도처에 있는 대체 공급처를 쉽게 알 수 있게 되면서 실질적인 힘을 갖게 되었다. 가치가 내재된 시장을 최대한 쥐어짠다는, 전통적인 영업 방식으로는 더 이상 지속적인 성장을 기대할 수 없다.

대신 조직은 생각을 거꾸로 해야 한다. 저명한 비즈니스 리더인 램 차란(Ram Charan)은 기업이 전통적인 영업 관점을 거꾸로 뒤집어야 한다고 역설했다. 저서 《판매에 대한 사고 차별화 전략(What the Customer Wants You to Know)》에서 차란은 전통적인 접근 방식과는 반대로 가치를 이해하는 새로운 흐름을 보여주었다(그림 4-1).

그림 4-1 소비자 관점에서 가치를 이해하면 가치 흐름에 대한 이해가 거꾸로 바뀐다.

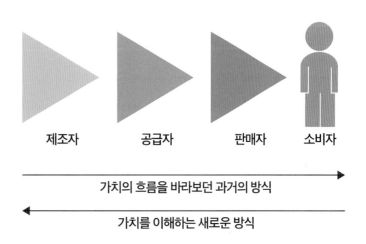

고객에 대한 이해는 성가신 일이 아니라 전략적인 기회가 된다. 목표는 밀어내기가 아니라 당기기다. 제품이나 서비스를 팔지(sell) 말고 고객을 매수(buy)하라는 뜻이다.

이 견해는 전형적인 전략적 의사 결정과 정반대지만 그렇다고 새롭지도 않다. 이미 1960년에 하버드대학의 저명한 경영학 교수 테오도르 레빗

(Theodore Levitt)은 먼저 인간의 니즈에 초점을 맞추는 것이 중요하다고 역설했다. 레빗 교수는 〈마케팅 근시(Marketing Myopia)〉라는 유명한 논문에서 이렇게 썼다.[1]

1

이 장에서 다루는 주제나 아이디어 중에는 레빗 교수의 기념비적인 이 논문에서 직접 가져온 것이 많다. 전략 근시라는 용어도 마찬가지다. 이 논문은 아직도 중요한 가치가 있는 논문이니 독자 여러분도 한번 읽어 볼 것을 권한다. 테오도르 레빗 교수가 《하버드 비즈니스 리뷰 (1960)》에 기고한 〈마케팅 근시〉를 참고하라.

> 어떤 산업이든 고객과 고객의 니즈로부터 시작되는 것이지, 특허나 원자재나 판매 기술로부터 시작되는 것이 아니다. 산업은 고객의 니즈를 전제하고, 우선 고객을 만족시키기 위해 물적 공급을 어떻게 할 것인가를 먼저 고려하며 거꾸로 발전해 나간다. 그런 다음 고객을 부분적으로라도 만족시킬 수 있는 물건을 만드는 데로 조금 더 거슬러 올라가는 것이다.

레빗 교수가 사례로 자주 들던 미국 철도 산업의 실패를 살펴보자. 20세기 초 전성기를 구가할 때 철도 산업은 엄청난 수익으로 월스트리트 투자가들에게는 매력적인 투자처였다. 불과 몇 십 년 뒤 철도 산업의 종말이 오리라고 예상한 사람은 아무도 없었다.

20세기 중반 철도 산업의 성장이 멈춘 것은 승용차나 트럭, 비행기, 심지어 전화까지 포함된 경쟁 산업과의 기술 경쟁에서 밀려서가 아니다. 경쟁 산업이 고객을 유치하도록 그대로 두었기 때문이다. 철도 회사들은 자기 제품에만 관심을 쏟은 나머지 전략 근시가 되어 버렸다. 자신이 운송 사업을 한다고 생각하지 않고 철도 사업을 한다고 생각했다.

경험 매핑이 만병통치약은 아니지만, 전략적 시야를 넓히는 데 도움이 되는 통찰력을 준다. 예를 들어 보겠다. IDEO의 CEO 팀 브라운(Tim Brown)은 저서 《디자인에 집중하라(Change by Design)》에서 회사가 암트랙(Amtrak)과 수행한 프로젝트의 경험을 설명했다. IDEO는 아셀라 익스프레스(Acela Express, 암트랙에서 운영하는 워싱턴~보스턴 간 특급 열차 -옮긴이) 열차의 좌석 디자인을 새로 하는 일을 맡았다. 프로젝트 목표는 여행 경험을 더 즐겁게 하는 것이었다.

그런데 팀은 좌석 디자인에 바로 착수하지 않고, 먼저 기차 여행의 여정을 시작부터 끝까지 매핑하는 작업부터 했다. 그렇게 해서 서로 구별되는

약 12단계의 경험을 찾아냈다. 그 결과 어디에 초점을 맞춰야 할지라든가, 여행 경험을 어떻게 개선해야 할지에 대한 판단이 달라졌다. 브라운은 이렇게 말했다.

> 가장 인상적인 통찰은 승객이 8단계가 되어서야 좌석에 앉는다는 것이었다. 바꿔 말하면, 기차 여행에서 대부분의 경험은 기차와 전혀 관계가 없던 것이다. 프로젝트 팀은 그 전까지의 단계가 모두 긍정적인 상호 작용을 만들어 낼 수 있는 기회라고 판단했다. 좌석 디자인에만 관심을 쏟았더라면 못 보고 지나쳤을 기회였다.

정렬 도표는 이런 새로운 기회를 보여주는 일종의 도구다. 그것은 개인 경험에 대한 설명과 조직이 제공하는 제품이나 서비스를 시각적으로 정렬해 준다.

1장에서 살펴본 크리스 리스돈의 레일유럽 경험 지도 맨 아래쪽에서 사업 기회를 보도록 하자(그림 1-5 참조). 일부 기회는 전술적 해법을 제안하지만, 전반적으로 그 이상의 크고 전략적인 옵션을 제시한다. 회사가 여행 정보의 제공자가 되어야 하나? 소매업체 및 전자상거래 협력업체와 합병해야 하나? 어떻게 고객 지원이나 티켓팅 경험을 재창조할 것인가? 이런 전략적 통찰은 실제 기차 여행 경험과 직접 연계되어 있을 뿐 아니라, 여행의 전체 상황과 결부되어 도표에 드러나게 된다.

이런 의미에서 정렬 도표는 시장과 조직, 전략을 내부가 아닌 외부에서 파악할 수 있는 새로운 방식을 제공한다. 논리적으로, 정렬 도표는 제품이나 서비스를 제공하는 초기 단계에서 활용할 때 가장 효과적이다(그림 4-2).

매핑 프로세스는 전략 근시를 교정하는 데 도움이

잘나가는 조직은 끊임없이 혁신하고 영역을 넓혀 간다. 조직이 창출하는 가치에 계속 의문을 제기하며 성장해 나가야 한다.

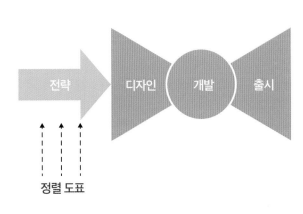

그림 4-2 정렬 도표는 밖에서 안을 보는 통찰력을 준다. 초기 단계에서 작성하면 전략적 의사 결정에 가장 효과적으로 활용할 수 있다.

된다. 내 경험상 이렇게 만들어진 도표는 예외 없이 현재 사업이 취급하고 있는 것보다 훨씬 폭넓게 고객의 니즈를 시각적으로 보여주었다.

하지만 전략적 시야를 넓히려면 변화가 필요하다. 조직 전체가 새로운 사고방식으로 무장해야 하는 것이다. 그중 다음 세 가지 측면이 특히 중요하다.

- 경쟁 재구성
- 공유 가치 창출
- 가치 전달 재구상

다음 절에서는 이들 측면을 살펴보고, 경험 매핑이 개별 측면에서 어떤 역할을 할 수 있는지를 알아보려고 한다.

경쟁을 재구성하라

전통적으로 기업은 인구통계 특성이나 심리통계 특성(나이, 소득, 인종, 혼인 여부 등)으로 고객을 분류하거나, 구매 행동이나 기업 규모에 관심을 가졌다.

그러다 보니 분류 결과는 고객의 실질적인 니즈나 동기를 제대로 반영하지 못했다. 나이나 소득 때문에 어떤 상품을 사는 사람은 없기 때문이다. 전형적이며 일률적인 접근 방식은 실패할 수밖에 없었고 관리자는 인구통계적 분류를 자의적으로 다시 손봐야 했다.

대안 모델에서는 고객의 시각으로 시장을 본다. 간단히 말하면, 사람들은 과제를 해결하기 위해 제품을 산다는 것이다. 의미 있는 분류가 되려면, 사람들이 바라는 결과가 가장 중요한 분류 기준이 되어야지, 고객 자체가 분류 기준이 되어서는 안 된다(그림 4-3).

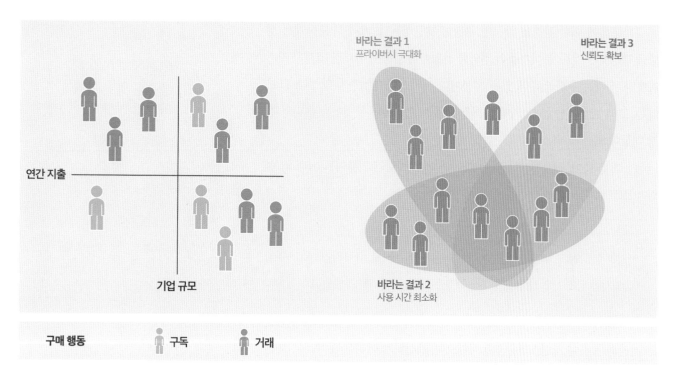

바라는 결과 1
프라이버시 극대화

바라는 결과 3
신뢰도 확보

바라는 결과 2
사용 시간 최소화

연간 지출

기업 규모

구매 행동　 👤 구독　 👤 거래

그림 4-3 전형적인 분류는 사람들이 바라는 결과(오른쪽)에 초점을 맞추지 않고, 인구통계 및 구매 행동적 차원(왼쪽)에 초점을 맞추고 있다.

클레이튼 크리스텐슨(Clayton Christensen)과 스코트 쿡, 태디 홀(Taddy Hall)은 공동으로 집필한 논문 〈마케팅 과실(Marketing Malpractice)〉에서, 레빗 교수를 언급하며 전통적인 분류 행태가 성공적이지 않았다고 지적했다.

새내기 관리자가 경영대학원에서 배워서 잘나가는 회사의 마케팅 팀에 들어가 적용하는 일반적인 분류 방법이, 새로 내놓는 혁신 제품이 소름 끼칠 만큼 성공 확률이 낮은 도박으로 보이게 하는 주된 이유다.

시장 분류나 새로운 혁신 제품을 다루면서 적용할 수 있는 개선된 방법이 있다. 고객의 입장에서 보면 시장 구조는 매우 간단하다. 즉, 테오도르 레빗이 말한 것처럼 고객은 자기 과제만 해결하면 그만이다. 사람들은 어떤 과제를 해결할 필요가 있으면, 기본적으로 해당 과제를 해결하기 위해 제품을 '고용(hire)'하는 것이다.

분류에 대한 관점을 바꾸면 경쟁이 재구성된다. 고객 마음속에서 경쟁을 결정짓는 것은, 분석가들이 정의한 산업이나 업종이 아니라 고객의 자기 과제다. 우리는 우리 업종에 있는 제품이나 서비스와 경쟁하지 않는다. 그보다는, 고객 관점에서 볼 때 과제를 해결해 주는 것이라면 무엇이든 우리의 경쟁 대상이 되는 것이다.

예를 들어, 세무 소프트웨어 분야의 최고 기업인 인튜이트(Intuit)의 설립자 스코트 쿡(Scott Cook)은 이런 말을 한 적이 있다.

> (세무 소프트웨어 분야에서) 가장 위협적인 경쟁자는 … 동종 산업 내에 있는 기업이 아니었다. 바로 연필이었다. 연필은 질기면서도 탄력적인 대체재다. 하지만 우리 산업 내의 모든 기업이 이런 사실을 간과하고 있었다.[2]

요즘은 아니지만, 당시에는 세금 신고서를 준비할 때 종이 위에 연필로 계산하는 것이 자연스러운 행동이었으며, 개선하기 어려운 것이었다. 쿡은 자사 소프트웨어가 다른 회사의 소프트웨어보다 성능이 뛰어날 뿐만 아니라 연필보다 효과적이고 연필만큼 쓰기 편해야 한다고 생각했다. 이런 식으로 보면, 연필뿐만 아니라 세금 신고를 돕는 것이면 무엇이든 세무 소프트웨어의 경쟁자가 된다.

도표는 과제를 해결하는 대체 수단을 찾는 데도 활용할 수 있다. 그림 4-4는 변호사의 업무 흐름을 자세히 나타낸 도표에서 발췌한 내용이다. 내가 맡아서 하던, 오스트레일리아의 세계적인 법률 정보 제공 회사 렉시스넥시스(LexisNexis)의 조사 작업 중 일부다.[3] 아래쪽 회색 부분은 업무 흐름상에 나와 있는 방법 대신, 과제를 해결해 줄 수 있는 다른 방법을 나타낸 것이다.

전체 경험에 대한 대체 솔루션을 시각화해 보니, 변호사들이 법률 정보 조사를 할 때 이 회사가 자랑하는 데이터베이스뿐만 아니라 도서관이나 무료 온라인 자료도 이용할 것이라는 생각이 들었다. 관계자들에게는 눈이 번쩍 뜨이는 정보였다. 도표는 제품이 어디서 어떤 방식으로 다른 서비스와 경쟁하는지 명확히 보여주었다.

고객에 대한 이해는
성가신 일이 아니라,
전략적 기회가 된다.

2
스콧 버쿤(Scott Berkun)의 저서 《이노베이션 신화의 진실과 오해(The Myths of Innovation)(2007)》에서 인용.

3
이 프로젝트에 대한 자세한 내용은 11장 [Case Study]를 참고하라.

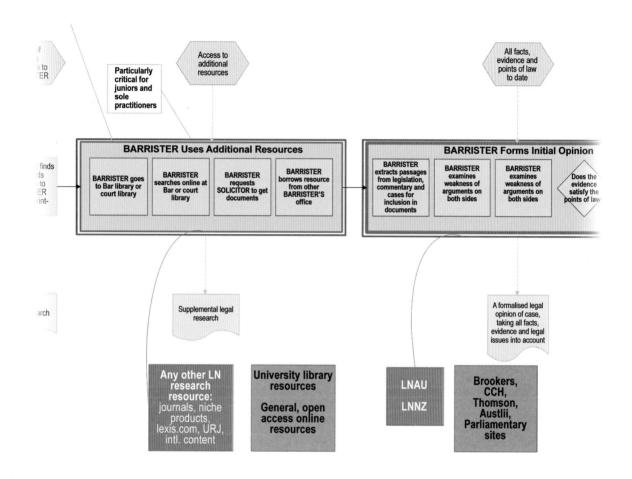

그림 4-4 도표에서 이 부분은 변호사의 업무 흐름을 보여준다.
아래쪽에 조직이 제시한 솔루션(주황색)과 대체 솔루션(회색)이 표시되어 있다.

전략적 통찰 시각화

비즈니스 리더인 리타 군터 맥그래스(Rita Gunther McGrath)는 시장을 자신이 쓰는 용어인 아레나(arenas)의 측면에서 보아야 한다고 말했다. 아레나는 고객이 겪은 경험이나, 고객이 제공자(공급자)와 맺은 연결에 따라 특징지어진다. 맥그래스는 베스트셀러가 된 저서 《경쟁우위의 종말(The End of Competitive Advantage)》에 다음과 같이 썼다.

> 아레나를 분류하는 동인은 십중팔구 특정 고객이 얻고자 하는 결과(해결과제)와 그런 결과를 가져올 수 있는 대안일 것이다. 이것은 아주 중요한 이야기다. 기존의 경쟁 우위에 가장 큰 실질적인 위협은 주변부나 눈에 잘 띄지 않는 곳에서부터 시작될 것이기 때문이다.

경험 지도는 실제 경쟁자가 누구일 것이라는 우리의 추정에 의문을 제기한다. 거기에는 개인의 니즈가 반영되며, 또한 이와 관련된 보다 넓은 경험을 보여준다. 그 결과, 시장을 인위적인 방식으로 세분화하거나 전통적인 산업 분류 방식으로 보지 않고, 고객의 관점에서 볼 수 있게 된다.

공유 가치를 창출하라

2차 대전 이후 미국 기업들은 전략에 있어 보유와 재투자라는 일반적인 접근 방식을 취했다. 그들은 기업의 이익을 재투자해 직원 처우를 개선하고 기업 경쟁력을 강화했다.

이런 방식은 1970년대에 축소와 분배라는 접근 방식에 자리를 내주었다. 주주를 위해, 비용을 절감하고 재무 수익을 극대화하는 것이 최우선이 되었다. 수익을 내는 것이 사회에 기여하는 것이라는 경제적 믿음이 널리 퍼졌다. 기업의 수익이 많을수록 우리 모두가 더 잘살게 된다는 것이었다.

이런 정책은 미국을 번영시키지 못했다.[4] 전체적으로 볼 때 우리는 더 잘살게 되지 않았다. 70년대부터 미국 근로자들은 더 많이 일하고 더 적게 벌고 있다. 동시에 배당금으로 본 주주 가치와 CEO의 임금은 급격하게 상승했

4
주주 가치 극대화가 사회에 미치는 역효과에 대해 더 알고 싶은 사람은 윌리엄 라조닉(William Lazonick) 교수가 《하버드 비즈니스 리뷰(2014. 9)》에 기고한 논문 <번영 없는 수익(Profits Without Prosperity)>을 참고하라.

다. 그 결과 기업에 대한 신뢰는 역대 최저 수준이다. 기업은 갈수록 여러 가지 사회 문제나 환경 문제 또는 경제 문제로 비난을 받고 있다.

고무적인 소식은 균형이 바뀌고 있다는 사실이다. 우리는 주주 가치에서 공유 가치로의 변화를 목격하고 있다. 일례로 미국 주요 기업의 CEO로 구성된 '비즈니스 라운드테이블(Business Roundtable)'은 2019년 주주만 섬기던 것에서 벗어나, 법인의 새로운 목적에 관한 성명을 발표했다. 200명 가까운 CEO가 서명한 이 성명은 고객과 직원, 공급업체, 지역사회 등 '모든 관계자'에게 봉사하겠다는 약속을 담고 있다.

전략 전문가 마이클 포터(Michael Porter) 교수는 자신의 기념비적 논문 〈공유 가치 창출(Creating Shared Value)〉에서 기업이 티핑 포인트(tipping point)에 도달했다고 말했다. 기업은 더 이상 자신이 서비스하는 시장의 희생을 대가로 운영될 수 없다는 것이다. 그는 이렇게 말한다.

> 문제의 대부분은 기업 자신에게 있다. 기업은 지난 몇 십 년에 걸쳐 부상한, 가치 창출 시대에 뒤떨어진 접근 방식에 매몰되어 있다. 가장 중요한 고객의 니즈도 놓치고, 장기적 성공에 영향을 미치는 넓은 범위의 여러 요인을 무시한 채, 거품 속에서 단기적인 재무 성과를 최적화하는 데 몰두하며 여전히 좁은 시각으로 가치 창출을 바라보고 있다.

공유 가치는 수익을 사회적 이익 창출과 직접 연결시켜 조직에 경쟁 우위를 다시 제공한다. 즉 원-원 접근 방식이다.

공유 가치는 사회적 책임을 넘어서는 개념으로, 조직 전략의 근간에 영향을 미친다. 공유 가치의 목적은 고객이 기업과 상호 작용할 때마다 사회에 이로운 가치를 함께 창출하는 것이다. 전략적 차원에서 공유 가치는 다음 세 가지 방식으로 생각해 볼 수 있다.

제공하는 제품이나 서비스를 다시 생각해 보라

예를 들어, 스카이프(Skype)는 스카이프 인 더 클래스룸 프로그램을 출시했다. 이 프로그램을 이용하면, 교사는 전 세계의 다른 교사들과 협업하여 학생들을 위한 학습 경험을 다양하게 설계할 수 있다. 다른 말로 하면, 스카이프는 화상회의 사업만 하는 것이 아니라 고객에게 교육과 관련된 협업 기회도 주는 셈이다.

제품이나 서비스를 생산하는 방식을 혁신하라

예를 들어, 인터컨티넨탈 호텔그룹(IHG)은 환경 발자국(environmental footprint) 문제에 대처하기 위해 2009년 GreenEngage 프로그램을 도입했다. IHG는 현재까지 약 25%의 에너지를 절감했고, 고객에게 이 프로그램을 IHG의 차별화 포인트로 인식시켰다. 다른 말로 하면, IHG는 호텔 객실을 제공하는 사업만 하는 것이 아니라, 환경 보호를 인식하는 공동체를 만드는 사업도 하고 있는 셈이다.

협력업체와 새로운 방식으로 협업하라

예를 들어, 네슬레(Nestle)는 인도의 낙농업자들과 긴밀하게 협력하며, 경쟁력 있는 우유 공급 시스템을 구축하기 위한 기술 개발에 투자를 아끼지 않았다. 그러다 보니 건강 관리가 개선되어 사회적 이익도 늘어났다. 다른 말로 하면, 네슬레는 식료품만 만드는 것이 아니라 영양을 개선하는 사업도 하고 있는 셈이다.

공유 가치라는 개념은 조직이 가치 제안을 구상할 때 여러 관점을 고려해야 한다는 뜻이다. 그중 인간의 니즈에 대해 깊이 이해하는 것이 가장 중요하다. 포터 교수는 한 영상 회견에서 이렇게 조언했다.

> 여러분의 제품이 무엇이고, 가치 사슬이 어떻게 되는지 생각해 보세요. 그리고 그것이 중요한 사회적 요구 사항이나 문제와 어디에서 만나는지 생각해 보세요. 여러분이 금융업에 종사한다면, '저축'과 '주택 구매'에 대해 생각해 보기 바랍니다. 단, 소비자에게 실제 도움이 되는 방식이어야 합니다.

이제, 노르웨이의 뛰어난 디지털 전략가 소피아 후세인(Sofia Hussain)이 작성한 주택 구매 도표를 보자(그림 4-5). '내부 활동'이라는 이름이 붙은 안쪽 원 안에 가상의 부동산 중개 회사가 제공하는 서비스가 있다. 사용자의 활동, 즉 '외부 활동'은 바깥쪽 큰 원 안에 표시되어 있다. 여러 유형의 접점도 조그만 아이콘 형태로 그려져 있다.

우리는 주주 가치에서 공유 가치로의 변화를 목격하고 있다.

후세인은 논문 〈디지털 전략 디자인하기 2부(Designing Digital Strategies, Part 2)〉에서 이 회사의 전략 시나리오를 다음과 같이 제안했다. 회사는 이 영역에서 더 많은 고객 요구 사항을 만족시킬 수 있는 서비스를 제공하여, 사업을 확장하고 싶어 한다. 그렇게 하기 위해 고객이 주택을 구매하고 이사하는 일만 돕는 사업에서, 새집에 정착하는 것을 돕는 사업으로 이동하려고 한다. 이 도표를 활용하면, 회사가 꾀하는 사업 확장이 고객 관점의 전체 경험과 어떻게 맞물려 돌아갈지 확인할 수 있다.

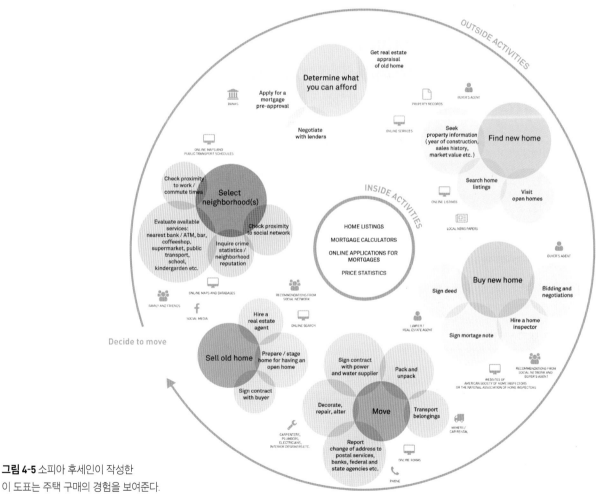

그림 4-5 소피아 후세인이 작성한
이 도표는 주택 구매의 경험을 보여준다.

그러나 공유 가치는 서비스 수 확대나 사업 영역으로의 진출보다 한 단계 더 나아간다. 어떻게 해서 사회 이익을 창출할 것이냐는 물음을 이 회사에 던지는 것이다.

예를 들어, 이 회사는 주택 매물 목록과 주변 보행 환경 정보를 결합해 더 건강한 생활 방식을 고취시킬 수도 있다. 그림 4-5의 도표에서 주변 환경 선택과 새집 찾기를 중심으로 한 서비스가 보행 환경 정보를 제공하기에 알맞은 상호 작용점이다. 또한 이것은 잠재적인 비용 절감 효과 덕분에 어디까지 감당할 수 있는지를 결정하는 데에도 포함될 수 있다. 아마도 이 시스템은 유류비를 절감하거나, 아예 차를 처분함으로써 절약되는 금액도 보여줄 수 있을 것이다.

공유 가치를 염두에 두면, 회사의 전략적 열망의 범위가 더 넓어진다. 단지 주택을 구매한다거나, 더 나아가 새집에 정착하는 것 이상이 된다. 그것은 바로, 새집을 구매함과 동시에 더 건강하고 환경 친화적인 생활 방식을 창출하는 일이다.

도표는 상호 작용과 고객의 니즈를 총체적인 시각에서 깊이 생각해 볼 수 있는 기회를 준다. 포터 교수가 말한 것처럼, 고객의 시각에서 우리 제품과 서비스가 도움이 되는지를 보게 되는 것이다. 사업에서 공유 가치를 발견하려면, 전체 경험을 이런 방식으로 면밀히 살펴보아야 한다. 시각화는 기회를 찾는 데 도움이 된다.

가치 전달을 재구상하라

컴퓨터 칩의 크기가 점점 작아지면서 일상 속 작은 제품에도 프로세싱 기능을 넣는 일이 가능해졌다. 실제 제품에 마이크로컨트롤러를 탑재해서 인터넷에 연결할 수 있으며, 사물 인터넷(IoT)이라 불리는 기술을 적용해서 똑똑해지고 서로 연결된 기기들로 이루어진 네트워크가 가치 전달 방식의 가능성을 넓히고 있다.

구글의 네스트 시스템은 스피커와 온도 조절기, 연기 감지기, 라우터, 초인종, 카메라, 잠금 장치를 연결하는 가장 광범위한 스마트 홈 서비스 중 하나다(그림 4-6).

Thermostats

Cameras

Doorbell

Alarm system

Lock

Smoke + CO alarm

그림 4-6 연계된 기기들로 이루어지는 구글 네스트 시스템에는 다양한 옵션이 포함되어 있다. 이 옵션은 무한히 많은 방법으로 조합하여 사용할 수 있다.

이런 환경에서는 한 요소의 설계가 더 어려워진다. 보다 광범위한 시스템에 대한 명확한 인식이 고려되어야 하기 때문이다. 이런 생태계에 대한 확실한 이해는 기기와 연결에서의 관점뿐 아니라, 경험 관점에서도 이루어진 시각화에서 비롯된다.

물리적 솔루션과 디지털 솔루션 간의 경계가 모호해지면서, 서비스가 개인의 니즈를 어떻게 충족시키는지에 대한 이해가 점점 더 절실해지고 있다. 개별 제품에서 연결된 솔루션으로, 생태계에 적합한 솔루션으로 진일보하고 있는 것이다. 그러면 조직이 제공하는 가치의 일부는 다른 제품과 어떻게 통합될 수 있는가가 된다(그림 4-7).

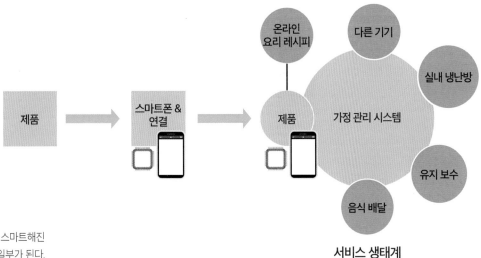

그림 4-7 인터넷에 연결되면서 스마트해진 전자 제품은 서비스 생태계의 일부가 된다.

서비스 생태계

전략적 통찰 시각화

예를 들어, 설계 컨설팅 회사 클라로 파트너스(Claro Partners)는 IoT 시스템 내 다양한 요소를 매핑하는 간단한 접근 방식을 개발했다. 그들은 일련의 카드를 사용해 IoT 시스템 내에 있는 전형적인 요소들을 나타냈다. 그리고 카드에 내용을 기입하고 이를 적절히 배치해 생태계 지도를 만들었다.

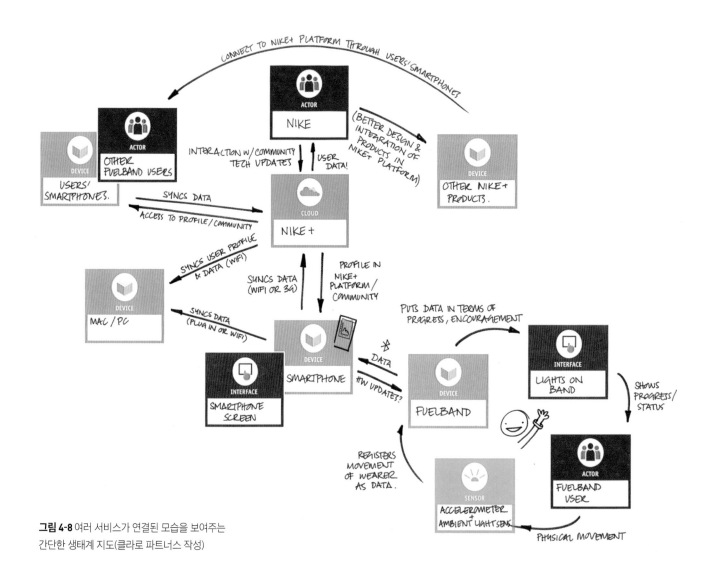

그림 4-8 여러 서비스가 연결된 모습을 보여주는
간단한 생태계 지도(클라로 파트너스 작성)

이렇게 해서 만들어진 결과물이 그림 4-8의 나이키 퓨얼밴드에 관한 도표다. 도표는 경험에 상호 의존성이 중요함을 드러낸다. 예를 들어, 퓨얼밴드 사용자 간의 관계뿐 아니라 물리적 기기와 소프트웨어, 데이터 서비스 간의 연결에도 상호 의존성이 중요하다.

IoT가 확산되면서 새 제품을 구상하고 설계하는 일만 힘들어지는 것이 아니다. 전략도 근본적으로 바뀌어야 한다. 우리가 제공하는 서비스는 필연적으로 여러 서비스로 이루어지는 시스템의 일부가 될 것이기 때문이다. 도표는 내재한 복잡성과 상호 연관성을 이해하는 데 도움이 된다. 성공은 서비스가 서로 얼마나 잘 맞아 떨어지느냐에 따라 결정되며, 더 중요하게는 서비스가 사람들의 삶과 얼마나 잘 맞아떨어지느냐에 따라 결정된다.

4.2 전략 매핑하기

일반적으로 전략 수립은 조직 상층부에서 비밀리에 이루어진다. 그런 다음 임원은 조직 구성원들에게 주로 파워포인트 프레젠테이션 형식으로 전략을 발표한다. 조직 구성원들은 전략을 '이해하고', 어떻게든 자신의 업무를 이 전략에 마술처럼 맞추기를 요구받는다.

하지만 나중에 상황이 악화되면, 전략을 수립한 임원들은 실패의 원인을 실행 잘못으로 돌린다. 전략과 실행이 서로 연관되어 있다는 사실을 간과하기 때문이다. 실행할 수 없는 전략은 내용이 아무리 훌륭하다 해도 훌륭한 전략이 아니다.

의사 소통이 제대로 되지 않은 것은 문제의 일부분에 지나지 않는다. 전략이 수립되는 과정도 중요한 문제다. 이 과정은 반드시 조직 전반에 걸친 이해 부족을 극복해야 한다. 그러지 않으면 전략이 의도대로 실행될 가능성이 없다.

비즈니스 컨설턴트 겸 작가인 닐로퍼 머천트(Nilofer Merchant)는 상층부와 하층부가 단절된 조직을 수없이 목격했다고 한다. 그녀는 저서《노하우? 뉴하우!《The New How》에서 이런 현상을 '에어 샌드위치(air sandwich)'라고 이름 붙였다.

> 에어 샌드위치란 사실, 상층부는 명확한 비전과 장래 목표가 있고 하층부는 그날그날 실행할 업무가 있지만, 중간부가 텅 비어 있는 전략을 말한다. 조직 내에 상층부와 하층부를 충실하게 연결할 주요 결정 요소들이 없는 것이다. 조직 내에 새로 정한 방향과 새로 실행할 업무를 일치시킬, 풍성하고 먹음직스러운 샌드위치의 속이 빠진 격이다.

에어 샌드위치에 대처하려면 기업은 전략을 수립할 때 모든 시도를 포괄적으로 고려해야 한다. 하지만 전통적 전략 수립 방식은 상황을 복잡하게만 만들 뿐이다. 말은 추상적이라 해석이 필요할 정도다. 문서는 당황스럽고 혼란스럽다. 전략을 실행해야 할 조직 구성원들은 이메일과 구두로 전달받은 내용을 이해하지 못한다.

도표가 솔루션이다. 도표를 사용하면 전략이 개방되어 조직 전반에 걸쳐 더 많은 구성원이 참여하게 되고, 전반적인 이해도 높아진다.

지금부터 정렬 도표를 보완하는 여러 가지 도구에 대하여 설명하도록 하겠다. 모두 전략의 전부나 일부를 시각화하기 위한 기법이다. 여기에는 전략 지도, 전략 캔버스, 전략 청사진, 비즈니스 모델 캔버스, 가치 제안 캔버스 등이 있다. 이들 기법에 경험 도표가 연결되어 고객과 관련된 상황을 알려주게 된다.

전략 지도

전략 지도(Strategy Map)는 조직의 전체 전략을 한 페이지에 모두 나타낸 도표다. 이 기법은 베테랑 비즈니스 컨설턴트인 로버트 카플란(Robert Kaplan)과 데이비드 노튼(David Norton)의 공저 《전략 지도(Strategy Maps)》 덕분에 대중화되었다. 이 기법은 수년에 걸친 비즈니스 컨설팅 경험과 연구를 기반으로 탄생했으며, 균형성과표(balanced scorecard)라고 하는 초기 프레임워크의 일부다.

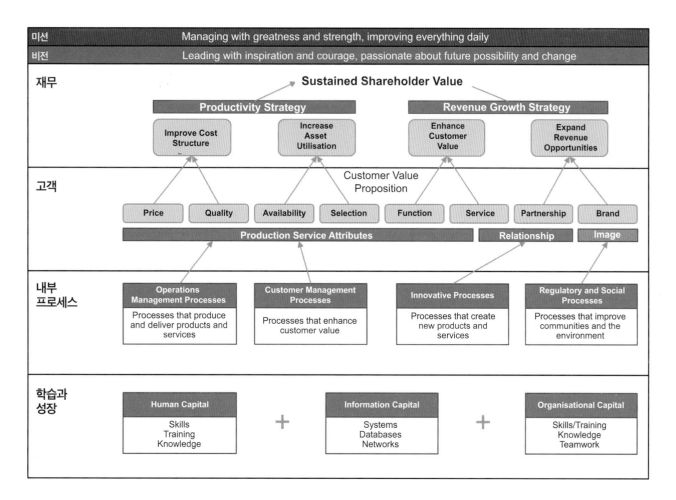

미션	Managing with greatness and strength, improving everything daily
비전	Leading with inspiration and courage, passionate about future possibility and change

재무

Sustained Shareholder Value

Productivity Strategy	Revenue Growth Strategy

| Improve Cost Structure | Increase Asset Utilisation | Enhance Customer Value | Expand Revenue Opportunities |

고객

Customer Value Proposition

| Price | Quality | Availability | Selection | Function | Service | Partnership | Brand |

Production Service Attributes · Relationship · Image

내부 프로세스

Operations Management Processes	Customer Management Processes	Innovative Processes	Regulatory and Social Processes
Processes that produce and deliver products and services	Processes that enhance customer value	Processes that create new products and services	Processes that improve communities and the environment

학습과 성장

Human Capital	Information Capital	Organisational Capital
Skills Training Knowledge	+ Systems Databases Networks	+ Skills/Training Knowledge Teamwork

그림 4-9 목표 사이의 관계를 계층별로 보여주는 일반 전략 지도

그림 4-9는 일반 전략 지도의 예를 보여준다. 각각의 가로줄은 네 가지 전략적 관점에서 본 목표를 나타낸 것이다.

직원의 학습과 성장

이 관점은 의도하는 가치를 전달하기 위하여 조직에게 필요한 지식과 기술, 시스템을 개략적으로 보여준다.

내부 프로세스

이 단계의 목표는 조직 전체의 역량과 효율성을 나타낸다.

고객

이 관점은 가치 제안을 보여준다. 여기서, 고객이 실제 가치가 있다고 인식하는 것이 무엇인지는 정렬 도표가 알려준다.

재무

조직이 재무적 이익이라는 형태로 획득한 가치를 중심으로 한 가장 높은 수준의 목표다.

이렇게 해서 만들어진 전략 지도는 그냥 목표를 나열한 목록이 아니며, 목표를 연결해 인과관계를 보여주게 된다. 이런 관점에서, 전략은 카플란과 노튼이 지적한 대로 일련의 조건문(IF-THEN statement)이 된다.

그림 4-10에서 간단한 전략 지도의 예를 보기로 하자. 이것은 퓨어스톤 파트너스(PureStone Partners)의 비즈니스 컨설턴트인 마이클 엔슬리(Michael Ensley)가 작성한 파타고니아(Patagonia)의 전략 지도다. 도표에서 한눈에 들어오는 주요 전략 목표는 '환경 영업권'이다. 이 목표를 여기에 배치함으로써 조직 내 모든 구성원들이 보도록 했다.

이 도표의 한가운데를 보면 파타고니아가 어떤 방식으로 고객 가치를 창출하려고 하는지 알 수 있다. 핵심 내부 프로세스는 그들(즉, 고객)의 문제 해결이라고 제시되어 있고, 이것은 '익스트림 장비 공급'과 '고객 보호'라는 두 가지 측면에 연결되어 있다. 해결해야 할 이런 문제를 찾는 데 필요한 다양한 논의를 정렬 도표가 촉진하는 것이다.

도표는 전략을 개방해 조직 전반에 걸쳐 보다 광범위한 참여를 유도하고 전반적인 이해도를 제고한다.

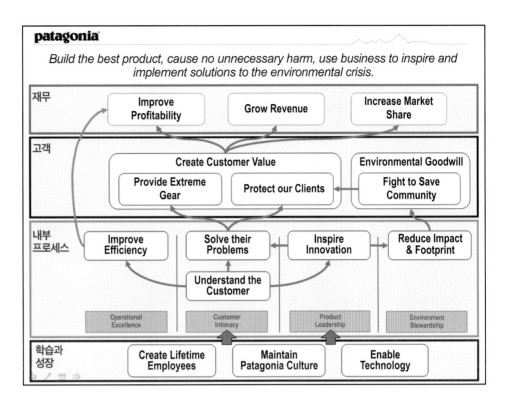

그림 4-10 스포츠용품 회사 파타고니아의 전략 지도는 회사가 환경 영업권에 초점을 맞추고 있다는 사실을 보여준다.

전략 지도는 조직의 서로 맞물려 있는 전략적 선택들을 균형 잡힌 시각으로 볼 수 있게 한다. 목표 사이의 관계를 드러냄으로써, 조직 구성원들에게 자신의 업무 활동이 전체 전략 중 어느 부분에 해당하는지 보여주기 때문이다.

전략 캔버스

전략 캔버스(Strategy Canvas)는 기존 전략을 진단하고 대체 전략을 수립하는 두 가지 목적으로 사용하는 시각화 도구다. 김위찬(W. Chan Kim)과 르네 마보안(Renee Mauborgne)이 2000년경에 개발한 기법으로, 혁신적인 공저 《블루오션전략(Blue Ocean Strategy)》에서 중요하게 다뤄진 바 있다. 그림 4-11은 간단한 예시로, 사우스웨스트항공의 전략 캔버스다.

아래 가로줄에는 주요 경쟁 요소가 나열되어 있다. 고객을 위한 가치를 창출하는 측면이면서 여러 회사 간 경쟁이 있는 요소이기도 하다. 세로축에는 요소별로 상대적인 수행 정도가 낮은 점수부터 높은 점수까지 표시되어 있다. 이런 배치는 여러 조직이 가치를 창출하는 방식을 서로 비교하여 보여준다.

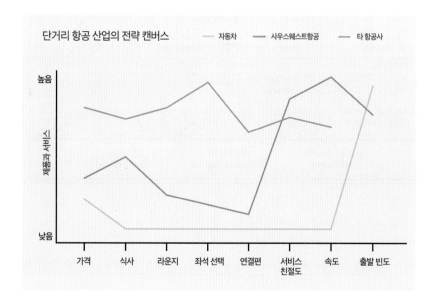

그림 **4-11** 사우스웨스트항공의 전략 캔버스는 경쟁력 있는 차별화 요소를 보여준다.

전략 캔버스는 블루오션 전략에서의 주요 동인을 보여준다. 저자들은 레드오션이라는 말로 특정 영역에서 기존 산업 간에 벌어지는 치열한 경쟁 상황을 묘사했다. 해당 영역에 경쟁자가 늘어날수록, 각 조직의 시장 점유율이 점점 줄어들어 바다(시장)는 피투성이(출혈 경쟁)가 된다는 것이다.

블루오션은 경쟁이 없는 시장 영역을 가리킨다. 그곳에서 수요는 쟁취되기보다 창출된다. 충고는 명확하다. 경쟁 기업과 직접적인 경쟁은 피하자. 대신 경쟁 기업과의 경쟁이 무의미한 사업을 하자.

이렇게 하기 위해서는 절충을 확실하게 해야 한다. 사우스웨스트항공은 여객 운송업의 전통적인 경쟁 요소에서 경쟁하지 않기로 했다. 대신 소규모 공항에서 운항 편수를 늘리는 데 집중했다. 그렇게 하니 자동차 여행과 경쟁하는 상황이 되었다. 두 도시를 자동차로 다니던 고객은 이제 사우스웨스트항공을 이용할지 고민하게 되었다.

전략 캔버스는 다음과 같은 과정을 거쳐 작성한다.

1. **가치 창출 요소를 찾아낸다.** 그럴듯한 요소 수십 개를 쉽게 발견할 수도 있을 것이다. 문제는 가장 중요한 요소에 집중해야 한다는 점이다. 그래서 정렬 도표가 필요하다. 중요한 요소를 찾는 데 도움이 되기 때문이다. 정렬 도표를 보면 조직에 어떤 문제가 있고, 조직이 가치를 어떻게 인식하는지 알 수 있다.

2. **경쟁자 유형을 찾아낸다.** 제한된 숫자 범위 내에서 대표적인 유형의 경쟁자를 찾는 것이 요령이다. 세 개가 가장 이상적이다. 넷 이상의 경쟁자가 들어가면 만들어진 도표의 효과가 많이 반감된다.

3. **요소별로 수행 정도를 평가한다.** 일반적으로 낮은 점수부터 높은 점수까지 상대 척도 방식으로 평가한다. 설문 조사처럼 실증 증거를 확보하는 것도 하나의 방법이다.

그림 4-12 경험 유형을 비교해서 보여주는 경험 기반의 전략 캔버스

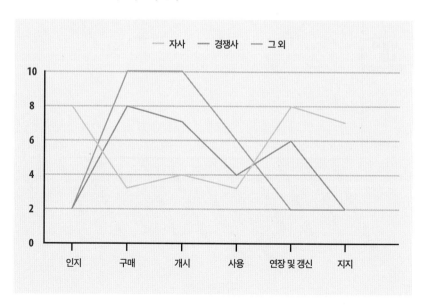

가치 창출 요소를 결정하는 데 있어 대안적 접근법은, 개인이 겪는 경험 유형에 초점을 맞추는 것이다. 예를 들어, 고객여정지도를 보면 5~6개량의 상호 작용 단계를 찾을 수 있을 것이다(인지, 구매, 서비스 개시, 서비스 사용, 연장 및 갱신, 지지 등). 각각의 항목에 대해 자사의 서비스를 주요 경쟁사 등 다른 서비스와 비교하여 경쟁 서비스의 수행 정도를 평가할 수 있다 (그림 4-12).

전략적 통찰 시각화

이 접근 방식 자체로는 블루오션을 찾는 데 도움이 되지 않을지도 모른다. 그러나 전략적 지형에 대한 귀중한 통찰을 제공할 뿐만 아니라 전략적 지형을 경험에 기반한 관점에서 보도록 한다.

또한 전략 캔버스를 사용하여 특정 솔루션의 역량을 비교할 수도 있다. 예를 들어, 이전에 콘텐츠 제공업체와 일하면서 우리 팀은 사람들이 디지털보다 인쇄물을 선호하는 이유를 알고 싶었다. 수십 명의 고객을 인터뷰한 결과, 그 차이가 반영된 일련의 니즈를 발견했다.

우리는 그림 4-13의 그래프에 각각의 니즈를 충족하거나 충족하지 못하는 측면에서 솔루션들을 비교한 결과를 표시했다. 그런 다음 사람들이 이 도표에서 '새로운 온라인 경험'이라고 명명된 온라인 콘텐츠 솔루션을 이용하도록 하기 위해서는 무엇이 충족되어야 하는지에 관한 가설을 세웠다.

이 시각화로부터 팀이 집중할 내용이 명확해졌다. 우리 시장의 사람들은 문서에 주석을 달고 출처를 비교해야 했으며, 지금의 온라인 콘텐츠 솔루션이 제공하는 것보다 더 나은 탐색을 하기 위한 도움이 필요했다.

그림 4-13 그래프는 사용자의 니즈에 기반하여 우열을 비교하는 데 도움을 준다.

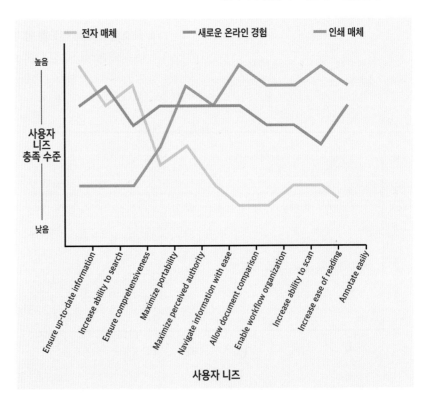

전략 청사진

전략을 정확하게 정의하기는 어렵다. 어떤 면에서 전략과 분석은 혼동된다. 전략은, 시장 규모부터 기술 평가, 재무 예측에 이르기까지 모든 것을 포괄하는 개념이다. 그 결과는 몇 십 페이지에 이르는 보고서일 때가 많다.

다른 면에서 전략은 계획과 겹치는 부분이 많다. 여러분은 조직에서 해마다 임원들이 새해 계획을 수립하기 위해 격리된 장소로 떠나는 모습을 보았을지도 모른다. 그곳에서 임원들은 며칠에 걸쳐 다음 해의 계획을 세운다. 그러고는 상세하지만 금방 쓸모 없어지게 될 로드맵과 재무 계획을 들고 다시 모습을 드러낸다.

분석과 계획이 전략 수립 과정에서 필요한 투입물과 산출물이기는 하지만, 전략의 핵심은 아니다. 분석을 통해 바로 전략에 이를 수는 없다. 데이터에서 답이 마법처럼 솟아나는 것이 아니라는 뜻이다. 또, 상세한 로드맵은 임원들이 조직한 업무 활동에 대해 논리적 근거를 대지 못한다. 그건 전략이 할 일이다(그림 4-14).

전략은 원하는 포지션까지 이르는 과정에서 부딪치는 도전을 극복하기 위해 최적의 방법을 고안하는 것이다. 분석이나 계획만으로는 나오지 않는, 창의적인 작업이다. 전략은 분석과 계획을 연결하는 논리를 보여준다. 결국, 전략이란 조직이 장기간에 걸쳐 조직의 행위와 결정에 어떤 논리적 타당성을 보여주느냐의 문제이다.

나는 이와 같은 주요 전략적 근거를 시각화하는 도구로 **전략 청사진**(Strategy Blueprint)을 개발했다.[5] 여러 전략적 요소 간의 관계를 시각화하기 편하게 캔버스 형식을 사용했다.

그림 4-15가 완성된 전략 청사진이다. 아인슈타인 미디어라는 가상 회사의 전략을 나타낸 것이다. 이 회사는 과학 관련 잡지와 책을 출판하고, 정보 제공 서비스를 한다. 회사는 100년 가까이 해당 업계를 선도하고 있으며, 전 세계의 과학자들이 브랜드를 신뢰한다.

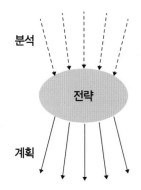

그림 4-14 전략은 분석과 계획 사이에서 논리를 제공한다.

5
내 블로그에서 전략 청사진 PDF 파일을 내려받을 수 있다.
https://experiencinginformation. wordpress. com/2015/10/12/strategy-blueprint

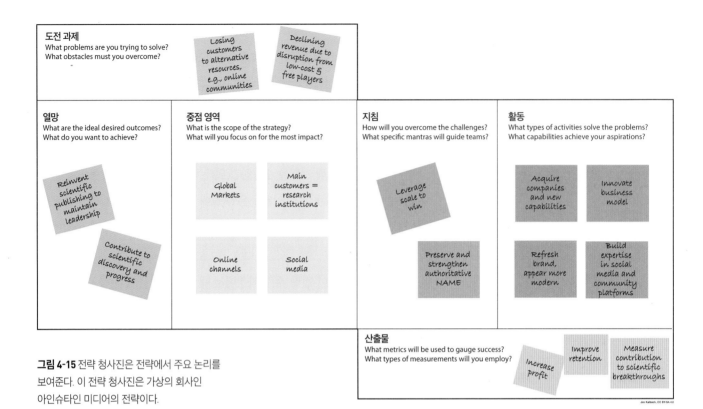

그림 4-15 전략 청사진은 전략에서 주요 논리를 보여준다. 이 전략 청사진은 가상의 회사인 아인슈타인 미디어의 전략이다.

전략 청사진에 포함된 요소는 선행 연구에 근거해서 만들었다. 먼저 헨리 민츠버그(Henry Mintzberg)의 '전략의 5P'를 차용했다. 이것은 1987년에 소개된 뒤[6] 《전략 사파리(Strategy Safari)》에서 다듬어졌다. 그다음 《승리의 경영전략(Playing to Win)》에서 로저 마틴(Roger Martin)과 A. G. 라플리(A. G. Lafley)가 제안한 '5가지 전략 질문'을 가져와 결합했다(두 책 모두 강력히 추천한다).

표 4-1은 기존의 두 프레임워크를 요약하고 정렬한 것이다. 마지막 열은 공통적인 전략 요소 여섯 가지를 산출하는 주제적 교차점을 보여준다. 각각의 요소는 전략 청사진에 나오는 네모 한 칸에 해당하는데, 다음과 같다.

6
헨리 민츠버그, 〈전략 개념 I: 전략을 위한 5P (The Strategy Concept I: Five Ps for Strategy)〉, California Management Review(1987. 가을)

마틴과 라플리	민츠버그	전략 요소
	패턴	어떤 도전 과제가 동기를 유발하는가?
성공 열망은 무엇인가?	포지셔닝	열망은 무엇인가?
어디에서 활동할 것인가?	관점	무엇에 집중할 것인가?
어떻게 승리할 것인가?	책략	지침은 무엇인가?
어떤 역량이 필요한가?	계획	어떤 유형의 활동이 필요한가?
전략을 어떻게 관리할 것인가?		성공을 평가하는 척도는 무엇인가?

표 4-1 기존 두 프레임워크의 교집합에 해당하는 전략 청사진의 6요소

- **도전 과제:** 전략은 변화의 필요성, 즉 A 지점에서 B 지점으로 포지션을 옮기려는 욕망을 시사한다. 그 과정에 장애물은 무엇인가? 목표에 도달하려면 어떤 반대 세력을 극복해야 하나?

- **열망:** 어떤 조직이기를 열망하는가? 고객과 사회를 위해 원하는 것은 뭔가?

- **중점 영역:** 전략에 범위를 정하면, 가장 중요한 일에 노력을 집중하게 된다. 어떤 사람을 고객으로 삼을 것인가? 영업 지역은 어디로 할 것인가? 어떤 해결과제를 목표로 삼을 것인가?

- **지침:** 당면한 도전 과제를 극복할 수 있게 해줄 것이라고 믿는, 전략의 축에 해당한다. 팀을 단합시키고 의사 결정을 통합시킬 만트라(mantra)는 무엇인가?

- **활동:** 전략을 실행하여 열망을 성취하려면, 어떤 유형의 활동이 필요할까? 이것은 로드맵을 만들거나 계획을 수립하는 것과 관련되지 않고, 궁극적으로 필요한 기술이나 역량을 규명하는 쪽에 더 가깝다.

- **산출물:** 전략이 제대로 실행되고 있는지 어떻게 확인할 것인가? 진척도와 성공 여부를 어떻게 보여줄 것인가?

전략 수립은 창의적인 작업이다. 전략 청사진을 활용하면, 초기 위험에 대한 부담 없이 여러 옵션을 검토해 볼 수 있다. 대안을 찾아볼 수도 있고, 항목을 지울 수도 있고, 아이디어를 고칠 수도 있고, 처음부터 다시 시작해 볼 수도 있다. 전략 청사진은 전략을 설계하는 데 도움이 된다. 브리핑과 워크숍, 혹은 참고 자료로 활용해도 좋다.

전략 청사진을 작성하는 데 정해진 순서는 없다. 다만 일반적으로 도전 과제나 열망부터 시작하는 것이 가장 좋다. 그 이후에는 네모 칸 어디든 자유롭게 옮겨 다니면서 작성할 수 있을 것이다. 처음에는 개별적으로 이 작업을 수행한 다음 그 결과를 전략 청사진의 마스터 버전에서 종합하거나, 전략 청사진의 사본에서 동시에 작업할 수 있다.

이 전략 청사진은 전략의 모든 가동부를 한눈에 볼 수 있도록 하고, 다른 사람들이 전략을 실체적이고 포괄적으로 이해하게끔 돕는다. 전략을 다른 사람과 쉽게 공유할 수 있는 언어와 형식으로 담아내기 위해, 떠올린 주요 사항을 개략적으로 설명하는 한두 쪽 분량의 문서를 작성하는 것이 좋다.

비즈니스 모델 캔버스

비즈니스 모델 캔버스(Business Model Canvas)는 기업 소유주나 관계자들이 여러 가지 비즈니스 모델을 탐색하는 데 활용하는 전략 관리 도구다. 알렉산더 오스터왈더(Alexander Osterwalder)와 예스 피그누어(Yves Pigneur)가 저서 《비즈니스 모델의 탄생(Business Model Generation)》에서 처음 소개한 이후 유명해졌다.

캔버스에 있는 아홉 개의 네모 칸은 비즈니스 모델의 주요 요소를 나타낸다(그림 4-16). 각각의 요소에 해당하는 네모 칸은 논리에 따라 배치된다. 오른쪽 네모 칸은 시장이 직면한 상황을 나타내는 요소로, 무대 전면(front stage)이라고 부른다. 왼쪽은 비즈니스 모델의 무대 뒤편(back stage) 요소로, 내부 업무 프로세스다. 눈에 보이는 캔버스 형식이라 쉽게 검토할 수 있다는 장점이 있다. 따라서 어느 한 방향으로 몰입하기 전에, 빠른 시간 안에 여러 대안이 되는 모델을 시험해 보고 가치를 비교·평가할 수 있다. 이 전략 도구는 창의적인 방식으로 비즈니스 의사 결정을 할 수 있게 도와준다.

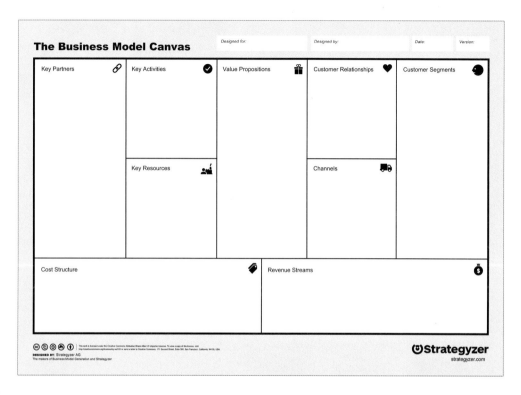

그림 4-16 알렉산더 오스터왈더가 창안한 비즈니스 모델 캔버스는 대중적인 전략 관리 도구다.

그림 4-17은 실리콘 공급업체 자이아미터(Xiameter)의 비즈니스 모델을 모회사 다우 코닝(Dow Corning)과 비교해 캔버스에 시각적으로 보여준다. 로렌 게리(Loren Gary)의 글 〈가격 책정과 관련한 다우 코닝의 큰 도박(Dow Corning's Big Pricing Gamble)〉을 기초로 작성한 것이다. 초록색 노트는 다우 코닝의 주요 비즈니스 모델을 나타낸다. 주황색 노트는 자이아미터의 비즈니스 모델을 보여준다. 게리의 글에 따르면, 흥미롭게도 자이아미터는 다우 코닝의 주요 비즈니스 모델에 영향을 미쳐 왔던 것으로 보인다. 이런 상황이 파란색 노트에 들어 있다.

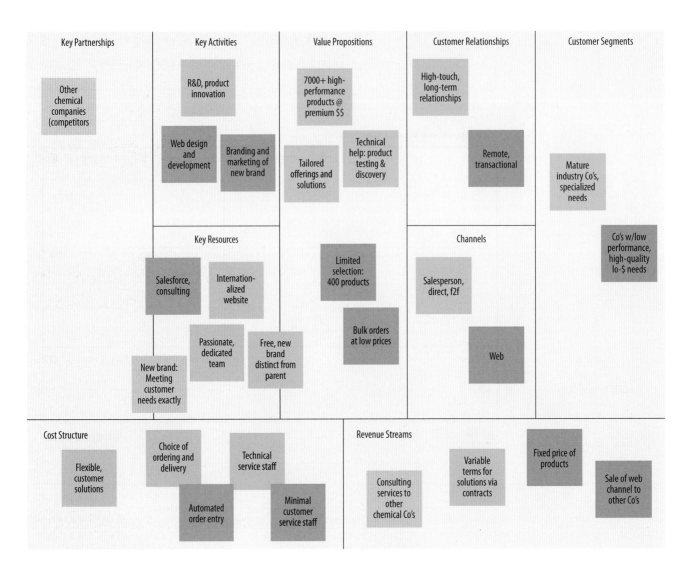

그림 4-17 이 비즈니스 모델 캔버스는 실리콘 공급업체 자이아미터의 비즈니스 모델을 모회사 다우 코닝의 비즈니스 모델과 비교하고 있다.

그림 4-18은 아이디어 회의가 끝나고서, 관계자와 함께 만든 비즈니스 모델 캔버스를 찍은 사진이다. 접착식 메모지를 사용해 필요한 대로 노트를 여기저기 옮기며, 가능한 여러 대안을 검토하는 것이 가능했다. 이렇게 하니 사업이 실행 가능한지 판단하는 관점에서 새로운 콘셉트에 대한 여러 추정을 검토해 볼 수 있었다.

비즈니스 모델 캔버스를 이용해 작업하려면 약간의 훈련이 필요하다. 서로 다른 유형의 정보를 빨리 인식해서 분류한 다음, 해당 네모 칸에 넣을 수 있어야 한다. 일단 요령을 깨우치고 나면 캔버스를 이용해 여러 대안을 빠르게 탐색할 수 있다. 비즈니스 모델 캔버스에 대해 더 알고 싶다면 온라인에 자료가 많으니, 한번 검색해 보기 바란다.

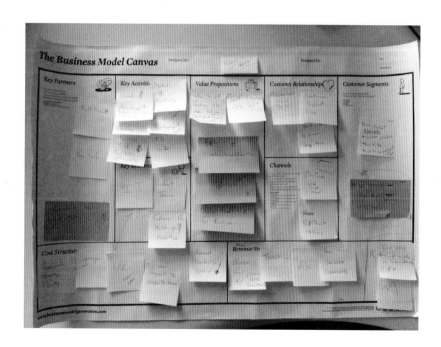

그림 4-18 비즈니스 모델 캔버스는 접착식 메모지를 사용해 여러 가지 옵션을 검토하기에 적당하다.

가치 제안 캔버스

이후 비즈니스 모델 캔버스의 격자 구조를 딴, 유사한 도구들이 잇따라 개발되었다. 그중 하나가 **가치 제안 캔버스**(Value Proposition Canvas)로, 이것 또한 알렉산더 오스터왈더가 창안했다(그림 4-19). 비즈니스 모델 캔버스와 직접적인 연관이 있으며, 비즈니스 모델 요소 두 가지를 사용해서 작성한다. 하나는 가치 창출 대상으로 삼으려는 고객 세그먼트(customer segment)고, 다른 하나는 고객의 마음을 끌 수 있을 것으로 여겨지는 가치 제안(value proposition)이다.

그림 4-19 가치 제안 캔버스는 비즈니스 모델 캔버스를 보완한다.

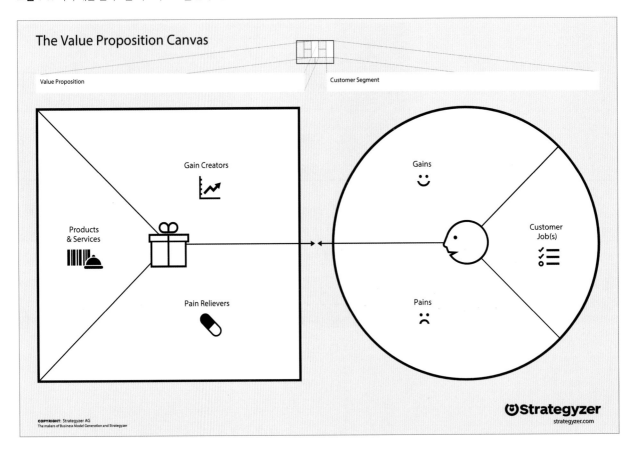

가치 제안 캔버스를 사용하면 조직이 제공하는 대상과 고객이 원하는 대상이 얼마나 잘 들어맞을지 디자인하고 시험해 볼 수 있다.

가치 제안 캔버스는 두 부분으로 구성된다. 먼저 오른쪽에 세 요소로 나누어진 고객 프로필이 있다.

- **해결과제(JTBD)**: 사람들이 해결하고 싶어 하는 중요한 문제, 또는 충족시키고자 노력하는 니즈이다.
- **고충(pains)**: 사람들이 과제를 해결하는 과정에서 부딪치는 장애나 난관, 또는 골칫거리를 말한다. 부정적 감정이나 맞닥뜨릴 수도 있는 위험까지 포함된다.
- **이득(gains)**: 사람들이 바라는 긍정적 결과나 혜택이다.

다음으로 캔버스의 왼쪽을 차지하는 가치 제안이다. 마찬가지로 세 요소로 나뉘어 있다.

- **제품과 서비스(products and services)**: 조직이 제공하는 제품이나 서비스의 특성과 제공하는 지원까지 포함해서 기술한다.
- **고충 해결(pain relievers)**: 조직이 제공하는 제품이나 서비스가 고객의 고충을 어떻게 완화해 줄 것인지 기술한다. 조직이 어떤 문제를 해결하려고 하는지 보여준다.
- **이득 창출(gain creators)**: 조직이 제공하는 제품이나 서비스가 어떤 방식으로 고객에게 혜택을 가져다주는지 명확하게 기술한다.

왼편과 오른편의 요소를 매핑하다 보면, 고객에게 어떤 방식으로 가치를 창출해 줄지 명확하게 드러낼 수 있다. 고충 해결과 이득 창출이 고객의 고충 및 이득과 서로 밀접하게 연관되어 있다면, 잠재적으로 적합도가 높다고 하겠다. 일단 포지션을 명확하게 설정한 다음, 시장과 관련해서 여러 추정을 검증해 보기 바란다.

전략 수립은
창조적인 작업이다.

요약
SUMMARY

조직이 성숙해지면 전략 근시가 온다. 넓은 시각으로 자기 사업을 보지 못하게 되어 적극적으로 맞서 싸우지 않는 한 의미 있는 가치를 지속적으로 창출하는 데 실패하게 된다. 잘나가는 기업을 보면, 고객의 니즈에 대한 통찰로부터 시작해 전략으로 거슬러 올라간다. 이것은 전통적인 판매 채널을 통해 제품이나 서비스를 밀어내는 기존의 여러 사업 관행에 역행하는 것이다.

조직이 변화하려면, 전략을 수립할 때 종종 배제되는 다른 시각의 통찰을 고려해야 한다. 여기에는 고객이 가치를 어떻게 인식하는지에 대한 충분한 이해가 포함된다. 다양한 방식의 시각화는 여러분의 시야를 확장하고, 새로운 시각도 열어준다.

먼저, 어떻게 경쟁을 재구성할 것인지 생각해 보아야 한다. 고객 입장에서 과제를 해결해 주는 것이라면 그것이 무엇이든 우리의 경쟁자다.

또한, 사회에 어떻게 기여할 것인지 생각해 보고 공유 가치를 창출해야 한다. 공유 가치는 기업의 사회적 책임을 훨씬 뛰어넘는 개념이다. 고객과의 상호 작용이 일어날 때마다 사회적 이익이 창출된다는 의미다.

사물 인터넷(IoT)이 도입됨에 따라 가치 전달을 재구상해야 한다. 서로 연결되고 똑똑해진 제품은 필연적으로 더 큰 생태계의 일부가 될 수밖에 없다. 우리가 창출하는 가치는 이 생태계의 일부로서 전달되고 경험되게 된다.

마지막으로, 혁신에 유리하게 조직을 구성해야 한다. 먼저 조직 내에 다른 팀을 만들어, 새로운 가치를 창출하는 역할과 기존 가치를 지키는 역할을 분리한다. 그런 다음 팀들을 고객 경험에 맞춰 조직한다.

시각화는 전략을 개방하는 경향이 있는데, 그러면 전략은 더 이해하기 쉬워질 뿐 아니라 전 조직을 포괄하게 된다. 전략을 시각화하는 기법으로는 전략 지도와 전략 캔버스, 전략 청사진, 비즈니스 모델 캔버스, 가치 제안 캔버스 등이 있다. 모두 정렬 도표를 보완하고 확장시켜 주는 기법이다.

기회 찾기:
멘탈 모델 도표와
해결과제 결합하기

수행자

제임스 캘박(James Kalbach)

젠 파딜라(Jen Padilla)

엘리자베스 타플리얄(Elizabeth Thapliyal)

라이언 캐스퍼(Ryan Kasper)

제품 개발의 핵심 도전은 집중해서 개선하거나 혁신해야 할 분야를 찾는 일이다. 개발 과정에서 이루어지는 결정에 사용자의 통찰을 연계시키려면, 믿을 만한 이론이 뒷받침되어야 한다.

이를 위해 시트릭스(Citrix)의 GoToMeeting 사용자 경험 디자인 팀은 제품 개발에 활용할 수 있는, 니즈에 기반한 통찰을 규정하는 작업에 착수했다. 접근 방식은 이랬다. 우선 사용자의 행동과 동기를 멘탈 모델 도표로 매핑했다. 다음에는 '해결과제' 이론을 적용해 사용자의 니즈에 우선순위를 매겼다. 그다음 이 둘을 결합했다. 이렇게 해서 한눈에 모든 것이 들어오는 도표가 완성되었고, 도표는 고객 가치를 창출할 수 있는 방향을 제공해 주었다.

전체 과정은 여섯 단계를 거쳤다.

1 기초 조사를 한다

먼저 맥락 조사(contextual inquiry)부터 시작했다. 협업하거나 커뮤니케이션하는 범위를 넓게 보며, 40군데가 넘는 현장 인터뷰를 했다. 관계자나 팀원들도 인터뷰했다.

수집된 데이터에는 현장 기록과 사진, 녹음 파일, 녹화 영상이 포함되었다. 68시간이 넘는 어머어마한 분량의 녹음 파일을 서비스 업체에 맡겨 텍스트로 옮기게 했는데, 무려 1,500페이지가량 되었다.

2 멘탈 모델 도표를 작성한다

인디 영(Indi Young)의 방법론에 따라, 사람들이 해결하고자 하는 과제를 알기 위해 녹취록을 분석했다. 그런 다음 반복적인 그룹화 과정을 통해 멘탈 모델 도표를 만들었다. 하나하나의 조사 결과를 주제별로 묶은 다음, 차례로 범주로 묶는 상향식 접근 방식이었다.

본질적인 목표와 니즈가 드러나기 시작했다. 그 결과로 나온 것이 현장 조사를 바탕으로 한 '업무 협업' 도표였다.

이 과정에서 고객의 목표와 니즈를 지원하는 현재 제품과 기능을 매핑하기도 했다. 이 것을 통해 팀원들은 회사의 기존 제품이나 서비스가 고객의 멘탈 모델 도표에서 어떻게 작용하는지를 알게 되었다.

3 워크숍을 개최한다

여러 팀에서 온 직원 12명을 그룹으로 나누어 도표를 자세히 들여다보게 했다. 각 그룹에 전체 멘탈 모델 도표의 3분의 1가량씩을 할당해 주었다. 목표는 관련 직원들이 먼저 기존의 고객 경험을 공감하게 하는 것이었다(그림 4-20).

그런 다음 '미래의 업무 모습'이라는 시나리오를 상상하며 브레인스토밍을 하게 했다. 이 작업을 하려고 업계의 보고서에서 발췌한 미래 업무의 주요 트렌드를 각 그룹에 배포했다. 그 뒤 할당받은 도표와 관련해 다음 질문을 던졌다. "만약 트렌드가 현실화된다면, 고객을 만족시키고 나아가 궁극적으로 회사를 발전시키기 위해 우리는 무엇을 해야 하는가?"

나중에 워크숍을 마친 뒤 결과물을 공유하기 위해 결론을 요약한 인포그래픽을 작성했다. 그런 다음 종이 한 장에 인쇄해 비닐로 코팅한 뒤 워크숍 참가자들에게 우편으로 발송했다. 1년이 훨씬 지났는데도 아직까지 참가자들의 책상 위에서 이 인포그래픽을 발견할 수 있다.

그림 4-20 UX 전문가 앰버 브래든
(Amber Braden)과 함께 진행한 워크숍에서
멘탈 모델 도표를 이용하는 모습

4   도표에 콘셉트를 추가한다

워크숍이 끝난 후 직원들이 내놓은 여러 의견을 반영해 도표를 수정했다. 도표의 기업 지원 타워 아랫부분에 여러 콘셉트를 추가로 매핑했다. 이렇게 해서 확장적이면서도 종합적인 도표가 만들어졌다. 맨 위에는 사용자 경험, 가운데에는 현재 회사가 지원하는 서비스가 들어가고, 맨 아래는 미래에 강화하거나 혁신할 서비스가 추가된 도표다(그림 4-23).

그런데 업무 협업 능력에서 어떤 격차를 해소하는 것을 먼저 해결 목표로 삼아야 할 것인가? 이 문제, 즉 가장 유망한 콘셉트를 찾는 데는 '해결과제 이론'이 도움이 되었다.

5   해결과제의 우선순위를 정한다

우리는 두 가지 기준을 적용해 도표에서 나온 과제의 우선순위를 정했다.

· 과제 해결의 중요도
· 과제 해결의 만족도

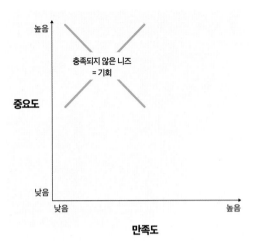

그림 4-21 충족되지 않은 니즈(즉, 중요하지만 만족도가 떨어지는 과제)를 만족시키는 솔루션일수록 성공 확률이 높아진다.

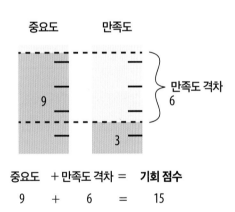

그림 4-22 충족되지 않은 해결과제를 찾기 위한 기회 점수 산출 방법

이를 그래프로 나타내면, 중요도는 제일 높지만 현재의 만족도가 가장 떨어지는 과제가 고객이 수용할 가능성이 제일 높은 과제다(그림 4-21). 충족되지 않은 니즈의 조건을 갖추고 있기 때문이다.

우리는 이 스윗 스팟(sweet spot)을 찾기 위해 토니 얼윅(Tony Ulwick)이 개발한 특수 기법을 사용했다. 이 방법론에 대해 더 알고 싶으면, 그의 저서를 참고하기 바란다.

이 기법은 과제 해결의 성공 여부를 측정하는 수단이 되는, 이른바 **'바라는 결과를 서술한 문장'**을 작성하는 것에서부터 시작한다. 우리는 멘탈 모델 도표에 기초해서 바로 작성할 수 있었다.

다음에는, 이렇게 완성된 약 30개의 '바라는 결과를 서술한 문장'을 대상으로 정량적 조사를 했다. 조사 대상자에게 '바라는 결과를 서술한 문장' 각각에 대해 중요도와 만족도를 평가해 달라고 요청하는 식이었다.

그 뒤 각 문장별로 기회 점수를 산출했다. 중요도 점수에 만족도 격차를 더하는 방식이었다. 만족도 격차란 중요도 점수에서 만족도 점수를 뺀 값을 말한다. 예를 들어, 만약 응답자가 해당 문장에 중요도 9, 만족도 3이란 점수를 부여했다면, 기회 점수는 15점이 된다 (15=9+(3-9)).

이 점수가 재무 기회나 시장 규모 기회가 아니라, 의도적으로 고객 기회에 초점을 맞추었다는 사실에 주목해야 한다. 다른 말로 하면, 고객이 수용할 가능성이 높은 고객 니즈 솔루션을 찾는 것이 목적이라는 뜻이다.

혁신 작업에 집중한다

이제 멘탈 모델 도표에 과업과 기회 점수와 제안된 콘셉트가 시각적으로 정렬되어, 기회 공간이 명확하게 드러났다(그림 4-23).

이 정보를 근거로 무슨 일부터 해야 할지 우선순위를 정했다. 그러자 팀원들은 올바른 방향으로 가고 있다는 확신을 가질 수 있었다. 일차적인 통찰을 바탕으로 정한 것이었기 때문이다.

제품 관리자나 마케팅 관리자, 엔지니어 모두 이 정보가 자기 업무에 도움이 된다고 말했다. 고객 니즈의 우선순위 목록이 각 팀의 조사 업무에 활용도가 매우 높다는 사실이 드러난 셈이다. 제품 책임자 한 사람은 이런 말을 하기도 했다. "이 자료가 있으니 정보에 근거한 결정을 내릴 수 있어 매우 좋습니다. 자료의 활용도가 점점 높아질 것으로 생각합니다."

이런 작업을 통해 다양한 콘셉트가 시제품으로 만들어졌고, 그중 두 가지 혁신 제품은 애플 스토어를 통해 출시되었다. 동시에 특허도 여러 건 출원되었다. 전체적으로 보면, 이 방법론은 서비스 개발에 풍부한 사용자 중심 이론을 적용한 것이었다. 이 과정에서 멘탈 모델 기법과 해결과제 이론의 결합이 핵심 역할을 수행해 많은 논의를 이끌었고, 합의를 도출해 냈다.

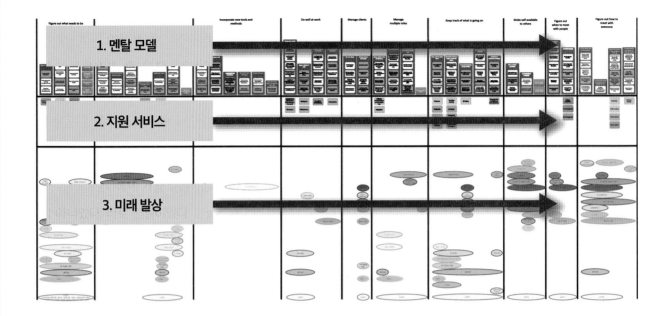

그림 4-23 기회가 가장 많은 영역을 보여주는 '확장형 멘탈 모델 도표'의 일부분. 기업 기밀을 다루기 때문에 일부러 읽지 못하게 처리했다. 여기에서 중요한 점은 네 부분의 정보 층이 정렬되어 있다는 점이다.

1. 멘탈 모델 도표에서 보여주는 개인 경험
2. 개인 경험을 지원하는 기존 서비스
3. 워크숍을 통해 발굴된 미래 서비스 콘셉트
4. 가장 가망 있는 기회를 반영하는, 충족되지 않은 니즈 영역(해결과제 조사를 통해 도출되었다.)

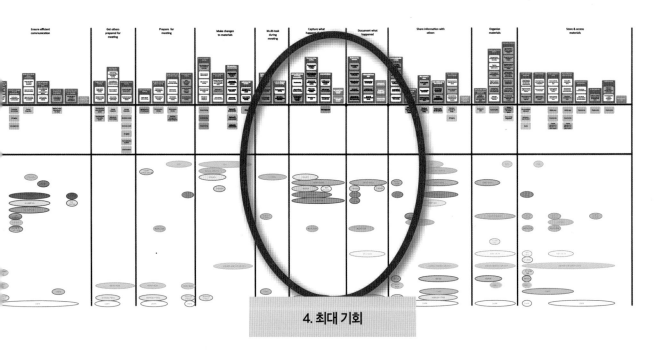

4. 최대 기회

수행자 소개

젠 파딜라(Jen Padilla)는 VMware와 Citrix, Symantec 등 샌프란시스코 지역의 소프트웨어 회사에서 근무한 전문 사용자 연구자다.

엘리자베스 타프리얄(Elizabeth Thapliyal)은 캘리포니아 아트 컬리지에서 전략 설계로 MBA를 취득하고, Citrix에서 니즈 기반 혁신 프로젝트를 주도하고 있는 UX 디자이너다.

라이언 캐스퍼(Ryan Kasper)는 UX 조사원으로 현재 페이스북에 재직 중이며, UC산타바바라에서 인지심리학 박사 학위를 받았다.

Mapping Experiences

Part

02

착수　조사　도해　정렬　구상

2부

경험 매핑 프로세스

경험 매핑 프로세스는 일반적으로 네 가지 유형의 반복적인 활동으로 이루어져 있다.

착수: 5장에서는 매핑에 착수하며 준비 과정을 자세히 다룬다.

조사: 정렬 도표는 증거를 기반으로 하여 작성해야 한다. 6장에서 조사 기법을 자세히 설명한다.

도해: 개인과 조직 사이에서 일어나는 가치 교환 과정을 시각화하는 것이 정렬 도표를 작성함에 있어 핵심 요소다. 7장에서는 도표를 작성할 때 필요한 요소를 다룬다.

정렬 및 구상: 8장에서는 정렬 워크숍에서 도표를 사용하는 방법을 설명한다. 여기에는 테스트 및 향후 개발을 위한 제안이 포함된다. 이 프로세스를 거치면 현재 상태의 도표가 만들어진다. 이 도표는 현재 관찰한 경험을 보여준다. 팀이 경험을 어떻게 이해할지, 어떤 문제가 해결 가치가 있는지에 대한 합의를 이끌어 내는 것이 목적이다.

방향이 결정되면 매핑 기법을 사용하여 솔루션을 설계하고, 9장에서 설명하는 계획적인 실험을 통해 추정을 테스트한다.

주의할 것이 있다. 이 프로세스는 맵(명사)이 아니라 매핑(동사)에 관한 것이다. 프로세스 전반에 걸쳐 모든 단계에서 관계자와 팀 구성원을 참여시켜야 한다. 초기 제안서에 대한 피드백을 그들에게서 받고, 조사에도 포함시키자. 도표를 함께 작성한 후 작업 종료에 따른 워크숍을 함께 진행하자. 매핑이 혼자만의 작업이 되지 않아야 한다.

chapter

"남보다 앞서가는 비결은 지금 당장 시작하는 것이다.
시작하는 비결은 복잡하고 버거운 일을,
다룰 수 있는 작은 일로 쪼갠 다음 첫 번째 일부터 시작하는 것이다."

– 마크 트웨인(Mark Twain)

1 단계 착수: 매핑 프로젝트 시작하기

내가 경험 매핑 워크숍에서 자주 받는 질문 중 하나는 이것이다. "어떻게 시작해야 하는가?" 도표를 작성해 보겠다고 마음먹은 사람이라 이 기법의 즉각적인 가치를 알기는 하지만, 장애물이 보이기 시작하는 것이다.

관계자들의 지원을 받아 내는 것이 항상 맞닥뜨리는 애로 사항이다. 나는 운 좋게도 모든 유형의 도표를 작성해 볼 기회가 있었다. 그런데 관계자들은 언제나 프로세스가 끝난 다음에야 매핑의 가치를 알아보았다. 따라서 작업에 착수하려면 관계자들을 설득하는 것이 필요하다.

게다가 초기에 기대치가 서로 다르면 나중에 문제로 이어질 수 있다. 그러므로 착수 단계부터 여러분의 의도를 명확하게 제시하는 것이 중요하다. 특히 관계자가 많을수록 그래야 한다. 프로젝트의 범위가 정해지면, 거기에 맞게 매핑 작업을 정의하는 것은 여러분의 몫이다. 다음의 몇 가지 요점은 꼭 유념하기 바란다.

프로젝트에 여러 사람을 참여시켜라

도표 작성자는 작업 프로세스를 거치며 그 역할이 달라진다. 조사원이 되었다가, 해설자가 되었다가, 퍼실리레이터가 되기도 한다. 각 프로세스를 거칠 때마다 여러 사람의 참여를 이끌어 내는 것이 매우 중요하다. 목표는 도표를 작성하는 것 자체가 아니라, 여러 사람을 논의에 참여시켜 함께 솔루션을 찾는 것이라는 점을 잊지 말아야 한다.

이 책은 현재 상태의 도표, 즉 기존 경험을 시각화하는 데 초점이 맞춰져 있다. 구상하고 있는 미래 제품이나 서비스, 또는 솔루션은 일반적으로 이 도표에서 한 걸음 더 나가야 보인다. 나는 이 두 가지, 원인과 솔루션을 한꺼번에 보는 것이 중요하다고 생각한다. 구상한 미래 경험을 구체화하는 데 도움이 될 수 있는 몇 가지 보완 기법은 9장에서 논의할 것이다.

경험 전체에 일관성을 부여하려고 노력하되, 모든 접점을 다 설계할 수 없다는 점도 알아야 한다. 여러분이 통제할 수 없거나, 의도적으로 통제하고 싶지 않은 상호 작용이 있다. 또한 특정 범위와 포함되지 않을 항목에 대한 기대치를 설정해야 한다. 그래도 행위자와 접점 간의 상호 의존성을 알고 있으면 전략적 결정을 내리는 데 많은 도움이 된다.

매핑 프로젝트도 다른 프로젝트를 시작할 때와 동일한 방법으로 시작하면 된다. 목표와 작업 범위, 비용, 기간을 결정한 뒤 공식화하는 것이다. 시간을 오래 끌 필요는 없다. 단 한 번의 회의로 끝날 수도 있다. 출발이 순조로워야 성공 가능성이 커진다.

이 장에서는 매핑 프로젝트에 착수하면서 빠지기 쉬운 함정과, 지금까지 내가 경험하며 얻은 교훈을 자세히 설명하려고 한다. 이 장을 모두 읽고 나면 사전에 해야 할 주요 질문이 무엇이고, 어떻게 하면 매핑 프로젝트를 순조롭게 시작할 수 있는지 알게 될 것이다.

5.1 프로젝트 시작하기

갈수록 관리자나 작업 의뢰인이 고객여정지도나 경험 지도 등과 같은 이름을 바로 대며 결과물을 의뢰하는 경우가 늘고 있다. 이럴 때는 프로젝트를 시작하기가 훨씬 쉽다.

하지만 의뢰인이 도표를 잘 모르면 매핑 프로젝트를 시작하기가 어려워질 수도 있다. 관계자들이 매핑 프로젝트의 가치를 바로 이해하지 못하기 때문이다. 도표는 조직이 큰 이점을 얻을 수 있는 일종의 통찰을 제공하지만,

직원들은 종종 프로젝트가 끝나기 전까지 통찰을 얻게 된다는 사실조차 인식하지 못한다.

프로젝트에 착수하기 전, 먼저 형식 수준을 결정한 다음 의사 결정권자에게 착수 승인을 요청하자.

형식 수준을 결정하라

손으로 대략 그린 것부터 세밀한 작업을 거친 것까지 어떤 형식이 되었건 매핑은 조직에 도움이 될 수 있다. 작업 범위를 다양하게 가져갈 수 있다는 뜻이다. 작업을 시작하기 전에 가장 적절하다고 판단되는 작업 형식 수준을 결정해야 한다.

이 책에서는 정식 매핑 프로젝트의 접근 방식을 설명한다. 외부 컨설턴트가 대기업의 의뢰를 받아 작업하는 경우에는 엄격한 프로세스에 따르는 접근 방식이 타당하다. 그렇지 않다면 모든 조건이 갖추어진 프로세스는 적절하지 않을 수도 있다. 예를 들어, 스타트업에서 사용할 도표라면 약식으로 접근해도 괜찮을 것이다.

매핑 프로젝트의 형식은 그림 5-1에서 보는 것처럼 세 가지 축에서 생각해 볼 수 있다.[1] 가로축은 단일 품목 생산에서부터 서비스 생태계 제공까지 공급의 범위를 나타낸다. 세로축은 개별 접점 설계에서부터 총체적인 경험 설계에 이르기까지 경험의 범위를 나타낸다. 그래프 가운데 있는 세 번째 축은 집단의 크기를 나타낸다.

그래프에서 오른쪽 위로 갈수록 매핑 프로젝트는 보다 형식을 갖추게 된다. 예를 들어, 단일 품목을 대상으로 혼자 작업하는 디자이너라면 정식 프로세스에 따른 도표가 필요 없을 것이다. 하지만 큰 팀에서 전체 서비스 생태계를 대상으로 작업을 한다면 정식 도표가 필요할 것이다. 여러분의 프로젝트가 그래프에서 어디에 해당하는지 판단해 보기 바란다.

1
이 도표는 휴 더블리가 카네기 멜론대에서 한 영상 강연 <디자인 실무에 대한 체계적인 조망(A System Perspective on Design Practice)>에서 차용한 것이다.

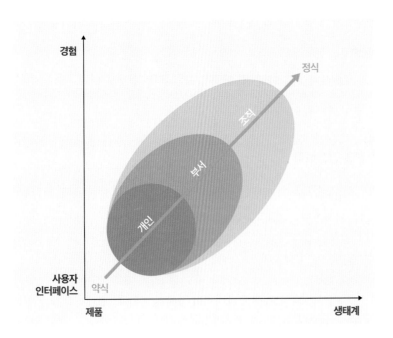

그림 5-1 전체 조직 차원에서 생태계에 대한 경험을 설계하려는 경우에는 형식 수준이 높아진다.

요점은 시작하기 전에 적당한 형식 수준을 결정하라는 것이다. 그러면 이 책에서 설명하는 각 단계에서 어느 정도 작업을 해야 할지 판단할 수 있다. 필요한 만큼만 작업하면 된다.

의사 결정권자를 설득하라

형식 수준을 결정했으면, 작업 지원을 받을 수 있도록 의사 결정권자를 설득해야 한다. 일반적으로 내부 직원들은 외부 컨설턴트와는 다른 장애물을 만난다. 전자에게는 설득 능력이 필요하고, 후자에게는 판매 능력이 필요하다.

관계자들과 여러분의 관계가 좋을 수도 있고 그렇지 않을 수도 있겠지만, 벌어지는 논쟁은 대부분 비슷하다. 의사 결정권자를 설득하려면 반대하는 이유를 알고, 증거를 제시하고, 옹호자를 찾고, 가치를 입증하기 위해 파일럿 작업을 해야 한다. 그리고 여러분이 언제든지 암송할 수 있는 설득 문구도 만들어야 한다.

명심하라.
목표는 단순히 도표를
작성하는 것이 아니라,
다른 사람들을 논의에 끌어들여
팀으로서 솔루션을 함께
개발하는 것이다.

반대하는 이유를 알아라

반대에 부딪힐 것에 대비해 설득 논리를 준비해 두어야 한다. 표 5-1에 자주 맞닥뜨리는 반대 이유와 이유 저변에 깔린 오해, 여러분이 펼 수 있는 반박 논리를 제시했다. 논쟁을 해결하기 위해, 관계자들로부터 받는 구체적인 반발에 기초하여 여러분에게 맞는 유사한 표를 만들어 보라.

증거를 제시하라

1장에서 설명한 정렬 도표의 유용성을 알아야 한다. 하고자 하는 작업을 뒷받침할 수 있는 설득력 있는 증거도 제시할 수 있어야 한다. 예를 들어, 자료를 뒤져 사례를 찾아보는 것이다. 이 사례의 중요성을 설명하며 여러분 주장에 자연스럽게 녹여 넣으면 좋다.

표 5-1 프로젝트 착수 전 제기되는 전형적인 반대 이유와 이유 저변에 깔린 오해, 여러분이 펼 수 있는 반박 논리

반대 이유	오해	반박 논리
시간이나 예산이 없다.	도표 작성에 시간과 비용이 많이 든다.	매핑은 비용이나 시간이 많이 소모되는 큰 프로젝트가 아니다. 정식 프로젝트라 해도 몇 주 안에 끝날 뿐 아니라, 사용성 평가나 시장 조사에 드는 비용 정도밖에 들지 않는다.
부서마다 업무 프로세스 도표가 있다.	기능적 사일로는 각각 별개로 효율적으로 작동한다.	그건 동의하지만, 전 채널과 접점에 걸쳐 상호 작용을 보여주지는 못한다. 뛰어난 고객 경험을 창출하려면 부서 간 벽을 넘나들 수 있어야 한다.
모든 것을 이미 알고 있다.	암묵적 지식만으로 충분하다.	그렇다면 출발이 좋은 것이다. 하지만 해당 지식을 명시화해야 논의를 지속시킬 수 있다. 또, 누군가가 조직을 떠나도 통찰력을 잃지 않을 수 있다. 새 직원이 입사하면 이른 시일 내에 정상 궤도에 올릴 수도 있다.
내가 해당 부서에서 근무했었다. 무엇이 가치 있는지 나한테 물어라.	밖에서 안이 아니라 안에서 밖을 보는 시각으로 고객을 본다.	초기 가설을 세우는 데 여러분이 큰 도움이 된다. 거기에다 외부 시각도 조사해서 덧붙이고 싶다. 그래야 성장과 혁신에 필요한 최고의 통찰이 생길 수 있다.
마케팅 부서에서 이미 조사 활동을 하고 있다.	시장 조사와 경험 조사는 같은 것이다.	바람직한 상황이지만 그것만으로는 충분하지 않다. 시장이 만족시키지 못한 고객의 니즈, 고객이 드러내지 않은 감정을 찾아내 전체 경험 맥락에서 보여주어야 한다.

좋은 방법 중 하나는 기술 산업 조사의 선두 기업인 포레스터 리서치 (Forrester Research)의 자료를 이용하는 것이다. 이 회사는 특히 고객여정지도의

유용성에 관한 보고서를 많이 냈다. 이 회사의 연구 자료나 유사 보고서를 찾아보면 매핑 작업을 지지하는 증거가 있을 것이다.

투자 수익률(ROI)을 다룬 증거면 훨씬 설득력이 있다. 예를 들어, 알렉스 로슨(Alex Rawson)과 동료들은 회사가 개별 접점을 최적화했을 때보다 처음부터 끝까지의 전체 경험을 설계했을 때 수익이 확실히 증가한다는 사실을 보여주었다. 〈고객 경험의 진실(The Truth About Customer Experience)〉이라는 글에서 로슨은 이같이 적었다.

> 여정을 전달하는 데 뛰어난 기업이 시장에서 이길 가능성이 높다. 보험 산업과 유료 TV 산업을 연구해 보니, 여정을 잘 다루는 기업일수록 수익 증가율이 높게 나타났다. 기업의 가장 중요한 여정에 대한 고객 만족도를 측정해 보니, 10점 척도 기준으로 다른 기업에 비해 1점 높을 때마다 수익 성장률은 최소 2% 포인트 높았다.

로슨은 고객 여정을 매핑하면 더 좋은 경험을 설계할 수 있는 통찰이 생긴다고 결론지었다. 이것이 결국 수익 증가를 가져오는 것이다.

끝으로, 가능하다면 경쟁 회사는 어떻게 하는지 알아보는 것이 좋다. '고객여정지도'나 '경험 지도'와 같은 검색어로 경쟁 회사를 조사해 보도록 한다. 경쟁 회사가 이런 프로젝트를 하고 있다는 것을 의사 결정권자에게 보여주면, 설득하는 데 적잖게 도움이 된다.

옹호자를 찾아라

관계자 중에서 매핑 작업을 옹호해 줄 사람을 찾아보아야 한다. 옹호자의 영향력이 클수록 좋다.

외부 컨설턴트라면 오랫동안 관계를 지속해 온 의뢰인이 옹호자가 되어야 하고, 내부 직원이라면 조직 내 의사 결정 과정을 잘 아는 사람이어야 한다. 어느 쪽이 되든 관계자들을 빨리 파악하면 도움이 된다.

파일럿 프로젝트를 해 보라

가능하다면 작게 파일럿 프로젝트를 해 보는 것이 좋다. 도표가 복잡하고 상세해야만 효과가 있는 것이 아니다.

여의치 않으면, 다른 작업을 할 때 해당 작업의 일부로 도표를 작성해 보는 것도 좋다. 예를 들어, 여러분이 전통적인 사용성 평가를 진행한다면, 몇 가지 간단한 질문을 추가해 해당 프로세스에서 참가자들이 보이는 행동을 알아보는 것이다. 경험 지도 초안을 만들면서 관찰한 행동들을 함께 도표에 추가해서 논점으로 삼으면 된다. 직접 작성한 결과물로 가치를 입증하는 것이 가장 설득력이 있다.

설득 문구를 만들어라

마지막으로, 쉽게 외워 언제든 말할 수 있는 간결한 문장을 만들어 본다. 고심하는 사업 문제도 포함하도록 한다. 예를 들어, 의사 결정권자가 묻는다. "매핑 프로젝트에 시간과 돈을 투자해야 하는 이유가 무엇인가?" 여기 예시 설득 문구가 있다.

> 저희는 현재 사업 범위를 확장해 성장하려고 합니다. 전체 경험을 매핑하면, 새로 진입하려는 시장이나 세그먼트에서 고객의 니즈와 정서를 빠른 시간 안에 훨씬 잘 이해할 수 있습니다.

> 매핑은 고객에 대한 이해를 높이는 최신 기법으로, 인텔이나 마이크로소프트를 비롯해 갈수록 많은 기업이 도입해서 사용하고 있습니다.

> 다양한 고객 경험 요소를 업무 프로세스와 함께 시각적으로 정렬하면, 채널 전반에 걸쳐 가치를 창출하고 점유할 수 있는 최선의 방안을 알게 됩니다. 또한, 경쟁 기업을 압도하는 혁신적인 제품과 서비스에 대한 통찰력이 생깁니다.

매핑은 비교적 적은 투자로 급변하는 요즘 시장 상황에서 저희에게 필요한 전략적 통찰을 제공해 줄 겁니다.

5.2 방향 설정하기

프로젝트에 착수하면서 답해야 하는 질문이 많이 있다. 내부에서 답을 찾을 수 있는 간단한 문제도 있고, 조사를 해야 하는 문제도 있다. 그중 조직의 목표와 매핑할 경험 유형은 관심을 갖고 고민해야 하는 중요한 문제다. 이 두 가지에 대한 답을 정하면 작성할 도표를 적절하게 선택하도록 한다.

조직의 전략과 목표를 확인하라

정렬 도표는 조직과 관련이 있다. 아직 답을 찾지 못한 문제에 답을 제시하거나, 현재 지식의 공백을 메꿔 주어야 한다. 도표는 조직의 전략과 목표와 부합할 때 가장 효과적이다. 이 단계에서 조사해야 하는 질문은 다음과 같다.

- 조직의 미션은 무엇인가?
- 조직은 어떤 방식으로 가치를 창출하고, 전달하며, 점유하는가?
- 조직이 어떤 방식으로 성장하기를 바라는가?
- 전략적 목표는 무엇인가?
- 조직이 활동하는 시장과 세그먼트는 어디인가?
- 지식의 공백은 무엇인가?

어떤 경험을 매핑할 것인지 결정하라

대부분의 조직은 공급업체와 유통업자, 협력사, 고객, 고객의 고객에 이르기까지 다양한 주체와 관계를 맺는다. 어떤 경험을 매핑할 것인지 결정하려면, 먼저 주요 행위자와 고객까지의 가치 흐름을 나타낸 **고객 가치 사슬**(customer value chain)을 이해해야 한다.

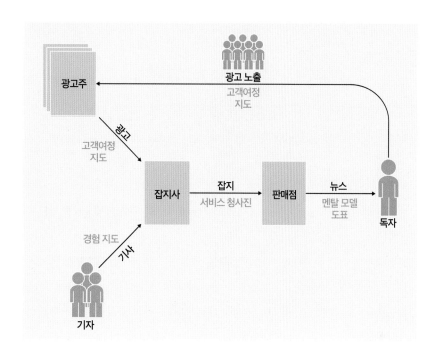

그림 5-2 뉴스 잡지의 고객 가치 사슬은 최종 소비자에 이르는 가치 흐름을 보여준다.

정렬 도표는 조직과 관련이 있어야 한다. 아직 답을 찾지 못한 문제에 답을 제시하거나, 현재 지식의 공백을 메꿔 주어야 한다.

그림 5-2에 독자를 최종 소비자로 하는 뉴스 잡지의 고객 가치 사슬을 간단한 예로 들었다. 도표를 보면 기자는 잡지사에 기사를 제공하고, 잡지사는 광고주로부터 수익을 올린다. 판매점은 독자에게 잡지를 배포하고, 독자는 광고주의 광고를 본다. 전체적으로 가치는 도표의 왼쪽에서 오른쪽, 즉 기자로부터 독자로 흘러간다.

그림 5-2는 관계가 최대한 잘 드러나는 도표 유형을 알려주는 역할도 한다. 무대 뒤편의 프로세스를 최적화하기 위해 잡지사와 판매점 간의 관계를 매핑하려면, 서비스 청사진이 가장 좋다. 하지만 독자와 광고주 사이의 경험을 나타내려면, 고객여정지도가 더 좋다. 잡지사 입장에서 기자와 잡지에 실리는 기사 간의 관계를 알고 싶다면, 경험 지도가 좋을 것이다.

이러한 **고객 가치 사슬 지도**는 이해관계자 지도(stakeholder map)나 생태계 지도(ecosystem map)로 불리는 도표와 유사하다. 매핑과 관련된 자료에서 이런 용어를 접할 수 있을 것이다. 차이라면 고객 가치 사슬 지도에는 가치 흐름이 들어갔다는 점이다.

고객 가치 사슬 지도를 작성하는 데 특별히 정해진 방법은 없다. 경험에 관여하는 행위자나 주체를 나타낸 간단한 개념 지도이기 때문이다. 결국, 여러분의 목적에 맞는 모델을 찾으면 된다. 작성 프로세스는 아주 간단하다.

1. 조사하려는 경험에 관여하는 모든 행위자와 주체를 나열하도록 한다.
2. 주요 행위자와 주요 제공자(공급자)를 가운데 배치하되, 왼쪽에 제공자를 두도록 한다.
3. 둘 주변에 다른 행위자와 주체를 배치하도록 한다. 기본적으로 맺고 있는 관계가 드러나게 배치한다.
4. 끝으로, 필요하면 요소를 다시 조정해 가치가 제공자로부터 고객에게 어떤 방식으로 이동하는지 보이도록 한다.

완성이 되었으면 고객 가치 사슬 지도를 활용해, 도표로 나타낼 수 있는 다양한 관계를 찾아보기 바란다. 예를 들어, 그림 5-2를 보면 광고주와 잡지사의 관계는 잡지사와 판매점의 관계와 다르다. 또, 기자와 광고주의 관계도 독자와 판매점의 관계와 다르다.

고객 가치 사슬 지도는 의뢰인과 기대치를 맞추는 데 도움이 된다. 어떤 경험을 매핑하고 어떤 경험을 제외할지 명확하게 할 수 있다는 뜻이다. 예를 들어, 그림 5-2에서 잡지사는 잡지를 판매점에 배포하는 부분에 대해 더 알고 싶은데, 여러분은 독자와 광고주 사이의 관계를 매핑하려고 하면 서로 간에 기대치가 일치하지 않는 것이다.

고객 가치 사슬 지도는 보통 빠른 시간 안에 완성할 수 있으며, 몇 분이면 가능한 경우도 있다. 생태계를 파악할 수 있으므로 가치가 충분한 작업이다. 또한, 작업 범위를 결정하고, 적절한 도표 유형을 선택하고, 조사 인력을 선발하는 데도 도움이 된다.

어떤 경험을 매핑할지 결정하기 위해 해야 하는 질문은 다음과 같다.

- 고객 가치 사슬 내에서 어떤 관계에 초점을 맞추고 싶은가?
- 여러 관계 중 누구의 관점을 알고 싶은가?
- 어떤 유형의 사용자나 고객이 가장 관련성이 높은가?
- 어떤 경험을 포함시키는 것이 가장 적절한가?
- 해당 경험은 어디에서 시작해서 어디에서 끝나는가?

페르소나를 만들어라

페르소나(persona)란 사용자 전형(user archetype)을 서술 형식으로 기술한 가상의 인물을 말한다. 사용자의 행동, 니즈, 정서 등에서 공통으로 발견되는 특성을 반영해서 작성한다. 페르소나는 목표 집단에 대해 상세하게 기술해서 해당 집단을 이해하기 쉽도록 해준다.

페르소나 만들기는 수십 년에 걸친 역사를 가진 심층적인 과정이다. 이에 대한 자세한 내용은 타마라 애드린(Tamara Adlin), 존 프루트(John Pruitt)의 《퍼소나(The Persona Lifecycle)》와 앨런 쿠퍼(Alan Cooper)의 《About Face 4 인터랙션 디자인의 본질(About Face)》을 참조하기 바란다.

페르소나는 보통 하나에 한두 페이지가 넘지 않도록 간단하게 작성한다. 그림 5-3은 내가 이전 프로젝트에서 작성한 페르소나 문서다.

만약 특정인의 경험을 나타낸다면, 도표에 페르소나 혹은 페르소나 요약본을 추가하는 것이 일반적이다. 그림 5-4는 여정 전문 컨설팅 업체 하트오브더커스토머(Heart of the Customer)의 설립자인 짐 틴처(Jim Tincher)가 작성한 고객여정지도를 보여준다. 도표 위쪽에서 틴처가 만든 페르소나를 볼 수 있을 것이다. 기본적인 인구통계 정보와 동기, 해당 고객이 했을 법한 말이 반영되어 있다.

Thomas Brauer

Architect, Partner

'I strive to use my expert knowledge of the architecture to lead successful client projects.'

Pain Points

- Maintaining a large network of professionals
- Travel to sites
- Managing many projects at once
- New business generation
- Keeping up on regulations

Background & Skills

- 42 years old, married, 2 children
- Practicing for 15 years
- Accredited building inspector

Company & Role

- Mid-size firm: 16 architects, 6 support staff
- Location in New York and Minneapolis
- Specializes in commercial property
- Oversees 3-5 projects at once
- Coordinates marketing activities for firm

Tools & Usage

- Professional drafting and architecture software
- Regularly work on-the-go with mobile devices
- Plotter and printers used frequently
- Maintains electronic and paper files and calendars
- Finds learning new programs and tools cumbersome

Motivations

- Building a successful business
- Looking good in front of clients
- Professional recognition in the industry
- Creating an attractive place of work for employees
- Growing talent from within the firm

Work Activities

- Managing projects and project teams (40%)
- Consult, communicate, present to clients (35%)
- New business development (15%)
- Manage marketing activities of firm (5%)
- Research and monitoring industry (5%)

Sources: 1.) Interviews 2.) Survey 3.) Monster.com

그림 5-3 건축가의 페르소나

페르소나 작성은 창작 활동이 아니다. 실제 자료를 근거로 작성해야 한다. 작성 과정은 다음과 같다.

1. 한 세그먼트와 다른 세그먼트를 구분하는 가장 두드러진 속성(attribute)을 찾는다. 일반적으로 3~5개의 주요 속성에 초점을 맞출 수 있다.

2. 범위에 포함된 속성을 나타내는 데 필요한 페르소나의 수를 결정한다. 속성을 뒷받침하고 설명할 수 있는 자료를 수집하도록 한다. 조사 과정에서 새 속성을 발견하면 추가해도 된다.

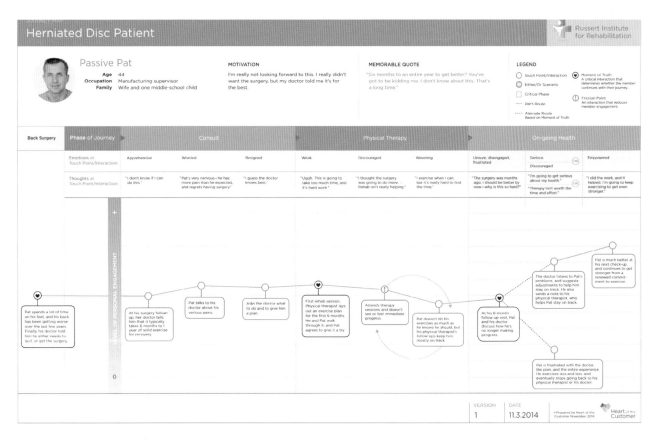

그림 5-4 이 고객여정지도처럼, 도표 위쪽에 페르소나를 추가하는 경우가 많다.

3. 주요 속성을 기초로 페르소나 초안을 작성한다. 페르소나를 충실화하기 위해 인구통계 자료, 행동, 동기, 고충 등과 같은 기본적인 요소도 몇 개 추가하는 것이 좋다.

4. 페르소나를 마무리한다. 문서 한 장으로 강한 인상을 주기 위해 하나씩 시각화하도록 한다. 여러 상황에 사용할 수 있도록 형식과 크기를 다르게 해서 만들면 좋다.

5. 페르소나를 눈에 띄는 곳에 둔다. 브레인스토밍 세션에서 회의실 벽에 걸어 놓기도 하고, 프로젝트 문서에도 삽입하도록 한다. 페르소나를 활성화하는 것은 여러분이 할 일이다.

물론, 페르소나 작성은 협업 과정이기도 하다. 여러 직원을 참여시켜, 페르소나를 보면 공유한 지식이 떠오르도록 한다.

도표 유형을 선택하라

이 책에서 다루는 모든 도표는 가치 정렬에 초점을 맞추고 있다는 공통점이 있다. 하지만 상황에 맞는 접근 방식을 선택하고 적용하려면 도표 간의 차이를 알아야 한다. 물론 사전에 도표 유형을 정해 놓되 다른 도표를 배제할 필요는 없다.

조직의 목표를 확인하고 매핑할 경험을 결정했다면, 적절하다고 생각하는 도표 유형을 선택하도록 한다. 2장에서 살펴본 매핑에 관한 주요 요소를 떠올리면 도움이 된다.

일반적인 도표 유형과 도표 간 주요 요소의 차이를 표 5-2에 정리해 보았다.

상황에 가장 적합한 도표 유형을 결정하는 또 다른 방법은, 범위와 독립성 두 가지 차원에 의거하여 도표를 고려하는 것이다. 그림 5-5는 이 책 전반에 걸쳐 논의되는 주요 도표 유형을 간단한 매트릭스로 보여준다. 도표 유형 간의 차이를 보여주는 것이 목적이지만, 항상 예외가 있을 것이다. 이 그림의 색상은 여러 유형의 도표를 나타내며, 일부 대체 도표를 보여준다. 각 도형의 크기는 해당 도표 유형 내의 변동 정도를 가리킨다.

왼쪽 상단을 향할수록 도표가 보다 구체적인 경향이 있다. 예를 들어, 사용자 스토리 맵은 특정 제품과의 상호 작용을 상세하게 보여준다. 이는 보다 불안정

그림 5-5 2차원의 간단한 매트릭스에 도표를 나타내면 다양한 도표 유형의 잠재적 기능과 목적을 분류하기에 좋다.

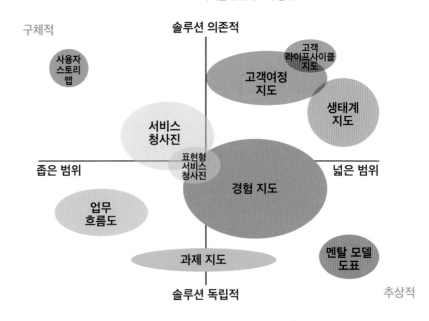

유형	관점	범위	초점	구조	사용 목적
서비스 청사진	서비스받는 사람 으로서의 개인	서비스 접점과 생 태계에 집중됨, 주 로 실시간으로	전 채널에 걸쳐 실시간으로 일 어나는 행위와 물적 증거 역할과 무대 뒤편 행위자, 프 로세스, 업무 흐름 등 서비스 제공에 역점	시간 순서	제일선 직원이나 내부 직원, 관리자가 기 존 서비스를 개선하거나 새로운 서비스 를 창안하기 위해 사용
고객여정 지도	구매 결정을 자주 하는, 충성 고객으 로서의 개인	일반적으로 인지에 서 구매를 거쳐 회 사를 벗어나고 복 귀할 때까지	진실의 순간과 만족 등 개인의 인지적 상태와 감정적 상태에 역점	시간 순서	마케팅과 PR, 영업, 고객 관리, 고객 지원, 브랜드 관리 소속 직원이 영업과 고객 관계, 브랜드 자 산을 최적화하기 위해 사용
경험 지도	폭넓은 활동이 가 능한 상황에서 행 동하는 행위자로 서의 개인	특정한 경험이나 상황에서, 일반적 으로 정의된 시작 부터 끝까지	행동과 목표, 해결과제에 역점 일반적으로 행위와 사고, 감정, 고충이 포함됨	시간 순서	제품 관리자와 디자이너, 개발자, 전략 담 당자가 제품과 서비스의 디자인을 개선 하고 혁신하기 위해 사용
멘탈 모델 도표	정해진 영역 안에 서, 생각하고 느끼 는 인간으로서의 개인	일반적으로 정의된 경험의 폭, 데이터 에서 나옴	기본적인 동기와 감정, 철학에 역점	계층적	제품 관리자와 디자이너, 개발자, 전략 담 당자가 고객과의 공감을 형성하기 위해 사용 제품 및 서비스 전략을 알리기 위해 사용 혁신을 위해 사용
생태계 지도	주체들로 구성되 는 대규모 시스템 에서 중추 행위자 로서의 개인	시스템의 경계로 여겨지는 한계에서 가장 넓은 범위	생태계 내 가치 흐름을 보여주 기 위해 여러 주체들 사이의 관계에 역점	네트워크	제품과 서비스를 만드는 최상위 전략 요 소에 대한 통찰을 얻기 위해 사용 그런 통찰이 광범위한 상호 작용 시스템 에 어떻게 들어맞을지 알기 위해 사용

표 5-2 여러 도표를 요소별로 비교한 표

하고 기술에 따라 달라질 수 있지만, 구현한 경험에 가깝게 묘사하는 데 유용하다. 오른쪽 아래로 이동하면 도표가 추상화되며 넓은 영역을 처리한다. 이 사분면의 도표들은 안정적이고 기초적이며 광범위한 혁신 기회를 찾는 데 활용된다.

또한 그림 5-5는 '도표를 얼마나 자주 업데이트해야 하는지'란 질문에도 답을 준다. 일반적으로 솔루션에 구애받지 않는 접근 방식일수록 도표의 수명이 길어진다. 예를 들어 제대로 수행된다면, 과제 지도(job map)와 멘탈 모델 도표는 10년 이상 유효하고 안정적인 상태를 유지할 수 있다. 반면 매트릭스의 상단에 가까운 도표들은 단기 프로젝트에 의해 제한되기에 시효 기간이 짧은 경향이 있다.

도표의 범위는 얼마나 많은 도표가 필요한지 결정하는 데 도움이 된다. 일반적으로 범위가 넓을수록 전체론적이므로, 도표가 더 적게 필요하다. 예를 들어, 두 개 이상의 생태계 지도가 필요할 가능성은 거의 없다. 정의상 큰 그림을 보여주기 때문이다. 그러나 조직 전체의 다양한 고객 상호 작용을 나타내기 위해서는 서비스 청사진이 많이 필요하다.

얼마나 많은 도표가 필요한지, 얼마나 자주 업데이트해야 하는지에는 명확한 답이 없다. 결국 그것은 2장에 상세히 기술된 요소들, 즉 관점과 범위, 초점, 구조 그리고 사용 목적에 달려 있다. 일반적으로 사람들에게는 노력과 산출물의 수를 줄이고자 하는 욕구가 있으므로, 중요한 차이를 설명하기 위해 필요한 경우에만 여러 개의 도표를 작성하기를 권한다.

어떤 기법도
다른 기법에 앞서
미리 배제하지 마라.

고객여정지도, 서비스 청사진, 경험 지도는 어떻게 다른가?

가장 자주 서로 뒤섞이는 도표 유형은 고객여정지도, 서비스 청사진, 경험 지도다. 모두 시간순인 데다 형식도 비슷하므로 혼동하는 것도 이해할 만하다. 하지만 이들 사이에도 도표 유형을 선택할 때 고려해야 할 뚜렷한 차이점이 있다.

가장 큰 차이는 각각의 **관점** 특히, 개인과 경험의 관계를 보는 관점이다.

- **고객여정지도(CJM)**는 개인을 조직의 고객으로 본다. 여기서는 개인이 어떻게 그 회사의 제품과 서비스를 알게 되고, 구매 결정을 내리고, 충성 고객으로 남게 되는지의 이야기를 들려준다. 고객여정지도는 마케터와 영업사원, 고객 성공 매니저(CSM)가 전반적인 고객 라이프사이클을 바라보고 더 나은 관계를 구축할 수 있도록 도와준다.

- **서비스 청사진**은 사용자가 서비스를 어떻게 경험하는지를 실시간으로 자세히 보여준다. 가장 큰 관심사는 구매된 서비스가 역할을 잘 수행하는지 그렇지 않은지이며, 이를 통해 서비스를 최적화하는 것이다. 서비스 청사진은 디자이너와 개발자가 서비스 전달을 개선할 수 있도록 도와준다.

- 내가 정의하는 **경험 지도**는 고객여정지도나 서비스 청사진과 관점이 다르다. 경험 지도는 인간의 행동을 더 넓은 맥락에서 바라보고, 행위자가 솔루션이나 브랜드와 관계없이 목표를 달성하려고 노력하는 동안 겪는 사건을 순서대로 묘사한다. 경험 지도는 혁신을 위한 새로운 기회를 찾는 데 유용하다.

그림 5-6 고객여정지도는 시간의 흐름에 따라 한 개인이 회사 및 브랜드와 갖는 상호 작용을 보여주며, 솔루션을 획득하고 이에 대한 충성도를 유지하는 결정에 초점을 맞춘다.

이들 도표는 관점뿐만 아니라 **범위**에서도 차이가 있다. 예컨대 고객여정지도는 장기간에 걸쳐 범위가 넓은 경향이 있는 반면, 서비스 청사진은 특정 에피소드에 초점을 맞추는 경우가 많으며, 대신 더 깊이 들어간다. 경험 지도는 생애 중 하루의 경험에서부터 지속적으로 이어지는 경험에 이르기까지 그 범위가 다양하다.

유형에 따라 **초점**도 다르다. 고객여정지도는 어떤 개인이 고객이 되고 충성 고객으로 남는 동기와 계기에 초점을 맞춘다. 서비스 청사진은 무대 뒤편의 프로세스를 많이 드러내고 감정은 자세히 보여주지 않는다. 경험 지도는 다른 둘보다 형식이 자유롭지만, 니즈와 바람직한 결과를 알아내려고 애쓴다.

이런 차이점을 보여주기 위해 도표 세 개를 예시했으니 비교해 보기 바란다. 각 도표는 닭이 도로를 건너는 가상의 상황을 바탕으로 작성한 것이다. 행위자와 영역은 각 도표가 모두 같지만, 매핑 유형은 물론 관점과 범위, 초점이 눈에 띄게 다르다.

그림 5-6은 가상의 브랜드인 ACME RoadCrossr의 고객여정지도를 예시한 것이다. 이 제품은 닭이 도로를 건너기 가장 좋은 지점을 찾을 수 있을 뿐만 아니라 교통 상황을 가늠할 수 있도록 지원하는 앱이다.

왼쪽 상단에 주요 인구통계 요소를 반영한 페르소나를 기입했다. 지도 윗부분 왼쪽부터 오른쪽으로 각 단계를 표시했고, 그 아래 차례대로 행동, 생각, 감정을 나타냈다.

왼쪽에서 오른쪽으로 이동하며 우리는 닭이 앱이 있다는 사실을 알게 되고, 앱에 가입하고, 앱을 구동해서 이용하는 과정을 볼 수 있다. 마지막으로 닭은 친구에게 앱을 추천한다. 전체적으로 이 도표의 구성은 잠재고객 발굴에서 전환/구매를 거쳐 지지/전파에 이르는, 서비스의 시장 진입 양상에 관한 것이다.

서비스 청사진은 일반적으로 기존 서비스와의 실시간 상호 작용을 보여준다. 서비스 제공에 초점을 맞추고, 고객여정지도에 비해 마케팅과 고객 라이프사이클은 중요하게 다루지 않는다. 그 결과 그림 5-7에서는 서드파티나 파트너사와의 상호 작용을 포함한 ACME RoadCrossr 서비스의 무대 뒤편 요소를 많이 볼 수 있다. 이런 요소는 모두 도표의 두 번째 줄에 보이는 개인의 행동에 맞춰 정렬되어

그림 5-7 서비스 청사진은 특정한 상호 작용 에피소드 안에서 서비스를 제공하는 무대 전면과 무대 뒤편의 프로세스를 자세히 보여준다.

있다.

고객여정지도나 서비스 청사진과 달리, 경험 지도는 개인이 어떤 서비스의 고객이라거나 그 서비스를 필요로 한다고 상정하지 않는다. 대신 그림 5-8이 그렇듯 오로지 닭이 도로를 건너는 경험에만 집중한다.

구매 결정도 없고, 주어진 솔루션 사용과 관련한 자세한 내용도 없다. 그 결과 여러 팀이 이 도표의 도움을 받을 수 있다. 회사가 제공하는 제품과 서비스에 개인이 어떻게 맞출 것인가가 아니라, 개인의 세계에 회사가 어떻게 맞춰 들어갈 것인가를 볼 수 있게 하기 때문이다. 어떻게 하면 닭이 과업을 더 잘 수행하게 할 수 있을지를 생각하는 것은 혁신의 원천이 될 수 있다.

경험 지도와 비교했을 때 고객여정지도가 보는 세계는 다소 자기중심적이다. 고객여정지도는 사람들이 그 회사의 솔루션을 알고 싶어 하고, 구매하고 싶어 하고, 그 주위에서 맴돌고 싶어 하고, 심지어 지지/전파하고 싶어 한다고 상정한다. 즉, 이상적인 시장 포지션에 관한 이야기다. 이 도표의 근저에 깔린 이야기는 회사에 관한 것이지 개인에 관한 것이 아니다.

서비스 청사진은 고객여정지도만큼 자기중심적이지는 않지만, 여전히 개인을 특정 솔루션의 사용자로 본다. 브랜드와 감정은 중심이 아니며, 무대 뒤편의 작동 방식을 보여주는 것을 더 선호한다.

경험 지도는 다르다. 내가 정의한 것처럼 경험 지도는, 사람을 소비자로 보는 데에서 벗어나 솔루션과 관계없이 사람의 경험을 바라보는 식으로 관점을 뒤집는다.

내가 정의한 경험 지도의 개념이 다른 사람과 다를 수도 있다는 점에 유의하라. '경험 지도'라고 이름 붙여 놓고, 실제로는 고객여정지도와 서비스 청사진을 섞어 놓은 도표들을 쉽게 발견할 수 있다. 이 책에도 그런 예가 다수 있다. 하지만 이름에 너무 신경 쓸 필요는 없다. 결국에는 별로 중요하지 않기 때문이다.

이 세 개의 도표 중 하나 또는 모두가 여러분의 상황에 도움이 될 수 있다. 중요한 것은 도표를 만들기 전에 여러분이 작성하고자 하는 도표 유형의 특성을 이해하는 것이다. 작업에 착수하기 전에 누가 도표를 이용할 것인지, 그 목적이 무엇인지 알아야 한다. 그런 다음 조직 내 사람들을 논의의 장으로 끌어들이기 위해 가치 정렬을 어떻게 시각화할 것인지에 초점을 맞춰라.

경험 지도

Chucky the Chicken
- Needs to get to other side in order to graze in the afternoon
- Concerned about safety when crossing the road

안전하게 도로 건너기

단계	PLAN	PREPARE	CONFIRM	CROSS	MONITOR	END
행동 👣	Decide to cross a particular road	Check traffic conditions	Double-check no traffic is coming	Start to cross the road	Check traffic again	Reach the other side
	Determine best point to cross	Look both ways	★	Get assistance crossing	Change speed (if needed)	Celebrate!
니즈	Believes life would be better on the other side	Lower anxiety enough to take first step	Increase the sense of safety before crossing	Keep up speed to cross as quickly as possible	Reduce the chance of making a mistake	Feel a sense of accomplishment
불안		Looks good...	I can do this!		Better check...	I made it!
확신	I'm scared!			Wait. What if a car comes now?		

그림 5-8 경험 지도는 개인이 어떤 제품이나 서비스와 관계없이 목표를 어떻게 달성하느냐를 보여준다.

5.3 작업 정의하기

전체적인 프로젝트 방향이 결정되면, 소요 시간과 개략적인 비용을 산출하도록 한다. 이 단계에서 적절한 기술이나 장비, 자원이 있는지도 확인하는 것이 좋다.

기간을 산정하라

매핑 프로젝트에 필요한 기간은 매우 다양하다. 프로젝트의 형식 수준, 작성하려는 도표 유형, 프로젝트에 관계된 정보의 깊이에 따라 달라진다. 예를 들어, 소규모 스타트업이라면 며칠 만에 도표를 작성하는 것도 가능하다. 정식 프로젝트라면 몇 주에서 몇 개월가량의 시간이 소요된다.

개략적인 기간을 추정할 수 있도록 작업 방식에 따른 예상 소요 시간을 다음에 적어 보았다.

- 속성 프로젝트: 1~2일
- 단기간의 정식 프로젝트: 1~2주
- 일반적인 이니셔티브 프로젝트: 3~6주
- 여유 있는 프로젝트: 6주 이상

예상 기간은 기본적으로 여러분이 수행할 조사 작업의 규모를 결정하는 요인이 되지만, 그 밖에 재검토 횟수나 관계자들과의 업무 협의 횟수를 결정하는 요인이 되기도 한다.

자원을 가늠해 보라

매핑 프로젝트에 필요한 가장 중요한 자원은 인력이다. 조사를 수행하고, 도표를 작성하고, 워크숍을 진행할 인력이 필요하다. 매핑에 필요한 기술은 다음과 같다.

- 많은 정보를 정리하고 발상을 끌어낼 수 있는 능력

- 자료를 수집하고 기초 조사를 수행할 수 있는 능력
- 복잡한 정보를 모델화하고 시각화할 수 있는 능력

프로젝트 수행에 필요한 그 밖의 요소로는 다음과 같은 것이 있다.

- **내부 관계자와의 접촉:** 여러분은 내부 관계자들에게 접근할 필요가 있다. 여러 전문 팀과 접촉하는 것이 이상적이다. 도표는 만들어 주면 끝나는 산출물이 아니라, 전 프로세스에 걸쳐 내부 관계자들의 개입이 필요한 작업이다. 따라서 적극적인 참여가 필수적이다.
- **고객을 설득하는 능력:** 조사 활동을 하면서 외부인을 설득해 참여를 유도하는 능력이 필요하다(6장에서 자세히 설명한다.).
- **여행을 수용하는 태도:** 산업에 따라, 대상 집단의 소재에 따라 조사를 하기 위해 여행이 필요할 수도 있다.
- **전사 용역 의뢰:** 마지막으로, 경우에 따라 참가자들과의 인터뷰를 녹음하고 텍스트로 옮겨야 할 수도 있다.

비용을 산정하라

비용 규모는 매우 다양하다. 표 5-3에 매핑 프로젝트의 예상 비용을 높은 쪽과 낮은 쪽으로 나누어 제시했다. 인건비 비중이 가장 크다. 이것도 월별 인건비 수준에 따라 전체 규모가 달라진다. 예상 비용이 높은 쪽은 한 사람이 2개월 동안 작업하는 것으로 가정한 경우다. 예상 비용이 낮은 쪽은 한 사람이 2주 안에 작업을 마치는 것으로 가정한 경우다.

표 5-3 매핑 프로젝트의 예상 비용을 높은 쪽과 낮은 쪽으로 나누어 제시했다. 주로 인건비에 따라 양쪽 모두 비용이 크게 달라진다.

	높은 비용	낮은 비용
인건비	2 x $15,000 = $30,000	5 x $15,000 = $7,500
인센티브	10 x $50 = $500	6 x $25 = $150
녹취비	10 x $150 = $1,500	없음
출장비	$500	없음
합계	$32,500	$7,650

물론 작업 규모를 더 키울 수도 있고 더 줄일 수도 있다. 여기에 나온 예상 비용은 대략적인 비용 규모를 파악할 수 있도록 중간 수준의 가이드라인을 제시한 것이다.

제안서를 작성하라

약식 프로젝트라면 제안서가 필요하지 않을 것이다. 정식 프로젝트라면 제안서를 작성하는 것이 좋다. 망설일 필요는 없다. 제안서라고 해서 시간을 많이 투자해 방대하게 작성하지 않아도 된다. 다음에 제시하는 요소에 해당하는 내용을 간략하게 기술하도록 한다.

- **동기:** 이 시점에 해당 조직을 대상으로 프로젝트에 착수하는 이유를 기술한다.
- **목적:** 프로젝트의 목적과 전체 추진 일정을 기술한다.
- **목표:** 프로젝트의 목표와 측정 가능한 결과를 나열한다.
- **프로젝트 참가자:** 프로젝트에 관련된 모든 사람과 해당 역할을 나열한다. 내부 관계자들과 접촉할 필요가 있다는 사실과 그들이 해야 할 일도 언급하도록 한다.
- **활동, 납품 목록, 일정:** 활동을 순서대로 나열하고, 예상 결과물을 기술한다.
- **범위:** 매핑하고자 하는 경험을 기술한다. 그림 5-2에서 본 것처럼, 고객 가치 사슬을 보고 결정하면 된다.
- **도표 유형:** 작성하고자 하는 도표 유형을 염두에 두고 있다면, 제안서에 기술한다.
- **추정, 위험 요소, 제약 요인:** 여러분이 통제할 수 없는 요소뿐 아니라 작업을 제약할 가능성이 있는 요인을 기술한다.

제안서는 모두 합해 두 페이지를 넘지 말아야 한다. 그림 5-9가 제안서의 예다.

Proposal: Acme Customer Experience Project

The Acme Corp. has successfully extended its product and service offerings over the past decade, capturing a significant market share in the process. However, the experience customers actually have with Acme has grown organically and become disjointed, resulting in declining customer satisfaction. This effort intends to align internal activities to the customer journey in order to design a more cohesive experience across touchpoints and ultimately increase customer satisfaction and loyalty.

AIM

Complete a customer journey mapping project by the end of Q1

GOALS

1. Involve stakeholders from at least 5 different departments throughout the project, from the creation of the maps to running experiments afterwards.
2. Generate and prioritze at least 100 new ideas to increase customer satisfaction.
3. Develop action plans and experiments to test 5 new services that demonstrate an increase in customer satisfaction.
4. Increase customer satisfaction scores by 5% by the end of the year.

PARTICIPANTS

- Core Project Team
  ○ Jim Kalbach, Project Lead
  ○ Paul Kahn, Designer
  ○ Jane Doe, User Researcher
  ○ John Doe, Project Sponsor
- Stakeholders
  ○ Sue Smith, Head of Product Development (+product developers)
  ○ Joe Smith, Customer Support (+customer support agents)
  ○ Frank Musterman, Marketing Lead (+marketers)
  ○ Sales and ecommerce representatives, TBD

ACTIVITIES

- Investigate: Recruit and research, internal and external participants
- Illustrate: Create customer journey map
- Align: Hold workshop and generate hypotheses
- Experiment: Run experiments to test hypotheses

DELIVERABLES

- Customer Journey Maps
- Accompanying documents, such as personas and typical day illustrations
- Catalog of prioritized ideas
- Detailed plan for experiments, included measurements of success

SCOPE

- This effort will focus on two customer personas:
  1. Our current paying customers
  2. Their customers (i.e., customers of our customers)
- The experiences should look at touchpoints from end-to-end, starting with the first contact customers have until when they decide to end the service.
- 5 hypothesis experiments with the given resources (to be confirmed depending on the nature and scope of the experiments)

MILESTONES

- Jan: Recruiting and research
- Feb: Complete journey maps and run workshops
- March: Conduct experiments to increase customer satisfaction

그림 5-9 매핑 프로젝트의 제안서는 길게 작성하지 않아도 된다.

종합하기: 언제, 어떤 기법이 필요할까?

이 책은 가능성에 관한 책이다. 그림 5-10에서 보듯이, 지금까지 경험 매핑에 사용되는 여러 도구를 강조했다. 여기 나오는 도구와 접근 방식의 대부분은 후속 장에서 자세히 다룰 것이다.

하지만 가능성이 많아지면 선택이 따른다. 최선의 접근 방식을 선택하려면, 어떤 유형의 모델을 이용해 경험을 묘사하는 것이 좋을지 생각해 보아야 한다.

- **개인 모델:** 누구의 경험인가? 모델로는 페르소나와 소비자 통찰 지도(consumer insight map)가 있다.

- **맥락 및 목표 모델:** 경험을 나타내는 도표는 상호 작용의 환경을 묘사한다. 해결과제는 무엇인가? 개인의 니즈나 감정, 동기는 무엇인가?

- **미래 상황 모델:** 끝으로, 구상하는 미래 경험의 모델을 만든다. 솔루션은 어떤 모습인가? 어떻게 제시해야 평가하기 쉬워질 것인가?

각 범주에서 최소한 하나의 모델을 선택하라. 하나 이상을 선택해도 되지만 모델 수가 너무 많아지지 않도록 조심해야 한다. 보는

사람이 혼란스러워할 수 있기 때문이다.

약식 매핑 프로세스는 다음에 제시한 절차 중 하나를 따르면 된다.

- 경험 지도 → 스토리보드

- 페르소나 → 디자인 지도

정식 매핑 프로세스에는 다음 모델이 포함되는 것이 좋다.

- 페르소나 → 멘탈 모델 도표 → 시나리오와 스토리보드 → 가치 제안 캔버스

- 소비자 통찰 지도 → 서비스 청사진 → 스토리라인 → 비즈니스 모델 캔버스

항상 매핑의 목적을 염두에 두고 작업하라. 바로 (과거와 미래의) 상호 작용 이야기를 통해 팀을 정렬하는 것이다.

그림 5-10 이 책에서 설명한 일련의 기법은 크게 셋으로 나누어 볼 수 있다. 개인에 관한 도표, 맥락 및 목표에 관한 도표, 미래 상황에 관한 도표가 그것이다.

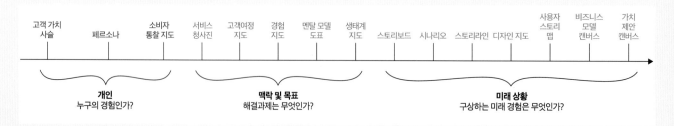

요약
SUMMARY

매핑 프로젝트는 작업 프레임을 잡는 것에서부터 시작한다. 먼저 필요한 작업 형식 수준을 결정한다. 일반적으로 접점 시스템 전반에 걸쳐 총체적인 경험을 설계하고자 하는 규모 있는 조직이라면, 단일 품목의 접점을 디자인하려는 개인보다는 정식 작업에 대한 필요성이 훨씬 크다.

내부 관계자든 외부 컨설턴트든 프로젝트에 착수하기 전에 극복해야 할 장애가 있을 것이다. 반대 이유를 알아야 하고, 설득력 있는 반박 논리를 펴기 위해 증거를 준비하도록 한다. 파일럿 프로젝트를 같이 수행할 옹호자를 찾는 것이 좋다. 직접 작성한 산출물을 제시하는 것이 상대를 설득하는 데 많은 도움이 된다.

정렬 도표의 개념을 이해하면 선택의 폭이 넓어진다. 주어진 문제를 해결하는 방법이 한 가지만 있는 것이 아니기 때문이다. 조직에 가장 효과적인 방식으로 프로젝트를 설계하려면, 조직과 그 목표를 이해해야 한다.

어떤 경험을 매핑할지는 여러분 결정에 달렸다. 고객 가치 사슬에서 여러 가지 관계를 살피고, 가능성을 좁힌 다음 올바른 기대치를 설정하도록 한다. 그런 다음 적절한 도표 유형을 선택하면 된다. 다시 말하지만, 정답은 없다. 각자 상황에 알맞은 관점을 취하면 된다.

정식 프로젝트를 수행한다면, 프로젝트를 정의한 뒤 이를 요약해서 제안서를 작성하도록 한다. 여기에는 동기와 목표, 참가자, 자원, 개략적인 비용 등이 포함되어야 한다. 프로젝트를 적절하게 정의하기 위해, 관계자들과 제안서의 세부 내용을 협의할 준비를 하도록 한다. 약식 프로젝트라면 제안서 등의 문서는 크게 필요하지 않을 것이다.

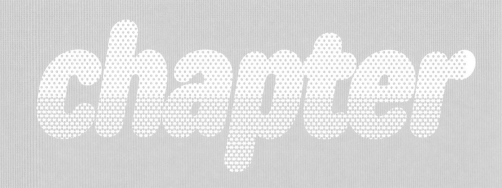

2단계 조사: 현실로 만들기

나는 조직(기업)이 고객에 관해 피상적으로만 알고 있는 상황을 보면 놀랄 때가 많다. 분명히 상세한 인구통계 데이터나 포괄적인 구매 통계 등은 가지고 있을 것이다. 하지만 고객의 기본적인 니즈나 동기는 이해하지 못하곤 한다.

이 문제의 원인 중 하나는 사람의 행동이 이성적이지 않을 때가 많다는 것이다. 사람은 감정과 주관적인 신념에 따라 행동한다. 이런 것들은 이해하거나 계량화하기 어려울 뿐만 아니라 일반적인 비즈니스 용어도 아니다.

많은 조직은 그저 고객 경험을 이해하려는 욕구가 낮다. 이런 조직일수록 시장 분석 보고서를 작성하는 데는 자금을 쏟아부으려 하지만, 밖으로 나가 고객과 이야기를 하면서 직접 고객을 관찰하는 데는 거의 자금을 쓰지 않으려 한다.

제품이나 서비스에 대한 깊은 감정적 연관성을 발견하는 것은 까다로운 작업이다. 그렇지만 이런 유형의 조사는 고객이 행동하는 이유를 파악해낸다. 그것은 측정보다 이해를, 정량보다는 정성을 선호한다.

경험을 매핑하면, '하나에 빠져서 그것에만 골몰하는' 조직적인 관행을 깨뜨릴 수 있다. 안에서 밖을 바라보던 사고 방식을 밖에서 안을 바라보도록 바꾸는 것이다. 물론 도표 자체가 공감을 형성해 주지는 않지만, 공감이 형성되도록 논의를 촉진하고 이끄는 역할을 한다.

이 모든 것이 조사로부터 시작된다. 정보를 얻고, 경험 모델에 대한 확신을 가지려면 조사가 필수적이다. 그러지 않으면 결론은 추측에 근거할 수밖에 없다.

게다가 고객 경험을 조사하다 보면 새로운 사실에 눈을 뜨게 되는 경우가 많다. 가령, 관련된 모든 사람을 위한 건강한 현실 점검 방법이 있다. 내가 교육 평가 서비스를 위한 프로젝트를 수행하던 때였다. 우리 조사팀은 강사들이 손으로 종이에다 추가 계산을 하는 모습을 발견했다. 이런 계산을 온라인에서 하도록 시스템을 보완하는 것은 간단한 일이었으나, 그때까지 아무도 그 필요성을 알아차리지 못했다. 강사들은 불평도 하지 않았고, 계산기를 요구하지도 않았다. 단지 시스템을 있는 그대로 받아들였던 것이다. 적절한 질적 연구를 통해 우리는 다른 데이터에는 나타나지 않는 기회를 찾을 수 있었다.

사람들은 의도와는 다르게 제품이나 서비스를 이용할 때가 많다. 샛길이나 차선책을 찾아내고, 새로운 용도나 응용법을 발명한다. 그러면서 스스로 자신만의 만족을 찾아간다. '현대 경영학의 아버지'로 명망 높은 피터 드러커(Peter Drucker)의 유명한 말처럼 말이다.

> 소비자가 사는 것과 기업이 판다고 생각하는 것이 일치하는 경우는 거의 없다. 물론 이유 중 하나는 '제품'을 사려고 돈을 지불하는 사람은 없기 때문이다. 소비자가 돈을 지불하는 이유는 만족을 사려는 것이다.

고객이 얻게 되리라고 믿고 있는 가치가 무엇인지 찾아내야 한다. 제품이나 서비스가 어떻게 고객의 과제를 해결해 줄 수 있는지 알아야 기회가 생긴다. 여러분의 솔루션으로 아직 충족되지 않은 니즈를 공략하라.

이 장에서는 경험 매핑 프로젝트의 조사 단계에서 하는 다섯 가지 활동을 다룬다.

- 기존 자료 검토
- 모델 초안 작성
- 데이터 분석
- 내부 관계자 인터뷰
- 외부 조사 수행

프로세스는 논리적 순서에 따라 제시된다. 여러분은 활동의 순서를 앞뒤로 자유롭게 옮겨도 무방하다. 이 프로세스는 선형적이라기보다 반복적이기 때문이다.

6.1 기존 자료 검토

기존 자료를 출발점으로 활용하기 바란다. 다음과 같이 여러 유형의 자료에서 관찰되는 패턴을 검토해 통찰을 얻도록 한다.

직접적 반응

일반적으로 사람들은 전화와 이메일, 문의 양식, 온라인 댓글, 대면 서비스 접점, 채팅 등 다양한 방법으로 조직과 접촉한다. 고객이 보낸 이메일이나 콜센터 통화 기록 등 샘플 데이터를 확보해 검토하도록 한다.

소셜 미디어

여러분의 분야와 관련해 소셜 미디어에서 사람들 사이에 어떤 말이 오고 가는지 엿보도록 한다. 페이스북이나 트위터 같은 사이트에서 여러분 조직이나 제품에 대해 언급하는 포스트를 보고 사람들의 생각을 파악하도록 한다.

리뷰 및 평점

리뷰와 평점을 보고 의미 있는 통찰을 얻도록 한다. 아마존(Amazon.com)의 리뷰와 평점은 유명하다. 여행 분야의 트립어드바이저(TripAdvisor.com)나 외식의 옐프(Yelp.com)도 마찬가지다. 또한 앱 스토어의 댓글과 평점도 통찰의 원천임을 잊지 말길 바란다.

시장 조사

정기적으로 설문 조사나 표적 그룹(focus group) 인터뷰를 실시하는 조직이 많다. 이것은 여러분의 작업에 유용한 세부 정보를 제공한다. 과거 시장 조사 결과를 파악하면 통찰력을 발휘하는 데 도움이 된다.

사용자 평가

만약 여러분 조직이 과거에 사용자 평가를 시행했다면, 그 결과를 재검토해 사용자의 전체 경험에서 통찰을 얻도록 한다.

조직이 속한 산업 분야가 어디냐에 따라, 해당 분야의 전문가가 작성한 보고서를 입수할 수도 있을 것이다.

조사 결과를 취합하라

아마도 기존 자료 중에서 처음부터 끝까지 전체 고객 경험이 들어 있는 자료는 하나도 찾을 수 없을 것이다. 산업 보고서나 백서는 대부분 전체 고객 경험 중 일부분에만 초점을 맞춘다. 또, 조직이 아직까지 경험을 매핑해 본 적이 없다면, 조직 내에 이전에 했던 조사 결과가 있을 가능성도 희박하다.

그러므로 전체 자료를 훑어보고 관련이 있는 정보를 하나하나 찾아야 한다. 이 작업은 관련 없는 정보 때문에 인내심이 요구되는 상향식 프로세스다. 예를 들어, 산업 보고서에는 여러분이 수행하는 특정 프로젝트에 도움이 되는 사실이 몇 가지밖에 들어 있지 않을 것이기 때문이다.

기존 데이터를 샅샅이 훑어보려면, 자료 유형에 상관없이 공통 형식을 사용해 조사 결과를 검토하는 것이 좋다. 증거와 해석, 경험에 내재된 함의, 세 단계의 간단한 프로세스를 사용해 사용자 조사 결과를 정리하도록 한다.

경험 매핑은 '하나에 빠져서 그것에만 골몰하는' 조직적인 관행을 깨뜨릴 수 있다. 그리고 내부→외부에서 외부→내부로 사고 방향을 전환한다.

증거

우선 정보를 보고 관련 있는 사실이나 관찰 기록을 판단을 배제한 채 그대로 적는다. 문장을 직접 인용하거나 자료 수치를 적어 증거를 명확히 한다.

해석

여러분이 발견한 증거의 이면에 숨은 원인을 생각해 보도록 한다. 사람들이 그런 식으로 행동하거나 그렇게 느낀 이유가 무엇일까? 드러난 행동을 다양하게 해석하려고 노력해야 한다.

경험에 내재된 함의

끝으로, 조사된 경험에 내재된 함의를 판단한다. 고객의 행동에 동기를 부여하는 감정적 요인도 포함하도록 노력한다.

이렇게 얻은 통찰을 출처별로 별도의 표에 취합한다. 이런 표는 여러 정보 유형을 정렬하는 데 도움이 된다. 그런 다음 자료 간 비교가 쉽도록 결과를 표준화한다. 표 6-1은 가상 소프트웨어 업체에 관한 두 가지 자료의 내용을 통합한 것이다.

표 6-1 가상 소프트웨어 회사에 관한 두 가지 기존 자료 통합 사례

출처 1: 이메일 반응

증거	해석	경험에 내재된 함의
소프트웨어 설치에 어려움을 호소하는 이메일이 많다. 예) "몇 번 설명서를 읽고 따라 하다 포기했어요."	소프트웨어 설치를 끝낼 만한 기술과 지식이 부족해 좌절한다. 설명서를 자세히 읽어 볼 시간이 없거나 인내심이 없다.	전체 여정 중 설치 단계에서 문제가 많이 발생한다.
소프트웨어 설치와 관련하여 관리자 권한을 갖는 방법에 대한 문의가 많다. 예) "'IT 관리자에게 연락하시오'라는 창이 뜨는데, 어떻게 해야 할지 모르겠어요."	보안상의 이유로 직원들이 소프트웨어를 설치하지 못하도록 하는 기업이 많다. 직원들이 IT 관리자에게 연락하는 것을 어려워하거나 시간이 오래 걸린다.	관리자 권한이 없는 사용자는 설치 단계에서 경험이 끝난다. 설치가 심각한 버그가 되는 셈이다.
고객 지원을 칭찬하는 메일도 일부 있다. 예) "저와 접촉한 고객 서비스 담당자가 지식이 해박하네요. 도움이 되었어요."	실제 사람과 이야기하는 것을 선호한다. 상담사에게서 관심을 받고 있다고 느끼는 것 같다.	현재 경험에서 고객 지원은 긍정적인 요소이다.

출처 2: 시장 조사

증거	해석	경험에 내재된 함의
응답자들은 소프트웨어를 인지하는 가장 좋은 방법으로 다음을 지목했다. 1. 입소문(62%) 2. 웹 검색(48%) 3. 인터넷 광고(19%) 4. TV 광고(7%)	고객들은 소프트웨어 구매를 결정하는 데 다른 사람의 의견을 듣고 싶어 한다. 광고는 추정했던 것만큼 효과적이지 않은 것 같다.	소프트웨어를 인지하게 만드는 데 입소문이 가장 큰 역할을 한다.
응답자 중 64%가 컴퓨터와 모바일 기기를 번갈아 가며 소프트웨어를 사용한다고 답했다.	고객들은 이동 중에도 소프트웨어를 사용할 필요성을 느낀다.	고객들은 여러 기기에서 소프트웨어를 경험한다.
응답자 대다수가 설치가 어렵거나 아주 어렵다고 답했다.	일부 고객에게는 설치가 간단하지 않다. 설치 지침을 따라 하기가 쉽지 않다.	소프트웨어 설치가 고객 좌절의 원인이다.

결론을 내려라

다음으로 경험에 내재된 함의를 전부 모아 별도의 목록을 만들고 주제별로 묶는다. 그러면 패턴이 나타날 것이다. 그것을 중점적으로 조사하면 된다. 예를 들어서 표 6-1에서 경험에 내재된 함의를 다룬 문장들을 나열하면 다음과 같다.

- 전체 여정 중 설치 단계에서 문제가 많이 발생한다.
- 관리자 권한이 없는 사용자는 설치 단계에서 경험이 끝난다. 설치가 심각한 버그가 된 셈이다.
- 현재 경험에서 고객 지원은 긍정적인 요소이다.
- 소프트웨어를 인지하게 하는 데 입소문이 가장 큰 역할을 한다.
- 고객들은 여러 기기에서 소프트웨어를 경험한다.
- 소프트웨어 설치가 고객 좌절의 원인이다.

이 작업으로 얻은 조사 결과 중 일부는 내용이 명료해서 더 이상 검증이 필요하지 않을 것이다. 예를 들어, 고객들이 소프트웨어를 인지하는 방법에 대해서는 추가 조사가 필요 없다는 판단이 들 것이다. 표 6-1을 보면, 고객들이 소프트웨어에 대해서 인지하게 되는 첫 번째 방법은 입소문이라고 결론내릴 수 있기 때문이다. 만약 여러분이 고객여정지도를 작성하는 중이라면, 이 정보는 그냥 도표에 반영해도 괜찮다.

여러분이 밝혀낸 다른 문제는 지식의 공백을 드러낼 수 있다. 예를 들어, 표 6-1의 경험에 내재된 함의 목록에서 프로그램 설치 중 좌절감이 하나의 주제로 떠오르고 있음을 알 수 있다. 그럼에도 이런 일이 발생하는 이유는 모를 수 있으며, 그러므로 이런 좌절의 원인을 더 조사해 볼 필요가 있다.

전체적으로 프로세스는 증거에 기반한 개별 사실에서 출발해 보다 광범위한 결론에 이르게 된다(그림 6-1). 공통 형식을 사용해 조사 결과를 잘게 나누어 봄으로써, 여러 출처로부터 밝혀낸 주제를 서로 비교할 수 있다.

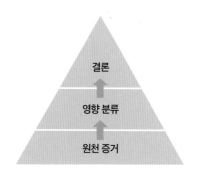

그림 6-1 기존 출처를 훑어보고 관련이 있는 증거를 찾아낸 뒤, 고객들의 경험에 내재된 암시를 분류한 다음 결론을 내린다.

기존 자료를 검토하면 도표 작성에 필요한 정보를 얻을 수 있을 뿐만 아니라, 다음 단계의 조사 의제를 세우는 데도 도움이 된다. 내부 관계자들부터 시작되는 다음 단계의 조사에서 어떤 질문을 하는 것이 좋을지 알게 되기 때문이다.

이 단계에서 지체할 필요는 없다. 검토해야 할 자료의 양에 달려 있지만, 하루 내에 끝낼 수 있을 것이다. 더 빨리 마치려면 검토할 자료를 여러 구성원에게 나누어 주도록 한다. 그런 다음 모두가 모여 간단한 미팅을 갖고 주요 조사 결과를 논의하면 된다.

6.2 내부 관계자 인터뷰

매핑 프로젝트에는 조직 내부 관계자를 대상으로 한 조사가 반드시 포함되어야 한다. 인터뷰할 대상의 범위를 정해야 하는데, 프로젝트를 발의한 사람들에 머물러서는 안 된다. 의사 결정권자와 관리자, 영업 담당자, 기술자, 제일선 직원까지 모두 포함해야 한다.

이 단계에서 조사는 일종의 탐험이 된다. 추가 조사가 필요한 주요 주제를 밝혀내는 것이 그 목적이다. 접촉 대상은 모두 합해 6명 정도로, 그렇게 많은 수는 아니다. 이 말은 조직 내에서 기능별 담당자 한두 명 정도만 인터뷰할 수 있다는 뜻이다. 이럴 때는 인터뷰 대상자가 해당 역할을 담당하는 모든 직원을 대표해서 인터뷰한다고 생각해야 한다.

인터뷰를 실시하라

내부 관계자들을 인터뷰할 때는 일정한 형식이 필요 없으며, 시간은 30분에서 60분가량 잡으면 된다. 대상자들이 같은 장소에서 근무한다면 하루 안에 마칠 수도 있다. 모든 대상자를 직접 만날 수 없다면 전화나 온라인으로 인터뷰해도 괜찮다.

여러 유형의 대상자들과 대화를 나눌 것이므로 열린 질문 방식이 가장 바람직하다. 자연스럽게 대화를 이끌어 갈 수 있는 기법이기 때문이다. 인터뷰는 설문 조사 방식이 아니라 대상자와의 '유도된' 논의가 되어야 한다. 목표는 정량적 조사가 아니라 탐색하며 알아내는 것에 있다. 열린 질문을 사용해 수준 높은 인터뷰를 하는 방법은 이 장의 '[중요] 간략 인터뷰 가이드'를 참고하면 된다.

인터뷰에서 다루는 주요 주제 세 가지는 다음과 같다.

경험 매핑은 세련된 그래픽이 아닌 충실도가 낮은 모델에서 시작한다.

역할과 기능

인터뷰 대상자의 배경을 알아보는 것부터 시작한다. 조직에서 그들의 역할은 무엇인가? 그들의 팀은 어떻게 구성되어 있나? 소속 팀이 가치 창출 사슬에서 어디에 위치하는지 파악하라.

접점

조직 구성원은 누구나 고객이 조직과 상호 작용하며 겪는 경험에 어느 정도 영향을 미친다. 고객과 직접 접촉하는 사람도 있을 것이다. 이 경우에는 고객 경험에 관한 그들의 견해를 바로 물어보도록 한다. 간접적으로만 접촉하는 경우도 있을 것이다. 어느 쪽이건, 사용자 경험 내에서 대상자의 역할뿐 아니라 그와 가장 관련 있는 접점까지 파악하도록 하라.

경험

고객이 조직과 상호 작용할 때 겪는 경험에 대해 대상자가 어떻게 생각하는지 확인한다. 고객 행동의 흐름을 알고 있는지부터 시작한다. '고객은 뭐부터 하죠?' '그다음에는 뭘 하죠?' 또, 고객이 그 과정에서 어떤 감정을 느낀다고 믿고 있는지도 알아본다. '고객이 가장 좌절감을 느낄 때는 언제인가요?' '고객을 기쁘게 하는 건 뭔가요?' '진실의 순간이 될 수 있는 때는 언제라고 생각하세요?' 대상자가 알고 있는 것과 고객이 실제 경험하는 것은 다를 수도 있다는 사실을 잊지 말아야 한다. 이쯤이면, 후속 단계인 현장 조사를 통해 검증해야 하는 추정 사항이 많이 발굴되었을 것이다.

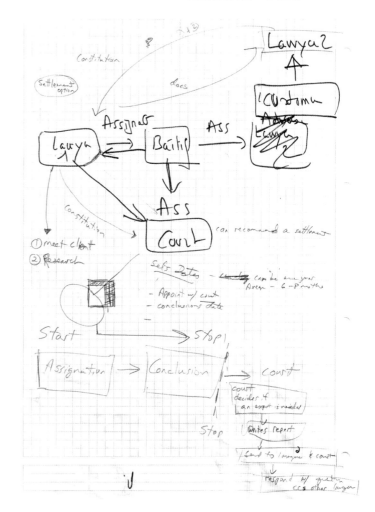

그림 6-2 인터뷰 대상자가 인터뷰 중에 고객 경험 중 일부를 스케치한 것

인터뷰 대상자에게 자신이 설명하고 있는 고객 경험의 전부나 일부를 그림으로 그려 달라고 부탁해 본다. 그림 6-2는 프로젝트에서 나와 인터뷰한 어느 대상자가 스케치한 것이다. 대화가 진행될수록 스케치는 점점 상세해졌고, 우리는 특정 부분의 경험을 지목해 더 깊이 파고들 수 있었다. 이 스케치는 나중에 도표를 작성할 때 기초 자료로도 활용되었다. 이처럼 경험 매핑은 세련된 그래픽이 아닌 충실도가 낮은 모델에서 시작한다.

아니면, 사용자 경험에 관하여 유도된 논의를 진행하기 위해 일정한 양식을 사용하기도 한다. 그림 6-3은 제조 분야의 일반적인 고객 여정을 요약한, UXPressia(uxpressia.com)에서 제공하는 빈 템플릿의 예이다. 여러분은 다른

그림 6-3 간단한 매핑 템플릿을 사용해 경험에 관한 기존 지식을 수집할 수 있다.

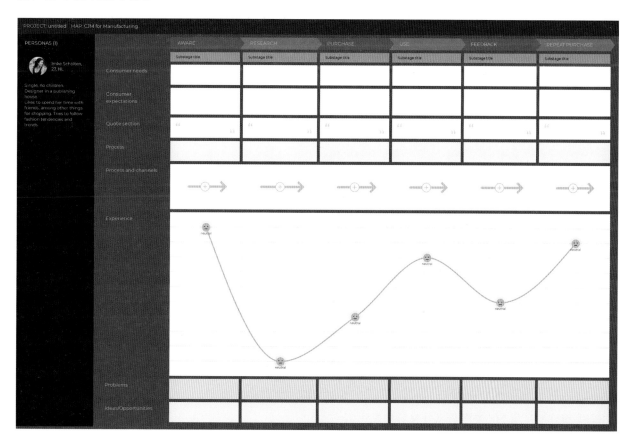

2단계 조사: 현실로 만들기

빈 템플릿을 이용하거나 자신만의 템플릿을 만들 수도 있다. 요점은 대상자들이 인터뷰 동안 빈 칸을 채우면서 여러분과 함께 경험을 이해하도록 하는 것이다.

6.3 모델 초안 작성

이 시점에서 경험의 예비 추정 역할을 할 초기 도표를 작성할 수 있어야 한다. 이 초안은 조사에 기초하지 않기에 단지 '경험에서 우러난' 추측일 뿐이다. 그러나 중요한 것은, 이 초안이 지식이나 다른 조사 질문에 존재하는 빈틈을 규명함으로써 앞으로의 조사를 안내하리란 사실이다.

초안 작성에 여러 사람이 참여하도록 한다. 관계자 몇 사람을 모아 함께 경험을 모델링하는 것이다. 목표는 경험을 분석하거나 특정 수치를 추가하려는 것이 아니다. 그보다 추정으로 구성한 기본 경험 모델과 관련하여 관계자들의 동의를 구하려는 것이 목적이다.

접착식 메모지를 사용해 도표의 예비 구조를 함께 만들어 보도록 한다. 목적은 정렬과 가치 창출에 관한 이야기를 어떻게 조직의 상황에 맞게 풀어 나갈 것인가를 생각해 보려는 것이다. 추론이 일부 들어갈 수 있다. 이 단계에서는 경험에 기반을 둔 추측으로 부족한 지식을 메워야 할 수도 있다.

이런 초기 워크숍에서는 솔루션을 제안하려는 모습이 나타날 수 있다. 막을 필요는 없고, 아이디어를 별도로 정리해 두면 된다. 그렇다고 워크숍의 초점을 브레인스토밍에 두면 안 된다. 도표와 추가 조사에 사용할 질문을 찾는 데 초점을 맞춰야 한다.

'린(lean)' 작업이거나 스타트업인 경우, 초안 모델만 작성해도 충분할 수 있다는 사실에 유념하기 바란다. 목적은 고객 가치를 어떻게 창출할 것인지에 대한 조직 내 이해를 같이 하려는 데 있다는 사실을 잊지 말아야 한다. 그러므로 소규모 프로젝트 팀이 사용자 가치 창출에 초점을 맞추어 진행하는 작업이라면, 정식 프로세스에 따른 활동이 모두 필요하지는 않다.

접점 목록을 작성하라

기본적인 틀이 완성되면 현재 접점을 조사해 목록을 만든다. 조사 방법 중 하나는 '미스터리 쇼핑(mystery shopping)'이라는 역할 연기를 활용하는 것이다. 이 방법론을 사용해 정의된 프로세스 또는 흐름을 개인이 경험하는 것처럼 단계별로 체험하고, 그 결과물이나 흔적을 기록한다. 예를 들면 다음과 같은 것이다.

- **물적 증거:** 가정으로 발송되는 일반 우편물이라면 내용부터 포장 방법까지 확인한다.
- **디지털 접점:** 이메일부터 온라인 마케팅, 소프트웨어 사용까지 모든 것을 포함한다.
- **일대일 접촉:** 영업 담당자와의 전화 통화, 고객센터 직원과의 채팅 등을 들 수 있다.

하지만 미스터리 쇼핑은 극단적인 경우나 예외적인 업무 흐름을 놓칠 수 있다. 그러므로 접점 목록 조사를 마치기 전에 처음으로 되돌아가 다른 접점이 있는지 확인해 보아야 한다. 예를 들어, 평가용 제품을 사용하는 1인 고객이 받는 이메일은 유료 계정을 가진 다수 고객이 받는 이메일과 다를 수 있다. 그림을 넓게 봐야 전체 접점이 모두 고려 범위에 들어온다.

그림 6-4는 H-E-B의 크리스 리스돈(Chris Risdon)이 어댑티브패스(Adaptive Path) 재직 당시 작성한 접점 목록을 보여준다. 1장에 나온 레일유럽의 경험 지도를 만들기 위해 작성한 것이다(그림 1-5 참조). 그림에서 보듯이 채널별로 접점을 나열한 단순한 표이다. 여기서는 모든 접점을 텍스트로 기술했지만, 사실성을 높이기 위해 접점의 캡처 이미지나 사진을 포함할 수도 있다.

도표 초안이나 접점 목록은 모두 여러분이 작업하고 있는 영역을 이해하는 데 도움이 된다. 또 다음 단계 조사의 가이드 역할도 할 것이다. 기존 접점을 그냥 살펴보기만 해서는 전체 고객 경험을 알 수 없다는 사실을 염두에 두기 바란다. 그러므로 실제 고객을 대상으로 조사할 필요가 있다.

Rail Europe Touchpoints by Channel

Stage / Channels	Research & Planning	Shopping	Booking	Pre-Travel (Documents)	Travel	Post-Travel
Website	Maps Test intineraries Timetables Destination Pages FAQ General product & site exploration	Schedule look-up Price look-up Multi-city look-up Pass comparison	Web booking funnel - Pass - Trips - Multiple Trips	Select document option (from available options) - station e-ticket - home print e-ticket - mail ticket	Contact page for email or phone	
Call Center	Order brochure Planning (Products) Schedules General questions	Site navigation help	Automated booking payment Cust. Rep booking Site navigation help	Call re: ticket options Request ticket mailed Resolve problems (info, payment, etc.)	Call with questions regarding tickets General calls re: schedules, strikes, documents	
Mobile	Trip ideas	Schedules	Mobile trip booking		Access itinerary Look up schedules Buy additional tickets	
Communication Channels (social media, email, chat)	Chat for web nav help	FB Comparator Email questions Chat for website nav help	Chat for booking support	Email confirmations Email for general help Hold ticket	Ask questions or resolve problems re: schedules and tickets	Complaints or compliments Survey
Customer Relations						Request for refund, escelation from call center.
Non-REI Channels	Trip Advisor Travel blogs Social Media General Google searching	Airline comparison Kayak Direct rail sites	Expedia		Travel Blogs Direct rail sites Google searches	Trip Advisor Review sites Facebook

○ Non-linear, no time restrictions   → Linear process   ∿ Non-linear, but time based

그림 6-4 현재 경험을 이해하기 위해 기존 접점의 목록을 작성한다.

6.4 외부 조사 수행

일반적으로 정렬 도표를 위한 조사는, 데이터의 주요 원천으로서 정성적 인터뷰와 관찰 기록에 초점을 맞춘다. 관계자들과 함께 작성한 도표 초안은 고객의 경험에 대한 추정 사항이나 열린 질문을 찾는 데 도움이 된다. 여러분에게 부족한 지식을 채우기 위한 조사 체계를 수립하자.

만약 여러분이 그 기법을 처음 접하는 경우라면, 전문 조사원들에게 의뢰해서 인터뷰를 진행하라. 대화를 유도하고 궁극적으로 필요한 데이터를 얻는 데는 어느 정도의 기술이 요구된다. 필요한 정성적 통찰을 얻으려면 회사 내외부에서 실무자를 찾아야 한다.

1

기어츠의 획기적인 에세이
〈중층 기술: 해석적 문화이론을 향하여
(Thick Description: Toward an Interpretive
Theory of Culture)〉,《문화의 해석
(The Interpretation of Cultures: Selected
Essays)(1973)》를 참조하라.

2

자신의 기고문 〈왜 빅데이터는 심층
데이터가 필요한가?(Why Big Data Needs
Thick Data)〉,《Ethnography Matters
(2013.5)》에 기반한 트리샤 왕의 2016년
TEDxCambridge 강연 〈빅데이터에서
누락된 인간의 통찰(The Human Insights
Missing from Big Data)〉을 참조하라.

인터뷰 수행과 현장 관찰은 이런 조사에서 표준에 해당한다. 대상자와의 대면 접촉을 통해 그 환경을 직접 볼 수 있다. 그러나 전화 또는 화상 회의 프로그램을 통해 원격 인터뷰를 하는 것도 정성적 통찰을 얻을 수 있는, 실행 가능한 옵션이다(이 장 끝의 [Case Study] 참조).

나는 경험을 매핑하는 데 필요한 연구가 본질적으로 문화기술지학이라고 본다. 유명한 인류학자 클리포드 기어츠(Clifford Geertz)가 보여주듯, 중층 기술(심층적 묘사)은 체계적인 관찰을 통해 문화적 맥락을 제공하는 과정이다.[1] 그 목적은, 다른 사람이 더 잘 이해할 수 있도록 한순간의 인간 행동을 포착하는 것이다. 이것이 경험 매핑의 본질이다.

좀더 최근에는 트리샤 왕(Tricia Wang)이 이른바 '심층 데이터(Thick Data)'를 수집하는 방법으로서 심층 질적 연구의 중요성을 부각시켰다. 케임브리지에서 가진 TEDx 강연에서 왕은 다음과 같이 말했다.

> 저는 조직들이 데이터를 항상 버리는 것을 봅니다. 왜냐하면 정량적 모델에서 나온 것이 아니거나 그 모델에 맞지 않기 때문입니다. … [대신] 심층 데이터는 빅데이터를 사용할 수 있게 함으로써 맥락 손실을 막고 최고의 인지를 활용하도록 돕습니다.[2]

유효하며 실제적인 관찰 이후에 경험을 모델링하겠다는 자세로 매핑 작업에 접근하라. 이제부터 현장 인터뷰와 관찰을 비롯해 현장 조사를 위한 공식적인 방법론을 개략적으로 설명할 것이다. 원격 인터뷰도 이와 유사한 패턴을 따르지만, 직접 관찰은 덜 포함한다.

현장 조사

최고의 조사 기법 중 하나는 **맥락 조사**(contextual inquiry)로, 휴 베이어(Hugh Beyer)와 캐런 홀츠블랫(Karen Holtzblatt)이 저서 《맥락 디자인(Contextual Design)》에서 공식화하여 유명해졌다. 이 인터뷰 방법은 실제 상황 속에서 이루어지는 경험을 알기 위해 현장으로 대상자를 찾아가는 것이다.

정식으로 맥락 조사를 하려면, 시간과 돈이 많이 든다. 매핑 프로젝트를 위해서 정식 단계를 모두 거칠 필요는 없다. 하지만 맥락 조사의 원칙을 알면, 일반적으로 요구되는 현장 조사에 매우 유용하게 활용할 수 있다.

현장 인터뷰와 관찰은 보통 1~2시간 정도 걸린다. 더 오래 해도 괜찮지만 그럴 필요까지는 없다. 조사 세그먼트당 4~6명가량의 인터뷰를 실시하도록 계획한다. 조사를 더 빨리 진행하려면, 동시에 여러 팀을 현장에 내보내 데이터를 수집하라. 그런 다음 함께 모여 결과를 정리하면 된다.

현장 조사는 준비, 인터뷰 실시, 정리, 데이터 분석의 네 단계로 나누어진다. 각 단계들에 대해 대략적으로 설명하겠다.

준비

준비 단계에서 작업을 힘들게 하는 요인은 현장 인터뷰 대상자와 관련이 있다. 설문 조사나 원격 인터뷰와는 다르다. 대상자 섭외, 인센티브, 일정 관리, 장비 등에 특히 주의를 기울이기 바란다.

대상자 섭외

대상자에게 조사에 관해 설명해 주고 기대치를 설정하도록 한다. 대상자의 업무 공간이나 가정에 찾아가 인터뷰를 진행할 것이라는 사실과 방해를 받으면 안 된다는 사실을 주지시킨다. 인터뷰 내용을 녹음해도 괜찮다는 확인도 받아 놓도록 한다. 적절한 대상자를 섭외하고, 대상자가 조건을 수락하도록 하기 위해 스크리너(screener)를 사용하는 것이 좋다. 대상자를 찾는 데 걸리는 시간을 과소평가하지 말아야 한다. 부담을 완전히 덜어 내려면 섭외 전문 에이전시에 의뢰하자.

인센티브

현장 참여는 설문 조사 같은 다른 조사 기법에 비해 인센티브가 더 많이 필요할 수 있다. 일반적으로 인센티브가 넉넉하면 인터뷰 대상자를 섭외하기도 쉬우므로 여기서 비용 절감을 꾀하는 것은 바람직하지 않다.

일정 관리

현장을 찾아가야 하므로 이동 시간을 고려해 충분히 여유 있게 인터뷰 일정을 잡도록 한다. 같은 장소에서 대상자를 여러 명 찾는 것이 이상적이지만, 항상 가능한 일은 아니다. 여유 있게 인터뷰를 한다면 일반적으로 하루에 2~3건 정도밖에 못 할 것이다.

유효하며 실제적인
관찰 이후에
경험을 모델링한다는
자세로 매핑 작업에
접근하라.

인터뷰할 때마다 준비를 철저히 하도록 한다. 필요한 물품은 모두 챙겨 현장에 가도록 한다.

- 대담 가이드([중요] 간략 인터뷰 가이드를 참고하도록 한다.)
- 기록할 수 있는 메모장과 펜
- 대상자가 그림을 그릴 수 있는 종이(선택 사항)
- 디지털 녹음기나 음성 녹음 앱
- 카메라(사진을 찍기 전에 허락을 구하도록 한다.)
- 명함
- 인센티브

인터뷰 요소들

여러분이 직접 인터뷰를 위해 현장에 가기 때문에, 대상자를 주눅 들게 하고 싶지 않을 것이다. 그러므로 두 사람씩 짝을 지어 조사하되, 한 그룹에 두 사람을 넘기지 말아야 한다. 조사자가 두 사람을 넘어가면 부자연스러운 분위기가 연출되기 때문이다. 이렇게 되면 대상자의 행동뿐 아니라, 결국 여러분이 얻게 될 통찰에도 영향을 미칠 수 있다.

각 조사자의 역할을 분명히 하자. 한 사람은 인터뷰를 하고, 다른 사람은 관찰을 하도록 한다. 역할 분담은 계속 유지하는 것이 좋다. 선임 조사자는 대상자와 유대감을 형성하고 대화를 이끌어 간다. 관찰자는 마지막에 가서 질문을 하거나, 요청을 받았을 때 질문하도록 한다.

인터뷰는 다음 네 가지 요소들로 이루어진다.

1. 대상자와 인사 나누기

대상자와 인사를 나눈 다음 여러분의 신분을 밝히고 인터뷰 준비를 한다. 간단하게 한다. 대화를 시작하기 전에 녹음해도 괜찮은지 다시 한번 확인한다. 대상자에게도 자신을 소개하고 조사와 관련된 자신의 배경을 이야기하도록 한다.

2. 인터뷰 실시하기

대담 가이드를 사용해 열린 질문을 한다. 순전한 호기심을 가져라. 여러분이 대상자와 설정해야 하는 관계는 스승-도제 관계다. 인터뷰하는 여러분이 도제고, 대상자는 스승이다. 다시 말해, 대상자가 설명하는 모양새가 비효율적이라 해도 가르치려 들거나 바로잡으려 하면 안 된다.

여러분은 조사하는 상황에서 대상자가 실제로 무엇을 하는지 알려고 온 것이지, '올바른' 방식이라고 생각하는 것이 무엇인지 알려고 온 것이 아니다. 여러분이나 여러분 조직이 아니라 대상자와 대상자의 경험에 대해 인터뷰해야 한다. 현재 경험을 이해하여 매핑 프로젝트의 기초를 형성하고, 향후 경험이나 솔루션을 투영하지 않도록 주의한다.

답의 폭이 넓은 열린 질문을 하다 보면, "상황에 따라 다르지요."라는 답을 들을 때가 많을 것이다. 그럴 때는, 가장 흔한 상황이나 전형적인 상황을 설정해서 다시 질문하면 된다.

대화를 진행하는 기법 중 **결정적 사건 기법**(critical incident technique)이 있다. 이 기법은 다음과 같은 세 가지 단계로 이루어져 있다.

1. **결정적 사건을 떠올리게 한다**: 과거에 일어났던 사건 중 결과가 아주 좋지 않았던 사건을 떠올려 보라고 하면 된다.

2. **경험을 설명하게 한다**: 어떤 일이 일어났는지, 무엇이 잘못되었는지, 이유가 무엇인지 설명해 달라고 부탁한다. 그 당시 느꼈던 감정도 말해 달라고 해야 한다.

3. **어떤 일을 기대했었는데 그렇게 되었는지와 어떻게 되었어야 이상적이었는지를 물어본다**: 일반적으로 이 질문에 대한 답을 들어 보면, 경험에 대한 근원적인 니즈나 기대치를 알 수 있다.

결정적 사건 기법을 사용하면, 일반화를 피할 수 있을 뿐만 아니라 사람들이 자기 경험과 관련하여 갖는 동기와 인생관에 대하여 깊이 있는 통찰도 얻게 된다. 일반적으로 여러분이 바라는 것은, 사람들이 무엇을 한다고 말하거나 생각하는 것과 실제로 한 것이나 했을 것 사이의 간극을 메우는 것이다.

3. 관찰하기

현장에 간 이점을 살려 직접 보고 관찰한다. 대상자가 머무르는 업무 공간의 물리적 배치가 어떻게 되어 있는지, 어떤 도구들이 있는지, 또 대상자는 도구와 어떻게 상호 작용하는지 기록하도록 한다.

가능하다면 대상자가 가장 자주 하는 대표적인 업무를 보여 달라고 부탁해 본다. 어떤 업무는 기밀일 수도 있다는 사실을 염두에 두어야 한다. 일단 대상자가 시작하면, 될 수 있는 대로 끼어들지 말고 그냥 관찰하기만 하라. 사진도 찍어 둔다. 먼저 허락을 받아야 하고, 보안이 요구되는 정보나 도구는 사진에 나오지 않도록 주의한다.

인터뷰를 녹화하는 것도 가능하지만, 이럴 경우 신경 쓸 일이 많다. 인터뷰 초반에는 카메라 각도나 소리의 품질, 조명 등에 신경 쓰느라 주의가 산만해지기 쉽다. 게다가, 전체 인터뷰 내용을 모두 분석하려면 시간이 많이 걸린다. 나중에 녹화 내용을 검토할 자원이 없다면 녹화를 하지 않는 것이 좋다. 전체 내용을 녹화하기보다, 짧은 진술이나 사전에 정한 몇 가지 질문에 대한 답변만 녹화하는 방법도 있다.

마지막으로, 대상자에게 자신의 일이나 활동을 스케치하거나 도표를 작성해 달라고 요청하는 것도 고려해 보라. 이는 새롭고 흥미로운 대화와 통찰로 이어질 수 있다.

4. 마무리하기

인터뷰가 끝나면 파악한 내용을 확인하기 위해 요점을 정리한다. 간단히 하도록 한다. 분명하지 않으면 추가 질문을 하는 것이 좋다. 대상자에게 인터뷰한 내용 중 마지막으로 덧붙일 말이 있는지 물어보도록 한다.

인터뷰를 녹음 중이라면, 마무리 단계까지 계속 녹음 상태를 유지하라. 사람들은 앞에서 지나쳤던 중요한 부분을 나중에 불쑥 말할 때가 많다. 뒤돌아서 문 쪽으로 걸어가다가도 녹음하고 싶은 새로운 내용을 들을 때가 있다.

대상자에게 인센티브를 주는 것을 잊어서는 안 된다. 대상자가 먼저 요구하기는 어색할 것이다. 인센티브는 고마움을 표시하는 방법이다. 진심과 고마움을 담아 인센티브를 건네자.

마지막으로, 추가 질문 사항이 있거나 확인할 내용이 있으면 나중에 다시 연락해도 되는지 물어보자.

정리

1~2회의 인터뷰가 끝날 때마다 매번 정리 시간을 갖도록 한다. 기록한 내용을 같이 검토하는 것이 좋다. 충분한 시간을 가지고 인터뷰 대상자가 한 말이나 행동에 대해 각자가 이해한 것을 완성하거나 보완하라. 이때부터 주요 주제와 강조할 내용을 추출하기 시작해도 된다.

인터뷰 직후에 대상자의 환경을 간략하게 기술하는 것도 도움이 된다.

대상자의 업무 공간에서 인터뷰했다면, 사무실 모습을 스케치할 수도 있다. 주변에 있는 도구뿐 아니라 다른 사람과 상호 작용하는 모습도 빠뜨리지 말고 기록하도록 한다.

조사자가 여러 명이라면, 생각을 바로 기록할 수 있는 온라인 공간을 만들어라. MURAL 같은 온라인 협업 보드를 사용하면, 조사 결과를 빠르고 쉽게 축적할 수 있다(그림 6-5). 인터뷰가 끝날 때마다 현장에서 사진이나 기록을 올리면 된다. 의도하고 있는 도표의 구조와 포함될 요소는 미리 반영되어 있어야 한다.

그림 6-5 MURAL(mural.co)은 인터뷰가 끝난 뒤 정리할 때 유용한 온라인 도구다.

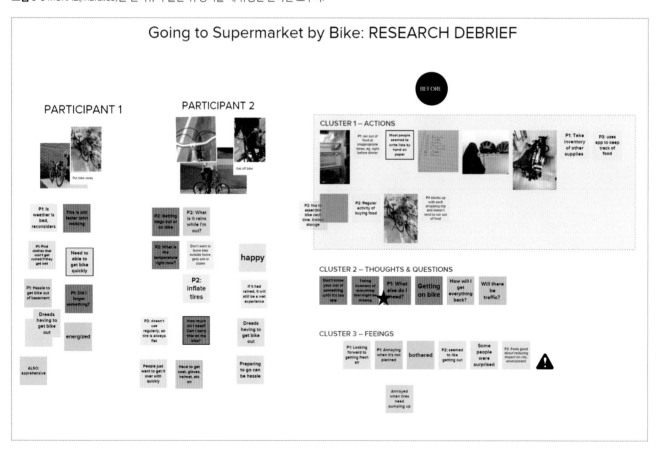

간략 인터뷰 가이드

열린 질문은 정렬 도표를 작성하는 데 적합한 인터뷰에 대한 정성적 접근 방식이다. 대상자들과 그들의 언어로 심도 깊은 대화를 나누자는 취지이다. 질문지에 있는 내용을 그대로 묻지 말고, 유도하지 않는 방식으로 작업과 관련된 주제에 대해 대상자의 의견을 물어야 한다.

목적은 대상자의 고유성과 그들의 특정한 상황을 수용하는 것이다. '다른 사람과 다르다고 생각하는 이유는 무엇인가요?' '특별한 관심사는 무엇인가요?' '여러분의 제품이나 서비스를 경험하며 느끼는 감정은 뭔가요?'

이런 유형의 인터뷰는 기술(art)이다. 가장 어려운 점은 유도하지 않는 대화와 여러분이 알아야 할 특정 주제에 대해 답변을 듣는 것 사이에서 균형을 유지하는 일이다. 대화를 끌고 가는 것은 여러분의 몫이다. 때로는 통제를 하지 말아야 하고, 때로는 대상자 말에 끼어들어 대화의 방향을 틀어야 한다.

그림 6-6의 대담 가이드를 사용하는 것이 좋다. 인터뷰 중에 참고할 수 있도록 작성한 한두 페이지 문서로, 이 가이드는 기자를 인터뷰하기 위해 작성한 것이다. 대담 가이드는 인터뷰하는 사람이 할 말을 잊지 않도록 참고용으로 보는 것이지, 설문지가 아니다.

Journalist Interviews – Discussion Guide

Thank you for agreeing to talk with us today. We want to take the next **1 hour** to understand your work and how you interact with the publisher. We'll first ask a few questions and then have you do typical tasks using some tools around you.

It's important that we hear how you do work from **your** perspective.

We're going to record the audio of this session. It's completely anonymous and just for our own reference later.

We may take some photos—of course with your permission. If there's anything that is confidential, just say so—we'll respect that at all times.

1. **Background** (5 mins): Tell us a little bit about yourself and your work as a journalist. How long have you been doing it? What are your interests and areas of expertise?

2. **Tell us about the last piece you wrote for the publisher** (20 mins)
   a. What were the triggers? What concerns do you have initially? How do you feel at the very beginning about a new assignment?

   b. How did you get started? What do you do to prepare to write?

   c. What background investigation did you do, if any? What prerequisite knowledge is needed?

   d. What is the writing process like? What concerns you most at this point?

   e. How do you interact with your editor? What is the most difficult part?

   f. What does it feel like when it's published? Do you take any follow up actions?

3. **What does a typical day look like for you** (15 mins)? (If the participant answers "it depends," ask: "What was yesterday like?")

4. **Social media**
   a. What role does social media play in the creation of a story? What are your experiences with social media?

   b. What role does social media play after a story has been published? How do you feel about it?

그림 6-6 기자와의 가상 인터뷰를 위해 작성한 대담 가이드

대담 가이드는 대체로 기대치를 설정하는 일반적인 인사말로 시작한다. 가이드의 본문은 조사하려는 내용과 관련된 주제에 대해 대화를 유도하는 질문으로 구성된다. 여러분이 알고 싶은 문제나 추정 사항, 지식의 부족 등을 질문하는 것이 좋다.

대담 가이드는 처음부터 끝까지 읽어야 할 원고라기보다 주제를 상기시켜 주는 글에 가깝다. 사실, 가이드에 나온 순서에 따라 주제를 다루는 경우는 드문 일이다. 그래도 상관없다. 대상자가 갑자기 가이드 저 아래 있는 주제에 관해 이야기를 시작한다면, 그 흐름에 따라 그쪽 부분에 있는 질문으로 넘어가도록 한다.

일반적인 인터뷰 요령

친밀감을 형성하라

대상자와 유대감을 형성하고, 신뢰와 확신을 주도록 한다.

'예/아니요'식 질문은 피하라

대상자가 계속 이야기할 수 있도록 열린 질문을 해야 한다.

경청하라

경청하고 있다고 느끼도록 눈을 마주 보고, 고개를 끄덕이든지 맞장구를 치는 등 긍정의 몸짓을 한다. 적절한 시점에 대상자 말에 동의를 표하도록 한다(예: "맞아요, 얼마나 좌절감을 느꼈을지 알 것 같아요.", "맞아요, 제가 듣기에도 한 사람이 하기에는 일이 너무 많군요.").

많이 들어라

말은 대부분 대상자가 하도록 한다. 여러분이 대화를 이끌면서 대상자에게 말할 것을 가르치면 안 된다. 대상자의 사고 흐름을 따르고, 대상자의 용어를 쓰도록 한다.

깊이 파고들어라

대상자 내면에 잠재된 신념이나 가치를 파악해야 한다. 이런 정보를 금방 드러내지는 않을 것이다. 다음과 같은 질문을 하며 깊이 파고들어야 한다. '왜 그렇다고 생각하시나요?' '어떻게 느끼세요?'

일반화를 피하라

사람들은 자신의 행동에 관해 이야기하면서도 일반화하는 경향이 있다. 일반화를 피하려면 다음과 같은 질문을 하도록 한다. '그 업무를 끝마친 자신만의 비결이 무엇인가요? 또 끝냈을 때 기분이 어땠나요?' '최근에 그 업무를 마쳤을 때에 대해 말해 줄 수 있나요?'

최대한 주의가 산만해지지 않도록 하라

인터뷰 도중 대상자가 전화를 받거나 혹은 다른 방해를 받을 수 있다. 이럴 때는 최대한 빠른 시간 안에 인터뷰에 다시 집중할 수 있도록 해야 한다.

대상자의 시간을 소중하게 생각하라

정시에 시작하도록 한다. 약속한 시간이 넘어가면, 사실을 먼저 알리고 인터뷰를 계속해도 괜찮을지 대상자에게 물어보아야 한다.

흐름에 자연스럽게 맡겨라

인터뷰 환경이 기대한 것과 다를 수도 있고, 인터뷰하기에 좋은 상황이 아닐 수도 있다. 그래도 최선을 다해 인터뷰를 진행하도록 해야 한다.

6.5 데이터 분석

정성적 조사를 하면 암묵적 지식이 드러난다. 이 조사 방법의 강점이다. 하지만 데이터는 정리된 상태로 수집되지 않는다. 그 대신, 체계화되지 않은 문서와 녹음 파일이 수북이 널려 있을 것이다. 겁먹을 필요는 없다. 착수 단계에서 정의한 전체 상호 작용 스토리에 따라 분석을 진행해 나가면 된다.

현재 경험의 도표는 여러분이 조사하는 사람과 조직들을 종합한 모습이다. 수집한 데이터를 종합하면서 공통 패턴을 찾아보도록 한다.

각각의 인터뷰 내용을 보고 프로젝트와 관련이 있는 조사 결과를 추출하고 주제별로 묶는다. 그리고 나서 결론을 정렬해 도표의 흐름이나 패턴으로 만든다. 그림 6-7은 체계화되지 않은 텍스트를 공통 주제로 묶은 뒤, 경험을 일련의 흐름으로 그룹화하는 과정이다.

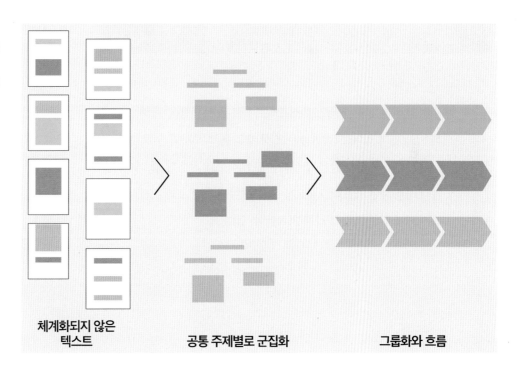

그림 6-7 분석을 통해 체계화되지 않은 텍스트를 공통 주제로 묶은 뒤, 도표를 구성하는 흐름으로 바꾸어 간다.

체계화되지 않은
텍스트

공통 주제별로 군집화

그룹화와 흐름

약식 분석 방법

데이터를 분석하는 약식 방법 중 하나는 벽에 접착식 메모지를 군집 형태로 붙이는 것이다. 그림 6-8은 접착식 메모지를 사용해 멘탈 모델 도표를 작성하는 모습이다. 이 작업은 혼자 할 수도 있지만, 여러 사람이 함께 할 수도 있다.

그림 6-8 넓은 벽에 접착식 메모지를 붙이며 약식 분석을 하는 모습

이게 여의치 않다면 대안으로 스프레드시트를 사용해 간단하게 데이터를 분석하는 방법이 있다. 그림 6-9는 조사 결과를 기록하기 위해 사용한 스프레드시트다. 내가 만성 질환을 조사하는 프로젝트를 진행할 때 데이터를 수집하기 위해 사용하던 스프레드시트를 조금 변형했다. 스프레드시트를 사용하면 여러 사람이 각자 조사 결과를 기록할 수 있다.

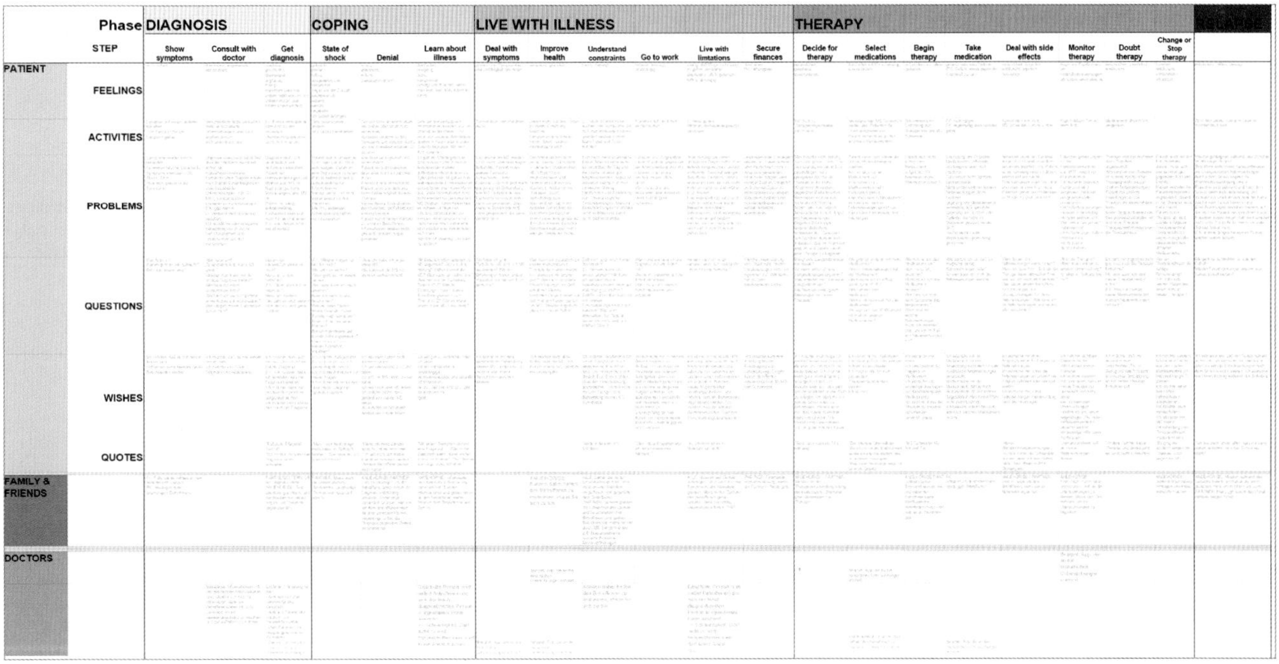

Phase	DIAGNOSIS			COPING			LIVE WITH ILLNESS						THERAPY								
STEP	Show symptoms	Consult with doctor	Get diagnosis	State of shock	Denial	Learn about illness	Deal with symptoms	Improve health	Understand constraints	Go to work	Live with limitations	Secure finances	Decide for therapy	Select medications	Begin therapy	Take medication	Deal with side effects	Monitor therapy	Doubt therapy	Change or Stop therapy	
PATIENT																					
FEELINGS																					
ACTIVITIES																					
PROBLEMS																					
QUESTIONS																					
WISHES																					
QUOTES																					
FAMILY & FRIENDS																					
DOCTORS																					

그림 6-9 스프레드시트를 사용해 조사 결과를 약식으로 분석할 수 있다.

정식 분석 방법

정식 분석을 하려면, 전체 녹음 파일을 텍스트로 옮겨야 한다. 60분간 인터뷰한 내용을 텍스트로 옮기면 30페이지가량의 녹취록이 된다. 전사(轉寫)는 시간이 걸리는 작업이니 아웃소싱을 고려하는 편이 좋다. Otter.ai와 같은 일부 최신 도구나 통화 및 녹음을 즉시 기록할 수 있는 다른 도구가 있지만, 결과 텍스트는 수동으로 직접 정리해야 할 수도 있다.

이 작업이 끝나면, 그림 6-10에 있는 MaxQDA 같은 정성적 텍스트 분석 도구를 사용해 녹취록을 샅샅이 훑어본다. 먼저 인터뷰 텍스트를 올린 다음(왼쪽 상단), 구절을 코드별로 분류하기 위해 주제 목록을 만든다(왼쪽 하단). 그런 다음 인터뷰 텍스트에 코드를 적용한다(오른쪽 상단). 그렇게 하면, 전체 인터뷰에서 주어진 주제에 관해 코드가 적용된 구절들만 한 곳에서 볼 수 있다(오른쪽 하단).

2단계 조사: 현실로 만들기

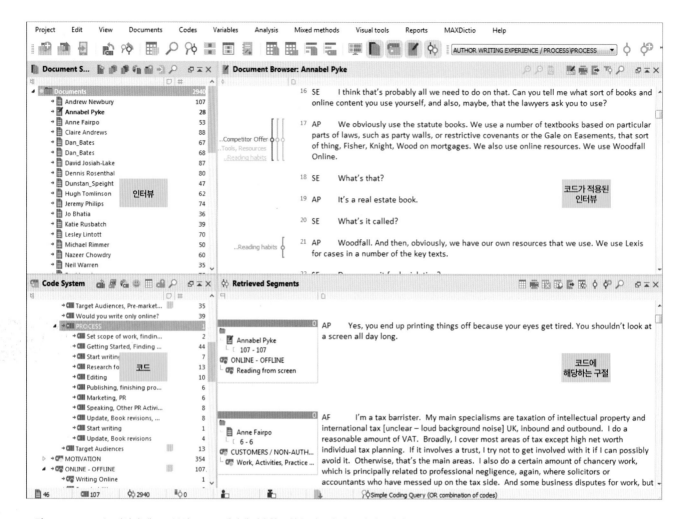

그림 6-10 MaxQDA는 정성적 텍스트 분석 도구로, 매핑에 사용할 통찰을 이끌어 내는 데 사용된다.

특정 주제에 따라 코드가 적용된 구절을 읽어 보면, 근거에 기초해서 경험에 관해 판단할 수 있다. 그런 다음 조사할 때 사용한 열린 질문과 주제를 대조해 본 뒤에, 조사 결과를 도표 초안에 반영하면 된다. Dovtail이나 Optimal Workshop의 Reframer 같은 최신 온라인 솔루션을 이용해 유사한 유형의 분석을 수행할 수 있다.

6.6 정량적 조사

정렬 도표를 작성할 때 정량적 데이터를 얻기 위해 사용하는 주요 도구는 설문 조사다. 설문 조사를 하면, 전체 단계나 접점에 걸쳐 있는 동일한 요소를 측정할 수 있다.

가장 먼저 사람들이 어떤 유형의 경험을 겪는지 파악하도록 한다. 예를 들어, 접점을 나열한 뒤에 대상자에게 자신이 접촉하는 접점을 고르게 하는 문항을 만든다. 이렇게 하면 특정 접점에 접촉하는 사람이 몇 퍼센트나 되는지 알 수 있을 것이다.

척도를 부여한 질문을 하면 훨씬 효과적이다. 이렇게 하면 사람들이 어떤 요소를 얼마나 경험하는지 알 수 있다. 예를 들면 다음과 같은 것들이다.

- 어떤 단계에서 경험하는 빈도
- 특정 접점의 중요도나 위험도
- 각 접점이나 단계에서 느끼는 만족도

설문지를 작성할 때는 전체 척도를 동일하게 가져가는 것이 좋다. 한 문항에서 1~5 사이의 척도로 만족도를 평가하라고 해 놓고, 다음 문항에서 척도 단계가 달라지면 안 된다.

맞춤형 설문지를 작성하는 것은 어려운 작업이다. 표준 설문지를 사용해 보는 것도 좋다. 예를 들어서 고객 충성도를 측정하려면, NPS(Net Promoter Score, 순추천고객지수)를 많이 사용한다. 프레드 라이크헬트(Fred Reichheld)가《1등 기업의 법칙(The Ultimate Question)》에서 소개한 기법이다. 또, 소프트웨어와 웹 애플리케이션에 관한 설문 조사로는 SUMI(Software Usability Measurement Index)나 SUS(System Usability Scale) 같은 방법이 몇 십 년 동안 사용되고 있다.[3]

이 외에 정량적 정보를 얻을 수 있는 다른 자료로는 다음과 같은 것이 있다.

3
SUS에 관해 자세한 내용을 보려면, 제프 사우로가《Measuring U(2011.2)》에 기고한 글 <SUS를 사용한 유용성 측정 방법(Measuring Usability with the System Usability Scale)>을 참고하라.

사용량 지표

온라인 소프트웨어부터 차에 장착된 컴퓨터 칩에 이르기까지 모든 전자 기기는 실제 사용한 데이터를 수집할 수 있다. 웹 사이트 분석이나 소프트웨어 원격 계측 같은 것은 사용량을 매우 자세하게 측정해 준다.

콜센터 보고서

콜센터는 대부분의 통화와 일반적인 통화 패턴을 기록한다. 통화 유형을 정량적 방법으로 분류하는 콜센터도 많다.

소셜 미디어 모니터링

소셜 미디어 활동을 정량적으로 측정하는 방법도 고려해 볼 수 있다. 소셜 미디어 플랫폼의 트래픽을 측정하거나, 해시태그 사용 횟수 또는 소셜 미디어에 언급된 횟수 등을 측정하는 것이다.

산업 내 기준

회사가 속한 업종이나 산업에 따라 기준이 되는 데이터를 구할 수 있을 것이다. 이 기준을 보면, 현재 여러분 회사의 서비스가 동일 분야에 속한 다른 회사와 비교해 어느 정도인지 알 수 있다.

지금까지 설명한 자료로부터 데이터를 수집하는 한편, 어떻게 도표에 반영할지도 생각해 보아야 한다. 정량적 데이터 분석이 가능한 회사 내외부 전문가에게 도움을 요청하라. 대부분의 접근 방식은 목표하는 도표 유형과 구조 및 깊이에 따라 달라진다. 7장에서 정량적 정보를 정렬 도표에 나타내는 구체적 방법 몇 가지를 살펴볼 것이다.

요약
SUMMARY

경험은 받아들이는 사람의 마음에 형성되는 것이지 조직이 소유하는 것이 아니다. 그러므로 경험을 매핑하기 위해서는 반드시 고객의 시각으로 경험을 조사해야 한다.

기존 자료를 살펴보는 것부터 시작한다. 여기에는 이메일과 전화, 블로그, 소셜 미디어, 시장 조사, 산업 보고서 등이 있다. 도표 작성에 도움이 될 만한, 관련 정보를 추출해야 한다. 이런 정보는 기존 자료에 숨어 있거나 묻혀 있다.

또한, 기존의 물적 상호 작용이나 디지털 상호 작용, 인적 상호 작용을 조사해 접점 목록을 만든다. 목록을 조사하면서 채널과 상호 작용 수단을 기록하고, 각 접점의 사진 이미지도 수집하도록 한다.

프로젝트 팀과 관계자들이 모여 함께 도표 초안을 작성한다. 이렇게 하면 고객 경험에 대해 현재 이해하고 있는 수준의 초기 그림이 나온다. 또한, 알고 있는 것과 모르고 있는 것을 개괄적으로 보여줄 것이므로 후속 조사 방향을 정하는 데도 도움이 된다. 때에 따라서는 이것만 있어도 충분히 팀을 정렬할 수 있다.

다음에는 조직 내부 관계자를 인터뷰한다. 여러 역할과 여러 계층의 직원을 섞어서 뽑아야 한다. 초기 인터뷰는 제일선 직원을 대상으로 하는 것이 좋다. 고객센터나 콜센터 직원은 고객을 직접 대하기 때문에 명확한 시각으로 고객의 경험을 보는 경우가 많다.

지식이 부족한 곳을 채우고, 고객 경험을 깊이 있게 이해하기 위해 현장 조사를 실시한다. 인터뷰 대상자가 해당 서비스와 상호 작용하는 현장으로 직접 나가 보도록 한다. 인터뷰를 하며 주변 환경도 살펴보도록 한다. 화상 회의를 이용한 원격 조사를 하면 업무 처리 속도를 높일 수 있지만, 직접 대면한 인터뷰만큼 풍부한 데이터를 얻을 수는 없다.

정성적 조사를 하면 추정 사항을 검증할 수 있다. 현장 조사나 인터뷰가 가장 좋은 방법이다. 정성적 조사 결과를 정렬 도표에 반영하면 더 큰 효과를 얻을 수 있다.

이렇게 얻은 데이터를 모두 분석해 요점만 추려야 한다. 그런 다음에야 확신을 가지고 경험 매핑을 시작할 수 있다. 다음 장에서는 조사 자료에서 결과를 도출해서 도표를 작성하는 방법에 관해 설명하겠다.

뮤직 큐레이션: 소노스의 사용자 조사와 도표 작성하기

수행자

앰버 브래든(Amber Braden)

소노스(Sonos)는 가정용 무선 오디오 제품 분야의 선두 기업이다. 서비스는 고객 관점에서 보면 아주 단순하다. 스피커를 와이파이에 연결한 다음 스마트폰이나 태블릿, 컴퓨터를 이용해 음악을 틀기만 하면 된다.

소노스 스피커 앱은 여러 공간에 있는 복수 사용자가 다양한 서비스를 이용할 수 있게 한다. 서비스가 이루어지기까지 여러 요소가 중요한 역할을 하지만, 사용자 입장에서는 음악을 듣는 것보다 중요한 것은 없다. 이 프로젝트의 목표는 스피커 이면에 있는 복잡성을 보여주기 위한 것이다.

사람들이 어떤 과정을 거쳐 음악을 듣는지 매핑하기 전에, 먼저 소노스 제품을 어떻게, 왜 사용하는지부터 알아야 했다. 조사를 위해 2주에 걸쳐 소노스 제품을 사용하는 가정 10군데를 대상으로 포괄적인 인터뷰를 하기로 했다.

제일 먼저 원격 인터뷰를 실시했다. 화상 회의 소프트웨어와 웹캠을 사용해서, 고객에게 스마트폰을 이용해 소노스 앱을 이용하는 모습을 보여 달라고 했다. 인터뷰에 참가하지 않은 관계자들이 볼 수 있도록 모든 인터뷰는 녹화했다.

그 뒤 대상자에게 매일 소노스 제품과 상호 작용하는 모습을 기록해 달라고 부탁했다. 매주 각 가정에서 받은 기록은, 눈이 번쩍 뜨이는 통찰을 제공해 주었다. 우리는 대상자가 자기 이야기를 하면서 내면에 잠재된 목적을 드러낼 때가 많다는 사실을 깨달았다.

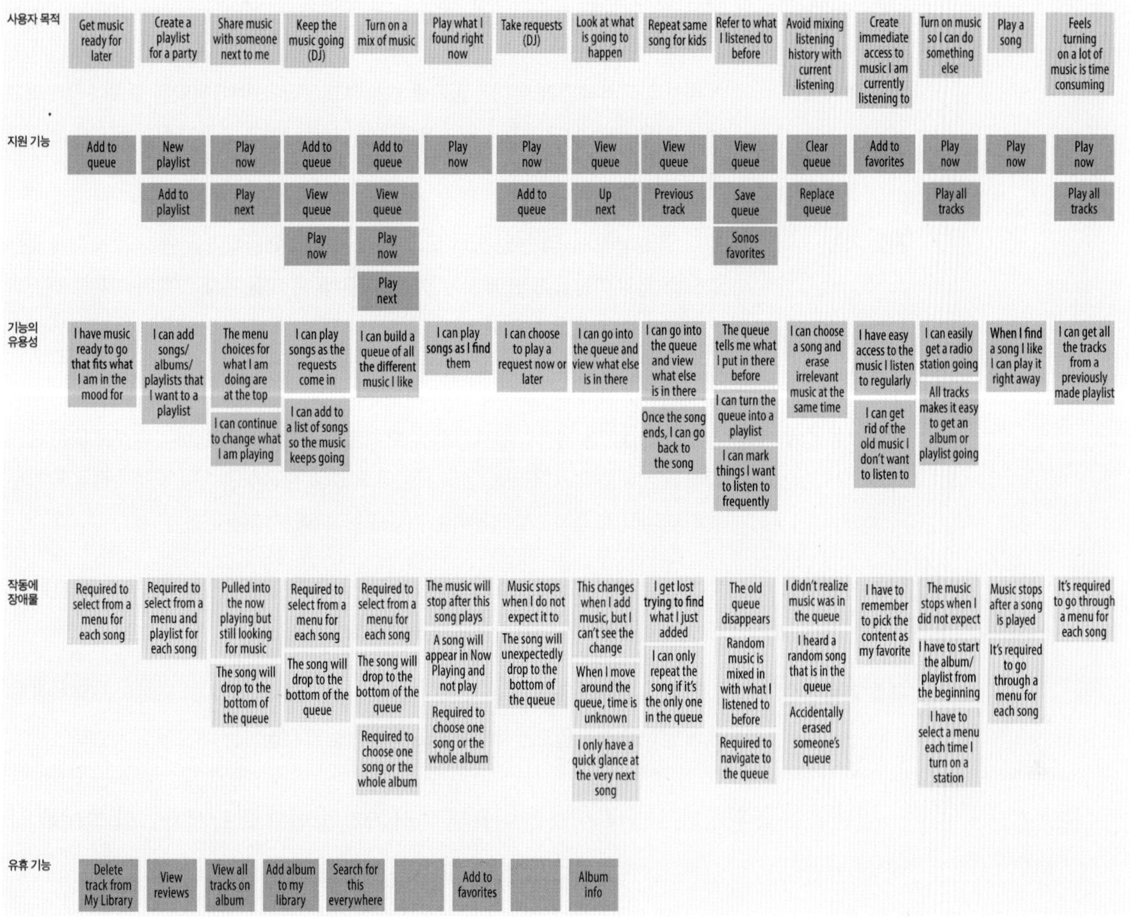

사용자 목적	지원 기능	기능의 유용성	작동에 장애물	유휴 기능
Get music ready for later	Add to queue	I have music ready to go that fits what I am in the mood for	Required to select from a menu for each song	Delete track from My Library
Create a playlist for a party	New playlist Add to playlist	I can add songs/albums/playlists that I want to a playlist	Required to select from a menu and playlist for each song	View reviews
Share music with someone next to me	Play now Play next	The menu choices for what I am doing are at the top I can continue to change what I am playing	Pulled into the now playing but still looking for music The song will drop to the bottom of the queue	View all tracks on album
Keep the music going (DJ)	Add to queue View queue Play now	I can play songs as the requests come in I can add to a list of songs so the music keeps going	Required to select from a menu for each song The song will drop to the bottom of the queue	Add album to my library
Turn on a mix of music	Add to queue View queue Play now Play next	I can build a queue of all the different music I like	Required to select from a menu for each song The song will drop to the bottom of the queue Required to choose one song or the whole album	Search for this everywhere
Play what I found right now	Play now	I can play songs as I find them	The music will stop after this song plays A song will appear in Now Playing and not play Required to choose one song or the whole album	
Take requests (DJ)	Play now Add to queue	I can choose to play a request now or later	Music stops when I do not expect it to The song will unexpectedly drop to the bottom of the queue When I move around the queue, time is unknown I only have a quick glance at the very next song	Add to favorites
Look at what is going to happen	View queue Up next	I can go into the queue and view what else is in there Once the song ends, I can go back to the song	This changes when I add music, but I can't see the change	
Repeat same song for kids	View queue Previous track	I can go into the queue and view what else is in there	I get lost trying to find what I just added I can only repeat the song if it's the only one in the queue	Album info
Refer to what I listened to before	View queue Save queue Sonos favorites	The queue tells me what I put in there before I can turn the queue into a playlist I can mark things I want to listen to frequently	The old queue disappears Required to navigate to the queue	
Avoid mixing listening history with current listening	Clear queue Replace queue	I can choose a song and erase irrelevant music at the same time	I didn't realize music was in the queue Random music is mixed in with what I listened to before Accidentally erased someone's queue	
Create immediate access to music I am currently listening to	Add to favorites	I have easy access to the music I listen to regularly I can get rid of the old music I don't want to listen to	I have to remember to pick the content as my favorite	
Turn on music so I can do something else	Play now Play all tracks	I can easily get a radio station going All tracks makes it easy to get an album or playlist going	The music stops when I did not expect I have to start the album/playlist from the beginning I have to select a menu each time I turn on a station	
Play a song	Play now	When I find a song I like I can play it right away	Music stops after a song is played It's required to go through a menu for each song	
Feels turning on a lot of music is time consuming	Play now Play all tracks	I can get all the tracks from a previously made playlist	It's required to go through a menu for each song	

그림 6-11 소노스의 간편한 음악 감상 지원 앱에 대한 도표

다음으로 수집한 데이터를 전부 분석해 공통 주제를 찾아냈다. 접착식 메모지를 사용해 조사 결과를 화이트보드에 붙여 가며 도표의 기초가 될 모델을 만들어 나갔다.

마지막으로, 조사를 통해 얻은 주요 통찰을 반영해 도표를 완성했다(그림 6-11). 이 도표는 고객 경험을 단순화해 주요 요소 다섯 가지로 요약하고 있다.

사용자 목적
우리는 고객의 내면에 잠재된 동기를 밝히려고 했다. 고객이 음악을 들으며 얻으려고 하는 것은 무엇인가? 그것을 알기 위해, 인터뷰할 때마다 고객이 하는 행위의 이유를 물어보았다.

지원 기능
인디 영(Indi Young)의 멘탈 모델 도표 작성 과정을 떠올리며 사용자의 목적에 맞는 소노스 앱의 기능을 도표에 표시했다. 관계자들은 이를 통해 고객이 과제를 해결하기 위해 어떤 기능을 사용하는지 파악할 수 있었다. 예를 들어서 고객이 앱에서 대기(queue) 기능을 아주 많이 사용한다는 사실을 알게 되었다.

기능의 유용성
기능의 유용성을 목록화해서 현재 있는 기능의 가치를 보여주었다. 이것은 또한 관계자들의 참여를 이끌어 내는 데도 도움이 되었다. 부정적인 반응에만 초점을 맞추는 것이 아니라, 효과적으로 작동하는 기능도 보여주었기 때문이다.

작동 시 장애물
이 도표에서 가장 중요한 요소로, 앱이 사용자의 목적을 지원하지 못하는 모습을 보여주었다. 관계자들로부터 가장 큰 주목을 받았던 요소다.

유휴 기능
사람들이 음악을 들을 때 사용하지 않는 기능을 보여주었다. 이 목록은 사용자의 목적에 영향을 주지 않으면서 제거해도 되는 기능을 결정하는 데 도움을 주었다.

일단 도표를 완성하고 나니, 이것을 이용해 여러 가지 방법으로 관계자들의 참여를 끌어낼 수 있다는 사실을 알게 되었다. 다음은 우리가 도표를 활용한 방법들이다.

회의나 워크숍에서 도표를 보여주었다

도표가 간단했기 때문에 겁먹을 사람은 없었다. 나는 종이에 출력해서 보여주기도 했고, 컴퓨터를 통해 보여주기도 했다. 이렇게 하니 사용자의 동기에 대해 공통적인 인식을 형성하는 데 도움이 되었다.

도표를 출력해 관계자들이 자기 자리에서 볼 수 있게 나누어 주었다

사무실에 도표를 배포하고 관계자들 책상 가까이에 비치하면, 통찰을 공유하고 논의를 촉진하는 데 도움이 된다.

새로 떠오른 생각을 도표에 써 넣었다

일단 문제를 파악하게 되자, 관계자들은 솔루션을 내놓았다. 기존 기능을 어떻게 새로운 콘셉트의 지원 기능으로 대체할 수 있을지 생각해 낸 것이다.

새로운 기능의 유용성을 활용해 사용자 스토리를 작성했다

새로운 기능의 유용성(때에 따라 기존 기능의 유용성)은 개발 팀이 참고할 사용자 스토리를 작성하는 데 기초로 활용되었다.

도표를 단순하게 작성하면 관계자들이 쉽게 참여하도록 할 수 있다. 도표는 참고 자료로도 사용할 수 있고, 디자인을 개선하는 데 도움이 되는 다양한 활동에도 활용할 수 있다.

우리는 제품 관리자나 기술자, 디자이너가 자신이 다뤄야 할 문제가 무엇이고 해당 문제를 어떻게 해결할 수 있는지 파악하는 데 도표가 도움이 된다는 사실을 확인했다. 직접 조사를 기반으로 도표를 작성했기 때문에, 우리가 내린 결정 또한 고객의 실제 니즈에 근거한 것이라고 확신할 수 있었다.

수행자 소개

앰버 브래든(Amber Braden)은 페이스북의 사용자 경험(UX) 조사원이다. 전문 분야로는 맥락 인터뷰, 멘탈 모델, 워크숍 퍼실리테이터 등을 꼽을 수 있다. 아이오와 주립대학에서 인간-컴퓨터 상호 작용 분야 학위를 취득했다.

chapter

3단계 도해: 시각화하기

"저는 그래픽 디자이너가 아니라 못 그려요. 도표를 어떻게 그려요?" 내가 매핑 워크숍에서 자주 듣는 이야기다.

희소식이 있다. 매핑은 예술적 재능과 관련이 없다. 매핑은 모든 발견을 하나의 응집력 있는 스토리로 만드는 것이다. 어려운 점은 스타일링이 아니라, 경험에 대한 통찰이 물씬 풍기는 이야기를 만들어 내는 쪽이다.

그림 7-1의 도표를 참고하기 바란다. 《모바일 인터페이스 디자인하기 (Designing Mobile Interfaces)》의 공저자인 에릭 버크먼(Eric Berkman)이 작성한 것이다. 시각적인 요소는 거의 없지만, 스타벅스 커피숍 서비스에 대해 부정적/긍정적 측면의 핵심 통찰을 전부 보여준다. 이렇듯, 도표가 효과적이기 위해 정교한 그래픽이 필요한 것은 아니다.

가령 격식에 얽매이지 않으면서 서로 긴밀하게 협력하는 소규모 스타트업이라면, 벽에 붙일 접착식 메모지만 있어도 된다. 하지만 한층 세련된 것을 원할 경우도 있다. 예를 들어, 대형 은행의 최고 경영자에게 공식 프로젝트를 제안할 경우가 그렇다. 도표에 필요한 충실도의 수준에 관계없이, 몇 가지 디자인 원칙은 매력적인 시각 스토리를 만드는 데 큰 도움이 된다.

이 장에서는 경험 매핑 프로젝트에서 서로 연관된 세 가지 요소를 다루고자 한다.

- 도표 레이아웃 선택 또는 전체 양식 결정

- 축소판으로 내용 편집

- 설득력 있는 시각화를 위한 정보 디자인

　이들 요소를 앞뒤로 왔다 갔다 하며 설명하는 경우도 있을 것이다. 반복할 준비를 하기 바란다. 이 장을 마치면, 여러분은 조사를 통해 찾은 통찰을 의미 있는 도표로 변환할 수 있게 될 것이다.

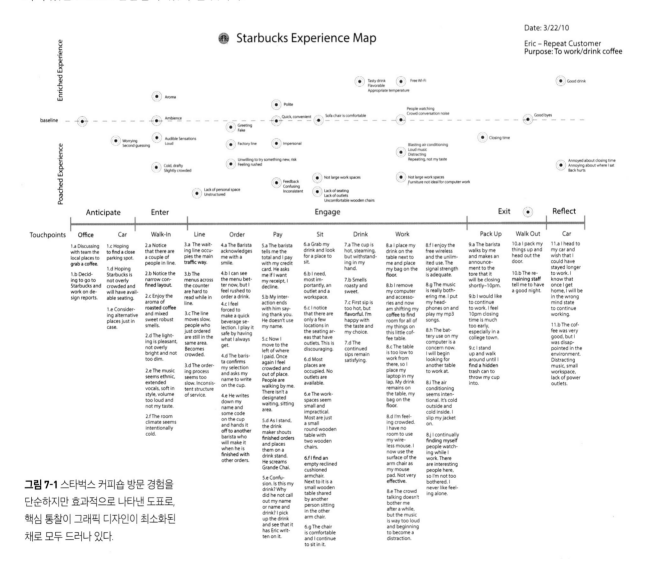

그림 7-1 스타벅스 커피숍 방문 경험을 단순하지만 효과적으로 나타낸 도표로, 핵심 통찰이 그래픽 디자인이 최소화된 채로 모두 드러나 있다.

7.1 도표 레이아웃 선택하기

일부 도표는 미리 레이아웃을 규정한다. 예를 들어, 멘탈 모델 도표는 타워로써 계층적으로 구성되며, 정식 서비스 청사진은 기본적으로 일련의 정보를 지정한다. 하지만 그렇지 않다면, 도표의 레이아웃과 구조는 작성자인 여러분에게 달려 있다.

대부분의 상황에서 사용할 수 있는 간단한 표나 타임라인을 추천한다. 하지만 다른 형태도 고려해 볼 만하다. 2장에서 설명한 것처럼 일반적인 조직 구조(연대기, 계층, 공간 또는 네트워크)는 도표 레이아웃에 영향을 미친다. 그림 7-2는 몇 가지 가능한 레이아웃을 표시한 것이다.

그림 7-2 설득력을 강화하기 위해 여러 정렬 도표에 사용할 수 있는 레이아웃들

사용하는 레이아웃에 관계없이 중요한 것은, 정보의 형식이 전체 메시지를 어떻게 강화시킬 수 있느냐 하는 것이다. 예를 들면, 노르웨이의 유명한 디자인 전략가인 소피아 후세인(Sofia Hussain)은 그림 7-3의 도표를 작성했다. 후세인은 이벤트 플래닝 앱의 성공 비결이 반복적인 사용에 있다는 것을 표현하려고 의도적으로 원형의 도표를 선택했다. 레이아웃이 전달하려는 메시지를 더 분명하게 보여주는 셈이다.

◯ ORGANIZING AN EVENT

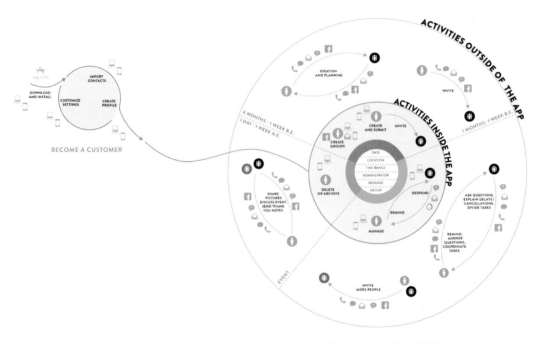

그림 7-3 도표의 형태를 유의미하게 만들어라.
예를 들어, 이벤트 플래닝 앱이 반복적으로 사용되기를
바라는 의도가 반영된 원형 도표처럼.

시간 순서대로 제시하라

시간 순서대로 작성된 도표는 단순해서 다른 사람들이 이해하기는 쉽지만, 작성자에게는 도전 과제가 된다. 경험 요소 모두가 시간 순서대로 일어나지 않기 때문이다. 계속 진행 중인 사건(event)도 있고, 순서가 가변적인 사건도 있으며, 별도의 하위 흐름이 있는 사건도 있다. 여러분은 내가 '시간 순서 문제'라고 부르는 것을 극복해야 할 것이다. 아니면 엄격한 타임라인에서 불규칙성을 보여야 한다. 그림 7-4a~7-4d에 일부 방안이 나와 있다.

그림 7-4a 반복적인 행위:
화살표와 원을 사용해서 반복되는 행위를 보여준다. 예를 들어, 영업사원이 상담 중에 제품을 보여주는 행위와 고객 질문에 답변하는 행위를 번갈아 하는 경우가 여기에 해당한다.

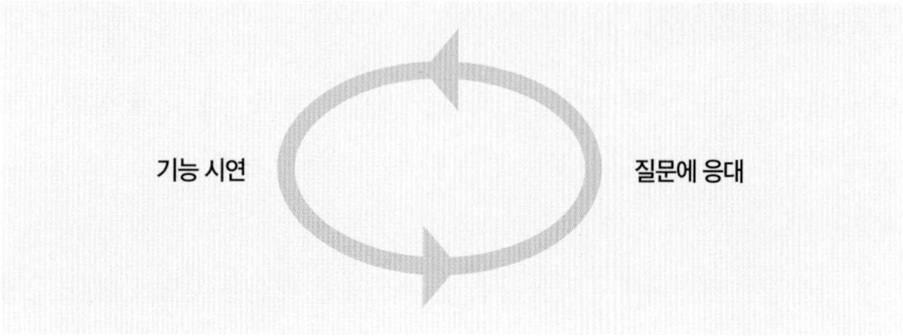

그림 7-4b 가변적인 순서:
선형이 아닌 구름 형태를 사용해서 행위가 순서대로 일어나지 않는다는 것을 보여준다. 예를 들어, 영업사원이 상담 중인 고객과 관계를 유지하면서 새 고객을 맞아들여, 동시에 상담하는 고객이 늘어나는 경우다.

그림 7-4c 진행 중인 행위:
진행 중인 행위가 처음 발생하는 시간을 표시한 다음 계속 반복되지 않도록 한다. 예를 들어, 영업사원은 계속해서 새로운 고객을 찾을 수 있다.

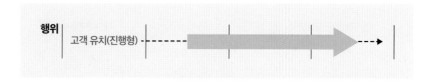

그림 7-4d 엇갈리는 흐름:
경험에서 뚜렷한 하위 흐름을 발견할 수 있다. 필요한 경우 결정 지점을 삽입하되, 이 값을 최소로 유지하여 중복을 방지하는 것이 좋다. 예를 들어, 영업사원은 고객 유형에 따라 서로 다른 행위를 할 수 있다.

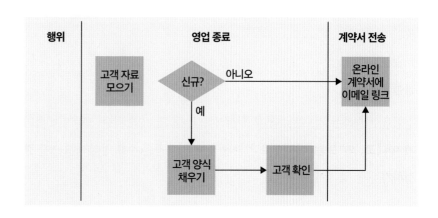

7.2 내용 편집하기

이 단계에서 목표는 현재 상태의 경험을 매핑하는 것이다. 미래 상태의 경험을 매핑하거나 솔루션을 찾는 일은 다음 단계에서 할 일이다(8~9장에서 다룬다).

수집한 데이터에서 핵심 내용을 추려 공통 패턴을 찾도록 한다. 상향식과 하향식 접근 방법을 번갈아 사용한다(그림 7-5). 조사 결과를 주요 통찰만 남을 때까지 반복해서 군집화하고 그룹화하는 것부터 시작하자. 이와 동시에 하향식 접근 방법으로, 도표 초안을 참고해 취합 방향을 정한다.

지금부터 데이터를 뒤적이도록 한다. 목표는 먼저 정성적 정보와 정량적 정보를 고려해서 도표의 프로토타입을 만드는 것이다.

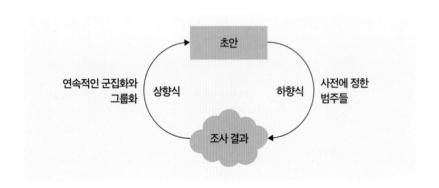

그림 7-5 상향식과 하향식 접근 방법을 번갈아 사용해 조사 결과를 취합한다.

정성적 정보

경험을 기술하는 정보는 대부분 정성적이다. 즉, 몇 개와 같은 정량적 데이터가 아니고, '왜' 또는 '어떻게'로 기술된 글이다. 다음은 주요 정성적 요소를 결정하기 위한 몇 가지 지침이다.

단계나 범주, 부문(division)을 만든다

제작할 모델의 주요 '연결부'를 결정해야 한다. 시간 순서대로 작성한 도표라면, 인지와 구매,

사용, 연장, 지지 등과 같이 단계(phase)를 만드는 것을 의미한다. 4~12개의 단계가 일반적이다. 공간 지도나 계층 도표라면, 범주(category)를 만들어야 한다. 여러분과 관계자들에게 있어 자연스러운 것을 찾으려고 노력하라.

또한 단계 라벨링은 조직이 아닌 개인의 관점에서 진행되어야 한다는 점에 주의하라. 예를 들어, 새 직장을 구하는 경험을 매핑하는 경우, 첫 번째 단계는 공고(조직이 하는 일)가 아니라, 탐색 시작(개인이 하는 일)이 되어야 한다.

경험을 기술한다

경험을 기술하기 위해 필요한 요소를 결정해야 한다. 주요 요소로는 행위와 생각, 감정이 있다. 가능한 사실 그대로 경험을 기술할 수 있는 방법을 찾도록 한다. 예를 들어, 조사에서 얻은 고객의 말이나 사진을 포함할 수 있다. 해당 작업에 가장 적합한 것이 무엇인지를 결정하는 것은 여러분에게 달려 있다. 목표는 요약한 조사 결과를 통해 개인과 조직 모두에게 무엇이 가치 있는지 입증하는 것이다.

접점을 드러낸다

단계(phase)마다 개인과 서비스 사이의 접점을 보여주어야 한다. 어떤 맥락에서 접점을 사용하고 있는지 생각해 보기 바란다. 접점은 연속적으로 벌어지는 상황에서 이루어진다는 사실을 잊으면 안 된다. 따라서 도표의 접점 목록 정보에는 접점을 사용한 맥락까지 포함되어 있어야 한다.

조직 관련 내용도 포함한다

각 접점이 어떤 팀, 어떤 역할과 관련되어 있는지 나타내야 한다. 조직 목표와 전략적 원칙, 정책 등이 도표에 포함될 수 있는 요소다. 조직이 가치 있다고 생각하는 것을 드러내는 것이 좋다.

서식 적용

서식 적용은 매핑 프로젝트에서 가장 까다로운 부분에 해당한다. 데이터와 조사에 몰입한 뒤, 모든 정보를 도표에 포함하고 싶을 것이다. 욕심을 이겨내야 한다. 간결한 것이 좋다. 정보를 간결하게 서술하려면 경험이 필요하다.

표 7-1은 따라야 할 지침 몇 가지를 나열하고, 조사를 통해 얻은 통찰을 도표라는 간결한 형태로 반복적으로 변환하는 프로세스의 두 가지 예를

보여준다. 표 맨 윗줄의 조사 통찰이 어떻게 간결한 진술로 함축되는지 살펴보자. 이 표에서는 소프트웨어 회사를 위해 고객여정지도를 만들고 있다고 가정했다.

표 7-1의 맨 윗줄은 조사에서 찾을 수 있는 통찰에서 시작한다. 이것은 도표에 직접 포함되지는 않는다. 대신 초기 통찰을 표에 제시된 프로세스에 따라 변환하여 핵심으로 압축하는 것이 목적이다.

또한 각 정보 유형에 대해 동일한 구문을 유지하는 것도 중요하다. 응집력 있는 방식으로 내용을 기술하면 도표의 가독성과 통합성이 향상된다. 자신만의 패턴을 만들 수는 있지만, 일관성을 위해 기술 방식을 고수해야 한다.

다음은 내가 일반적인 정보 유형의 매핑에 종종 사용하는 몇 가지 서식의 예다.

- **행위:** 행위를 나타내는 동사를 사용한다. 예) 소프트웨어를 내려 받는다, 고객센터에 전화한다
- **생각:** 질문하는 형식을 취한다. 예) 추가 요금이 들지 않을까? 또 누구를 참여시켜야 하나?
- **감정:** 감정을 표현하는 형용사를 사용한다. 예) 불안하다, 불확실하다, 안도하다, 기뻐하다
- **고충:** 구 형식을 취한다. 예) 소프트웨어 설치 기다리기, 요금 납부하기
- **접점:** 접점을 나타내는 명사를 사용한다. 예) 이메일, 고객 직통 전화
- **기회:** 변화를 나타내는 동사를 사용한다. 예) 설치 편리성을 증진한다, 불필요한 단계를 제거한다

가이드라인	설명	예 1	예 2
통찰에서 시작한다.	조사에서 나온 초기 관찰 기록을 주제별로 묶는 것에서 시작한다.	조사 결과 1: 고객은 유치 단계에서 회사의 프리미엄 가격 모델 때문에 망설이거나 재고할 때가 있다고 한다.	조사 결과 2: 필요한 기술 지식이 부족해 소프트웨어 배포에서 생기는 고충이 있다.
자연스러운 단어를 사용한다.	고객이 사용할 법한 단어를 사용해서 고객 경험을 표현한다.	고객은 구매할 때 비싼 가격 때문에 불안하고 걱정되어서 재고하게 된다.	사용자가 필요한 전문 기술이 부족하면, 처음 소프트웨어를 설치할 때 애를 먹는다.
일관된 화법을 사용한다.	1인칭 화법이나 3인칭 화법으로 통찰을 표현하되, 두 화법을 섞어 사용하면 안 된다.	나는 구매할 때 비싼 가격 때문에 걱정되고 불안해서 재고하게 된다.	나는 필요한 전문 기술이 부족해 처음 소프트웨어를 설치할 때 애를 먹는다.
대명사 등을 뺀다.	공간을 절약하기 위해 대명사 등을 뺀다. 그래도 의미는 알 수 있다.	구매 시 비싼 가격에 따른 걱정과 불안 탓에 재고한다.	필요한 전문 기술 부족으로 처음 소프트웨어 설치 시 힘들다.
근본 원인에 초점을 맞춘다.	정보를 줄이며 근저에 있는 동기나 감정을 보여준다.	구매 시 비싼 가격 때문에 걱정되고 불안하다. 그래서 재고한다.	필요한 전문 기술 부족으로 설치 시 힘들다.
간결하게 만든다.	가능한 한 단어를 적게 사용해서 다시 표현한다. 필요하면 유의어 사전을 찾아본다.	구매 시 가격 때문에 걱정된다. 그래서 재고한다.	전문 기술 부족으로 설치 시 힘들다.
남용하지 않는 수준에서 약어를 사용한다.	널리 사용되는 약어는 사용해도 된다.	구매 시 가격 때문에 걱정된다. 그래서 재고한다.	테크 기술 부족으로 설치 시 힘들다.
도표의 맥락에 의존한다.	일부 정보는 위치에 따라 뜻을 짐작할 수 있다. 만약 표 형태의 도표를 작성한다면, 행과 열의 제목에 의존하게 된다.	가격 관련 걱정 ('구매' 열과 '감정' 행이 만나는 칸) 재고한다 ('구매' 열과 '행위' 행이 만나는 칸)	테크 기술 부족으로 힘들다 또는, 테크 기술이 부족하다 ('설치' 열과 '고충' 행이 만나는 칸)

표 7-1 표 맨 위부터 아래로 프로세스에 따라 초기 관찰을 간결한 진술로 다듬어 나가고 있다.

정량적 정보

정량적 정보를 도표에 포함시키면 도표가 좀더 타당성을 갖게 된다. 측정 지표와 설문 조사 결과 등 데이터를 도표에 통합할 방법을 고려해 보자. 그림 7-6a~d는 정량적 정보를 나타내는 방법들이다.

그림 7-6a 텍스트에 수를 병기한다:
절댓값을 보여주기 위해 수치를 기입한다. 예를 들어, 여러분의 서비스를 어떻게 알게 되었는지 정량적인 정보를 구할 수 있을 것이다.

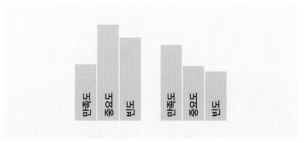

그림 7-6b 막대를 사용해 양을 나타낸다:
세로 막대는 상대적인 양을 보여준다. 필요한 경우 절댓값을 텍스트에 포함한다.

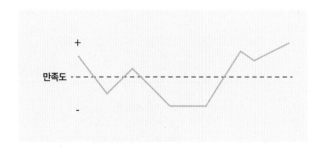

그림 7-6c 그래프로 수치를 나타낸다:
해당하는 지표 수치를 단순한 그래프로 표시해 상승 혹은 하강을 보여준다. 예를 들어, 여정 최종 접점에서의 고객 만족도가 정량적 데이터로 있을 수 있다.

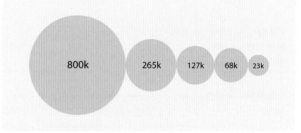

그림 7-6d 크기를 이용해 양을 나타낸다:
도형의 크기를 이용해 양을 나타내는 것도 가능하다. 예를 들어서 일반적인 구매 퍼널(purchase funnel)을 통과하는 고객의 수를 나타낼 수 있다.

7.3 정보 디자인하기

사람들은 다양한 기법으로 알기 쉽게 표현된 정보를 좋아한다. 어떤 색깔이나 텍스처, 스타일로 내용을 표현할 것인가는 사람들의 생활 방식이나 업무와 관련이 있다. 도표의 시각적 표현은 정보를 이해하는 방식에 영향을 미친다.

전체 메시지를 강화해 줄, 일관적인 시각 언어를 만들어 내야 한다. 어떤 통찰을 강조해야 하나? 전달하고 싶은 핵심 메시지는 무엇인가? 이해하기 쉽고, 미적 즐거움이 있으며, 설득력이 있는 도표는 어떻게 만들 수 있는가?

그래픽 디자이너가 아니더라도 도표의 명료한 표현을 위해 취할 수 있는 몇 가지 기본적인 판단이 있다. 다음 원칙을 준수하라.

- **단순화한다**: 쓸데없고 장식적인 그래픽은 피한다. 시각적인 표현은 효율적이어야 한다.
- **강조한다**: 프로젝트 목표와 의뢰인의 기대가 강조되도록 디자인해야 한다.
- **명확히 한다**: 가능한 한 분명해야 한다.
- **통합한다**: 일관성을 사용하여 균형 잡힌 외견과 응집력 있는 시각화를 이루어야 한다.

이 단계에서 관심을 가져야 할 핵심 요소는 타이포그래피와 그래픽, 시각적 계층화 등이다. 지금부터 이들 요소에 대해 자세히 설명하도록 하겠다.

타이포그래피

타이포그래피는 서체 선정과 일반적인 텍스트 디자인 작업을 일컫는다. 정렬 도표는 대부분 텍스트로 이루어져 있기 때문에, 도표를 실무에서 사용하기 쉽게 하는 데 타이포그래피가 무엇보다 중요한 역할을 한다.

타이포그래피적 선택이 버겁게 느껴질 수도 있지만, 그냥 기능과 목적에 따르면 된다. 고민될 때에는 멋이나 겉모양보다 가독성이나 명료성을 따르도록 한다. 이때 서체, 크기와 폭, 굵기와 기울임 등이 고려 대상이다(그림 7-7a~c).

3단계 도해: 시각화하기

그림 7-7a 서체를 결정한다: 서체는 크게 세리프체(명조)와 산세리프체(고딕) 둘로 나눌 수 있다. 일반적으로 도표에는 많은 정보를 나타내기 위해 산세리프체를 주로 사용한다. 하지만 세리프체가 사용되는 경우도 있다. 도표 하나에는 한두 가지 서체만 사용하는 것이 좋다.

Serif		
The quick brown fox jumps over the lazy dog.		Times New Roman
The quick brown fox jumps over the lazy dog.		Georgia
The quick brown fox jumps over the lazy dog.		Courier
Sans Serif		
The quick brown fox jumps over the lazy dog.		Arial
The quick brown fox jumps over the lazy dog.		Verdana
The quick brown fox jumps over the lazy dog.		Trebuchet

그림 7-7b 크기와 폭을 고려한다: 도표에 많은 정보를 넣으려고 작은 폰트를 선택하고 싶을지도 모른다. 하지만 읽기 힘들 정도로 작은 폰트는 피해야 한다. 차라리 의미상 본질적인 것만 남을 때까지 내용을 압축하는 편이 낫다.
폰트의 전체 폭에도 주목하기 바란다. 예를 들면 폭이 매우 넓은 베르다나(Verdana)는 권장하지 않는다. 대신 자폭과 자간/어간이 좁은, 'condensed', 'narrow'라 명명된 폰트를 사용하라. 일관성을 유지하기 위해 이들을 동일 자족의 일반 폰트와 짝지어 사용하는 것이 좋다.

Different font widths	
The quick brown fox jumps over the lazy dog.	Verdana
The quick brown fox jumps over the lazy dog. / The quick brown fox jumps over the lazy dog.	Frutiger / Frutiger Condensed
The quick brown fox jumps over the lazy dog. / The quick brown fox jumps over the lazy dog.	Arial / Arial Narrow
The quick brown fox jumps over the lazy dog. / The quick brown fox jumps over the lazy dog.	Franklin Gothic / Franklin Gothic Condensed

그림 7-7c 굵기와 기울임을 적용해서 텍스트를 강조한다: 둘은 서로 다른 정보 유형을 구분할 때 사용하되, 남용하면 안 된다. 일반적으로 같은 굵기이면서 같은 유형인 텍스트가 읽기 쉽다. 둘을 섞어 사용하면 금방 어지러워 보인다. 한글 이탤릭체는 없으나 변형시킬 수 있다. 단 글꼴의 조형성이 파괴되고 무리하게 기울어질수록 가독성은 더 나빠진다.

Different font styles for emphasis	
The quick brown fox jumps over the lazy dog.	Frutiger
The quick brown fox jumps over the lazy dog.	Frutiger Ultra Black
The quick brown fox jumps over the lazy dog.	Frutiger Light Italic

그래픽 요소

내용 편집이 끝나면, 시각적으로 어떻게 표현할지 생각해야 한다. 이 단계에서는 그래픽 요소가 중요한 역할을 한다. 여러분이 그래픽 작업을 직접 할 수 없을지도 모르겠지만, 몇 가지 기본 사항을 알고 있으면 계획을 세울 때나 결과물을 평가할 때 도움이 될 것이다.

선으로 관계를 나타내라

선은 시각적으로 정렬되었다고 느끼게 한다. 정렬 도표에서는 나누기와 포함하기, 연결하기, 경로 나타내기 등에 선을 사용한다.

불필요한 선은 사용하지 않도록 주의한다. 예를 들어 표와 흡사한데 모든 칸이 선으로 구획되어 있으면 전체 도표가 주는 느낌이 무거워질 수 있다. 대개의 경우 가능하면 선의 개수를 줄이고, 도표에 의미를 더할 때만 사용하는 것이 좋다.

색으로 정보를 전달하라

색은 단지 장식이 아니다. 중요도를 나타낼 수 있으며 전체적인 이해도도 높일 수 있다. 경험 매핑에서는 컬러 코딩(color coding)으로 정보 요소를 구분하거나 배경색으로 공간을 구분하는 두 가지 용도로 주로 사용된다(그림 7-8).

- 컬러 코딩을 사용하면, 도표 전체에 퍼져 있는 개별 정보 요소를 쉽게 확인할 수 있다. 시각적으로 정렬되었다는 느낌을 주는 데 중요한 역할을 한다. 예를 들어서 그림 7-8 처럼 고충이나 기쁨의 순간을, 도표 전체에서 같은 색으로 나타내는 것이다. 이렇게 하면 동일선상에 위치하지 않아도, 색깔 덕분에 도표 전체에 걸쳐 같은 색의 서로 다른 정보 요소가 시각적으로 연결된다.
- 그러나 색각 이상이 있는 경우 색을 잘 구별하지 못할 수 있으며, 또한 색은 문화마다 다른 의미를 지니고 있다는 점에 주의해야 한다.
- 도표의 배경에 색을 사용하라. 그러면 선의 불필요한 사용을 피할 수 있다. 예를 들어, 여정의 단계(phase)별로 다른 색을 사용해 여정을 구분하는 것이다. 색을 새로 추가하지 않고도 같은 색의 값을 달리해서 선의 나누기와 포함하기 기능을 수행할 수도 있다.

너무 많은 색을 사용하면 효과가 감소할 수 있다. 강조 목적으로 색을 사용해야 하고, 일관성을 유지하는 것이 좋다.

그림 7-8 색을 사용해 정보를 전달한다.

아이콘을 더해 효율을 높여라

아이콘을 사용하면 좁은 공간에서도 많은 정보를 전달할 수 있을 뿐 아니라,
시각적으로 흥미도 유발된다. 경험 지도에서 볼 수 있는 대표적인 아이콘으로
는 사람, 접점의 물리적 증거, 감정, 진실의 순간이 있다(그림 7-9).

그림 7-9 아이콘을 사용해 효율을 높인다.

그림 7-9의 첫 번째 줄(단색 배경 대 윤곽선)에서 볼 수 있듯이, 취할 수 있는 방향은 다양하며 거의 무한하다. 자신만의 아이콘 스타일을 고안해 내고, 도표 전반에 걸쳐 일관성을 유지하라.

모든 정보 유형을 아이콘으로 표시할 순 없다. 모호해질 가능성이 있다면, 아이콘을 설명하는 키를 만들어라. 또한 아이콘이 너무 많으면 도표를 이해하기 어렵다는 점을 유념하라. 보는 사람은 정보를 이해하기 위해 항상 키를 다시 참조해야 할 것이다. 도표의 내용을 키나 추가 설명을 참조하지 않고서도 읽을 수 있는 방식으로 표현하도록 노력하라.

아이콘은 문화마다 다른 의미를 가질 수 있다. 가능한 한 적은 편향과 문화적 함의를 가지고 여러분이 아이콘화하고자 하는 생각이나 개념을 어떻게 표현할지 고려해 보라.

전 세계 기여자들이 만든 아이콘과 기호를 모아 놓은 나운 프로젝트(Noun Project)라는 사이트가 있다(thenounproject.com). 이 사이트 이미지는 공용 저작물 또는 저작물 이용 허락(CCL)을 통해 쉽게 사용할 수 있다. 도표의 일관성을 유지하는 데 도움이 되는 아이콘의 유용한 보고이다.

시각적 계층화

도표에 있는 모든 정보의 중요도가 같지는 않다. 매핑된 경험을 눈으로 봤을 때 여러분이 의도하는 대로 받아들일 수 있게 하려면 시각적으로 계층을 부여해야 한다. 그림 7-10a~d에서 설명하듯이, 이런 시각적 효과를 주는 기법으로는 정렬과 강조, 계층화 그리고 차트정크(chartjunk) 회피가 있다.

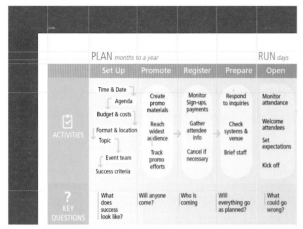

그림 7-10a 정렬한다: 도표에서 시각적 정렬은 중요한 역할을 한다. 그리드(grid)는 요소들을 나란히 맞출 수 있도록 일정한 간격을 가진 선이지만 보이지 않는 구조다. 이렇게 하면 선이 명확해져 보는 사람의 시야를 가로나 세로로 안내한다. 스프레드시트를 이용하거나 벽에 메모지를 사용하는 경우에도 요소를 정렬하도록 노력하자.

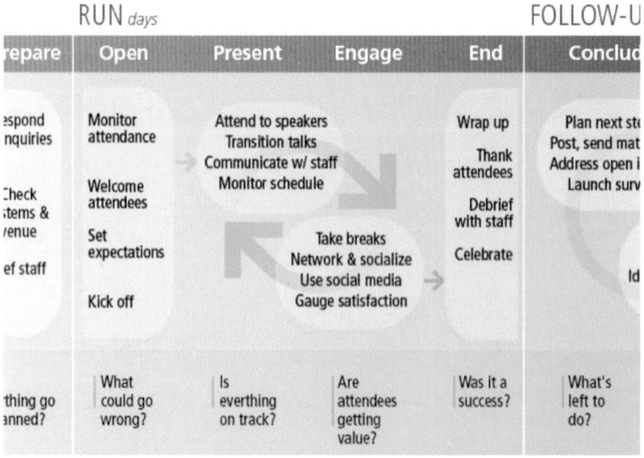

그림 7-10b 강조한다: 텍스트와 그래픽 요소, 둘 모두 시각적 가중치와 크기에 변화를 주면, 집중도가 높아지고 차이점이 부각된다. 그림을 보면, 단계를 나타내는 제목('PLAN', 'RUN' 등)은 본문보다 크다. 여기서 계층의 차이를 느낄 수 있다. 또한 서로 다른 경험의 측면을 보여주는 다양한 크기의 화살표도 있다.

그림 7-10c 계층(layer)화한다: 정보를 다른 크기의 텍스트와 다른 음영을 사용해 계층화해서 다른 요소보다 더 돋보이게 한다. 이 예에서, '불확실성(uncertainty)'은 배경 음영으로 표시되며, 특정 감정은 도표의 작은 공간을 활용해 긍정(√) 또는 부정(×)으로 모두 표시된다.

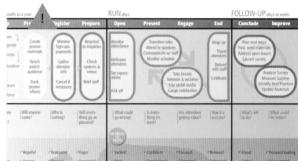

그림 7-10d 차트정크를 회피한다: 정보 디자인 전문가 에드워드 터프트(Edward Tufte)가 만든 용어 '차트정크(Chartjunk)'는 정보 표현에서 불필요한 요소를 총칭한다. 모든 요소를 의미 있게 만들어라.

도표 작성 프로세스의 예

전반적으로, 단일 도표에 경험을 표현하는 프로세스는 반복적이다. 여러분이 매핑할 통찰은 시각화를 주도하며, 시각화는 이러한 통찰의 형태에 영향을 미친다.

그림 7-11은 콘퍼런스 행사를 구성하기 위한 도표 초안의 예다. 이것은 최종 도표에 포함할 조사와 관찰을 통합하는 첫 번째 단계를 반영하고 있다. 대체로 단계의 시간순 배치, 텍스트의 표현 및 형식, 내용의 균형이 고려되었다.

그림 7-11 그래픽 상세 작업 전에, 적절한 레이아웃을 선택하고 조사로부터 얻은 통찰을 도표 초안에 통합하라.

Event Organizer

	BEFORE THE CONFERENCE				DURING THE CONFERENCE				AFTER THE CONFERENCE	
	Plan	**Promote**	**Invite Attendees**	**Prepare**	**Initiate Event**	**Start Main Presentations**	**Engage Audience**	**End Event**	**Follow-Up on**	**Improve Event**
ACTIONS	· Set budget, costs · Determine topic · Create agenda · Set date and time · Set success criteria · Figure out reporting	· Create materials · Reach widest audience · Decide where, when · Cross promote · Track data on promotion · (Re-)evaluate promotion	· Maintain contact lists · Figure out who to invite · Create calendar entry · Send save the date notices · Send invitations and follow-up reminders	· Co-create materials · Organize materials · Make materials accessible · Discuss handoffs · Check equipment	· Show up early · Go over ground rules · Communicate time · Monitor attendance · Greet audience	· Welcome attendees · Give overview, timings · Set expectations · Instruct attendees on environment, tools	· Integrate social media · Gauge attentiveness · Take breaks Network	· Wrap up · Thank people · Stay for questions · Debrief · Plan next steps	· Address unanswered questions · Send out materials · Collect feedback · Launch survey	· Analyze survey results · Review metrics, compare to goals · Gauge effectiveness · Update materials
THOUGHTS	Who is this for? Will they come? What does success look like?	Who do I target? How do I best promote? Is promotion effective?	Who am I attracting? What are their needs? Will everything go as planned? Will I remember everything?	Will anyone come? What does success look like? How do I best promote? Is promotion effective?	Who is signing up?	Will everything go as planned? Will I remember everything?	Is the audience engaged? Are they getting their money's worth?	Was it well-received? A success?		
FEELINGS	creative indecisive	hopeful uncertain	relieved worried		MoT! excited panic (high uncertainty)	relieved overwhelmed	relieved exhausted	forward looking discouraged	proud	
PAIN POINTS	· Figuring out when to schedule an event	· Determining social media channels · Managing social media promotions · Unprofessional looking material	· Having to reschedule the event · Updating meeting details, agenda, etc.	· Locating materials · Consolidating materials · Setting up hardware · Coordinating staff	· Unexpected technical difficulties	· Unexpected technical difficulties	· Maintaining focus · Gauging attendee understanding		· Lack of time to follow-up right after	· Lack of motivation to update materials · Lack metrics collected · Inability to show effectiveness of event
OUR GOALS	· Maximize reach to the widest audience	· Maximize reach to the widest audience	· Maximize the number of people that attend · Increase the likelihood that the right people attend	· Increase the likelihood audience will be engaged · Maximize professional appearance	· Increase the likelihood of a smooth start	· Increase the likelihood that attendees have a positive experience · Maximize utilization of time while not "on stage"	· Maximize audience engagement · Reduce the likelihood that attendees get distracted	· Maximize overall satisfaction	· Maximize the length of the relationship with attendees	· Increase the quality of future events · Maximize buzz around the event and topic
CURRENT SATISFACTION		7.1 / 10	4.2 / 10		8.2 /10	6.5 / 10	5.5 / 10		8.7/10	

다음 단계는 시각적으로 더욱 설득력 있는 설명을 추가하는 것이다. 그림 7-12는 디자인&UX(design and UX)의 부사장인 헤니 패로우(Hennie Farrow)가 작성한 도표 초안의 업데이트 버전이다. 여기에는 다양한 디자인적 요소가 함께 등장하여, 보다 매력적이고 설득력 있는 방식으로 보는 사람에게 경험을 안내한다.

그림 7-12 도표를 보는 사람에게 더 설득력 있는 스토리를 들려주고 경험을 안내하려면, 시각 디자인 요소를 이용하라.

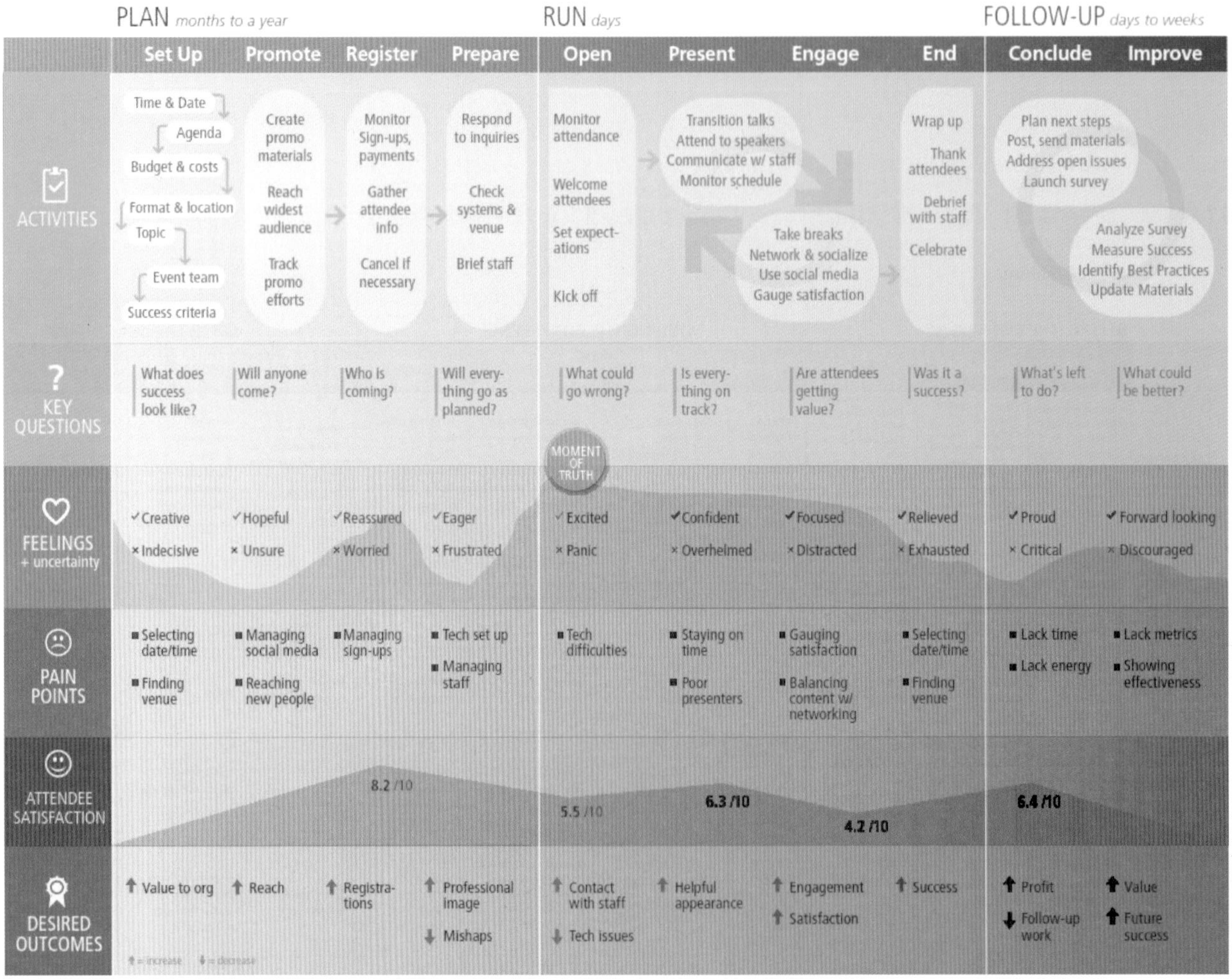

타이포그래피

이 도표는 일반 서체(Frutiger) 외에도 축약 서체(Frutiger Condensed)를 사용하여 공간을 최대한 활용했다. 첫 번째 행인 제목은 대문자를 사용해 강조하거나 다른 텍스트와 구분했다. 본문 서체는 대부분 일정한 크기와 굵기이며, 강조를 위해 볼드나 이탤릭체가 사용되었다.

계층화

내용을 수평과 수직으로 정렬해, 도표에 열과 행이 있는 것 같은 느낌을 주었다. 서로 다른 배경 음영을 사용해 열과 행의 제목을 붙였고, 단계(계획, 실행, 후속)를 도표의 주요 콘텐츠에서 분리했다.

내용

구문 형식을 일관되게 사용했다. 예를 들어서 주요 단계는 동사로 표현했고, 감정은 형용사를 사용해 나타냈다. 어투에도 일관성을 유지했다.

그래픽 요소

색을 다르게 사용해서 가로줄에 있는 정보가 서로 다르다는 것을 인식하도록 했다. 제목이 있는 첫 번째 세로줄의 배경색을 짙게 처리하여, 전체 도표에 깊이를 더해 주었을 뿐 아니라 안에 있는 정보가 중요하다는 것을 강조하였다.

시각적으로 흥미를 유발하기 위해 아이콘을 사용했다. 또, 정보 유형별로 일관성을 부여하기 위해 독특한 요소도 추가했다. 예를 들어서 조직의 목표에는 바라는 결과의 방향을 나타내기 위해 화살표를, 고충에는 사각 글머리 기호를 사용했으며, 중요한 질문 앞에는 선을 사용했다. 이 경험에서의 진실의 순간은 도표 가운데 그래픽 요소를 사용해 나타냈다.

사람들은 다양한 기법으로
알기 쉽게 표현된 정보를 좋아한다.
도표의 시각적 표현은
다른 사람이 정보를 이해하는
방식에 영향을 미친다.

감정 표현하기

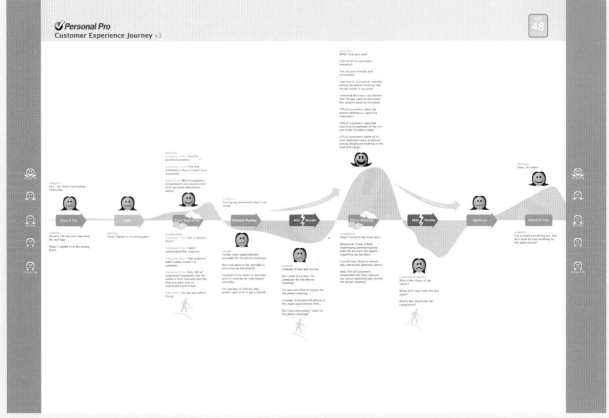

그림 7-13 크레이그 괴벨이 작성한 이 여정 지도는 위아래로 출렁이는 곡선에 아이콘을 더해 감정 상태를 보여준다.

감정은 우리가 겪는 경험에서 매우 중요한 역할을 한다. 경험을 매핑할 때는 어떻게든 개인의 감정 상태를 도표에 나타낼 수밖에 없다. 하지만 감정을 도표에 표현하는 것은 쉬운 일이 아니다.

가장 쉬운 방법은 감정을 텍스트로 표현하는 것이다. 얼굴 표정 아이콘을 이용해 감정을 보여주는 것도 가능하다. 그림 7-13은 크레이그 괴벨(Craig Goebel)이 인튜이트의 의뢰로 작성한, 간단하지만 매우 효과적인 도표다. 감정 상태의 변화에 따라 위아래로 출렁이는 곡선에 감정의 여정을 표시한 것을 눈여겨보라. 이것은 지난 수십 년을 거치며 일반화된 접근 방식이다.

그림 7-14는 에드 톰슨(Ed Thompson)과 에스테반 콜스키

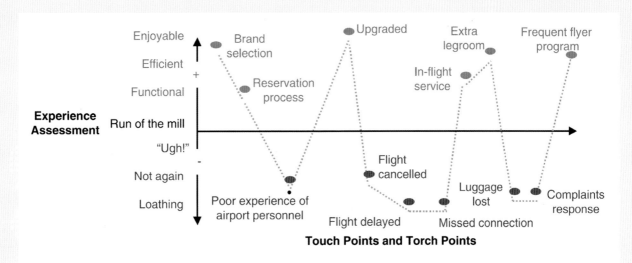

Source: Gartner Research (October 2004)

그림 7-14 감정의 기복을 표현하는 아이디어는 매핑에서 흔히 볼 수 있으며, 빠르게는 2004년부터 나타난다.

(Esteban Kolsky)가 2004년에 발표한 〈고객 경험 관리에 접근하는 방법(How to Approach Customer Experience Management)〉이란 이름의 보고서에 들어 있는 초기의 예다. 미국 메이저 항공사를 이용하는 비즈니스 승객의 경험을 평가한 도표에서 발췌했다.

선을 그려 감정을 표현하는 방식의 문제점은 이것이 정량적인 것처럼 보인다는 점이다. 그러나 이 정보가 정량적 조사를 통해 얻어지는 경우는 극히 드물고, 보통은 직관적으로 추정된 것이다. 그러니 무엇을, 어떻게 전달할 것인지에 주의를 기울여야 한다.

또 다른 문제점은 감정을 지나치게 단순화한다는 점이다. 사람이 어떤 순간에 한 가지 감정만 느끼는 경우는 드물다. 예를 들어 여러분이 호텔 리조트에서 2주간의 휴가를 보낸 후 체크아웃한다고 하자. 여러분은 호텔 서비스에 만족해 즐거운 기분이 들기도 하겠지만, 동시에 그곳을 떠나게 되어 아쉬운 기분이 들 수도 있고, 심지어 월요일 출근이 걱정될 수도 있다. 모두 동시에 생길 수 있는 감정이다.

내가 주로 쓰는 접근 방식은 경험의 각 단계마다 가장 일반적인 긍정적 감정과 부정적 감정을 표시함으로써, 생겨날 수 있는 다양한 감정에 초점을 맞추는 것이다. 그림 7-12의 'FEELINGS(감정)'라 명명된 가로줄이 그 예다. 가로줄에 있는 곡선이 특히 '불확실성'을 반영한다는 점에 주목하라. 이 불확실성이 조사 기간에 찾아낸 수많은 감정을 유발하는 것이다.

감정을 이해하고 표현하는 것은 어려운 일이다. 절충 관계를 염두에 두고, 여러분이 작성하는 도표에 감정적 측면의 경험을 가장 잘 나타낼 수 있는 방법을 찾아야 한다.

7.4 작성 도구와 소프트웨어

도표를 작성하는 데 사용하는 도구와 소프트웨어는 다양하다. 여러분의 기량과 필요에 따라 선택하면 된다. 약식 프로젝트라면 화이트보드와 접착식 메모지만으로도 충분하다. 하지만 의뢰인과 관계자들에게 정식으로 보다 세련된 도표를 제시해야 하는 경우도 있을 것이다.

지금부터 매핑에 사용할 수 있는 다양한 유형의 도구를 살펴보도록 하겠다.

데스크톱 도구

다음에서 소개한 데스크톱 도구들 말고도 다양한 도구를 사용할 수 있다.

도표 작성 도구

업무 흐름도와 플로차트, 사이트맵 등을 작성할 때, 맥 기반 컴퓨터에서는 Omnigraffle, 윈도우 기반 컴퓨터에서는 Visio를 많이 사용한다. 둘 모두 기능이 풍부해서 고품질의 도표 작성이 가능하다.

고성능 그래픽 프로그램

이런 유형의 프로그램으로는 Illustrator, InDesign, Photoshop 등이 포함된 Adobe Creative Suite가 대표적이다. 최근에는 Sketch가 각광받고 있으며, Figma는 브라우저에서 바로 온라인 그래픽 편집 환경을 제공하기도 한다. 이런 프로그램을 제대로 사용하려면 교육과 실습이 필요하다.

스프레드시트

MS Excel 프로그램으로도 도표를 작성할 수 있다. 이런 유형의 프로그램을 사용하려면, 거의 제한 없는 크기의 넓은 도면을 다룰 수 있는지 확인하는 것이 먼저다. PowerPoint나 Keynote 같은 프레젠테이션 프로그램은 일반적으로 도표 전체를 다 담을 수 있을 만큼 폭이나 높이를 확장할 수 없다.

그림 7-15 그림 7-12의 경험 지도는 고성능 그래픽 프로그램인 Adobe Illustrator로 작성한 것이다.

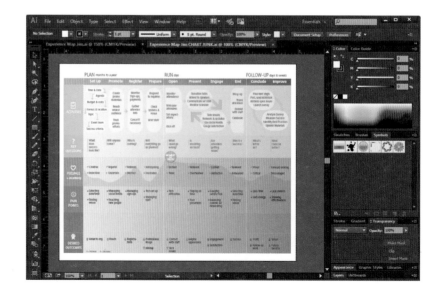

웹 기반 도구

웹 기반 매핑 도구를 점점 많이 사용하는 추세다. 공유가 쉽고, 어디에서나 사용할 수 있다는 장점이 있기 때문이다. 만약 다른 업무 공간에 있는 사람과 협업을 한다면, 이런 웹 기반 도구를 이용해 보기 바란다. 사용 가능한 도구의 몇 가지 유형은 다음과 같다.

접점 관리 프로그램

접점 관리에 특화된 온라인 도구로는 Touchpoint Dashboard가 대표적이다(그림 7-16, touchpointdashboard.com). 이런 유형의 도구는 시간 흐름에 따른 접점의 변화를 추적하기에 아주 좋다. 데이터베이스를 기반으로 하기 때문에 다양한 시각으로 정보를 보는 것도 가능하다. 여러 관점 중 특정 관점을 선택해 데이터를 본 뒤, 다시 다른 관점으로 바꿔 데이터를 보는 것이다. 그래픽 프로그램이나 다른 데스크톱 소프트웨어로는 불가능한 일이다.

온라인 매핑 프로그램

UXpressia(uxpressia.com)는 많은 템플릿을 제공하고 동료와 직접 도표에서 협업할 수 있는 최고의 온라인 매핑 도구다. 그 밖의 제품으로는 Smaply(smaply.com)와 Canvanizer(canvanizer.com)가 있다.

그림 7-16 Touchpoint Dashboard는
접점 관리에 사용하는 온라인 도구다.

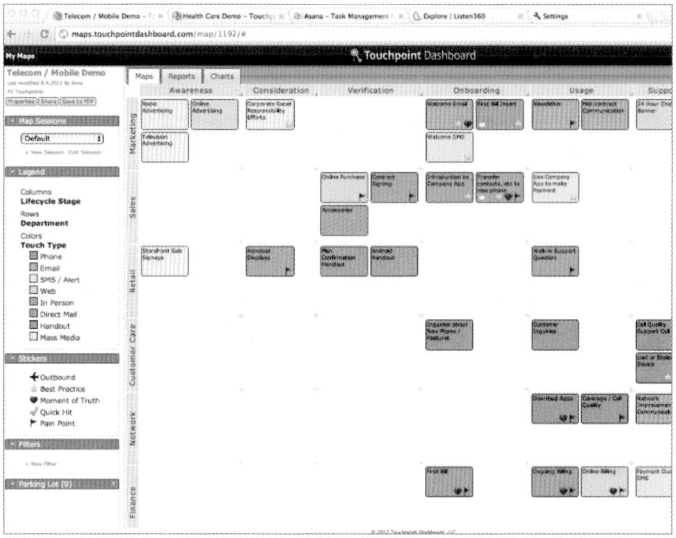

온라인 도표 작성 도구

Lucidchart(lucidchart.com)는 Omnigraffle이나 Visio와 유사한 온라인 도표 작성 도구다. 작성한 도표를 구글 드라이브에서 바로 사용할 수 있다는 장점이 있다.

온라인 화이트보드

MURAL이나 이와 비슷한 온라인 화이트보드는 전체 프로세스에서 항상 사용할 수 있다. 이들 도구는 신축성이 있고 작업 공간이 넓어 도표를 상세하게 작성할 수 있다. 또 모두 온라인에서 작업이 이루어지기 때문에, 여러 사람이 동시에 활발하게 참여할 수 있다.

그림 7-17은 MURAL을 사용해서 내가 작성한 도표다. 여기서 주목해야 할 몇 가지 사항이 있다. 먼저, 도표 하나에 가치 사슬 지도, 페르소나, 공감 지도, 경험 지도 등이 다양하게 추가되어 있는 것을 알 수 있다. 다음으로, 공간이 넓어 서로 다른 경험 두 개를 비교해 볼 수 있다. 여기서는 자전거로 슈퍼마켓 가는 경험과 자가용으로 슈퍼마켓 가는 경험을 비교하고 있다. 끝으로, 온라인에서 작업하기 때문에 여러 사람이 이미지 작업에 관여해 경험을 더 생생하게 표현할 수 있다. MURAL은 복수 사용자가 클라우드에서 실시간으로 협업할 수 있도록 지원한다.

그림 **7-17** MURAL을 사용하면 한 자리에서 여러 매핑 작업을 진행하고 다른 경험들을 서로 비교해 볼 수도 있다.

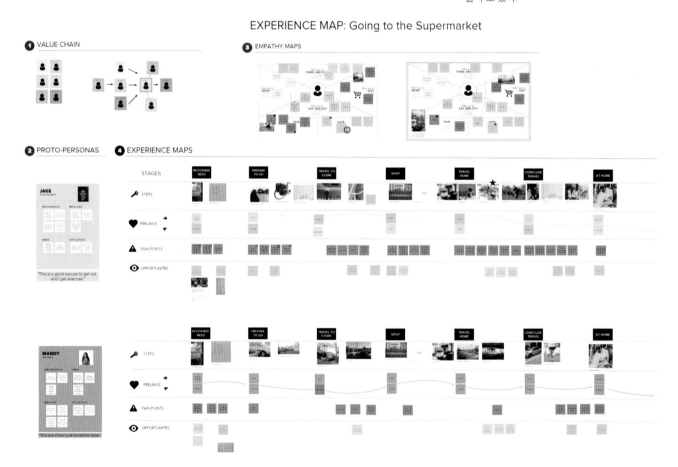

요약
SUMMARY

이 단계의 목표는 조사를 통해 얻은 통찰을 하나의 도표에 통합하는 것이다. 경험 매핑은 작은 공간에 엄청난 양의 정보를 담아 낼 뿐 아니라, 관계자들이 참여하고 싶어 할 매력적인 스토리텔링을 제공한다.

도표의 레이아웃도 의미 전달에 도움이 된다. 일반적으로 시간순 도표는 표나 타임라인 형태의 레이아웃을 취한다. 물론, 원형, 스파이더형, 스네이크형 등 다양한 레이아웃이 있다. 어떤 레이아웃을 선택해야 전체 메시지를 더 분명하게 전달할 수 있을지 생각해 보아야 한다.

조사 결과를 압축해 형식화하는 작업은 까다롭다. 내용을 주제별로 반복해서 군집화하고 그룹화해야 한다. 목표는 정보를 압축하면서 대상 그룹의 전형적인 양상을 나타내는 것이다. 하향식 접근 방법도 도움이 된다. 도표의 유형이나 구조에 맞춰 내용을 편집하는 것이다.

그래픽 디자이너가 아니라 해도 정보 디자인에 대한 기본 사항과 시각화의 중요성을 이해하는 것은 중요하다. 도표에서 텍스트가 상당 분량을 차지하므로 타이포그래피는 중요하다. 그래픽 요소를 잘 활용하면, 시각적 흥미와 효율을 더할 수 있다. 즉, 선이나 도형, 아이콘, 색을 어떻게 활용하느냐에 따라 보는 사람의 이해도가 달라지게 된다.

시각적 계층화도 큰 역할을 한다. 모든 요소가 같은 중요도를 갖는 것이 아니기 때문이다. 계층(layer)을 사용하고 크기를 달리해, 어떤 요소는 눈에 잘 띄게 앞으로 끌어내고 어떤 요소는 뒤에 있게 한다. 그래픽 디자이너에게 이 작업을 맡기더라도 이런 기본 사항을 논의할 수 있을 정도는 되어야 한다.

도표 작성에 사용할 수 있는 도구는 다양하다. 스프레드시트나 도표 작성 도구를 사용하면 쉽고 빠르게 결과를 얻을 수 있다. 고성능 그래픽 프로그램은 세련된 도표를 만들 수 있지만, 그러려면 전문 기술이 필요하다. 목적 매핑 솔루션과 다목적 화이트보드 솔루션을 비롯, 점점 더 많은 온라인 도구가 등장하고 있으니 눈여겨보길 바란다.

3단계 도해: 시각화하기

진단 검사 경험
매핑하기

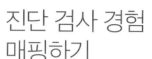

수행자

매드포(Mad*Pow) 전략 및 서비스 디자인 팀

매드포(Mad*Pow)는 국제적인 실험 및 진단 기업으로부터 환자의 진단 검사 경험을 개선하는 프로젝트를 의뢰받았다. 우리는 설득력 있는 사용자 경험을 도출하기 위해 언제나처럼 조사부터 시작했다. 서비스를 개선하려면, 고객의 관점에서 서비스를 파악해야 하기 때문이다.

우리는 관계자들과 사용자를 인터뷰한 뒤 현재 경험을 매핑하는 작업에 착수했다. 자료를 수집하고 통찰을 얻기 위해 서비스를 직접 이용해 보기도 하고, 직원을 인터뷰했을 뿐 아니라 현장도 직접 가 보았다.

조사 결과를 가지고 고객이 서비스와 상호 작용하는 방식을 기술한 스토리를 만들었다. 일반화된 스토리도 만들었지만, 조사 과정에서 작성한 특정 페르소나와 관련된 스토리도 만들었다. 먼저 고객 경험의 세부 단계를 시간 순서대로 배치했다. 그런 다음 세부 단계(step)를 몇 개씩 묶어 의미 있는 전환을 보여주는 더 큰 단계(stage)로 구분했다.

우리가 조사한 바에 따르면, 고객은 진단 검사를 예약하기 전에 몇 가지 단계(stage)를 거친다. 첫 번째는 건강 문제 자각 단계(stage)이고, 다음은 의료 서비스 수용 여부 판단 단계(stage)이다. 이때 대부분의 고객은 혼자 정보를 찾아보고 자기 증세를 판단한다. 이런 방식으로 큰 단계와 세부 단계, 또 각 세부 단계와 관련된 환자 접점을 나타낸 고객여정 지도를 작성했다(그림 7-18). 의뢰인은 이 도표를 보고 서비스가 고객의 전체 건강 관리 여정과 어떻게 맞물리는지 알게 되었다.

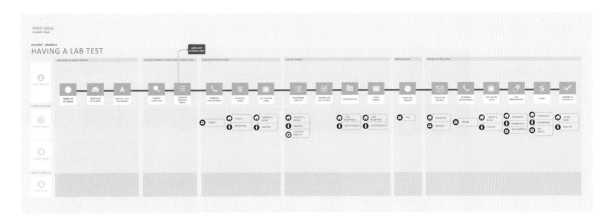

그림 7-18 첫 번째로 고객의 여정 단계(stage)와 접점을 도표에 나타냈다.

이 여정 단계(stage)는 고객 개개인의 시나리오를 구성하는 구조로 사용되었다. 먼저 조사를 통해 작성한 여러 페르소나에서 하나를 선택한 뒤(그림 7-19), 해당 캐릭터에 맞는 스토리를 만들어 고객여정지도에 해당 감정의 계층을 덧붙였다.

이렇게 감정을 반영하면, 개선이 필요한 경험 단계(step)를 찾는 데 도움이 된다. 감정 기호와 인용구를 결합해, 페르소나가 불편함이나 불안감, 또는 걱정을 느끼는 순간을 시각화할 수 있기 때문이다. 이렇게 하여 고객의 경험을 전면으로 끌어내는 것이다.

우리는 한 페르소나의 감정을 같은 색깔로 처리하되 얼굴 표정에 변화를 주었다. 색의 변화는 긍정적인 영향을 줄 수 있는 변화가 가능한 여정의 두 순간에서만 사용해 주의를 끌도록 했다. '검사 결과 기다리기'라는 걱정스러운 단계(step)를 다시 세 단계(step)로 나누어, 기다리는 동안 이 페르소나가 경험하는 부정적인 활동과 감정의 정도를 강조하려 했다(그림 7-20 참조).

3단계 도해: 시각화하기

그림 7-19 두 번째로 개인의 여정 지도를 작성하기 위해 페르소나를 선택했다.

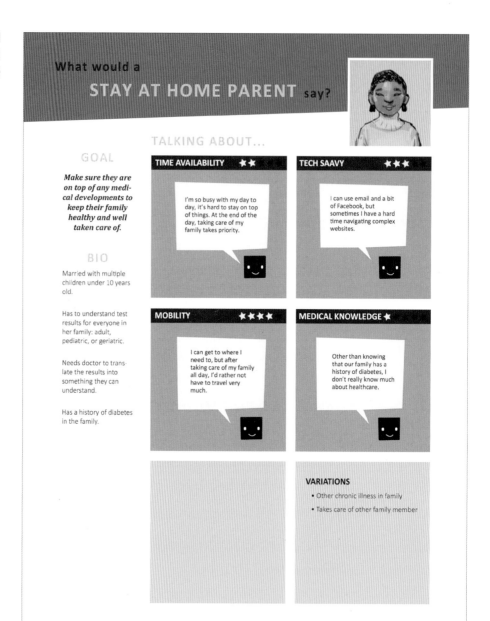

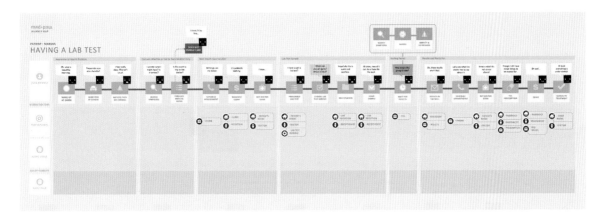

그림 7-20 세 번째로 각 단계(step)에서 페르소나가 느끼는 감정을 매핑했다.

이 시나리오에서는 고객이 건강 관리 상담 직원은 물론이고 진단 검사실 직원과도 상호 작용하는 것으로 되어 있다. 두 경우 모두 무대 전면에서 일어나는 프로세스로 매핑한 뒤, 이것을 고객 접점 지원에 필요한 무대 뒤편의 프로세스와 함께 정렬했다. 그러자 도표가 확장되어 서비스 청사진의 요소까지 포함하게 되었다(그림 7-21).

이런 접근 방법을 사용하면 가독성이 높으면서도 간결한 고객여정지도가 완성된다. 게다가 여기에는 보다 복잡한 서비스 청사진 정보를 추가할 수 있는 옵션도 있다. 이것은 지금의 제품이나 서비스를 변경하여 원하는 개선 효과를 얻기 위해 필요한 지식이나 기회를 찾아내는 데 필요하다.

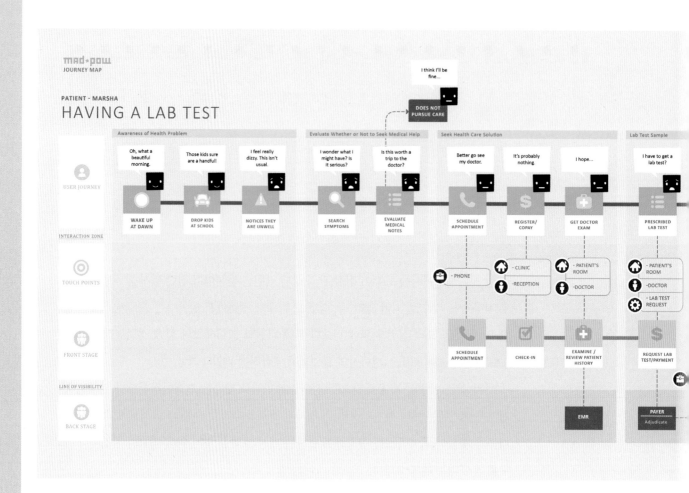

그림 7-21 마지막으로 무대 전면과 무대 뒤편의 프로세스를 추가했다.

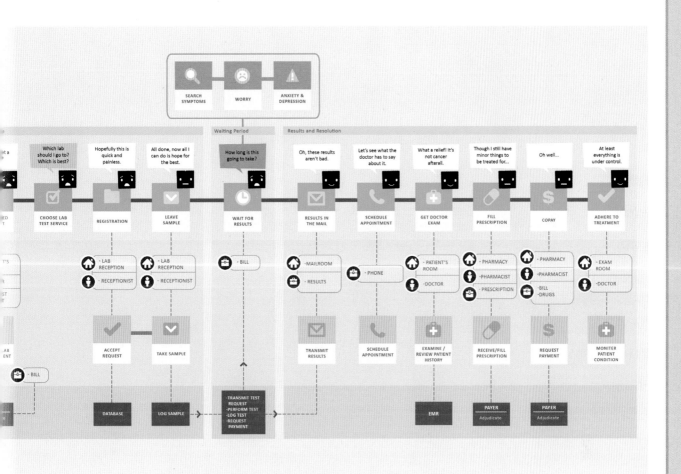

SEARCH SYMPTOMS — WORRY — ANXIETY & DEPRESSION

Waiting Period | Results and Resolution

Which lab should I go to? Which is best?
Hopefully this is quick and painless.
All done, now all I can do is hope for the best.
How long is this going to take?
Oh, these results aren't bad.
Let's see what the doctor has to say about it.
What a relief! It's not cancer afterall.
Though I still have minor things to be treated for...
Oh well...
At least everything is under control.

CHOOSE LAB TEST SERVICE | REGISTRATION | LEAVE SAMPLE | WAIT FOR RESULTS | RESULTS IN THE MAIL | SCHEDULE APPOINTMENT | GET DOCTOR EXAM | FILL PRESCRIPTION | COPAY | ADHERE TO TREATMENT

- LAB RECEPTION / - RECEPTIONIST
- LAB RECEPTION / - RECEPTIONIST
- BILL
- MAILROOM / - RESULTS
- PHONE
- PATIENT'S ROOM / - DOCTOR
- PHARMACY / - PHARMACIST / - PRESCRIPTION
- PHARMACY / - PHARMACIST / - BILL / - DRUGS
- EXAM ROOM / - DOCTOR

- BILL

ACCEPT REQUEST — TAKE SAMPLE | TRANSMIT RESULTS | SCHEDULE APPOINTMENT | EXAMINE / REVIEW PATIENT HISTORY | RECEIVE/FILL PRESCRIPTION | REQUEST PAYMENT | MONITER PATIENT CONDITION

DATABASE | LOG SAMPLE | -TRANSMIT TEST REQUEST -PERFORM TEST -LOG TEST -REQUEST PAYMENT | EMR | PAYER Adjudicate | PAYER Adjudicate

수행자 소개

매드포 전략 및 서비스 디자인 팀

존 포돌스키(Jon Podolsky), 김이배(Ebae Kim), 폴 칸(Paul Kahn), 사만다 로라스(Samantha Louras)

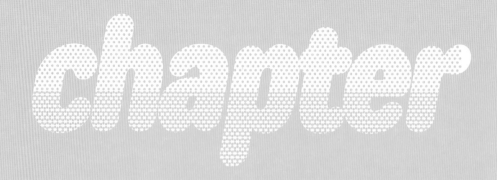

정렬 워크숍:
올바른 해결과제 찾기

나는 운이 좋은 편이다. 지금까지 내가 일한 대부분의 회사 고객과 직접 만날 수 있는 기회가 있었기 때문이다. 덕분에 여러 산업에 걸쳐 수백 명의 고객을, 일터나 소매점 또는 집에서 관찰할 수 있었다. 실제 상황에서 고객이 겪는 경험을 볼 수 있었던 것이다.

조직 구성원 모두가 고객과 직접 접촉해 보는 것이 가장 이상적이다. 하지만 많은 경우 이런 유형의 노출은 제한되어 있다. 심지어 고객센터 직원 같은 일선 직원조차도 고객이 겪는 경험의 일부분밖에 보지 못한다. 전후 맥락이 빠진 단편적인 일화만 듣는 것이다.

따로 떨어진 점들을 이으려면, 즉 고객 경험에 관한 조직 내의 다양한 관점을 하나로 묶으려면 큰 그림이 필요하다. 도표가 그 역할을 해준다. 하지만 도표 작성은 최종 목적이 아니다. 도표는 조직 구성원을 논의에 참여시키는 수단이다. 그걸 실현하는 것이 여러분의 일이다.

여러분은 고객이 실제로 경험하는 스토리를 조직에 들려주어야 한다. 따라서 이 시점이 되면 여러분의 역할은 도표 작성자(mapmaker)에서 퍼실리테이터(facilitator)로 바뀐다. 여러분의 목적은 현재 상황과 조직이 고객 경험을 이해하는 방식을 조정하는 것이다. 만약 조직의 현 실태에 대해 구성원들의 의견이 일치하지 않는다면, 어떻게 바람직한 미래의 방향에 동의할 수 있겠는가? 구성원들이 공통된 인식을 갖도록 생각을 바로잡는 일에 도표가 도움이 될 것이다.

정렬 워크숍(alignment workshop)은 관계자들을 모아 외부에서 내부를 보는 시각으로 경험에 집중하게 하는 행사다. 여러분이 구상하려는 콘셉트는 해결과제의 프레임을 만들겠지만, 반드시 당장 실행할 수 있는 것일 필요는 없다.

이 장에서는 그림 8-1에 나오는 워크숍의 네 단계를 설명할 것이다.

- **공감하기:** 외부에서 내부를 보는 시각으로 개인의 경험에 대한 이해를 공유한다.

- **구상하기:** 기회를 발견하고 미래의 솔루션을 상상한다.

- **평가하기:** 빠른 시간 안에 아이디어를 구체적으로 표현한 뒤 평가를 통해 곧장 반응을 확인한다.

- **실험 계획하기:** 마지막으로 실험을 계획하여 가설을 검증한다.

그림 8-1 정렬 워크숍은 공감하기, 구상하기, 평가하기 그리고 구체적인 솔루션에 관한 실험 계획하기로 이루어진다.

다음 단계에서는 계획한 실험을 진행하고, 이후 구체적인 솔루션 설계로 이동한다. 이에 대해서는 다음 장에서 설명하겠다.

8.1 공감하기

여러분 혼자 사람들의 경험을 공감하는 것으로는 충분하지 않다. 다른 사람들도 여러분처럼 깊이 이해할 수 있게 해야 한다. 조직 전체에 공감을 확산시키도록 노력하라. 여기서 내가 말하는 공감이란 일종의 이해이자 포용이다. 다른 사람의 눈으로 세상을 바라보는 것이다.

여기서 한 발 더 나가, 문제를 해결하고 전반적으로 긍정적인 사용자 경험을 만들기 위한 조치를 취함으로써 관계자들에게 공감을 온정으로 바꿀 동기를 부여하려고 노력하자. 이 단계의 목표는 경험이 어떤 모습인지, 사람들은 무엇에 가치를 부여하는지, 어떤 감정이 개입되어 있는지 은연중에 알아차리게 하는 것이다. 도표는 보는 사람에게 경험을 천천히 돌아보게 해, 조직에 이런 유형의 온정을 심어줄 수 있다.

공감 단계는 먼저 현재의 경험을 이해하는 것에서부터 시작한다. 그런 다음 조직이 경험을 얼마나 잘 지원하고 있는지 평가하고, 마지막으로 고유한 가치를 창출하기 위한 기회를 찾는 것으로 끝이 난다.

워크숍의 첫 단계는 참가자들이 모두 모여 여러분의 조사 결과를 검토하는 것이다. 이때 초점은 도표가 되어야 한다. 여기에다 페르소나 등 다른 매핑 작업의 산출물을 덧붙여 보완한다.

특정한 심리 상태나 고충을 강조하기 위해 인터뷰 녹화 영상을 재생해도 된다. 아니면 조사에 참여한 동료로 하여금 현장에서 있었던 이야기를 들려주게 해 생생한 경험이 전달되도록 한다. 실제 세상의 일을 여러분이 목격한 대로 자세하게, 조직에 유의미한 방법으로 전달하는 것이 중요하다.

워크숍 준비가 끝나면, 참가자들을 도표 주위로 불러모은다. 사람들이 도표를 보고 의견을 나눌 수 있게 눈에 잘 띄는 곳에 도표를 붙이도록 한다(그림 8-2). 목적은 함께 도표를 검토하게 함으로써 참가자들을 세부적인 경험에 몰입시키는 것이다. 도표가 여러 장으로 되어 있으면 참가자들을 나눠 조별로 서로 다른 부분을 검토하게 한다.

워크숍은 수동적으로 듣기만 하는 프레젠테이션이 아니다. 참가자들이 적극적으로 의견을 제시할 수 있게 해야 한다. 참가자들을 처음부터 활발하게 논의에 참여시키는 몇 가지 기법이 있다.

도표 위에 쓰게 한다

참가자들이 도표 위에 직접 자기 의견을 기재하고, 도표를 수정하고, 새로운 내용을 추가할 수 있게 한다(그림 8-3). 그래픽 작업까지 마친 멋진 도표라 해도 피드백을 적을 수 있게 해야 한다. 예를 들어 도표를 만들 때 참가자들이 스스로 관찰한 뒤 의견을 기재할 수 있게 여분의 공간을 마련하는 방법도 있다.

논의를 유도한다

방향적 사고(문제 해결과 같이 특정한 목적을 지향하는 사고) 기법을 활용해 참가자들의 논의를 유도한다. 예를 들어 진실의 순간을 찾아보게 한 다음, 각 접점의 상대적 중요성을 논의하게 한다.

스토리를 이야기하게 한다

참가자 모두에게 현장 조사에서 들은 스토리를 이야기하게 한다. 각 단계의 경험에서 고객이 어떤 말을 하는 것을 들었는가? 추가할 만한 증거는 어떤 것이 있는가? 경험을 생생하게 전달할 수 있도록 시나리오를 만들어 역할극을 하게 한다.

그림 8-2 사람들이 주위에 모일 수 있게 눈에 잘 띄는 곳에 도표를 붙인다.

그림 8-3 직접 참가하든 원격으로 참가하든, 워크숍 참가자에게 도표에 의견을 제시할 수 있게 한다.

공감은 도표 자체에서 생기는 것이 아니라, 경험을 깊이 이해하게 해주는 논의에서 생긴다. 퍼실리테이터로서 여러분이 할 일은 의미 있는 논의가 일어나게 하는 것이다. 내 경험에 의하면, 사람들에게 말을 하게 하고, 그 결과 자연스럽게 논의가 일어나게 하는 일은 그다지 어렵지 않다.

비즈니스 종이접기(Bisuness Origami)

비즈니스 종이접기(Business Origami)는 공감과 이해를 쌓기 위한 특별한 매핑 기법이다. 여정 지도의 여러 요소를 표시한 종이 물체를 이용한다. 참가자들은 이 종이 물체들을 물리적 공간에서 이리저리 옮길수 있다. 목적은 다양한 행위자(actor)와 객체(object), 기타 여러 서비스 요소 사이의 상호 작용을 매핑하는 것이다(그림 8-4 참조).

비즈니스 종이접기는 히타치 디자인센터에서 고안되었고, 이후 서비스 디자인 전문가 제스 맥멀린(Jess McMullin)에 의해 2010년경에 더욱 발전되었다. 이것은 단일 인터페이스나 산출물로는 표현하기 어려울 수 있는 서비스 경험의 프로토타입을 만드는 방법이다. 더 중요하게는, 대화와 건전한 토론을 촉진하는 참여형 활동이다.

비즈니스 종이접기에 쓰이는 여러 모양의 종이 물체 세트는 다음 사이트에서 내려받을 수 있다.

· **https://www.citizenexperience.org/2010/04/30/business-origami**

보드 위에서 옮길 수 있는 물체를 이용하는 유사한 기법은 이장 말미에 나오는 크리스토프 탈렉(Christophe Tallec)의 [Case Study]를 참고하길 바란다.

그림 8-4 비즈니스 종이접기는 종이 물체들을 사용해 워크숍 현장에서 서비스 상호 작용을 매핑하는 것이다.

기회를 찾아라

경험 지도는 개선과 혁신의 기회를 포착할 수 있는 스토리를 들려준다. 기회를 찾으려면 조직의 행위와 개인의 경험을 단계별로 비교해 보는 것이 좋다. 워크숍 참가자들이 기회를 발견할 수 있게 하는 방법으로는 다음과 같은 활동이 있다.

진실의 순간을 찾아보게 한다

모두 함께 개인에게 가장 중요한 경험의 순간을 찾아보게 하는 것이다. 여러 가지 색깔의 스티커를 나누어 준 다음, 가장 중요하다고 생각하는 순간을 찾아 스티커를 붙이게 하면 된다. 스티커가 가장 많이 붙은 곳을 중심으로 논의를 진행한다.

조직에 있어 중요한 것에 투표하게 한다

무엇이 조직에 가장 가치가 있는지 찾아보게 하는 것이다. 전체 경험 중 조직에 있어 가장 중요한 순간을 찾아 스티커를 붙이게 한다.

조직 스스로의 수행 정도를 평가하게 한다

내가 가장 좋아하는 활동은 워크숍 참가자에게 각 단계에서 자사 제품이나 서비스가 고객을 얼마나 잘 지원하는지 평가해 달라고 요청하는 것이다. 학교에서 학점을 주는 방식으로 등급을 나누면 참가자 대부분에게 익숙할 것이다. 아니면 간단한 방식의 척도를 새로 개발해도 된다(1~5점이나 그와 유사한 방식). 여러 조로 나누어 작업한다면 모두 모인 뒤 평가 점수를 비교해 보고, 조별로 차이가 나는 점수를 받은 단계를 대상으로 논의를 진행한다.

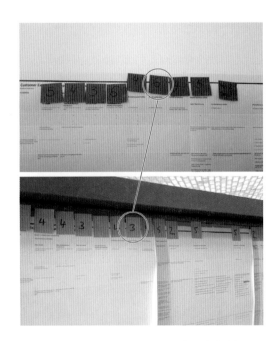

그림 8-5 두 워크숍 조 간 활동 평가 점수가 크게 차이나는 것을 확인할 수 있다.

그림 8-5는 언젠가 내가 진행했던 워크숍에서 같은 도표를 두고 두 조가 각기 평가한 결과를 보여주는 사진이다. 1~6점 척도로, 1이 가장 좋은 점수이고 6이 가장 나쁜 점수다. 한 단계에서 두 조의 점수가 크게 나뉘었다. 한 조는 6점을 주고 한 조는 3점을 준 것이다.

이윽고 낮은 점수를 준 조의 일부 조원이 그 지점에서의 실제 고객 피드백을 잘 알고 있었다는 사실이 밝혀졌다. 다른 조에서는 모르고 있던 고객의 주요 불만 사항과 문제를 최근에 찾아냈던 것이다.

이어진 논의를 통해 모든 팀원이 합의에 이르고 고객과의 공감을 형성하면서, 참가자 전체가 큰 깨달음을 얻었다.

이런 유형의 활동은 다양한 관점을 개입의 최적점에 맞춰 정렬시키는 역할을 한다. 다음 요소의 일부 또는 전부를 강조함으로써 기회를 명확히 드러내도록 노력하라.

- **약점:** 실패 지점을 찾는다. 어떻게 하면 고객 지원을 더 잘할 수 있을까? 니즈가 가장 충족되지 못하는 순간은 언제일까?
- **빈틈:** 지원이 이루어지지 않는 지점을 찾는다. 어떤 고충이 해결되지 않고 있는가? 간과하고 있는 진실의 순간이 있는가?
- **수고:** 사람들이 다음 단계로 나가기 위해 에너지를 가장 많이 소모해야 하는 지점을 찾는다. 어떻게 하면 개인의 노력을 줄여줄 수 있을까? 마찰을 줄이기 위해 할 수 있는 일은 무엇일까?
- **경쟁자:** 여정의 각 단계에서 경쟁자들은 무엇을 하는지 알아본다. 우리가 경쟁자보다 부족한 부분은 어디인가? 경쟁자가 우리보다 만족스러운 경험을 제공할 때는 언제인가?

기회를 도표 위에 시각화하면, 워크숍 참가자들은 뒤로 한 걸음 물러나 조직이 제공하는 서비스의 맥락에서 기회를 생각해 볼 수 있다. 예컨대, 가장 강렬한 인상을 주는 개입 지점에 별표나 아이콘을 덧붙일 수 있다. 일반적으로 더 광범위한 패턴이 눈에 띌 것이다.

예를 들어 언젠가 나는 작가와의 관계를 개선하려고 하는 출판사에 컨설팅을 한 적이 있다. 당시 열린 워크숍에서 우리는, 작가가 원고를 제출한 후에는 출판사와 작가 간 긴밀한 접촉이 유지되지 않는 경향이 있음을 알아냈다.

그림 8-6은 도표 위에 이런 패턴을 표시한 것이다. 노란 막대는 각 단계에서 참가자들이 추정한 작가 개입의 상대적 수준이다. 참가자들은 전 여정에 걸쳐 작가와 접촉을 강화하는 방안에 초점을 맞추었다. 어떻게 하면 작가가 유대감을 더 많이 느끼게 할 수 있을까? 어떻게 하면 작가에게 소속감을 불어넣을 수 있을까?

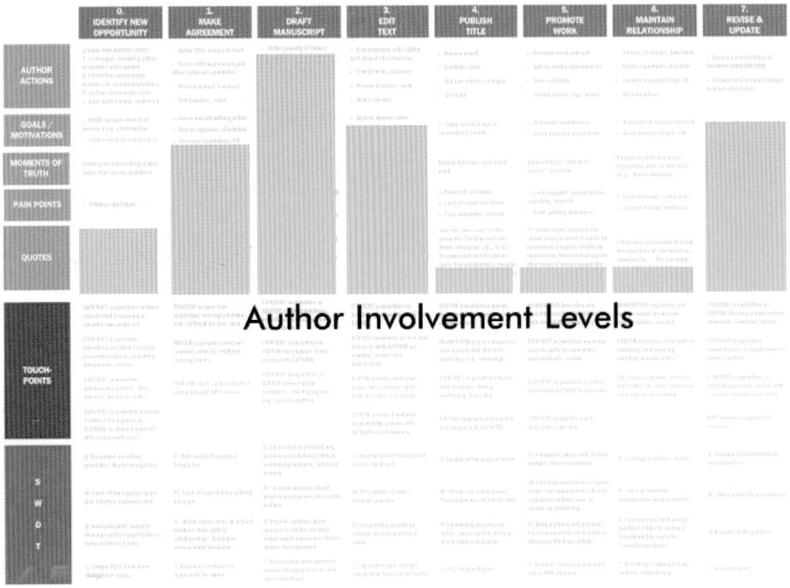

그림 8-6 작가의 경험 지도 위에 간단한 패턴이 나타났다. 출판 단계에서 작가 개입이 줄어드는 것을 볼 수 있다.

이런 식으로 문제 공간을 탐색하다 보니 참가자들의 논의는, 새로운 작가 영입이나 기존 작가와의 편집 과정에서 벗어나 원고가 제출된 뒤의 단계로 넘어갔다. 그때까지 출판사가 소홀히 여기던 단계다. 매핑을 통해 해결과제를 보다 효과적으로, 새롭게 프레이밍할 수 있었다.

독립 컨설턴트이자 디자인 스프린트(Design Sprint)의 대가 제이 멜로네(Jay Melone)는 자신의 문제 프레이밍 방법론에서 매핑을 활용한다.[1] 멜로네는 "문제 프레이밍은 해결할 만한 가치가 있는 문제가 있다는 사실을 입증하는 데 도움이 된다."라고 말한다. 그의 접근 방식은 다섯 단계로 구성되어 있다.

1
멜로네가 New Haircut 블로그에 올린 문제 프레이밍에 관한 4부작 글, <문제 프레이밍 v2: (parts 1-4)(2018. 8)>를 참고하라.

- **문제 발견:** 이후의 재프레이밍 활동에서 다듬을 주요 문제 영역을 찾는다.
- **비즈니스 맥락:** 비즈니스의 상업적 측면과 비즈니스 니즈를 조사한다.
- **사용자 관점:** 고객 니즈와 경험을 철저히 이해한다.
- **비즈니스-사용자 매핑:** 비즈니스 맥락과 사용자 관점을 통합된 도표에 정렬한다.
- **문제 재프레이밍:** 명백하고 실행 가능한 방법으로 문제를 기술한다.

각 단계의 활동은 워크숍 참가자들에게 조직이 직면한 도전 과제와 그 근본 원인을 깊이 이해할 수 있게 해준다. 이때 참가자들은 항상 "해결해야 할 올바른 문제에 초점을 맞추고 있는가?"라는 질문에 열려 있어야 한다. 퍼실리테이터로서, 합의를 도출할 수 있도록 생산적인 방식으로 신중하게 논의를 유도하라. 이런 식의 자기 성찰은 종종 새로운 방식의 문제 기술, 다시 말해 새로운 관점으로 이어지기도 한다.

멜로네는 재프레이밍된 문제 기술에 포함될 다음 네 가지 요소에 초점을 맞추라고 권한다.

- 누가 문제를 겪고 있는가?

- 무엇에 관한 문제인가?

- 언제 문제가 발생하는가? 다시 말해, 어떤 맥락인가?

- 문제 해결이 중요한 이유는 무엇인가? 사용자에게 와닿을까?

그런 다음 브레인스토밍을 하기 위해 관점을 질문으로 바꿔 표현한다. 필요하면 문제를 실행 가능한 덩어리로 잘게 나눈다. 몇 가지 유용한 탐색 기법을 소개하겠다.

어떻게 하면 우리가…?(How might we…?)

명확하게 기술하여 아이디어를 끌어낼 단초를 제공하면, 팀이 구체적인 솔루션을 찾는 데 집중하게 할 수 있다. 이때 사용하는 언어가 중요하다. "어떻게 하면 우리가(How might we)"라는 말로 시작하는 질문은 실패의 두려움 없이 함께 다양한 옵션을 탐색할 수 있다는 안정감을 준다. 그 말은 참가자들이 처음부터 답을 가지고 있는 것은 아니지만 함께 찾아보는 데 전념하겠다고 용인하는 것이다. 예를 들어 나는 그림 8-6의 패턴을 기반으로 워크숍 참가자들에게 이렇게 질문했다. "어떻게 하면 원고를 제출한 뒤에도 출판 과정의 각 단계에 작가를 더 많이 개입시킬 수 있을까요?"

…하면 어떨까?(What if…?)

"…하면 어떨까?(What if…?)"라는 질문은 아이디어를 특정 솔루션 쪽으로 초점을 맞추게 한다.

그래서 이 질문을 하면 브레인스토밍의 범위를 좁힐 수 있다. 예컨대 앞선 출판사 시나리오에서 이런 질문을 하는 것이다. "만약 작가와의 대면 접촉에만 초점을 맞추면 어떨까요?" 관심의 초점을 바꿀 때도 이 질문을 사용할 수 있다. 예컨대 "만약 기존 작가를 활용해 신규 작가를 돕게 하면 어떨까요?"라고 묻는 것이다. 이런 식으로 초점에 제약을 걸면 참가자들이 문제를 더 깊이 파고들 수 있다.

먼저 문제를 악화시킨다

내가 효과를 보았던 또 다른 기법은 어떻게 하면 문제를 악화시킬 수 있을지 궁리해 보는 것이다. 일단 관점에 대한 합의가 이루어지고 나면, 참가자들에게 경험을 지금보다 악화시키는 방법을 생각해 보라고 한다. 개인별로 해도 좋고, 조별로 나누어 해도 된다. 도출된 아이디어를 참가자들과 공유할 때면 몰입도도 높고 웃음을 유발할 때도 많다. 먼저 아이디어 목록을 작성한 후, 항목마다 그 반대 효과를 어떻게 낼 수 있을지 생각해 보게 하라.

> 혁신은 종종 계시 없이 이루어진다. 혁신을 즉시 인식할 수 있을 것이라고 기대하지 마라.

일반적으로 매핑, 특히 정렬 워크숍은 궁극적으로 조직이 해결하고자 하는 문제를 고객 니즈에 맞춰 프레이밍하는 데 도움이 된다. 그 결과로 공유할 관점이 도출되며, 이는 실제 관찰에 기반을 둔 솔루션을 찾는 발판이 된다.

8.2 구상하기

내 경험에 의하면, 도표는 거의 즉각적으로 아이디어를 불러일으킨다. 일반적으로 관계자들은 회사가 제공하는 제품이나 서비스를 향상시킬 여러 가지 방법을 가지고 있다. 도표를 보는 순간 이들의 아이디어가 쏟아져 나오는 것이다. 이들의 관심을 유도하고 에너지를 집중시키는 것은 퍼실리테이터인 여러분의 몫이다.

이 단계에서 워크숍은 현재 경험에 대한 이해에서 가능한 솔루션 구상으로 옮겨간다. 이는 아이디어와 콘셉트를 '넓혀 나가는' 과정이다. 이런 작업 방식을 보통 **확산적 사고**(divergent thinking)라 부른다(그림 8-7). 이 단계의 목표는 하나의 솔루션이나 나아갈 방향을 결정하는 것이 아니라, 여러 가능성을 모색하는 것이다.

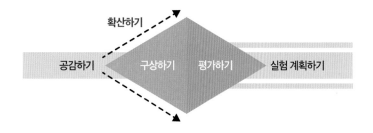

그림 8-7 먼저, 확산적 사고로 다양한 방향과 아이디어를 탐색한다.

먼저 참가자들과 함께 합당한 기대치를 설정한다. 공감하기 단계에서 구상하기 단계로 넘어왔다는 사실을 확실히 인식시켜야 한다. 참가자들에게 확산적 사고의 규칙을 알려준다.

- **양을 추구한다:** 최대한 많은 아이디어를 발굴하는 데 목표를 두어야 한다. 세부 사항은 최소화한다. 아이디어를 걸러 내는 일은 금물이다.

- **판단을 유보한다:** 참가자들이 창의력을 발휘할 수 있는 분위기를 마련해 주어야 한다. 충분히 생각해 보지 않은 아이디어일지라도 부담 없이 말할 수 있어야 한다.

- **아이디어를 발전시킨다:** 제시된 아이디어에 대해 '그렇지만'이라는 말 대신, '맞아, 그리고…'라고 말하도록 해야 한다. 그런 다음 아이디어에 담긴 가치를 발견해 그것을 발전시키는 것이다.

- **대안을 찾아본다:** 처음 제시된 아이디어를 바꾸어 보든지, 대안을 찾아보도록 한다. 처음 제시된 아이디어를 너무 일찍 폐기하면 안 된다.

- **말도 안 되는 아이디어라도 내게 한다:** 아이디어 도출 과정에서 스스로 자기 아이디어를 막지 못하게 해야 한다. 아이디어에 우선순위를 정하고 평가할 기회는 나중에 얼마든지 있다.

- **시각화한다:** 화이트보드나 플립차트를 이용해 아이디어가 나오는 대로 도표로 옮겨 본다. 그런 다음 브레인스토밍을 하면서 새로운 관계나 연결을 찾아본다.

이 작업의 의도는 미성숙한 아이디어를 보호하는 것이다. 다양한 가능성을 수용하고, 여러 아이디어를 결합해 혁신적인 아이디어를 도출할 수 있는 분위기를 조성해야 한다.

초기 아이디어 취합이 끝나면, 보다 혁신적인 아이디어를 도출하기 위해 방향적 사고 기법을 적용한다. 내가 효과를 확인한 두 가지 접근 방식은 '장애물 제거하기'와 '업계의 기본 가정에 도전하기'다.

장애물 제거하기

혁신 및 개선의 기회를 찾는 데 특히 좋은 방법은 현재의 경험에서 무엇이 사람들을 방해하는지 살펴보는 것이다. 도표를 보고 각 단계에서 과제 해결의 걸림돌이 무엇인지 찾는다. 극복해야 할 주요 장애물 유형과 사례 및 장애물 발견 요령을 표 8-1에 요약 정리했다.[2]

2
이 표의 내용은 스콧 앤소니와 동료들의 《혁신가의 성장 안내서(The Innovator's Guide to Growth)(2008)》에서 발췌해 수정한 것이다. 혁신에 대한 장애 요소를 더 알고 싶으면 이 책을 참고하라.

표 8-1 개인이 가치를 얻지 못하게 막는 장애물의 유형

장애물	사례	발견 요령
접근: 일부 경험은 특정 시간대나 특정 장소만으로 제한된다. 물적·인지적 장애 요소도 제기한다.	· 휴대전화는 이동 중에도 전화를 걸거나 받을 수 있게 했다. · 스마트폰으로 어디에서나 인터넷에 접속해 데이터까지 받는다.	개인이 제품이나 서비스를 전혀 소비할 수 없는 경우를 찾아보도록 한다. 가치를 얻는 방법이 차단되어 있지는 않은가?
기술: 필요한 과업을 수행할 능력이 사람들에게 없을 수도 있다.	· 1970년 이전의 컴퓨터는 훈련받은 사람만 사용할 수 있었다. GUI (Graphic User Interface)와 마우스는 1982년에야 세상에 나왔다. · 19세기 말 코닥 카메라가 나와 사진 촬영이 쉬워지기 이전에는 사진을 찍으려면 기술이 필요했다.	프로세스 내 단계가 많다면, 기술이 장애 요소일 것이라는 신호다. 누구나 수행할 수 있게 과업을 단순화하는 방법은 무엇인가?
시간: 제품이나 서비스와 상호 작용하는 데 너무 많은 시간이 소요될 수 있다.	이베이가 나오기 전까지 수집품을 사고파는 일은 엄두를 내지 못할 만큼 시간이 소요되었다.	프로세스 내에서 중단 비율이 높은지 찾아보고 근본 원인이 시간 부족 때문인지 살펴보도록 한다. 프로세스를 줄이기 위해 할 수 있는 조치가 있는가?
금전: 경제적 여유가 없어 사람들이 제품이나 서비스를 구매하지 못할 수 있다.	1970년 이전에는 부유한 사람들만 비행기를 탈 수 있었다.	서비스 비용이 높은 곳이 어디인지 찾아보도록 한다. 같은 서비스를 무상으로 제공할 수는 없는지 자문해 보도록 한다.
수고: 마찰을 줄이는 방법을 찾음으로써 개선이 이루어질 수 있다.	우버가 등장하기 전 택시 잡기는 비와 추위 속에서 하는 '도 아니면 모'와 같은 시도였다. 요금을 내려면 뒷좌석에서 지갑을 더듬어야만 했다.	과업을 마치는 데 소요되는 고객의 시간을 줄이고, 전체 경험에서 마찰을 최대한 제거하는 방법을 찾아보도록 한다.

감정적 요소와 사회적 요소도 고려해야 한다. 예를 들어 콘퍼런스에 참가하는 경험을 살펴보고 있다면, 여러분은 사람들이 발표자에게 질문할 때의 어색함을 두려워한다는 것을 발견할지도 모른다. 이런 감정적·사회적 장애물을 어떻게 극복할 것인가?

업계의 기본 가정에 도전하기

의미 있는 변화의 또 다른 원천은 규칙을 깨트리는 것이다. **파괴적 사고**(disruptive mindset)를 강화하려면, 업계에 전반적으로 퍼져 있는 기본 가정이나 산업을 규정하는 불문율이 무엇인지 찾아내 거기에 도전해 보라.

먼저, 다음 문구를 사용해 업계의 기본 가정을 기술한다. <A>에는 산업 또는 업종의 이름을, <B>에는 기본 가정을 적는다.

<A>에 종사하는 사람은 모두 <B>라고 알고 있다.

처음에는 참가자 모두에게 기술하게 한다. 기본 가정을 최대한 찾아내기 위해 경험의 모든 단계를 활용하여 양을 추구하자. 그런 다음 참가자들에게 진행 중인 프로젝트나 해결과제와 가장 관련성이 높은 가정이 무엇인지 투표하게 한다. 그림 8-8은 내가 진행한 워크숍에서 업계의 기본 가정을 취합한 뒤 우선순위를 정한 모습을 예시한 것이다.

그런 다음 어떻게 하면 그 가정과 반대로 할 수 있을까를 궁리하며, 기술된 각 가정을 변경하거나 뒤집는 방법을 생각해 본다. 어떤 것을 완전히 거꾸로 뒤집을 수 있을까? 어떤 관행과 상투적인 믿음을 깨트릴 수 있을까? 단계나 요소 하나를 완전히 제거하면 어떻게 될까?

다음은 게임 체인저 역할을 한 혁신 사례 몇 가지다. 각각이 업계의 기본 가정을 어떻게 깨트렸는지 살펴보기 바란다.

· 대걸레 업계 사람들은 모두 대걸레는 한 번 구입해 계속 사용하는 것으로 알고 있었

그림 8-8 워크숍에서 업계의 기본 가정에 도전하라.

다. P&G는 Swiffer라는 상품으로 한 번 사용하고 버리는 대걸레를 내놓았다(뒤집기).

· 항공업계 사람들은 모두 승객 좌석은 사전에 지정하는 것으로 알고 있었다. 사우스웨스트항공은 먼저 도착한 사람이 좌석을 선택하게 했다(부정하기).

· 렌터카 업계 사람들은 모두 고객을 대면해야 하고, 하루 단위로 차를 빌려야 하며, 많은 서류를 작성해야 하는 것으로 알고 있었다. Zipcar는 종이 서류를 작성하지 않고 온라인을 통해 시간 단위로 차를 빌릴 수 있게 했다(크기 조정하기).

· 사람들은 경미한 건강 문제라도 항상 병원에서 치료받아야 한다고 알고 있었다. CVS(미국의 대표적인 체인 약국 -옮긴이)의 Minute Clinic은 의사 진단이 필요 없는 제한적인 질환을 치료했다(크기 조정하기).

게임을 바꾸기 위해서는, 먼저 자신이 어떤 게임을 하고 있는지 알아야 한다. 도표는 개인의 관점에서 일반적인 업계 가정을 발견할 수 있는 배경을 제공한다. 시장 관행을 뒤집거나 부정하라고 하면, 참가자들은 틀에서 벗어난 생각을 할 수밖에 없다.

8.3 평가하기

이 시점이 되면 정렬 워크숍 참가자들은 많은 콘셉트를 도출했을 것이다. 이것은 시작에 불과하다. 여기서 끝내면 안 된다. 지금부터는 워크숍에 평가 활동을 도입해야 한다. 다시 말해 확산적 사고에서 **수렴적 사고**(convergent thinking)로 전환해야 한다는 뜻이다(그림 8-9).

아이디어의 우선순위를 정하고, 각 콘셉트의 세부를 구체화한 다음, 즉각적인 피드백을 얻기 위해 빠르게 평가하도록 한다.

도표는 정답을 주지 않는다. 대화를 촉진시킨다.

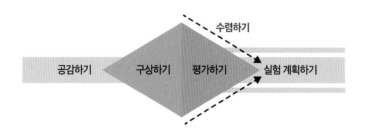

그림 8-9 확산적 사고가 끝나면, 아이디어를 취합해 정리하고 우선순위를 정한다.

우선순위를 정하라

처음 우선순위를 정할 때는 그림 8-10에 예시한 '실현 가능성 대 가치 매트릭스'를 이용하는 것이 좋다. 세로축은 아이디어가 얼마나 실현하기 쉬운지, 다시 말해 실현 가능성을 나타낸다. 가로축은 아이디어가 개인의 경험에 미치는 영향을 나타낸다. 도표와 여러분이 발견한 기회를 이용해 영향력을 평가하라.

목적은 도출한 아이디어를 각 사분면에 배치하는 것이다. 배치가 끝나면 각 사분면 안에 있는 아이디어의 우선순위를 정한다. 여기에 더하여 아이디어의 실현 가능성이 낮으면(즉, 실현하기 어려우면), 실현하기 쉽게 바꾸든지 실현할 수 있는 다른 대안을 강구하든지 혹은 두 가지 방법을 병용하든지 해서, 매트릭스의 위쪽으로 끌어올릴 방법을 찾아볼 수도 있다.

그림 8-11은 언젠가 내가 진행했던 워크숍에서 만든 우선순위 매트릭스다. 창문 틀을 매트릭스의 축으로 이용했다. 참가자들은 예산이나 자원의 추가 투입 없이 엔지니어링 팀이 즉시(문자 그대로 바로 다음 날) 실현할 수 있는, 영향력이 큰 아이디어 다섯 개를 빠르게 찾아냈다.

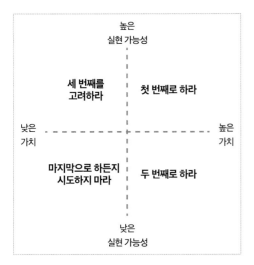

그림 8-10 간단한 우선순위 도표는 경험에 미치는 영향과 실현 가능성을 보여준다.

그림 8-11 실현 가능성과 고객에게 제공하는 가치를 기반으로 아이디어의 우선순위를 정하는 일은 간단한 매트릭스로 가능하다.

먼저 우선순위가 가장 높은 아이디어를 찾은 다음, 가치는 높지만 실현하기 어려운 아이디어로 넘어간다. 보통 이런 아이디어는 기획이나 디자인, 개발 등의 추가 작업이 필요하다. 잠재력이 가장 크고, 참가자들이 열의를 보이는 아이디어를 고르도록 한다. 제품 책임자에게 선택하게 하거나, 참가자들의 합의를 끌어내기 위해 스티커를 붙이는 투표로 선택하면 된다.

구체화하라

혁신은 종종 계시 없이 이루어진다. 혁신을 즉시 인식할 수 있으리라고 기대해서는 안 된다. 먼저 아이디어를 여러 번 반복해 다듬고 발전시켜 나가야 한다. 각 콘셉트를 보여주는 간단한 산출물에 초점을 맞추되, 보는 사람이 알아서 해석하고 학습하게 두자.

가능한 한 빠른 시간 안에, 피드백 받고 싶은 콘셉트를 구체적으로 표현한다. 몇 시간이면 여러분의 아이디어를 형상화해 평가받을 수 있을 것이다. 이렇게 해서 나온 산출물은 여러분 생각의 '결함을 바로잡는' 데 도움을 줄 것이고, 여러분의 아이디어가 가치 있는 것인지 아닌지 신속하게 검증해 줄 수 있을 것이다. 산출물을 만드는 몇 가지 기법을 소개하겠다.

시나리오를 작성한다

콘셉트를 산문체로 자세하게 서술하도록 한다. 의도하는 경험을 가능한 한 상세히 기술한다. 아무리 간단한 콘셉트라도 쉽게 몇 페이지는 텍스트로 채울 수 있다. 다른 참가자들이 읽고 비평하도록 한다.

스토리보드를 만든다

의도하는 경험을 일련의 그래픽 패널로 표현한다. 그런 다음 모두 모여 비평하도록 한다. 그림 8-12에 실제 워크숍에서 만든 스토리보드를 예시했다. 당시 우리는 참가자들의 의견을 토대로 한 콘셉트를 보류하기로 했다.

그림 8-12 스토리보드는 아이디어를 시각적으로 보여준다. 비교적 적은 수고로 아이디어를 평가할 수 있다.

2부 · 경 험 매 핑 프 로 세 스

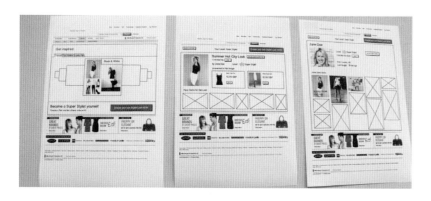

플로차트를 작성한다

아이디어의 흐름을 단계별로 나타내는 플로차트를 작성하도록 한다. 그러면 요소 간의 관계나 전체의 움직임을 한눈에 볼 수 있다.

아이디어를 스케치한다

다른 사람과 공유할 수 있게 제품이나 서비스를 간단하게 스케치하도록 한다.

그림 8-13 와이어프레임을 이용해 정렬 워크숍에서 도출한 아이디어를 빨리 구체화할 수 있다.

와이어프레임을 만든다

제안하는 상호 작용을 간략하게 설명하는 간단한 화면을 만든다(그림 8-13).

Low-Fi 프로토타입을 제작한다

InVision과 같은 온라인 도구를 이용하면 몇 시간 만에 쉽게 간단한 소프트웨어 프로토타입을 만들 수 있다. 핵심 흐름에 대한 피드백을 받을 수 있을 정도로만 만들면 된다.

하루 일정의 워크숍이라도 실제 제품의 프로토타입을 만들 수 있다. 언젠가 나는 온라인 쇼핑 사이트를 운영하는 대기업에서 워크숍을 진행한 적이 있었다. 당시 우리는 배송 경험을 개선하는 아이디어에 초점을 맞추었다. 우리는 근처에 있는 포장재 가게에 가서 적당한 크기의 상자를 구입한 다음, 아이디어에서 구상한 것과 비슷하게 목업(Mockup)을 만들었다. 그런 다음 이 목업을 이용해 바로 잠재 고객의 피드백을 얻을 수 있었다.

피드백하라

가능한 한 빠른 시간 안에, 워크숍 기간 중에라도, 여러분이 구상한 콘셉트에 대한 피드백을 받는다. 통제된 엄격한 조사를 하자는 것이 아니라, 이상적인 솔루션에 대한 여러분의 추정이 맞는지 빨리 확인하자는 것이다. 여러분이 구상한 콘셉트는 문제를 올바르게 해결하고 있는가? 여러분은 올바른 방향으로 나아가고 있는가?

잠재적 최종 사용자의 피드백을 받아 여러분의 아이디어를 평가하는 몇 가지 간단한 기법을 소개하겠다.

복도 평가

워크숍에 참가하지 않은, 가까이 있는 사람의 피드백을 받는다. 예컨대 다른 팀의 동료로부터 여러분이 구상한 콘셉트에 대한 초기 피드백을 바로 받는 것이다. 사무실이 멀리 떨어져 있다면, 화상 회의를 통해 워크숍에 참가하지 않은 동료에게 피드백을 달라고 요청한다.

온라인 평가

Usertesting.com처럼 콘셉트나 시제품에 대한 피드백을 온라인으로 제공해 주는 서비스도 있다. 보통 몇 시간 내에 결과가 나온다.

표적 그룹(focus group)

워크숍 시작 전에 직접적인 피드백을 제공할 사람을 미리 뽑아 둔다. 두세 사람으로 구성된 작은 표적 그룹에 구상한 콘셉트를 보여주고 그들의 반응을 살핀다.

그림 8-14 정렬 워크숍에서 콘셉트 평가를 통해 잠재적 솔루션 사용자로부터 바로 피드백을 받고 있다.

Think-aloud 인터뷰

진행자가 인터뷰 참가자에게 워크숍에서 만든 프로토타입이나 산출물과 상호 작용하며 그때그때 자기 생각을 말하게 한다. 표적 그룹과 같이 미리 참가자를 뽑아 두어야 한다. 그림 8-14는 언젠가 내가 진행했던 워크숍에서 콘셉트 평가가 이뤄지는 장면이다. 평가는 별도의 방에서 진행되었고, 워크숍 참가자들은 비디오 카메라를 통해 그 모습을 볼 수 있었다.

피드백을 취합한 뒤 참가자들과 논의의 시간을 갖는다. 변경이 필요한지 아니면 구상한 콘셉트를 완전히 폐기할지 결정한다. 어느 쪽이 되었든, 평가 과정에서 배운 내용을 잊지 말고 새로운 아이디어 구상에 참고하도록 한다.

이 단계의 전반적인 목적은 먼저 해결하고자 하는 문제를 이해한 뒤, 워크숍에서 만든 산출물(스토리보드, 도표, 프로토타입 등)을 이용해 구상한 콘셉트에 대해 빠른 피드백을 받는 것이다. 본격적인 솔루션 개발에 들어가기 전에 올바른 문제를 해결하고 있다는 확신을 갖기 위해서다.

추정 디자인(PrD)은
팀을 해결과제에 맞춰
정렬시킨다

수행자

리오 프리시버그(Leo Frishberg)

나는 UX 전략가로서, 제품 담당 팀에 근무할 때든 외부 컨설턴트로 일할 때든, 솔루션 개발을 추진할 때만큼 섬세하고 정교하게 문제를 검증하지 못하는 조직들을 목격했다. 만약 우리가 과업을 수행할 때 사용하는 프로세스(민첩하고 반복적인 실험)를, 전략과 문제 검증 작업에 적용해 보면 어떨까? 어떻게 하면 우리가 전략을 실행하느라 자원을 낭비하기 전에 그 전략을 '실험'해 볼 수 있을까?

나는 이런 질문을 해결하기 위해 찰스 램딘(Charles Lambdin)과 함께 《추정 디자인(Presumptive Design: Design Provocations for Innovation)》이라는 책을 썼다. 추정 디자인(Presumptive Design, 이하 PrD)은 전략적이거나 기능적 수준에서 문제 검증에 초점을 맞춘 디자인 기반의 조사 방법론이다. PrD는 문제를 구체화한 산출물을 만드는 것으로 시작한다(**창작 단계**).

그런 다음 참가자들은 자신이 만든 산출물을, 문제를 겪는 (그렇다고 추정되는) 사용자에게 가져간다. 이 **평가 단계**에서 사용자는 자신이 받은 산출물을 사용해 문제 해결을 시도한다. 이런 과정을 몇 번 거치면 참가자들은 사용자의 실제 문제가 무엇인지 알게 된다. 이 과정을, 참가자들이 해결할 가치가 있는 문제를 발견할 때까지 반복한다.

2015년 조지아주 애선스에서 열린 UXStrat15 콘퍼런스 도중 찰스와 짐 그리고 나는 두 번에 걸쳐 진행한 워크숍에서 PrD를 적용할 기회가 있었다(그림 8-15). 먼저 짐이 진행한 경험 매핑 워크숍에서 참가자들은 추정된 전략적 문제를 구체화한 도표를 작성했다. 가상의 도시 관광국이 자기네 웹 사이트를 새로이 활성화하면, 미션(관광객 수 증가)과 지원 활동 증대가 성취될 것이라 믿는다는 가정이었다.

그림 8-15 UXStrat15 참가자들이 제안된 콘셉트에 즉각적인 피드백을 제공하기 위해 도표를 평가하고 있다.

곧이어 진행된 두 번째 워크숍에서 참가자들은 잠재적 관광객에게 피드백을 받기 위해 다음과 같은 글이 적힌 도표를 내밀었다. "여러분이 여행을 하고 있다고 상상해 보세요. 도표를 보고 어떤 단계를 밟아 여행 계획을 세울지 표시하세요."

짧은 이 두 번의 워크숍을 통해 관광국은 웹 사이트 활성화 전략에 대한 피드백을 받았다. "하지 마세요!" 그 전략을 폐기하라는 것이었다. 웹 사이트가 문제가 아니었다. 대신, 관광객 경험의 다른 부분을 살펴봄으로써 미션을 성취할 방법을 찾는 편이 나을 것 같았다.

결국, PrD는 일반적인 사용자 중심의 디자인 접근 방식을 비튼 것이다. 일반적인 디자인 프로세스는 조사 작업부터 시작하지만, PrD는 사용자가 반응을 보일 수 있는 산출물(여정 지도, 스케치, 철사로 만든 모형 등)을 만드는 것부터 시작한다. 이 산출물은 해결해야 할 문제가 맞는지 검증하는 실험적 조사의 중심이 된다.

PrD는 다음과 같은 방법으로 사람들을 올바른 해결과제에 맞춰 정렬시킨다.

- 책임자와 내부 관계자에게 자신의 추정을 구체화한 '솔루션'을 만들게 한다. UXStrat15 사례에서 관광국은 웹 사이트를 새로이 활성화할 필요가 있다고 추정했다.

- 내부 관계자들의 추정(가설, 문제 기술, 가능한 솔루션)을 신속히 주요 관계자(주요 고객 또는 사용자) 앞에 내놓는다. UXStrat15 사례에서 실제 여행자들은 워크숍 참가자들이 만든 도표와 무관하게 행동함으로써 관광국의 당초 전략에 결함이 있다는 것을 보여주었다.

- HiPPO(highest paid person's opinion, 연봉이 가장 높은 사람의 의견)가 문제 검증에 미치는 영향을 줄여준다. 제안된 접근 방식이 틀렸다는 사실을 디자인 팀이 안다고 해도, 그것이 어떻게, 어느 정도 틀렸는지 보여줘야 하는데 PrD를 이용하면 이 데이터를 빨리 확보할 수 있다.

- 일련의 반복 실험을 통해 문제 공간('모르는 무지', 모른다는 사실조차 모르는 것)에 대한 참가자들의 이해도를 높인다.

수행자 소개

리오 프리시버그(Leo Frishberg)는 20년 이상 아테나헬스, 인텔, 홈디포 같은 기업에서 사용자 중심의 혁신을 이끌어 온 경험이 있는 전략가 겸 디자인 관리자 겸 사상가다. 프리시버그는 찰스 램딘과 공동 집필한 《추정 디자인》에서, 미래를 만드는 데 따르는 위험을 줄이는 혁신적 방법론을 설명하고 있다.

8.4 정렬 워크숍 진행하기

도표는 답을 주는 것이 아니라 논의를 촉진하는 도구다. 워크숍 퍼실리테이터로서 여러분의 역할은 그런 논의가 일어나게 하는 것이다. 대면이 되었든 원격이 되었든 여러분이 할 일은 철저한 준비로 시작해, 워크숍 진행으로 넘어간 뒤, 확실한 후속 조치를 하는 것이다.

1. 준비하기

사전에 정렬 워크숍 계획을 잘 세운다. 어떤 조직에서든 하루 종일 혹은 며칠 동안 직원들을 워크숍에 참여시키는 것은 어려운 일이다. 초기 제안서에 워크숍 계획을 포함시키고, 행사 일정도 미리 잡아 놓는다. 도표 작성에 들어가기 전에 잡아 놓는 것도 좋다. 워크숍은 매핑 프로세스의 일부다.

정렬 워크숍은 한자리에 모여서 할 수도 있고, 원격으로 할 수도 있다. 대면 참가와 원격 참가를 혼합한 워크숍은 피하는 것이 좋다. 이런 혼재된 상황에서는 상호 작용의 균형을 맞추기가 매우 어렵다. 대면으로만 하든지 원격으로만 하는 것이 최선이다.

논의를 촉진하기 위해 어떤 환경을 조성하는 것이 좋을지 생각해야 한다. 대면 워크숍이라면 방해받지 않기 위해 평소 일하던 곳을 벗어난 장소를 확보하는 것이 좋다. 나는 이동이 자유로운 넓은 방을 선호한다.

일반적으로 대면 워크숍은 하루 일정으로 진행하지만, 며칠 동안 할 수도 있다. 원격 워크숍이라면 시간을 나누어 진행하는 방법을 고려해 보라. 예컨대 한 번에 8시간을 하는 것보다 4시간씩 나누어 이틀에 걸쳐서 하는 것이 참여도를 높일 수 있다.

휴식 시간과 다과, 친교 활동 등도 계획한다. 예컨대 워크숍 공간을 벗어난 곳에서 점심을 먹을 수 있게 준비하면 분위기도 전환되고 오후에 집중도를 높이는 데도 도움이 된다. 워크숍을 잘 진행하려면 적절한 도구와 자료도 준비하고, 전체적인 흐름도 미리 생각해 두어야 한다. 참가자들의 워크숍 경험을 구성할 모든 세부 사항을 고려하라.

정렬 워크숍은 포괄적인 활동이므로 조직 내에서 다양한 역할을 수행하는 여러 관계자를 참여시키도록 한다. 목표는 조직 외부 전문가 등 다양한 관점에서 나온 조언을 폭넓게 받아들이는 것이다. 이런 시각에서 보면 원격 워크숍이 유리할 수도 있다. 직접 올 수 없는 동료들도 워크숍에 참가할 수 있기 때문이다. 참가자 수는 6~12명이 가장 효율적이다. 물론 더 많아도 괜찮다.

사전에 참가자에게 역할을 부여하고, 기대하는 것이 무엇인지 명확히 알려준다. 원격 워크숍에서는 이것이 특히 중요하다. 주요 역할은 다음과 같다.

- **퍼실리테이터:** 워크숍을 진행하는 사람이다. 도표 작성자가 이 역할을 맡는 것이 이상적이다. 보조 진행자의 도움을 받을 수도 있다.
- **조장:** 조별로 나누어 워크숍을 진행할 계획이라면, 각 조에 한 명씩 조장을 선정해 논의와 과업 진행을 맡긴다.
- **의사 결정권자:** 양쪽 의견이 팽팽할 때 최종 결정을 내리거나, 필요한 경우 자원 투입에 관련한 사업적 결정을 할 수 있는 고위 관계자의 참여를 요청한다.
- **디자이너:** 구상한 콘셉트를 구체적으로 표현하는 데 도움을 줄 수 있는 디자이너, 또는 그런 역할을 할 사람을 포함시킨다.
- **업계 전문가:** 참가자에게 외부의 목소리를 들려주는 것도 고려해 본다. 사전에 외부 전문가의 역할을 공지한다.
- **평가 진행자:** 필요하면 사용자 평가를 진행할 수 있는 사람도 포함시킨다.
- **토론 참가자:** 그 외 워크숍에 참여하는 모든 사람이 해당된다.

이 장 앞부분에서 설명한 대로, 바람직한 상호 작용의 모습을 반영한 워크숍 일정을 짠다. 사전 계획 없이 진행하는 것도 괜찮지만, 미리 일정을 짜 놓으면 차질 없이 워크숍을 끌고 갈 수 있다. 참가자들이 한곳에서 근무하지 않는다면, 서로 떨어져 있는 사람들에게 워크숍 전후에 어떤 과제를 수행하게 해야 워크숍의 효율성을 극대화할 수 있을지 생각해야 한다.

원하는 결과를 염두에 두고 다음 순서에 따라 워크숍을 진행한다. 경험을 이해하고(공감하기), 통찰을 바탕으로 우선순위에 따라 솔루션을 탐색한 뒤(구상하기), 앞으로 나아갈 방향을 선택한다(평가하기). 핵심은 워크숍 중에 세 단계를 모두 거쳐 목표를 달성하는 것이다. 그림 8-16a는 수준 높은 하루 일정의 워크숍을 예시한 것이다.

그림 8-16b와 8-16c에 예시한 것처럼 2~3일 일정으로 진행하는 것도 가능하다. 목적은 어떤 솔루션으로 다음 단계의 실험을 할지 결정하기 전에, 세 단계의 사고 모드(공감하기, 구상하기, 평가하기)를 몇 번 반복해서 거치는 것이다.

원격으로 진행할 경우에는 하루 일정의 워크숍을 반나절짜리 둘로 나

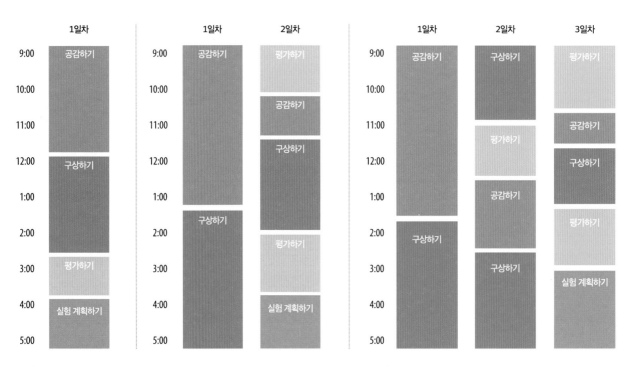

그림 8-16a 하루 일정의 워크숍은 상호 작용의 세 단계를 거친다. 후속 실험을 계획하는 시간도 있다.

그림 8-16b 이틀 일정의 워크숍은 실험을 계획하기 전에 정렬 워크숍 단계를 두 번가량 거칠 수 있다.

그림 8-16c 사흘 일정의 워크숍에서는 실험을 계획하기 전에 공감하기, 구상하기, 평가하기 과정을 여러 번 반복하는 것이 가능하다.

눌 수 있다. 참가자들이 분산되어 있다면 더 잘게 쪼개 두 시간짜리 워크숍을 네 번 진행한다. 이때는 워크숍의 효율성을 높이기 위해 사전, 사후 과제를 더 많이 내주는 것이 좋다.

정렬 워크숍이 시작되기 1주일 전에 짧게 한 번 모일 것을 권한다. 나중에 시간을 절약하기 위해 이때 자료를 배포하고, 서로 인사시키고, 기대치를 설정한다. 원활한 워크숍 진행을 위해 사전 과제를 내주고, 워크숍에 참석하기 전에 해당 주제에 대해 생각해 보게 한다.

2. 워크숍 진행하기

참가자가 모두 모이면 기대치를 설정한다. 참가자들과 워크숍 일정을 다시 한 번 검토하고, 이들에게 후속 작업이 필요하다는 사실도 알려준다. 논의는 워크숍과 함께 끝나는 것이 아니라 계속 진행되는 것이다.

간단한 워밍업을 한 뒤 도표에 표시된 경험에 초점을 맞춘다. 도표가 워크숍의 중심이 되어야 한다. 그런 다음 경험에 공감하기부터 시작해 콘셉트를 탐색한 뒤 평가하는 방식으로 앞에서 설명한 형식을 따른다.

- **현재 경험을 이해한다:** 경험을 내재화하는 연습부터 시작한다. 도표를 통해 사람들이 현재 겪는 경험을 자세히 살펴보고, 평가하게 하는 것이다.
- **확산적 사고를 촉진한다:** 브레인스토밍은 새로운 아이디어를 불러일으키는 가장 중요한 방법이다. 이 장에서 설명한 몇 가지 기법과 함께 도표를 아이디어 발상의 발판으로 삼는다.
- **산출물을 만든다:** 빨리 아이디어를 스케치하고, 그림으로 옮긴 뒤, 프로토타입을 만든다. 워크숍 공간은 이사회 회의실이 아니라 프로젝트 전쟁 상황실 같은 모습이어야 한다. 정렬 워크숍은 일하는 모임이다.
- **콘셉트를 선택한다:** 고객과 조직에 가치가 높은 아이디어에 집중해야 한다.
- **평가한다:** 앞서 설명한 대로 우선순위가 높은 콘셉트부터 신속하게 평가한다.

이와 별도로, 친교 활동을 계획한다. 지금까지의 사례로 보았을 때 참가자들은 같은 팀에서 근무해 본 적이 없는 경우가 많다. 대면 워크숍이라면 저녁 식사 자리와 같이 서로 어울릴 수 있는 시간을 마련한다. 원격으로 진행하는 경우라면 일정을 짤 때 팀 빌딩 활동을 포함시킨다. 지속적인 협업을 위해서는 참가자들이 사적으로 친해지는 것이 중요하다. 서로 잘 알면 신뢰와 존중이 생기고, 이렇게 쌓인 신뢰와 존중은 작업의 성공에 큰 도움이 된다.

3. 후속 조치하기

정렬 워크숍은 실현 가능한 결론을 만들어 내는 창의적 작업이다. 정렬 활동은 워크숍과 함께 끝나는 것이 아니다. 워크숍이 끝난 후에도 모멘텀이 계속 유지될 수 있게 해야 한다. 참가자들과 협력을 유지하고, 작업의 결과물을 공유할 수 있는 방법을 생각해 보자.

- **워크숍에 대한 피드백을 받는다:** 워크숍 자체에 대한 간단한 설문 조사를 한다. 워크숍 마지막에 구두로 할 수도 있고, 간단히 온라인으로 할 수도 있다. 목적은 앞으로 있을 워크숍의 개선 방안을 강구하기 위한 것이다.

- **도표를 업데이트한다:** 워크숍에서 나온 피드백을 반영해 도표를 업데이트한다. 참가자들이 추가한 내용이나 제시한 의견을 도표에 포함시키는 것이다. 원래 도표와 다른 도표를 만들 수도 있다.

- **자료를 배포한다:** 워크숍 결과물을 취합한 뒤 참가하지 않은 사람들에게 배포한다. 보다 다양한 관계자에게 워크숍 결과를 발표할 수 있도록 별도의 회의 일정을 잡는다.

- **도표를 눈에 띄도록 한다:** 도표를 다양한 형식으로 만들어 자주 보이게 한다. 크게 인쇄해 사무실 벽에도 붙여 놓고, 책상 가까이 두고 볼 수 있게 전단 형식으로도 만들어 나누어 준다. 프레젠테이션 자료를 만들거나 기타 문서를 작성할 때도 도표를 삽입하도록 한다. 원격 근무를 한다면, 관계자들과 소통할 때마다 PDF로 만들어 배포하거나 도표에 링크를 걸어 놓는다.

또한, 다음 장에서 설명하는 것처럼 계획한 실험이 실제로 수행될 수 있게 해야 한다. 실행 계획을 세우고 실험별로 책임자를 정해 모멘텀을 잃지 않도록 한다. 필요하면 매주 체크포인트를 두어 진행 상황을 파악한다.

요약
SUMMARY

도표는 경험을 중심으로 조직을 정렬하기 위한 수단이다. 그러나 도표는 정답을 주지 않으며, 대신 논의를 촉진시킨다. 사람들이 주위에 모여 이야기를 나누면서 자신들이 만든 경험을 이해하게 되는 캠프파이어와 같다.

이 단계에서 여러분의 역할은 조사자 겸 도표 작성자에서 퍼실리테이터로 바뀐다. 목표는 두 가지다. 조직 내부의 시각을 외부 세계에 맞춰 정렬하는 것과 거기서 얻은 통찰을 이용해 새로운 아이디어를 불러일으키는 것이다. 정렬 워크숍은 세 가지 활동 즉, 공감하기, 구상하기, 평가하기를 번갈아 하며 진행된다.

도표를 경험의 프로토타입으로 생각하라. 그러면 워크숍 참가자들이 고객의 입장에 서서 보게 된다. 정렬 워크숍이 시작되면 먼저 참가자들에게 도표를 자세히 살펴보게 한 뒤, 각 단계에서 조직의 수행 정도를 평가하게 한다. 그런 다음 조직의 약점과 빈틈, 중복 지점뿐 아니라 경쟁사의 수행 정도까지 알아본 뒤 기회를 찾도록 한다. 도표는 해결해야 할 올바른 문제를 프레이밍하는 데 도움이 된다.

가능한 솔루션을 구상한다. 잠재력이 가장 큰 아이디어를 선택해 구체적으로 표현한다. 시나리오와 스토리보드, 와이어프레임 등의 기법을 이용하면 신속하게 진행할 수 있다. 이렇게 만든 산출물을 이용해 다른 사람들의 피드백을 받는다. 그 결과를 평가한 뒤 다시 앞의 과정을 반복한다.

하루 일정의 워크숍에서도 간단한 평가 정도는 할 수 있다. 예컨대 외부인을 몇 사람 초빙해 스토리보드나 스케치에 대해 비평을 구하는 것이다. 가능한 한 여러 번 앞의 과정을 반복하고, 워크숍이 끝난 후에도 계속 반복하기 위한 계획을 세운다. 원격 워크숍일 경우에는 시간을 더 잘게 쪼개 진행하고, 워크숍 사이에 평가를 하거나 고객 피드백을 받는다.

워크숍을 진행하는 것은 쉬운 일이 아니다. 많은 준비가 필요하다. 매핑 프로젝트는 도표 완성과 함께 끝나거나 워크숍과 함께 끝나는 것이 아니다. 조직에 열의를 불러일으켰다면, 그 모멘텀을 유지할 방안을 강구하라. 다음 장에서는 어떻게 이 모멘텀을 기획으로, 궁극적으로는 개발로 전환할지에 대해 설명할 것이다.

Case Study

수행자

크리스토프 탈렉(Christophe Tallec)

고객 여정 매핑 게임

다양한 분야의 관련 직원들이 함께 모여 작업하는 것은 힘든 일이다. 엔지니어링 팀에서 왔든, 사업 팀에서 왔든, 대외 정책 팀에서 왔든, 팀의 목표와 관점에 따라 밖을 보는 시각이 다를 것이기 때문이다.

서비스 혁신 분야의 선도적인 회사 We Design Services(WDS)는 이런 복잡한 환경에서 의사소통을 촉진하기 위해 **고객 여정 매핑 게임**을 개발했다. 이 게임에서는 고객 여정을 참가자들의 상호 작용을 위한 촉매제로 사용한다. 여러 형태로 게임이 가능하지만, 게임의 일반적인 과정은 다음과 같다.

1. **게임 준비하기:** 게임을 시작하기 전에 관련된 접점과 정보 유형에 따라 수영장 레인처럼 선을 그은, 빈 여정 워크시트를 준비한다. 그런 다음 있음직한 접점을 나타내는 카드 세트를 비치한다. 카드는 관련된 영역과 상황에 따라 달라질 것이다.

2. **페르소나 선택하기:** 참가자들에게 페르소나를 선택하게 하면서 게임이 시작된다. "누구의 여정을 매핑하겠습니까?"라고 질문하면 된다.

3. **목표 설정하기:** 선택한 페르소나의 목표를 정의한다. 전반적인 니즈는 무엇인가? 어떤 과제를 해결하려고 하는가?

4. **접점 배열하기:** 선택한 페르소나가 경험하리라고 예상하는 순서대로 접점을 배열한다. 팀원들 모두가 참가하도록 한다.

5. **숙고하기**: 여러 접점에 걸쳐 있는 경험에서 패턴들을 찾는다. 부족한 점이나 문제가 있는가? 감정의 고점과 저점은 어디인가? 조직의 기회는 어디에 있는가?

6. **반복하기**: 페르소나 또는 목표를 바꾸어 이 과정을 되풀이한다. 여정이 어떻게 달라지는가? 여정들 사이에 공통적인 패턴은 무엇인가? 익스트림 유저(extreme user)라면 접점을 어떻게 경험할 것인가?

우리는 공동 창작 활동을 위해 관계자들을 불러 모아 한 프랑스의 대도시를 가지고 이 기법을 시범적으로 사용해 보았다. 목표는 도시의 교통 체계를 새로 만드는 것이었다.

이 프로젝트는 각기 다른 관점을 가진 여러 분야의 사람을 테이블로 불러 모아 진행하는 것이어서 아주 힘든 작업이었다(그림 8-17). 자동차 제조사에서 온 사람, 대기업 상사에서 온 사람, 대중교통 회사에서 온 사람, 노동조합에서 온 사람뿐만 아니라 일반 이용자도 있었다.

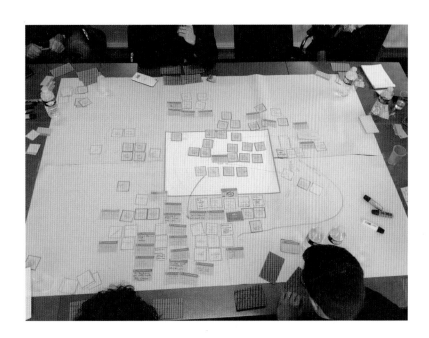

그림 8-17
고객 여정 매핑 게임에 워크숍 참가자 전원이 참여하도록 한다.

게임이란 방법론을 도입하다 보니 어느 한 분야의 참가자만 쓰는 언어가 아니라, 참가자 모두 공통으로 쓸 수 있는 언어가 생겨났다. 이 언어 덕분에 다양한 관계자들 사이에서 공통의 가치를 발견할 수 있었다.

이 초기 워크숍을 통해, 참가자가 모두 모여 고객 여정을 매핑하는 것이 공통의 접점이나 관심사, 가치 창출 방안을 시각화하는 데 효과적인 수단이라는 사실이 확인되었다. 참가자들에게도 깜짝 놀랄 만한 경험이 되었다.

이 워크숍이 끝나고 참가자들은 대체로 팀의 단결이나 여러 기능의 협업이 강화되었다는 느낌을 받았다고 보고했다. 하지만 안타깝게도 지방자치단체가 지역 생태계를 활성화하기 위해 이 기법을 사용하는 경우는 거의 없다.

근본적인 문제는 사일로화된 사고에 있다. 고객 여정 매핑 게임을 활용하면, 팀 간의 벽을 깨뜨리고 기업 구성원들이 전체적인 시각에서 협력적으로 생각하게 할 수 있다.

우리는 다른 기업을 대상으로도 이 방법을 사용해 보았다. 그 결과 서로 다른 관점을 가진 사람들을 정렬하면, 새로운 사업 기회가 보인다는 사실을 변함없이 확인할 수 있었다.

그림 8-18은 게임이 완전히 끝난 상태를 보여준다. 나는 폴 칸(Paul Kahn)과 함께 이러한 고객 여정 매핑 게임을 개발했다. 또 같은 게임의 온라인 버전도 개발했다. 해당 템플릿은 다음 URL에 접속하면 된다.

· http://prezi.com/1qu6lq4qucsm/customer-journey-mapping-game-transport

그림 8-18 고객 여정 매핑 게임을 마친 후의 게임판 모습이다. 기본 여정 프레임워크 위쪽에
팀에서 나온 조언들이 기록되어 있다.

수행자 소개

크리스토프 탈렉(Christophe Tallec)은 Hello Tomorrow의 파트너이자 상무이사다.
Hello Tomorrow는 당대의 가장 시급한 산업, 환경, 사회적 과제를 해결하고자 하는
미션 중심의 컨설팅 회사다. 그는 디자인, 과학, 기술, 시스템 사고에 열정적이다. 탈
렉은 과거 프랑스에서 We Design Services(WDS)를 설립하여 에어버스, 세계은행
등 글로벌 기업과 함께 일한 바 있다.

chapter

미래 경험 구상: 올바른 솔루션 설계하기

머리말에서 나는 고객과 공감할 것을 촉구했다. 그러기 위한 방법은 명확하다. 여러분의 제품이나 서비스를 안에서 밖이 아니라 밖에서 안을 보는 시각으로 보면 된다. 새로운 솔루션을 구상하기 전에 공감을 진전시키는 것도 중요하다. 공감을 형성하는 것과 온정의 행위로써 공감을 적용하는 것은 구분되어야 한다.

나는 과거 이런 함정을 경험했다. 이전에 내가 일하던 회사에서 몇 사람이 팀을 꾸려 2개월 동안 비공개로 행사 기획을 돕는 새로운 콘셉트 개발에 매달린 적이 있었다. 팀원들은 잠재 고객과 아무런 접촉도 갖지 않았다.

대상 사용자와 밀접히 접촉해 본 사람 눈에는 이 솔루션에 심각한 결함이 있다는 사실이 바로 보였다. 실제 사용자의 니즈를 해결하지도 않았고, 그들의 멘탈 모델과도 맞지 않았다. 팀원들의 열정에도 불구하고 그들의 제품 콘셉트는 시작부터 실패할 운명이었다. 만약 처음에 해결과제를 잘 정의했더라면 시간을 낭비하지는 않았을 것이다.

그렇다고 내가 대규모 사전 조사를 옹호하는 것은 아니다. 오래 할 필요는 없다. 게다가 매핑은 팀이 개인의 경험에 대한 공통 이해를 제고하고 문제를 프레이밍하는 데 도움이 된다. 이런 이유로 이 책에서는 지금까지 **현재 상태의 시각화**, 즉 현재 상황을 있는 그대로 담은 도표에 초점을 맞춰오고 있다.

그러나 공감을 형성하고 그것을 목표로 삼을 적절한 기회와 연결한 뒤에는, 실현할 구체적인 솔루션을 설계해야 한다. 이 모든 것이 도표 작성자(mapmaker)로서 여러분의 역할 중 일부다. 단지 조사하고 도표를 작성하는 것에서 끝나지 않는다는 뜻이다. 거기다 솔루션 공간으로 나아가는 강력한 후속 조치도 계획해야 한다.

이 장에서는 매핑을 실현 가능하게 만드는 몇 가지 방법에 대해 논의할 것이다. 먼저 정렬 워크숍 마지막에 계획한 실험을 수행한다. 그다음 스토리라인, 디자인 지도, 사용자 스토리 맵을 이용해 미래 경험을 어떻게 설계할 것인가 고려해 본다. 마지막으로 매핑 프로세스를 지속적으로 유지할 수 있는 방법을 강구한다. 고객과의 공감은 결코 끝나서는 안 된다.

9.1 실험 수행하기

새로운 가치를 창출하는 데는 불확실성이 따른다. 정렬 워크숍에서 콘셉트에 대한 초기 피드백을 받아보았더라도, 제시된 사용 맥락에서 여러분이 제안한 혁신에 시장이 어떻게 반응할지는 여전히 알 수 없다.

정렬 워크숍에서 참가자나 관계자들과 함께 올바른 기대치를 설정하는 것이 중요하다. 워크숍 결과물은 실현할 준비가 된 콘셉트가 아니라 평가가 필요한 가설이다. 주요 콘셉트를 구체화하고 실험을 통해 사업성을 입증하려면 아직도 많은 작업이 필요하다.

먼저, 계속 진행하기로 한 각 콘셉트에 대해 명시적인 가설 문장을 만든다. 이는 구조적으로 세 가지 부분으로 구성된다.

우리는 [개인, 고객, 사용자 등]에게 [솔루션, 서비스 등]을 제공한다고 믿는다.

우리가 기대하는 결과는 [기대하는 성과, 예상되는 효과 등]이다.

이런 사실은 [결과, 측정할 수 있는 효과 등]을 보면 알 수 있을 것이다.

가설을 믿음의 문장으로 표현한 점에 주목하라. 시장에 내놓기 전까지는 실제 효과를 알 수 없기 때문이다. 결과를 측정할 수 없다면 가설을 시험할 수 없다는 사실도 알아야 한다. 측정 지표를 포함해야 한다.

그런 다음 몇 주에 걸쳐 실시할 실험 계획을 세운다. 다음과 같은 구체적인 접근 방식이 있다.

- **설명 동영상:** 서비스를 설명하는 동영상을 제작해 인터넷에 유포한다. 트래픽과 응답률을 보고 관심도를 측정한다.
- **랜딩 페이지:** 여러분이 제안한 서비스의 가상 출시를 알리는 랜딩 페이지('가짜 진열창'이라고도 부른다)를 만든다.
- **프로토타입 평가:** 구상한 콘셉트대로 작동하는 프로토타입을 만든다. 잠재 고객을 대상으로 평가해 보고, 과업 완성도나 만족도 같은 구체적인 요소를 측정한다.
- **컨시어지 서비스:** 서비스의 시뮬레이션 버전으로 시작한다. 매우 적은 수의 잠재 고객을 초대해 수동으로 서비스를 제공한다.
- **기능 제한 제품 출시:** 한 가지나 두 가지 기능만 작동하는 서비스 버전을 만든다. 그런 다음 그 기능의 성공 여부와 선호도를 측정한다.

이 방법들을 조합하는 것도 가능하다. '린 기법'을 다룬 최근 문헌에 익숙한 사람들이라면 이 접근 방법 중 일부를 알고 있을 것이다. 시장 실험을 정의하고 수행하는 방법에 대해 더 알고 싶은 사람은 에릭 리스(Eric Ries)의 《린 스타트업(Lean Startup)》과 애시 모리아(Ash Maurya)의 《린 스타트업(Running Lean)》 그리고 제프 고델프(Jeff Gothelf)와 조시 세이던(Josh Seiden)이 공동 집필한 《린 UX(Lean UX)》를 읽어 보길 바란다.

중요한 것은 워크숍이 끝난 뒤 후속 조치를 하겠다는 사전 약속을 받아 놓아야 한다는 것이다. 언젠가 내가 진행했던 경험 지도 탐색으로 시작하는 1박 2일의 정렬 워크숍을 예로 들어 보겠다. 우리는 쉽게 수십 개의 콘셉트를 도출하고, 우선순위를 정해 몇 개로 좁힌 뒤 좀더 다듬어 워크숍 기간에 평가까지 마쳤다.

참가자 중에 프로젝트 관리자가 있었는데, 이 사람이 실험을 진행할 프로젝트 계획을 세웠다. 우리는 워크숍이 끝난 뒤에도 계속해서 콘셉트를 다듬어 나갈 시간도 확보했다. 따라서 콘셉트와 개략적인 프로토타입 제품만으로 워크숍을 끝마친 것이 아니라, 추가 실험 계획과 자원을 확보함으로써 프로젝트를 계속 진행할 계획도 세워 놓았던 것이다.

프로젝트 팀은 전문 그래픽 아티스트를 고용해 주요 콘셉트 중 하나를 대상으로 스토리보드를 만들었다. 그런 다음 이 스토리보드로 음성 오디오 트랙이 들어간 동영상을 제작했다. 스토리보드와 동영상을 만드는 사이에 원래의 콘셉트는 내용이 조금 바뀌었고 범위도 확장되었다. 단순히 콘셉트를 구체화하는 것으로 우리는 많은 것을 배우고 변화를 만들었다.

우리는 이 동영상을 랜딩 페이지에 올렸다. 베타 버전이 출시되면 알림을 받기를 원하는 방문자에게는 신청할 수 있게 했다(그림 9-1). 신청자에게는 3개 문항의 간단한 질문을 했다. 우리가 가장 유익할 것으로 생각했던 부분에서는 평가가 좋지 않았고, 중요하게 생각하지 않았던 부분에서 높은 평가를 받았다. 우리는 우선순위를 조정했고 그에 맞춰 콘셉트를 수정했다.

이 접점을 통해 우리는 일정 기간에 발생한 웹 사이트의 트래픽과 베타 버전 신청자 수를 측정할 수 있었고, 설문에 대한 반응을 확인할 수 있었다. 우리는 사람들의 동기를 더 잘 이해하고, 우리가 제안한 가치의 어떤 점이 마음에 들었는지 알아보기 위해, 신청자 몇 사람을 선정해 깊이 있는 대화도 나누었다. 결국, SnapSupport는 워크숍에서 시작되었던 것과는 좀 다른 모습으로 바뀌었다.

MIT의 마이클 슈라지(Michael Schrage)는 실험을 통해 비즈니스 가치를 입증하는 공식적인 방법, 일명 '5x5 기법'을 제안한다. 다섯 명씩 다섯 개 팀을 구성해 5일 동안 일련의 실험을 진행하겠다는 것이다. 그런 다음 각 팀에 5,000달러씩 주고 5주 동안 자기네가 구상한 실험을 수행하게 한다.

이 실험의 목적은 제품이나 서비스 또는 어떤 기능을 출시하는 것이 아니라, 어떤 솔루션이 문제를 가장 잘 해결하는지 알아보는 것이다. 작은 실험이어도 큰 영향을 미칠 수 있는 통찰을 줄 때가 있다. 따라서 여러분의 역할은 도표 작성자에서 퍼실리레이터로 바뀌기만 하는 것이 아니며, 올바른 후속 조치가 제대로 시행되도록 책임도 져야 한다.

그림 9-1 SnapSupport는 실제 작동하는 프로토타입을 만들기도 전에 콘셉트 동영상과 랜딩 페이지를 제작해 콘셉트에 대한 시장 반응을 살펴보는 것부터 시작했다.

아이디어는 과대평가되어 있다

아이디어를 끄집어내는 일은 재미있다. 중독성까지 있다. 나는 디자인 리더로 일하면서 수없이 많은 콘셉트 도출 워크숍을 진행해 봤기에 알 수밖에 없다. 나를 일종의 아이디어 중독자라고 불러도 좋을 것이다.

아마 여러분도 몇 시간 또는 며칠 동안 사람들과 함께 모여 아이디어를 도출하는 브레인스토밍을 해 본 경험이 있을 것이다. 참가자들은 "최대한 많은 아이디어를 내라"는 말을 듣는다. 워크숍이 끝날 때쯤이면 수백 가지 아이디어가 벽에 붙어 있을 수도 있다(그림 9-2). 여기서 성공은 암묵적으로 접착식 메모지 숫자로 측정된다.

하지만 아이디어의 양은 거의 문제가 되지 않는다. 나는 충분한 아이디어가 없는 조직을 만나본 적이 없다. 실제로 대부분의 조직은 어떻게 실행에 옮겨야 할지 모르는 아이디어의 바다에서 헤엄치고 있다. 그런데도 우리는 계속해서 아이디어 더미를 쌓아올리는 일에만 몰두하고 있다.

한 가지 문제는 아이디어의 라이프사이클을 다윈주의적 시각으로 보는 것이다. 우리는 최고의 아이디어라면 그 장점들 덕에 저절로 떠오를 것이라고 가정한다. 이 논리에 따르면, 아이디어를 많이 발굴할수록 산술적으로 보았을 때 그중 몇이 살아남을 가능성이 높아질 것이다.

하지만 대부분의 조직 의사 결정은 그렇게 이루어지지 않는다. 최고의 아이디어는 단순히 더미에서 나타나지 않는다. 그보다는 어떤 조직에서든 아이디어를 억누르는 자연적인 힘이 작동한다. 좋은 아이디어든 나쁜 아이디어든 상관없다. 그중 가장 큰 힘은 불확실성이다. 불확실성이야말로 기업의 대표적인 아이디어 항체다.

쉽게 말해, 새로운 아이디어는 아무리 High-Fi 프로토타입으로 잘 표현되어도 관리자에게는 위험을 무릅써야 할 도박을 의미한다.

많은 아이디어가 처음 떠올랐을 때는 대단히 뛰어나 보인다. 우리는 "바로 이거야! 이거면 회사를 살릴 수 있어!"라며 확신한다. 하지만 어려운 결정을 내려야 할 때가 되어 그런 순진한 생각이 현실에 직면하면, 가장 좋은 아이디어조차 금방 시들어 버린다.

좋은 아이디어는 너무 많은 약속을 하고, 기대에 미치지 못하는 결과물을 내놓는다. 또, 관심을 받았다면 백조로 바뀌었을 '미운 오리 새끼' 아이디어에 에너지를 쏟지 못하게 한다.

문제는 처음부터 훌륭한 아이디어라는 것을 알아차리기가 (불

그림 9-2 많은 아이디어를 도출하기는 쉽다. 하지만 그것으로 끝나서는 안 된다.

가능하지는 않다고 하더라도) 어렵다는 것이다. 우리는 모든 것이 딱 들어맞는다고 느끼는, '바로 이거야' 하는 순간이 올 것으로 생각한다. 하지만 혁신은 어떤 느낌일까? 여러분이 뭔가 대단한 아이디어를 마주하고 있다는 것을 어떻게 알 수 있을까?

혁신의 역사는 가장 심오하며 삶을 뒤바꾸는 혁신조차 처음에는 그렇게 인식되지 못했다는 것을 보여준다. 스콧 버쿤(Scott Berkun)이 그의 책 《이노베이션 신화의 진실과 오해(The Myths of Innovation)》에서 강조했듯이, 대부분의 혁신은 계시 없이 찾아온다.

라이트 형제의 첫 비행을 보자. 그 역사적 순간을 목격한 사람은 몇 명 되지 않았다. 라이트 형제가 첫 번째 비행기를 팔기까지는 무려 6년이나 걸렸다. 형제의 발명으로 인해 수십억 달러의 산업이 탄생하리라 예측한 사람은 아무도 없었다.

우리는 아이디어의 기원에 집착한다. 하지만 아이디어가 어떻게 시작되는지만큼이나 아이디어가 조직 내에서 어떻게 끝나는지에도 관심을 기울여야 한다. 우리는 아이디어의 자연적 라이프사이클과 조직이 어떻게 앞으로 나아가는지에 대해 솔직해져야 한다.

내 말은 올바른 기대치를 설정하는 것은 여러분 몫이라는 뜻이다. 이것은 접착식 메모지에 아이디어를 적는 것은 기나긴 반복 과정에서 시작에 불과하다는 사실을 받아들임으로써 시작된다. 회의실 벽에 붙은 접착식 메모지에서 바로 실행으로 넘어갈 수는 없다. 아이디어에서 현금 흐름을 만들어 내기까지 몇 년이 걸릴 수도 있다.

물론 조직은 혁신의 기간을 단축하려고 노력한다. 하지만 혁신은 콘셉트 단계, 기술 단계, 비즈니스 개발 단계 등 각 단계에서의 지속적인 재발명 과정이다. 다행히 모멘텀을 유지하기 위해 이용할 수 있는 몇 가지 간단한 방법이 있다.

- **아이디어 개발을 계속 진행 중인 프로젝트로 관리한다:** 아이디어 발굴 워크숍이나 브레인스토밍 워크숍에 프로젝트 관리자를 참여시킨다. 워크숍에 참가한 뒤 프로젝트 관리자의 주 역할은 워크숍 결과물을 실천 가능한 단계로 잘게 쪼개는 것이다. 아이디어가 나올 때마다 프로젝트 관리자에게 아이디어를 지속해서 발전시킬 수 있는 계획을 세우게 한다.

- **결과로서의 실험을 목표로 한다:** 정렬 워크숍의 결과에 대해 실험을 수행한다. 어느 정도 자존심을 굽혀야 하는 일이지만, 이렇게 하면 올바른 기대치를 설정할 수 있다.

- **욕심을 줄인다:** 엄청난 혁신만을 목표로 삼아서는 안 된다. 물론 모든 사람이 자기 업계의 차세대 아이팟을 만들고 싶겠지만, 크다고 항상 좋은 것은 아니다. 그것보다는 작은 것을 많이 만들자. 여러분의 아이디어가 얼마나 크게 될지는 아무도 모른다.

- **시작하기 전에 자원을 확보한다:** 콘셉트 도출을 시작하기도 전에, 지속적인 실험을 수행할 수 있도록 조치해 놓는다. 실험에 전념할 소규모 팀을 구성한다. 예산도 미리 확보해 둔다. 간단한 실험이라면 4~8주 정도밖에 걸리지 않을 것이고, 예산도 몇 천 달러면 될 것이다.

- **간단한 테스트를 한다:** 몇 번이고 아이디어를 고칠 준비를 해야 한다. 실제 세계의 피드백을 받고 그에 맞춰 수정하다 보면, 초기 아이디어와는 전혀 다른 아이디어가 될 수도 있다.

아이디어 만세!

지금까지 한 말이 자유로운 형식의 브레인스토밍을 하지 말라는 뜻은 아니다. 아이디어 도출은 사람들을 하나로 묶고, 창의적 근육을 단련할 수 있는 안전한 장을 제공하는 건전한 직원 경험이다.

중요한 것은 아이디어 자체가 과대평가되어 있다는 사실을 염두에 두어야 한다는 점이다. 비즈니스 의사 결정은 스케치를 기반으로 이루어지지 않는다. 성공할 기회를 원한다면, 현실적인 기대치를 설정하고 비즈니스 관점에서 아이디어를 입증할 준비를 해야 한다.

9.2 도표로 새로운 경험 설계하기

매핑은 실제 세계를 관찰한 결과를 시각적으로 나타내는 매우 중요한 방법이다. 또 한편으로 매핑은 특히 복잡하거나 포괄적인 경험적 맥락에서, 새로운 솔루션의 경험을 묘사하는 생산적 기법이 될 수도 있다. 팀은 처음부터 끝까지의 경험을 볼 필요가 있으며, 그래야만 그 경험에 적합한 제품과 서비스를 디자인할 수 있다. 모든 경험을 통제할 수 없다 해도 마찬가지다.

전체적인 경험을 파악하기 위해 적용할 수 있는 '매핑 사고방식'에 관한 몇 가지 기법이 있다. 여기에는 미래 지도와 스토리라인, 디자인 지도 그리고 사용자 스토리 맵이 있다.

미래 지도(To-Be Map), 또는 대상 상태 청사진(Target State Blueprint)

앞에서 언급했듯이 이 책은 현재(as-is) 지도에 초점을 맞춘다. 이는 고객과 공감하고 고객을 이해하기 위해 현재 겪고 있는 경험을 이해하자는 것으로, 곧 기회의 발굴로 이어진다. 하지만 가끔은 미래 지도를 생각해 보고 싶을 때가 있을 것이다. 미래 지도는 **미래 상태 지도**(future state map)나 **대상 상태 청사진**(target state bluprint)이라고도 불린다.

이름에서 알 수 있듯, 미래 상태 지도는 아직 존재하지 않는 솔루션의 경험을 보여준다. 현재 상태 지도와 달리 조사를 기반으로 한 것이 아니며, 그 대신 잠재적 경험의 비전을 표현하여 새로운 서비스를 만드는 팀원들 사이의 의사소통 도구 역할을 한다.

미래 경험을 매핑하는 데는 몇 가지 방법이 있다. 나는 웬만하면 미래 지도를 별도로 작성하지 않고 현재 상태 지도에 덧붙인다. 그림 9-3에 예시한 것처럼 도표 아래에 덧붙이는 것이다. 이렇게 하면 현재에서 미래로 이동하기 위해 어떤 전환이 필요한지 한눈에 보여줄 수 있다. 원인과 솔루션을 한 자리에서 포착하는 것이다.

하지만 미래 상태에서는 상호 작용의 흐름이 달라질 때도 있고 단계들

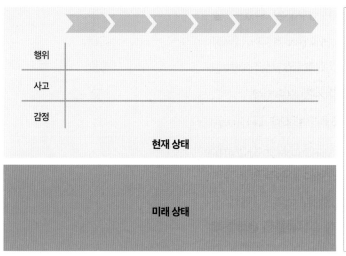

행위

사고

감정

현재 상태

미래 상태

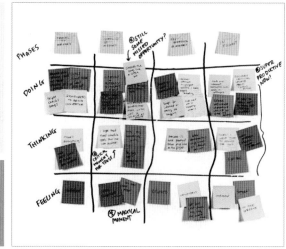

그림 9-3 현재 상태와 미래 상태를 한 곳에 매핑하면 둘 사이의 관계를 보여줄 수 있다.

그림 9-4 IBM의 간단한 미래 지도 작성 방법을 이용하면 대상에 대해 의도된 경험에서 '마법의 순간'을 찾을 수 있다.

의 시간 순서가 달라질 때도 있다. 예컨대 택시를 타는 경험 지도는 우버를 이용하는 경험 지도와 시간 순서가 다를 것이다. 우버의 경우 요금 결제 방법은 차를 타기 전에 결정되고, 목적지도 이용자가 승차하기 전에 운전자에게 전달되며, 팁은 훨씬 뒤에 지급된다. 이럴 때는 완전히 별도의 도표를 작성해야 구상한 미래 상태를 잘 보여줄 수 있을 것이다.

IBM의 Enterprise Design Thinking 툴 키트에는 미래의 시나리오 지도를 작성하는 구체적인 방법이 들어 있다. 웹 사이트(https://www.ibm.com/services/business/design-thinking)에 따르면, 이 방법은 사용자 미래 경험의 비전을 작성해 아이디어가 사용자의 현재 니즈를 어떻게 충족할지 보여주기 위한 것이다.

먼저 가로줄을 그어 네 칸을 만든 뒤 각 칸에 '단계', '행위', '생각', '감정'이라는 이름을 붙인다. 그런 다음, 개별로 하든 그룹으로 하든 이상적인 경험을 상상해 접착식 메모지에 써서 각 칸에 붙인다. 이상적인 미래 상태와 현재 상태를 비교해 보고, 어디가 좋고 어디가 나쁜지 찾아본다. 기회는 어디에

미래 경험 구상: 올바른 솔루션 설계하기

있는가? 솔루션을 차별화할 수 있는 '바로 이거야' 하는 순간은 어디에 있는가? 그림 9-4에 있는 '마법의 순간'을 참고하자.

스토리라인(Storyline)

스토리텔링은 비전을 전달하는 수단이 될 뿐만 아니라 복잡한 문제를 이해하는 데도 도움을 준다. 《사용자 여정(The User's Journey: Storymapping Products That People Love)》을 쓴 디지털 제품 전략가 도나 리초(Donna Lichaw)에 따르면, 스토리텔링의 원칙을 이용해 제품이나 서비스를 디자인할 수 있다.

리초는 이렇게 하기 위해 거의 모든 스토리에 공통으로 적용되는, '**이야기 전개 곡선**'이라 불리는 구성을 이용한다(그림 9-5). 이 구성은 아리스토텔레스까지 거슬러 올라갈 수 있다. 문화를 불문하고 수천 년 동안 스토리를 구성할 때 사용되어 온, 시간을 초월한 형식이다.

'이야기 전개 곡선'은 다음 단계를 거친다.

1. 발단: 좋은 스토리는 초반에 배경을 설정한 다음 인물과 상황을 제시한다.

2. 사건 유발: 무언가가 잘못되거나 상황에 변화가 생기는 시점이다.

3. 전개: 좋은 스토리는 시간이 지나면서 점점 발전해 간다. 스토리가 진행됨에 따라 사건이 강렬해지고 행동이 늘어난다.

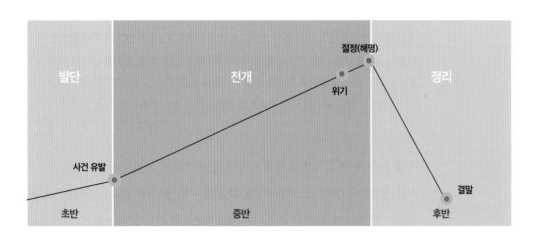

그림 9-5 전형적인 '이야기 전개 곡선'은 사건이 전개되어 절정에 도달한 다음 결말에 이른다.

4. 위기: 갈등이 최고조가 되어 스토리가 극에 이른다. 돌아올 수 없는 지점이다.

5. 절정(해명): 스토리에서 가장 흥미로운 부분으로, 듣는 사람이 모든 일이 잘 해결 될 것이라고 인지하는 시점이다. 사건 유발 단계에서 표면화되었던 문제가 해결 되는 시점이기도 하다.

6. 정리: 아직 끝나지 않고 남은 스토리가 더 있다. 절정이 지난 다음 행동이 줄어들 면서 스토리는 끝을 향해 간다.

7. 결말: 스토리가 최종적으로 끝나는 시점이다. 원래 상태로 되돌아가는 것이 일반 적이다.

스토리라인의 요점은, 스토리텔링이 아니라 마치 스토리를 꾸며 가듯 제품이나 서비스를 만드는 것이다. 바꿔 말하면, 설계 프로세스 자체에 '이야 기 전개 곡선'을 접목하는 것이다. 리초는 이렇게 하려면, 이상적인 여정을 기 승전결에 맞춰 매핑하는 작업부터 하라고 권한다. 그런 다음 이 흐름을 기반 으로 제품이나 서비스를 설계하면 된다.

그림 9-6에 '이야기 전개 곡선'을 이용해 디지털 서비스의 콘텐츠를 기획하는 모습을 예 시했다. 목적은 사용자의 여정을 극적이고 흥 미로운 스토리로 만드는 것이다. 그 결과는 매 력적으로 고객 니즈를 충족시키는 서비스의 콘 텐츠와 특성을 위한 전략이다.

디자인 워크숍에서 '이야기 전개 곡선' 을 이용하는 방법은 어렵지 않다. 리초는 리스 허버트(Lis Hubert)와 함께 쓴 〈스토리매핑: 콘텐 츠 전략에 대한 맥가이버식 접근(Storymapping: A MacGyver Approach to Content Strategy)〉이라는 글 에서 그 과정을 다음과 같이 설명한다.

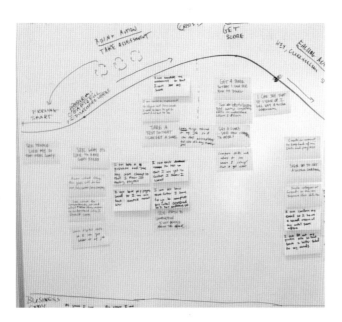

그림 9-6 워크숍에서 '이야기 전개 곡선'을 이용해, 구상한 콘텐츠를 표현한 그림. '전개'와 '결말' 단계가 보인다.

1. 다양한 분야의 관계자들을 모아 워크숍을 개최한다.

2. 화이트보드에 기승전결 구성으로 사용자 여정을 그린다.

3. 단계마다 사용자가 요구할 만한 서비스 콘텐츠를 각각 적는다.

4. 그 아래 기존의 서비스 콘텐츠를 적는다.

5. 기존 서비스 콘텐츠의 빈틈과 약점을 찾아낸다.

6. 우선순위를 정한 다음 폭넓은 서비스 콘텐츠 전략을 수립한다.

이 과정을 따르면 유의미하고 일관된 서비스 콘텐츠 전략이 수립된다. 일반적으로 이 전략은 전 팀을 공동의 목표에 맞춰 정렬시키고, 보다 매력적인 서비스를 만들어 낸다.

변신을 추구하라

단순히 연결하고, 기쁨을 주고, 긍정적 경험을 제공하기만 하는 제품이나 서비스는 오래가지 못한다. 필요한 것은, 사용자가 어떻게 행동할지 상상하기 위한 더 나은 방법이다.

마이클 슈라지가 자신의 저서 《고객이 어떤 사람이 되길 바라는가?(Who Do You Want Your Customers to Become?)》에서 설명한 단 하나의 질문 'The Ask'를 떠올려 보자. 슈라지의 주장에 따르면, 성공적인 혁신은 단순히 사용자에게 다른 무엇인가를 하라고 요구하지 않는다. 대신 다른 사람이 되라고 요구한다.

예컨대 19세기 말 조지 이스트먼(George Eastman)은 단순히 값싸고 사용하기 쉬운 자동카메라를 발명한 것이 아니라 **사진사**를 새로 만들어 냈다. 이스트먼의 혁신 덕분에, 그 이전에는 훈련받은 전문가들만 할 수 있었던 일을 누구나 할 수 있게 되었다.

'The Ask'의 렌즈를 통해 보면, 구글은 단순히 정교한 검색 알고리즘이 아니다. 구글은 모든 사람을 **검색 전문가**로 만들었다. 이베이는 또 어떤가? 인기 있는 이 상거래 플랫폼 덕분에 새로운 유형의 **기업가**가 탄생했다.

하지만 사람들이 원하지 않는 모습이 되라고 요구하는 혁신은 보통 실패로 끝나고 만다. 세그웨이를 예로 들어 보자. 세그웨이는 우리에게 어떤 사람이 되기를 요구하는가? 헬멧을 쓰고 인도를 따라 달리는 미친 과학자? 아니면 다른 보행자보다 몇 십 센티 커 보이는 경찰관? 아니면 그냥 **스쿠터 탄 괴짜**(그림 9-7)?

또 다른 예로는 맥도날드의 '슈퍼사이즈' 광고를 들 수 있다. 사업적인 측면에서는 매우 효과적인 전략이었다. 맥도날드에 발생하는 추가 비용은 얼마되지 않았고, 고객은 지불한 돈보다 훨씬 많은 양을 받아 갔다. 하지만 이 전략은 고객에게 **건강하지 않은** 사람이 되라고 요구하는 것이었다. 이 전략은 회사 명성에 손상을 입히는 것으로 끝을 맺었다.

앞에 소개한 사례를 표 9-1에 요약해 보았다. 제품이나 서비스가 사람들에게 미친 긍정적 또는 부정적 변신 효과를 보여준다.

그림 9-7 세그웨이는 사람들이 원하지 않는 모습이 되라고 요구한다.

표 9-1 몇 가지 혁신적 제품이나 서비스가 사람들에게 미친 긍정적 또는 부정적 변신 효과

코닥	= 카메라	> 사진사
구글	= 검색 엔진	> 검색 전문가
이베이	= 상거래 플랫폼	> 사업가
그렇지만…		
세그웨이	= 새로운 유형의 탈 것	> 스쿠터 탄 괴짜
슈퍼사이즈	= 지출 대비 높은 가치	> 건강하지 않은 사람

The Ask를 정렬 도표에 적용하는 방법은 다음과 같다.

1. 도표의 주요 단계에서 "우리는 고객이 어떤 사람이 되길 바라는가?"라는 질문을 던진다.

2. 가능한 답을 수합한 뒤 가장 좋은 답을 고른다.

3. 주요 단계마다 이 과정을 반복한다.

4. 브레인스토밍을 통해 솔루션을 도출한다.

그림 9-8은 브랜든 샤우어(Brandon Schauer)가 작성한 서비스 청사진이다. 여정의 단계마다 'The Ask'에 대한 가상의 대답을 도표 위쪽에 덧붙였다.

'The Ask'는 진정으로 열망하는 사고와 변화하는 혁신의 문을 열어 준다. 솔루션이 아니라 결과를 가지고 시작하기 때문이다. 결과 중심의 브레인스토밍은 일반적으로 이전 정렬 워크숍에 비해 탁월하면서 새로운 아이디어를 도출해 준다.

그림 9-8 단계마다 The Ask에 대한 가상의 대답을 서비스 청사진 위쪽에 덧붙인다.

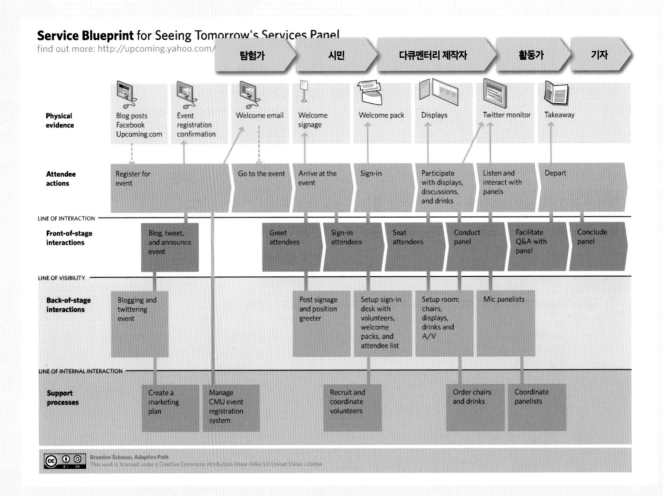

2부 · 경 험 매 핑 프 로 세 스

디자인 지도(Design Map)

디자인 지도는 이상적인 경험을 팀 수준에서 매핑한 간단한 도표다. 타마라 애드린(Tamara Adlin)과 존 프루트(John Pruitt)는 공저《퍼소나(The Essential Persona Lifecycle)》의 10장에서 이 도표의 작성 기법을 설명한다.

디자인 지도 매핑은 접착식 메모지와 화이트보드만 있으면 되는 간단한 작업이다. 결과물은 이상적인 미래 경험을 보여주는 지도다. 지도는 네 가지 기본 요소로 구성되는데, 요소별로 각기 다른 색깔의 메모지를 사용한다.

- **단계**: 파란색 메모지에 해당 페르소나가 밟는 프로세스 내 각 단계를 적는다.
- **설명**: 초록색 메모지에 각각의 행위를 더 자세히 적어 넣는다. 생각이나 감정, 고충도 기재한다.
- **질문**: 노란색 메모지에 팀원들이 해당 경험에 대해 갖는 의문 사항을 적는다. 이는 지식의 공백이나 제시된 경험의 추정을 드러낸다.
- **콘셉트**: 분홍색 메모지에 더 나은 서비스를 제공할 수 있는 콘셉트를 적는다.

그림 9-9는 가상의 앱을 대상으로 작성한 디자인 지도의 예다. 파란색

그림 9-9《퍼소나》에서 설명한 기법으로 만든 디자인 지도

LUCAS DOWNLOADS THE APP	LUCAS CREATES AN ACCOUNT	LUCAS ALLOWS HIS CAMERA, EMAIL AND CONTACTS TO BE ACCESSED	LUCAS BUYS A NEW PRODUCT, E.G. ELECTRONICS	LUCAS TAKES A PICTURE OF A BARCODE WITH THE APP	THE SYSTEM AUTOMATICALLY CONNECTS TO THE RIGHT USER MANUAL	(LATER) LUCAS HAS A PROBLEM WITH THE PRODUCT	LUCAS ACCESSES THE APP OR THE WEBSITE	LUCAS OPENS THE USER MANUAL	LUCAS AUTOMATCALLY CONTACTS CUSTOMER SUPPORT	LUCAS SPEAKS WITH AN AGENT	- OR - LUCAS CAN FIND A SERVICE PROVIDER IN HIS AREA
THE APP IS FREE	WE WILL OFFER SOCIAL SIGN IN	WILL PEOPLE ALLOW THEIR CONTACT INFORMATION FOR THIS APP?	OVER TIME, WE CAN MAKE RECOMMENDATIONS FOR PRODUCTS AND STORES	THE SYSTEM NEEDS A DATABASE OF BARCODES	THE SYSTEM AUTOMATICALLY REGISTERS IT FOR WARRANTY	WE CAN OFFER A "PANIC BUTTON" IF LUCAS JUST WANTS HELP NOW	THE WEBSITE IS ALWAYS IN SYNC WITH THE APP	IF HE CAN'T FIX THE PROBLEM, HE CAN CONTACT CUSTOMER SUPPORT RIGHT AWAY	WITH ONE CLICK, THE APP FINDS THE SUPPLIERS CUSTOMER SUPPORT	THE PHONE TAKES OVER, BUT THE APP IS STILL RUNNING	WHAT ABOUT COST OF A SERVICE PROVIDER?
THERE IS A DIRECT LINK FROM OUR HOMEPAGE	WHICH SOCIAL NETWORKS SHOULD WE ALLOW?			CAN PEOPLE ALWAYS FIND THE PRODUCT BARCODES?		WILL HE REALLY REMEMBER THAT HE LISTED IT IN THE APP?		THE MANUALS CAN BE INTERACDTIVE		WE CAN PASS THE INFORMATION TO THE AGENT SO SHE ALREADY HAS A HISTORY	WILL PEOPLE TRUST THE SERVICE?
WHAT IS OUR REVENUE MODEL EXACTLY?				THE APP AUTOMATICALLY FOCUSES ON THE BARCODE - NO BUTTON REQUIRED		WE CAN PUSH NOTIFICATIONS IF A WARRANTY EXPIRES		THE APP REMINDS HIM IF THE WARRANTY IS GOOD OR NOT			WE TAKE A CUT OF THE COST AS A FINDERS FEE

미래 경험 구상: 올바른 솔루션 설계하기

으로 표시된 '단계'는 지도 최상단에 시간순으로 배열되어 디자인 지도의 기초를 이룬다. 설명, 질문, 아이디어는 각 단계 아래에 접착식 메모지로 붙여서 상호 연결 격자를 형성한다.

애드린과 프루트는 팀원들이 동시에 디자인 지도에 매달리지 말라고 권한다. 취지는 공동 사무 공간에 지도를 걸어 놓고, 팀원들이 개별적으로 지도 매핑에 힘을 보태게 하는 것이다. 며칠 혹은 몇 주에 걸쳐 머리에 떠오르는 대로 질문이나 콘셉트를 덧붙이면 된다. 이렇게 하면 시간이 지남에 따라 자연스럽게 지도의 내용이 풍부해진다.

워크숍에서도 미래 경험을 구상하기 위해 디자인 지도를 이용할 수 있다. 언젠가 나는 세 조로 나누어 진행한 정렬 워크숍에서 이 기법을 이용한 적이 있다. 먼저 각 조는 우리가 목표로 삼은 세 가지 경험 중 하나를 골라 이상적인 단계의 흐름을 작성했다. 각 단계를 상세히 묘사한 설명도 덧붙였다.

그런 다음 각 조에서 작업한 디자인 지도를 다른 조로 넘기게 했다. 각 조는 새로 받은 디자인 지도에 있는 단계와 설명을 읽어 본 후, 색깔이 다른 접착식 메모지를 이용해 질문을 적어서 붙였다.

마지막으로 디자인 지도를 한 번 더 돌리게 했다. 이번에 할 일은 앞에서 적어 넣은 단계와 설명, 질문을 모두 읽어 본 뒤, 브레인스토밍을 거쳐 지도 아랫부분에 새로운 아이디어를 덧붙이는 것이었다. 조별로 가장 좋은 아이디어를 골라 와이어프레임 기법을 이용한 그림도 그렸다. 각 조는 세 가지 도표 작성에 모두 참여하여, 동료들의 생각을 더 발전시킬 수 있었다.

그림 9-10은 당시에 작업한 화이트보드의 일부다. 접착식 메모지의 색깔이 애드린과 프루트가 제시한 것과 다르다는 점에 유의하라. 우리는 단계에 노란색을 썼고, 설명에는 파란색, 질문에는 분홍색, 아이디어에는 초록색을 썼다. 하지만 디자인 지도를 매핑한 프로세스는 동일했다.

그림 9-10 워크숍에서 작성한 디자인 지도의 일부. 여러 유형의 정보가 각기 다른 색깔의 접착식 메모지에 적힌 것을 볼 수 있다.

사용자 스토리 맵(User Story Map)

내가 어렸을 때 우리 옆집에 미스터 포테이토헤드(Mr. Potato Head) 장난감이 있었다. 이 장난감을 잘 모르는 사람을 위해 설명하자면, 눈, 코, 귀, 입이 붙어 있지 않은 머리 모양의 플라스틱에 눈, 코, 귀, 입을 자기 마음대로 붙일 수 있는 장난감이다. 이렇게 붙이다 보면, 크고 빨간 입술에 코주부 안경을 낀 모습과 같이 우스꽝스러운 모습이 탄생하기도 한다.

일반적으로 소프트웨어 개발자들은 이런 미스터 포테이토헤드 같은 제품이 나오지 않도록 신경 쓴다. 하지만 제품에 대한 비전을 공유하지 않으면, 자기도 모르게 서로 잘 맞지 않는 요소를 결합할 수 있다.

뛰어난 소프트웨어 개발 방법인 '애자일 개발(agile development)'은 제품을 사용자 스토리라는 작은 덩어리로 분해하려고 한다. **사용자 스토리**는 사용자의 관점에서 본 기능을 간단하게 서술한 것이다. 보통 다음과 같은 공통 형식을 취한다.

나는 <어떤 사용자 유형>으로서 <어떤 이유>로 <어떤 결과>를 원한다.

사용자 스토리를 이용하면 소프트웨어 개발 관리가 쉬워진다는 장점이 있지만, 팀원들이 자신이 개발하고 있는 소프트웨어의 큰 그림을 못 볼 가능성도 있다. 개별 기능에 초점을 맞추다 보니 터널 시야(tunnel vision)가 생겨, 개발하는 소프트웨어의 전체적인 최종 목표를 잊게 되는 것이다.

애자일 코치 제프 패튼(Jeff Patton)은 소프트웨어 개발에서 미스터 포테이토헤드 효과를 피하기 위해 **사용자 스토리 맵**이라는 기법을 생각해 냈다. 패튼은 최종 산출물에 대한 개발 팀원 모두의 생각이 같을 것으로 간주하지 말라고 조언한다. 그는 자신의 저서 《사용자 스토리 맵 만들기(User Story Mapping)》에서 이런 현상에 대한 설명과 함께 극복 방법을 제시했다.

> 내가 머릿속에 어떤 콘셉트가 떠올라 글로 옮겨 쓴다면, 여러분은 그것을 읽고 내가 생각한 것과 다른 것을 상상할 수도 있을 것이다. … 하지만 우리가 같이 앉아 대화를 나눈다면, 여러분은 여러분 생각을 말할 수 있고 나는 여러분에게 질문할 수 있을 것이다. 만약 그림을 그리거나 색인 카드 또는 접착식 메모지를 사용해 아이디어를 체계화하는 식으로 우리 생각을 표현할 수 있다면, 대화는 훨씬 더 잘 진행될 것이다. 우리가 서로에게 말과 그림을 이용해 자신의 생각을 설명할 시간을 준다면 공통의 이해를 구축할 수 있다.

사용자 스토리 맵의 강점은 이해하기 쉽다는 것이다. 그림 9-11은 프로테그라(Protegra)에 근무하는 애자일 전문 코치 스티브 로갤스키(Steve Rogalsky)가 작성한 사용자 스토리 맵이다. 사용자 활동(activity, 주황색과 파란색 메모지)을 계획한 기능(feature, 노란색 메모지)에 맞춰 정렬시킨 것을 볼 수 있다.

사용자 스토리 맵은 래리 콘스탄틴(Larry Constantine)과 루시 콘스탄틴(Lucy Constantine)이 개발한 **과업 모델링**(task modelling)에 뿌리를 두고 있다.[1] 이 기법에는 융통성이 있어, 다양한 방법으로 도표를 작성할 수 있다. 대부분의 사용자 스토리 맵에서 볼 수 있는 주요 요소로는 다음과 같은 것이 있다.

1
래리 콘스탄틴,
<중요한 모델화 기법: 사용자 접점에 이용한 사례(Essential Modeling: Use Cases for User Interfaces)>, 《ACM Interactions》(1995.4)

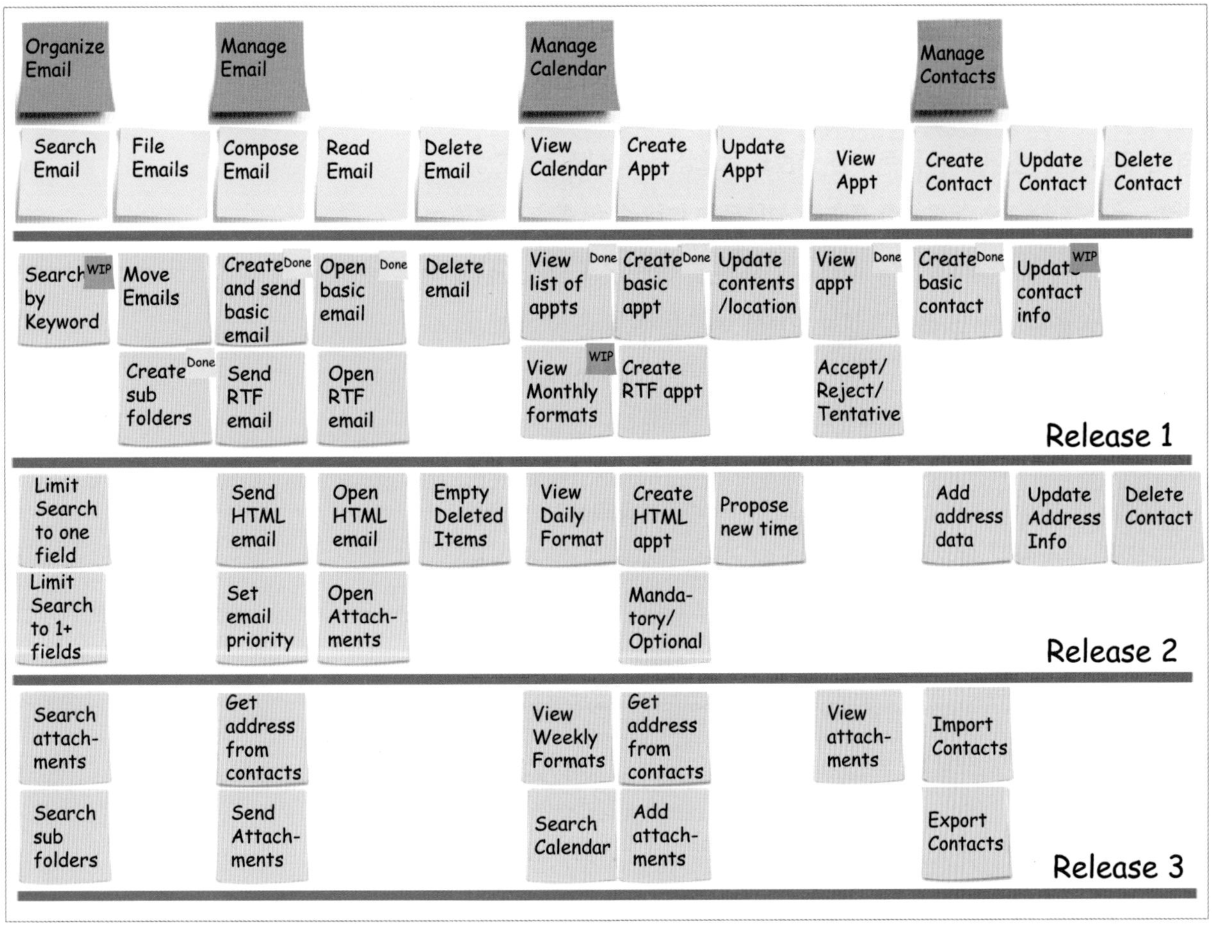

Organize Email | **Manage Email** | **Manage Calendar** | **Manage Contacts**

Search Email · File Emails · Compose Email · Read Email · Delete Email · View Calendar · Create Appt · Update Appt · View Appt · Create Contact · Update Contact · Delete Contact

Release 1
- Search by Keyword (WIP) · Move Emails · Create and send basic email (Done) · Open basic email (Done) · Delete email · View list of appts (Done) · Create basic appt (Done) · Update contents/location · View appt (Done) · Create basic contact (Done) · Update contact info (WIP)
- Create sub folders (Done) · Send RTF email · Open RTF email · View Monthly formats (WIP) · Create RTF appt · Accept/Reject/Tentative

Release 2
- Limit Search to one field · Send HTML email · Open HTML email · Empty Deleted Items · View Daily Format · Create HTML appt · Propose new time · Add address data · Update Address Info · Delete Contact
- Limit Search to 1+ fields · Set email priority · Open Attachments · Mandatory/Optional

Release 3
- Search attachments · Get address from contacts · View Weekly Formats · Get address from contacts · View attachments · Import Contacts
- Search sub folders · Send Attachments · Search Calendar · Add attachments · Export Contacts

그림 9-11 사용자 스토리 맵은 소프트웨어 개발 작업과 의도하는 사용자 경험을 정렬시킨다.

- **사용자 유형:** 시스템이 염두에 두고 있는 다양한 사용자(배역)를 간략히 묘사한다. 일반적으로 도표 상단이나 측면에 기재한다(그림 9-11에는 없음).

- **뼈대:** 사용자 활동의 각 단계는 도표 상단에 가로로 나열된다. 전체 단계를 가로지르는 흐름을 형성하는 사용자 과업의 보다 상세한 설명이 종종 덧붙여진다. 이 설명은 뼈대가 되는 각 단계 바로 아래에 가로로 기재된다.

- **사용자 스토리:** 도표의 주된 내용으로, 원하는 결과를 달성하는 데 필요한 스토리다. 일반적으로 우선순위를 정해 개발 단계별로 나눈다.

뼈대는 경험 지도의 시간 순서와 비슷하다. 하지만 사용자 스토리 맵은 경험 지도만큼 상세하지 않고, 생각이나 감정과 같은 상황적인 요소도 들어 있지 않다. 그 대신 소프트웨어 제품 개발에 초점을 맞춘다.

사용자 스토리를 매핑하려면 맨 처음부터 팀원들이 참여해야 한다. 매핑에 모든 사람을 참여시키려면 다음 단계를 따르도록 한다.

1. **아이디어를 프레이밍한다.** 팀원이 모두 모여 제품을 개발하는 이유에 대해 논의한다. 어떤 유용성이 있는지, 해결하고자 하는 문제가 무엇인지 찾아내 기록한다. 어떤 사람을 대상으로 제품을 개발하는지도 결정해야 한다. 이렇게 해서 나온 결과를 도표 위쪽에 기재한다.

2. **큰 그림을 그린다.** 특정 행위에 대해 상세하게 기술하고 솔루션의 흐름을 시간 순으로 나타낸다. 가능하면 개발을 위한 의사 결정에 참고할 수 있도록 사용자가 현재 느끼는 고충이나 즐거움도 표현한다.

3. **탐구한다.** 도표를 이용해 원하는 결과나 의도하는 경험에 관한 논의를 촉진한다. 사용자를 지원할 수 있는 기능을 찾아 스토리 형식으로 스토리 맵에 기록한다. 필요한 솔루션의 얼개를 짠 뒤 다시 처음으로 돌아가 소비자 인터뷰를 실시한다.

4. **출시 전략을 짠다.** 원하는 결과를 달성하는 데 필요한 최소 기능 제품부터 시작해 단계별로 출시할 수 있도록 사용자 스토리를 나눈다.

5. **구축하고, 평가하고, 학습한다.** 개발이 진행됨에 따라 사용자 스토리 맵에 맞춰 팀원들의 학습을 추적한다. 스토리 맵을 잘 보이는 곳에 걸어 두고 수시로 참고한다.

사용자 스토리 맵은 포괄적인 모델 안에서 사용자 스토리가 서로 어떻게 연관되어 있는지 보여준다. 그 결과 팀원들은 시스템의 전체 모습을 파악할 수 있게 된다. 더 중요한 것은 사용자 스토리 맵이 기획과 개발을 실제 사용자 경험과 정렬시킨다는 점이다. 궁극적으로 사용자 스토리 맵은 의사 결정을 이끌고, 효율성을 향상하고, 더 나은 결과를 얻기 위해 한 팀이 개발하는 소프트웨어에 대해 공통의 이해를 도모하는 것이다.

일반적으로 사용자 스토리 매핑은 접착식 메모지와 화이트보드를 이용해 오프라인으로 이루어진다. 그림 9-12는 워크숍 참가자들이 작성한 사용자 스토리 맵을 예시한 것이다.

MURAL 같은 소프트웨어를 이용해 온라인으로 작성하는 것도 가능하다. 언젠가 나는 미국 일리노이주 시카고에서부터 아일랜드 더블린까지 지리적으로 흩어져 있는 사람들과 함께 어떤 대형 출판사의 사용자 스토리를 매핑한 적이 있다. 우리는 화상회의 소프트웨어를 이용해 얼굴을 보며 대화할 준비를 갖춘 다음, MURAL 가상 화이트보드를 이용해 사용자 스토리 맵을 만들었다(그림 9-13).

그림 9-12 대면 워크숍에서 한 팀이 작성한 사용자 스토리 맵으로, 출시 단계에 따른 작업의 우선순위를 드러낸다.

미래 경험 구상: 올바른 솔루션 설계하기

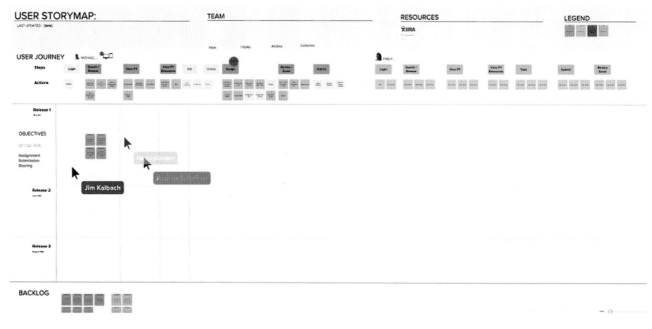

그림 9-13 멀리 떨어진 곳에 있는 사람과도 온라인으로 쉽게 사용자 스토리 매핑을 할 수 있다.

　여기서 말하고자 하는 것은, 프로젝트나 작업이 어떤 것인지에 대해 모든 사람이 마음속으로 같은 이미지를 가지고 있다고 간주해서는 안 된다는 것이다. 제프 패튼은 프로세스를 시각화하는 일의 중요성을 강조하기 위해, 자신의 책이나 그 밖의 자료에 그림 9-14에 나오는 이미지를 사용한다.

　현재 상태의 스토리 맵이든 미래 시나리오의 스토리 맵이든 관계없이, 시각화는 팀원들이 현실을 공유하고, 정렬하고, 공통의 이해를 형성하는 데 큰 도움이 된다.

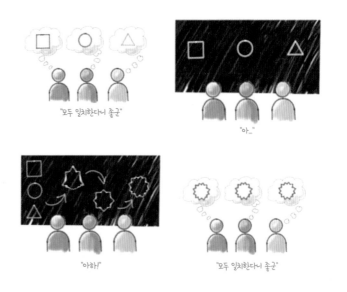

그림 9-14 모든 사람의 마음속에 품고 있는 솔루션이 같은 모습일 것이라고 간주하면 안 된다.

9.3 디자인 스프린트

디자인 스프린트(design sprint)는 구체적인 솔루션을 설계하기 위해 팀원들에게 구조화된 일련의 활동을 하게 하는 일반적인 형식이다. 앞 장에서 설명한 대로 한번 정렬 워크숍을 통해 진행 방향이 결정되면, 디자인 스프린트를 진행해 짧은 시간 안에 솔루션에 대한 합의를 극대화한다.

스프린트(sprint)라는 용어는 애자일 방법론에서 차용한 것으로, 개발 작업을 1~4주의 짧은 단위로 구성하는 방법이다. 디자인 스프린트는 개발이 시작되기 전에 콘셉트 문제를 해결하는 데 초점을 맞춘다.

디자인 스프린트와 며칠에 걸쳐 진행하는 정렬 워크숍은 유사점이 많다. 예컨대 제이크 냅(Jake Knapp)의 베스트셀러 《스프린트(sprint)》에서 설명하는 것처럼, 사용자 여정 지도는 디자인 스프린트의 핵심 부분이다. 그림 9-15는 디자인 스프린트의 기본 흐름을 나타낸 것이다.

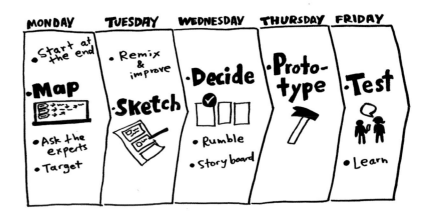

그림 9-15 일반적으로 디자인 스프린트는 팀원들이 다음 주 내에 고안할 솔루션의 맥락을 이해하기 위해 경험 매핑부터 시작한다.

《디자인 스프린트(Design Sprints)》의 공저자 리처드 밴필드(Richard Banfield)와 토드 롬바르도(Todd Lombardo), 트레이스 왁스(Trace Wax)도 스프린트 프로세스에서 도표가 갖는 기능을 강조하며 이렇게 말한다. "매핑은 프로젝트에 맥락을 더하고, 놓치고 있을지 모르는 기회를 눈에 띄게 한다."

　　미래 경험 구상: 올바른 솔루션 설계하기

하지만 정렬 워크숍의 초점이 해결해야 할 올바른 문제에 대한 합의를 끌어내는 것인 데 비해 디자인 스프린트의 목표는 구체적인 솔루션을 만드는 것이다. 디자인 스프린트도 전체적인 맥락을 설정하기 위해 경험 지도를 출발점으로 이용할 수 있으나, 곧 구체적인 설계 활동으로 넘어간다. 정렬 워크숍과 디자인 스프린트는 서로 다른 사고 모드를 보여줌으로써 서로를 보완한다.

요약
SUMMARY

이 책에서 설명하는 대부분의 기법은 주로 현재 상태를 매핑하거나 현재 관찰할 수 있는 경험을 시각화하는 데 초점을 맞추고 있다. 미래 상태 매핑은 앞으로 의도하는 경험을 도표로 작성하는 것이다.

먼저, 미래 상태 경험에 대한 추정을 검증하는 실험을 계획한다. 린 기법에 의존하여 시뮬레이션 시나리오에서 피드백을 받는 간단한 실험이면 된다.

다음에는 원하는 미래 경험을 매핑한다. 별도의 도표를 작성할 필요 없이, 기존 도표에 미래 상태만 추가하면 되는 경우가 많다. 하지만 필요하면 대상 경험을 반영할 수 있게 별도 도표를 추가로 작성한다. 의도하는 경험을 보여주는 기법으로는 스토리라인, 디자인 지도, 사용자 스토리 맵 등이 있다. 디자인 스프린트는 구체적인 설계 문제를 해결하고, 구현 단계로 나아가기 위한 솔루션을 만드는 집중형 방법론이다.

전반적으로, 현재 상태가 되었든 미래 상태가 되었든 경험의 시각화는 공통 이해를 형성하고 집단적 공감을 심어 줌으로써 팀원들을 정렬하는 데 도움이 된다.

(속성 온라인)
매핑과 디자인 워크숍

수행자

제임스 캘박(James Kalbach)

MURAL(mural.co)은 디자인 협업을 지원하는 가상 화이트보드의 선두 주자다. 사용자가 어느 곳에 있더라도 온라인으로 시각화 작업이 가능한 클라우드 기반의 서비스다. 나는 2015년 3월 MURAL 팀에 합류했다.

우리는 우리 제품을 사용해서, MURAL에서의 조직 적응 경험을 검토하고 개선안을 찾아보기로 했다. 이를 위해, 서로 다른 역할을 하는 8명이 아르헨티나 부에노스아이레스에 모여 하루 반나절에 걸친 워크숍을 진행했다. 워크숍은 세 부분으로 나누어 진행되었다.

1부

공감하기

1부 목표는 우선 사용자의 경험을 이해하는 것이었다. 이를 위해 나는 워크숍을 시작하기 전에 MURAL을 이용해 경험 요소를 매핑했다(그림 9-16).

도표는 세 개의 주요 부분으로 나누어 작성했다.

- **가치 사슬:** 가치의 흐름을 이해하기 위해 고객 가치 사슬을 매핑했다. 이렇게 하니 관련된 행위자와 행위자 상호 간의 관계가 한눈에 드러났다.
- **프로토 페르소나:** 그림 9-16에 세 개의 프로토 페르소나가 있다. 가치 사슬 도표의 행위자를 모델로 작성했다. 디자인 팀 책임자 소피아가 이번 워크숍의 주요 페르소나다.

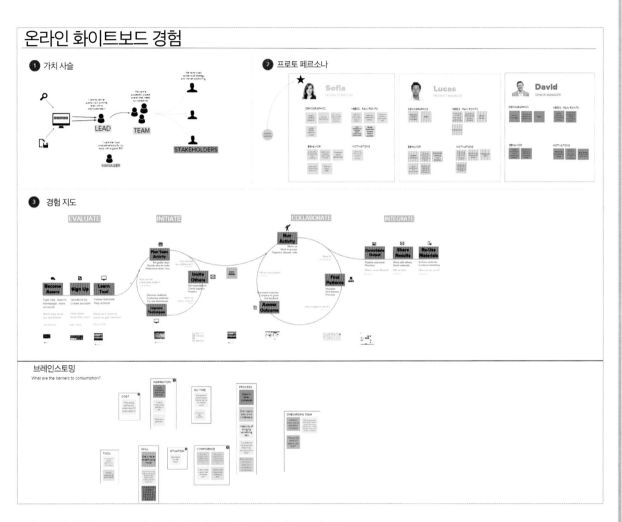

그림 9-16 가치 사슬과 프로토 페르소나, 경험 지도는 물론, 초기 브레인스토밍 세션
결과까지 한 MURAL 안에 들어간 모습

- **경험 지도:** 그림 9-16에서 도표의 가운데 있는 것이 경험 지도다. 팀원들과 협업하며 사전에 조사한 결과와 최근에 고객과 인터뷰한 내용을 기초로 작성했다. 원형은 반복적인 행동을 나타낸다.

아래쪽의 공간은 워크숍 2부 결과를 위해 비워 두었다.

우리는 조별로 나뉘어 경험 요소들에 관해 논의하며 광범위한 경험을 이해하려 했다. 디지털 형식의 도표라서 즉석에서 덧붙이거나 수정할 수 있었다. 예를 들어, 프로토 페르소나에 대해 논의하다 세부 내용을 덧붙이는 식이었다.

2부

구상하기

2부에서는 사용자들이 느끼는 장애 요소에 대해 브레인스토밍을 했다. 우리는 물었다. "주요 페르소나가 우리 서비스를 계속해서 사용하지 않는 이유가 무엇일까?"

가상 작업 공간에 여유가 있었으므로 경험 지도 바로 아래 쉽게 답을 기술했다. 이 답을 유사한 내용끼리 묶은 다음, MURAL에 내장된 투표 기능을 이용해 우선순위를 정했다.

그런 다음 디자인 스튜디오라고 하는, 솔루션을 찾는 작업에 들어갔다. 참가자 모두가 찾아낸 각각의 장애 요소에 대해 가능한 솔루션을 개략적으로 기술했다. 이 초안들을 사진으로 찍어 워크숍 참가자들이 볼 수 있도록 별도의 MURAL에 올렸다(그림 9-17).

3부

평가하기

점심 식사 후 참가자들을 두 조로 나누었다. 각 조는 초안들을 아우르는 하나의 솔루션을 찾는 데 집중했다. 목표는 그날 중으로 평가해 볼 수 있는 프로토타입을 만드는 것이었다.

우리는 진행자 없이 온라인으로 평가할 수 있는 서비스 Usertesting.com을 사용해서, 우리가 찾은 해결 방안에 대한 반응을 신속하게 알 수 있었다. 평가는 밤새 진행되었고,

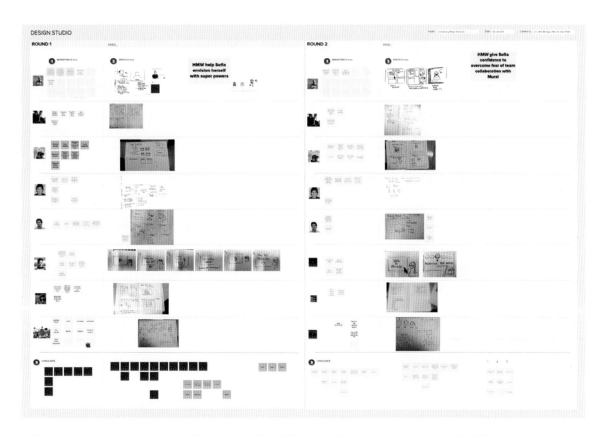

그림 9-17 디자인 스튜디오 기법은 팀이 다 함께 최종 솔루션을 도출할 수 있게 해준다(이 경우, 온라인 MURAL을 이용했다).

다음 날 아침 일찍 초기 결과를 받아 보았다.

우리 추정 중 일부는 입증되었지만, 입증되지 못한 것도 있었다. 우리는 평가 피드백을 반영한 디자인 제안서를 다시 만들었다. 마지막 단계에서는 향후 몇 개월에 걸쳐 실천할 구체적인 계획을 세웠다.

결론

우리는 속성 온라인 기법을 통하여, 이틀이 채 되지 않는 시간 안에 경험의 이해부터 프로토타입 제작과 테스트까지 할 수 있었다. 글로 작성한 제안서나 보고서 등의 문서는 전혀 없었다.

경험 매핑에 반드시 시간이 오래 걸릴 필요는 없다. 더구나 MURAL 같은 온라인 도구를 사용하면 시간을 더 단축할 수 있다. 그 외에도 온라인 작업을 하면, 모든 요소를 한 곳에서 조합할 수 있어서 전체 내용을 살펴보기 좋다는 장점도 있다.

우리는 워크숍에 참가하지 않은 사람들도 나중에 MURAL에 들어가 워크숍 내용을 볼 수 있게 했다. 이처럼 온라인으로 경험을 매핑하면, 정적인 일회성 행사로 끝나기보다 참가자들이 어디에 있든지 계속 진행되는 프로세스로 바뀐다는 장점이 있다.

Mapping Experiences

미래 경험 구상: 올바른 솔루션 설계하기

Mapping Experiences

Part

03

3부

주요 도표 유형 살펴보기

3부에서는 가장 일반적으로 사용되는 도표 유형을 자세히 다룬다. 각 전형마다 관련 기법도 함께 소개하여 매핑의 광범위한 맥락을 제공할 것이다.

서비스 청사진은 가장 오래된 기법으로, 다른 도표에 큰 영향을 끼쳤다. 10장에서 서비스 청사진과 확장된 활용 방법을 알아본다.

고객여정지도는 아마도 가장 대중적인 도표일 것이다. 11장에서는 고객 여정 매핑 및 관련 기법이 현재 어떻게 활용되고 있는지를 자세히 설명한다.

경험 지도는 서비스 청사진이나 고객여정지도와 상당히 유사하지만 분명한 차이가 있다. 12장에서 자세히 다룬다.

멘탈 모델 도표는 인디 영이 창안한 독특한 기법이다. 영의 책《멘탈 모델(Mental Models)》을 한번 읽어 볼 것을 권한다. 13장에서 이 방법론의 핵심적인 내용과 관련 접근 방법에 대해 요약하고 있다.

생태계 지도 또는 전체 시스템에 대한 큰 그림을 제공하는 도표들은 14장의 주제다. 여기서는 도표의 부분들이 서로 어떻게 연결되며 주체 간의 가치 사슬을 허용하거나 억제하는지에 초점을 맞춘다.

경험 매핑은 단일 방법론이 아니다. 가치 정렬에 대한 스토리를 들려주는 방법이다. 이와 관련해서 사용할 수 있는 방법은 많다. 그러므로 이 책은 특정 기법이 아니라 가능한 기법들에 관한 것이다. 이러한 기본 도구와 그 변형을 이해함으로써 어떤 상황에서 어떤 도표를 사용하는 게 좋은지를 아는 것이 핵심이다.

chapter

10

서비스 청사진

내 첫 책《사용자 경험 최적화를 위한 웹 내비게이션 설계 원칙(Designing Web Navigation)》에서 나는 **전환 변동성**(transitional volatility) 원칙을 설명했다. 2003년 데이비드 다니엘슨(David Danielson)이 처음 사용한 이 용어는, 웹 사이트에서 페이지를 이동할 때 사람이 경험하는 방향 전환 정도를 의미한다. 만약 변동성이 너무 크면 사람들은 가상 공간에서 길을 잃게 된다.

그림 10-1은 이런 상호 작용의 패턴을 보여준다. 이것은 한 장소에 익숙해진 뒤(익숙해지기), 다음 단계의 기대치를 설정하고(예측하기), 새로운 장소에 적응하는(방향 재설정) 일련의 프로세스다. 그다음부터는 이 패턴이 반복된다.

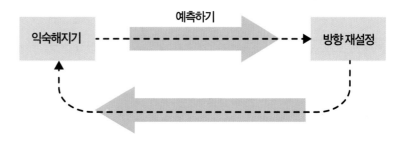

그림 10-1 접점 간 이동에 따른 전환 변동성 패턴

개인이 조직과 상호 작용할 때도 규모가 크다 뿐이지 비슷한 일이 일어난다. 대신 페이지에서 페이지로 이동하는 것이 아니라 접점에서 접점으로 이동한다. 각 상호 작용에는 짧을지언정 방향 재설정 시간이 있다. 이때 접점당 방향 재설정이 너무 많아지게 되면, 그 경험은 혼란스럽게 느껴진다.

접점 사이에 일관성이 결여되면 전환 변동성이 커진다. 아마 여러분도 이런 경험이 있을 것이다. 나는 신용카드 때문에 불쾌한 일을 겪은 적이 있다. 카드사와 관계 은행이 둘 중 어느 쪽이 내 문제에 책임이 있는지 의견 일치를 보지 못하는 것 같았다. 각자 상대방 탓으로 돌리는 바람에 나만 중간에 끼이고 말았다.

이런 상태는 수개월 지속되었고, 그동안 나는 여러 가지 소통 수단을 이용해야 했다. 웹 사이트를 이용해야 할 때도 있었고, 전화를 걸어야 할 때도 있었다. 이메일은 물론 편지를 쓰기도 하고 팩스까지도 보냈다. 접점마다 방향 전환의 정도가 아주 심했다. 마치 문제를 해결하는 것이 내 일인 것 같았다. 당연히 나는 더는 그 회사 카드를 쓰지 않는다.

최근에는 음반 퍼블리싱 플랫폼을 이용하다 좋지 않은 경험을 한 적이 있다. 이 회사는 온라인 사업부와 CD 사업부가 따로 운영되고 있었다. 음원 파일 등의 자원을 공유하고 있는데도 말이다. 나는 두 분야에 걸친 문제를 해결하기 위해 몇 번이나 반복해서 양쪽 직원과 대화를 다시 시작해야 했다. 모든 부담은 나의 몫이었고, 덕분에 나는 몇 시간을 허비했다.

내가 하려는 이야기는 명확하다. 여러분이 제공하는 제품이나 서비스의 결함을 고객에게 전가하지 말라는 것이다. 그것은 여러분의 일이다. 경험을 매핑하면, 광범위한 상호 작용 시스템 내에서 전환 변동성이 심한 곳을 특정하고, 그 문제를 해결할 혁신적 솔루션을 발견할 수 있을 것이다.

그렇다고 모든 접점을 다 설계해야 한다는 말은 아니다. 많은 경우 여러분이 통제할 수 없는 요소도 있기 때문이다. 그러나 설령 통제할 수 없다고 하더라도 경험을 구성하는 다양한 요소를 이해하면, 부정적 경험을 방지할 수 있을 뿐 아니라 어떤 요소에 관심을 기울여야 할지도 알 수 있게 된다.

게다가 목표는 전체 접점의 획일성 추구가 아니다. 그보다는 전체 시스템의 콘셉트와 설계에서 **일관성**을 추구하는 것이다. 사람들에게 여러분 조직에 대한 균형 잡힌 인식을 심어주면서도 자신만의 경험을 구축해 갈 수 있는 통제력을 줘야 한다.

우리는 서비스 기반 경제 속에서 살아가지만 설계가 잘된, 양질의 서비스는 찾기 힘들다. 이것이 어려운 이유 중 하나는 물적 상품과 달리 서비스 접점 간의 이동은 무형이기 때문이다. 이런 이동은 순간적으로 일어났다가 바로 사라져 버린다.

서비스 디자인(service design)은 성장 중인 분야로서, 의도하지 않은 서비스 경험을 예방하고자 한다. 그 목표는 시간이 지나도 일관적·반복적으로 긍정적인 서비스 경험을 창출하고, 제공하고, 유지하는 의도적 조치를 취하는 것이다. 서비스 청사진을 이용해 경험을 매핑하는 것이 이 분야의 주 활동이다.

이 장에서는 서비스 청사진의 개관과 역사적 배경을 살펴볼 것이다. 또한, 린 소비(lean consumption)나 표현형 서비스 청사진(expressive service blueprint)과 같은 관련·확장 기법도 다룬다.

10.1 서비스 시각화

서비스 디자인은 새로운 개념이 아니다. 그 시작은 1980년대 초반 G. 린 쇼스택(G. Lynn Shostack)의 글로 거슬러 올라간다. 서비스 디자인에서 가장 중요한 것은 서비스 프로세스를 나타낸 도표다. 쇼스택은 자신의 글에서 이 도표를 **서비스 청사진**(service blueprint)이라 불렀다. 그림 10-2는 쇼스택이 1984년에 발표한 논문 〈서비스 디자인하기(Designing Services That Deliver)〉에서 발췌한 초창기 서비스 청사진의 모습이다.

이 서비스 청사진은 꽤 단조로우며, 플로차트와 유사한 모습을 띠고 있다. 하지만 어음 할인 중개인과 거래하는 경험과 관련하여, 가치 있는 통찰

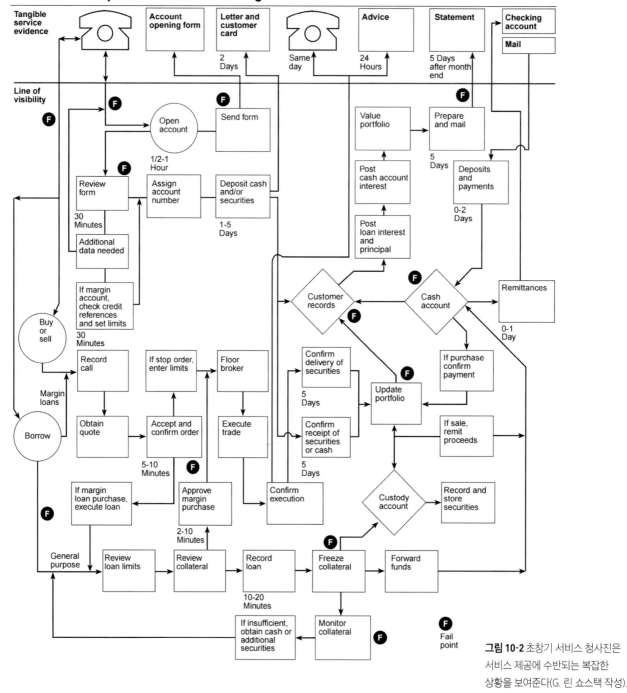

Exhibit V Blueprint for Discount Brokerage

Tangible service evidence

- Account opening form
- Letter and customer card — 2 Days
- Same day
- Advice — 24 Hours
- Statement — 5 Days after month end
- Checking account
- Mail

Line of visibility

F — Open account — 1/2-1 Hour

F — Send form

F — Review form — 30 Minutes

Assign account number

Deposit cash and/or securities — 1-5 Days

Additional data needed

If margin account, check credit references and set limits — 30 Minutes

Buy or sell

Margin loans

Borrow

General purpose

Record call

If stop order, enter limits

Floor broker

Obtain quote

Accept and confirm order — 5-10 Minutes

Execute trade

If margin loan purchase, execute loan

F — Approve margin purchase — 2-10 Minutes

Confirm execution

Review loan limits

Review collateral

Record loan — 10-20 Minutes

F — Freeze collateral

Forward funds

If insufficient, obtain cash or additional securities

Monitor collateral

Confirm delivery of securities — 5 Days

Confirm receipt of securities or cash — 5 Days

F — Update portfolio

Custody account

Record and store securities

If sale, remit proceeds

Value portfolio

Post cash account interest

Post loan interest and principal

Customer records

F — Cash account

Remittances — 0-1 Day

If purchase confirm payment

F — Prepare and mail — 5 Days

Deposits and payments — 0-2 Days

F — Fail point

그림 10-2 초창기 서비스 청사진은 서비스 제공에 수반되는 복잡한 상황을 보여준다(G. 린 쇼스택 작성).

을 보여준다. 예를 들어서 내역서를 준비해서 발송하려면, 약 12단계를 거쳐야 한다는 것을 알 수 있다.

쇼스택은 잠재적 장애점도 표시했다(F가 들어 있는 원 문자). 의도와 다른 서비스가 제공되는 문제가 생기거나, 서비스가 완전히 중단될 수도 있는 결정적인 지점이다.

쇼스택은 서비스 디자인에 있어 매핑 활동이 전반적으로 중요하다고 강조한다.

> 사실 서비스 문제 대부분의 근본 원인은 체계적인 설계와 통제가 없다는 점이다. 서비스 청사진을 도입하면 서비스 개발 담당자가 미리 문제를 발견할 수 있을 뿐만 아니라, 새로운 시장에 잠재되어 있는 기회를 찾는 데도 도움이 된다.
>
> ......
>
> 서비스 청사진은 창의성과 선제적 문제 해결, 통제된 구현을 장려한다. 실패 가능성을 줄여 주고, 경영진이 새로운 서비스에 대해 효과적으로 판단할 수 있도록 사고력을 향상시킨다. 또한, 서비스 청사진의 원칙은 마구잡이식 서비스 개발의 폐해인 시간 낭비와 비효율을 줄이는 데도 도움이 된다. 그뿐 아니라 거시적인 관점에서 서비스 관리를 바라볼 수 있게 해준다.

쇼스택의 발표 이후 서비스 청사진은 폭넓게 사용되어 왔다. 영국표준협회는 BS 7000-3: 1994에서 서비스 디자인에 관한 일반 지침을 제정했다. 이 지침은 전 산업을 대상으로 고객의 관점에서 서비스 디자인 관리에 관한 방향을 제시한다. 서비스 청사진의 목적은 장애점(서비스가 엉망이 될 수 있는 단계)을 콕 집어내 적절하게 조치하는 것이다.

메리 조 비트너(Mary Jo Bitner)와 동료들은 보다 구조화되고 표준화된 서비스 청사진 작성 기법을 개발했다. 그림 10-3은 비트너와 동료들이 호텔을 대상으로 작성한 서비스 청사진이다.

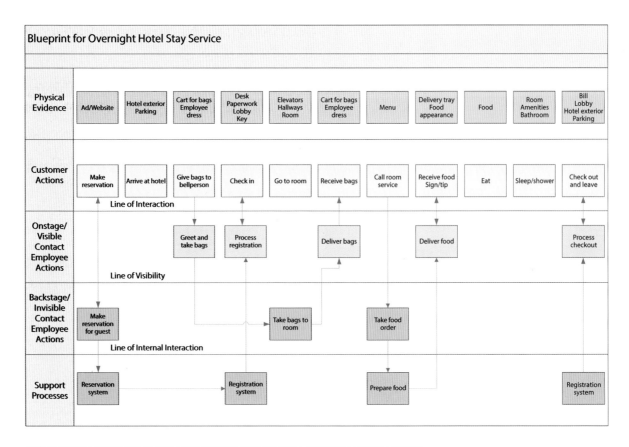

그림 10-3 비트너 등이 작성한 이 호텔 서비스 청사진은 표준화된 서비스 청사진 작성 기법을 보여준다.

이 서비스 청사진은 정보를 나타내는 가로줄을 구분하고 색깔을 달리해 쇼스택의 서비스 청사진보다 가독성이 높아졌다. 수영장 레인 같은 도표 형태는 비즈니스 프로세스 모델에서 차용한 것이다. 이렇게 배치함으로써 서비스 경험과 서비스 제공 양쪽 모두를 훨씬 이해하기 쉽게 만들었다. 개선의 기회도 훨씬 눈에 잘 띈다.

특히, 개인이 경험하는 무대 전면의 상호 작용과 서비스를 제공하는 데 수반되는 프로세스인 무대 뒤편의 상호 작용을 분리하여 배치한 점이 두드러진다. 무대 전면과 무대 뒤편이라는 개념은 서비스 디자인 관련 문헌에 빠짐없이 등장하는 용어로, 이 책에서 제안하는 가치 정렬의 기본 원칙이 담겨 있

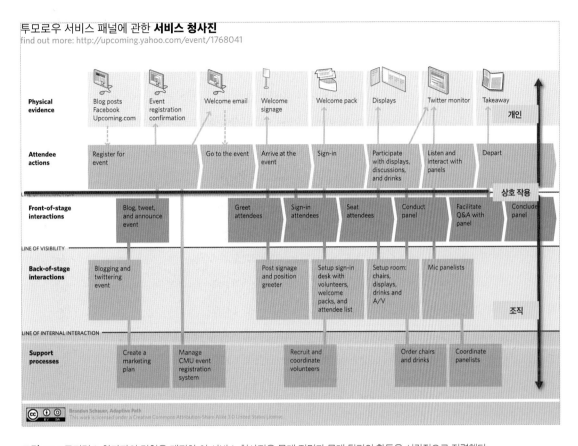

그림 10-4 콘퍼런스 참가자의 경험을 매핑한 이 서비스 청사진은 무대 전면과 무대 뒤편의 활동을 시각적으로 정렬했다.

다. 이는 관객들이 무대에 오른 것만을 보는 극장을 연상시키는 비유적 표현이다. 관객은 무대 뒤편의 모습을 전혀 볼 수 없지만, 무대 뒤편은 분명 무대 전면의 경험을 지원하고 있다.

최근의 서비스 청사진은 비트너와 동료들이 제시한 패턴을 따른다. 그림 10-4는 사용자 경험 설계 분야의 선도 회사 어댑티브패스(Adaptive Path)의 전략가였으며, 지금은 기후 변화 운동 단체 레어(Rare)의 부책임자인 브랜든 샤우어(Brandon Schauer)가 작성한 서비스 청사진이다. 이 도표는 콘퍼런스 참가자의 경험을 다루고 있다.

10.2 서비스 청사진의 확장

서비스 청사진 기법은 계속 발전하고 있다. 예를 들어 토머스 라이너(Thomas Wreiner)는 2009년 동료들과 함께 쓴 〈다수 행위자가 포함된 서비스 청사진 탐구(Exploring Service Blueprints for Multiple Actors)〉라는 글에서 비트너 등이 만든 표준 형식을 수정해 서비스 제공자가 다수인 경우의 서비스 청사진을 소개했다. 그림 10-5의 서비스 청사진은 공영 주차장에서 일어나는 운전자, 주차장 운영주, 지주 사이의 상호 작용을 보여준다.

이들의 접근 방법은, 도표에서 보듯이 주차 서비스가 표면상으로는 별 것 아닌 것처럼 보여도 내부를 들여다보면 복잡한 구조라는 것을 보여준다. 오프라인과 온라인 접점이 뒤섞여 서비스가 고도화될수록, (그림 10-5와 같이) 복잡한 배후 관계를 드러내는 도표 작성 기법이 점점 중요해질 것이다.

실용 서비스 디자인(Practical Service Design) 커뮤니티 설립자 에릭 플라워스(Erik Flowers)와 메건 밀러(Megan Miller)도 표준 서비스 청사진 기법에 변형을 가했다. 이들의 접근 방법도 무대 전면의 활동과 무대 뒤편의 활동을 조정하려는 것이지만, 고려하는 요소의 범위가 훨씬 넓어졌다.

게다가 이들의 모델은 기존의 수영장 레인 형식을 취하지 않고 색으로 구분한 스택(stack)을 이용한다. 이렇게 하면 공간을 절약할 수 있고, 특히 온라인에서 눈에 잘 띈다. 스택은 세로로 배치되는데, 그 높이는 열마다 다를 수 있다.

제일 위의 스택에 서비스 상호 작용의 단계에 대한 정의를 기재하고, 그 바로 아래 스택에 접점을 기재한다. 캡처 이미지나 사진이 있으면 그것을 사용해도 된다. 그 아래에는 행위자를 설명한 스택과 시스템을 설명한 스택을 배치한다. 대부분의 경우 이 4계층의 스택에 표시할 정보는 있을 것이다.

그다음 스택은 선택 사항으로 그 수는 단계마다 다를 수 있다. 여기에는 관련 정책이나 규칙, 관찰 결과나 사실, 측정 지표나 데이터, 결정적 순간 등에 대한 상세한 설명이 들어간다. 또, 사람들의 참여를 유도하기 위해 팀원들

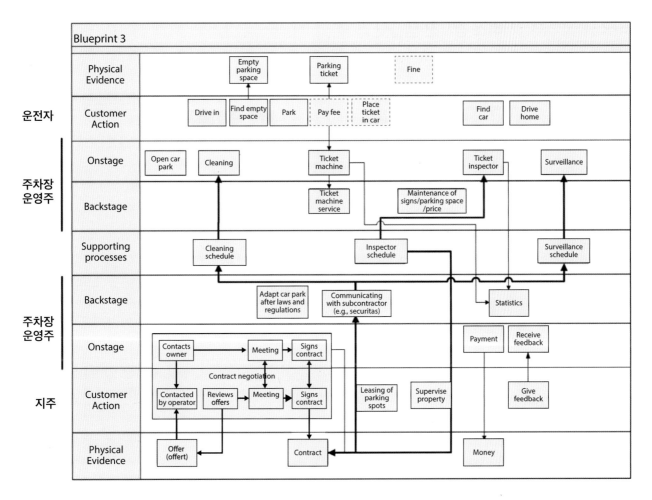

그림 10-5 확장된 서비스 청사진은 도표 하나로 복수 주체 사이의 상호 작용을 나타낸다.

의 열린 질문을 기입할 수도 있고, 발견된 기회를 살리는 아이디어 도출을 시작할 수도 있다. 그림 10-6은 이러한 실용 서비스 청사진의 기본 템플릿이다.

이 접근 방법은 유연하고, '~을 하면 안 된다'라는 독단적 주장이 없다. 또, 다양한 상황에 적용할 수 있고 확장성도 있다. 이 장 말미의 [Case Study]를 통해 이 접근 방법에 대해 (실용 서비스 청사진 워크숍 진행 방법을 포함해) 좀더 배울 수 있을 것이다. 아울러 완성된 청사진의 예시도 볼 수 있을 것이다.

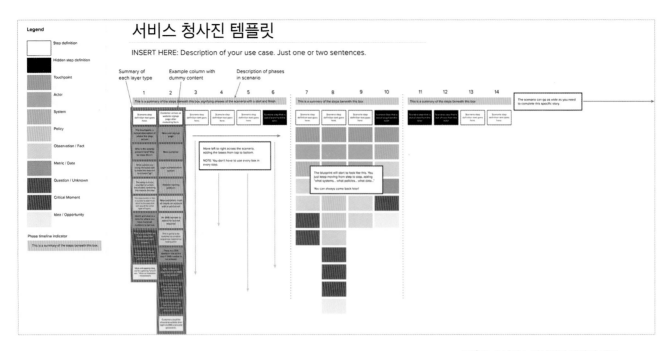

그림 10-6 서비스 청사진의 대안적 접근 방법(실용 서비스 청사진)은 수영장 레인 대신 색깔로 구분한 스택을 사용해 서비스 상호 작용의 다양한 요소를 나타낸다.

표현형 서비스 청사진

서비스 청사진에 대한 공통된 비판은 개인의 감정 상태를 나타내는 정보가 명시적으로 포함되어 있지 않다는 것이다. 이런 결점을 보완하기 위해 수전 스프라라겐과 캐리 챈은 서비스 청사진에 감정 요소를 추가하고, 이 접근 방법을 '표현형 서비스 청사진'이라고 불렀다.

그림 10-7은 안과를 찾은 환자를 다루고 있다(1장에 나오는 그림 1-4 참조). 표현형 서비스 청사진이 기존 서비스 청사진과 구별되는 핵심 요소는 다음과 같다.

- **감정적 반응:** 소비자의 감정을 명확하게 기술하고, 아이콘이나 사진, 그래프 등의 요소를 활용해 사실적으로 보여준다.
- **레이아웃:** 무대 뒤편보다 무대 전면 고객 여정에 더 넓은 공간을 할당한다. 서비스 청사진이나 설계 프로세스에서는 무대 전면이 소비자 관점을 강조하는 곳이기 때문이다.

- **제공자 정체성:** 서비스 참여자의 역할은 각 참여자가 맡은 서비스 영역에서의 기능으로 나타낸다. 따라서 제공나 소비자 같은 일반적인 용어 대신, 서비스를 제공하는 조직의 실제 구성원이 공감하는 용어를 사용한다.

도표에서 보는 바와 같이 환자가 가장 힘들어하는 것은 의사의 처방을 따르는 것이다. 환자는 처방 때문에 혼란스러워하고, 치료비 때문에 걱정한다. 표현형 서비스 청사진은 환자가 느끼는 당혹감을 표현하기 위해, '혼란스러움'과 '걱정'이라는 두 가지 감정 상태를 추적했다. 기존의 청사진 기법을 사용했다면 간과했을 요소들이다.

그림 10-7 표현형 서비스 청사진은 도표에 감정적 반응을 추가해 더 많은 상호 작용의 경험을 보여준다.

안과 방문에 관한 표현형 서비스 청사진

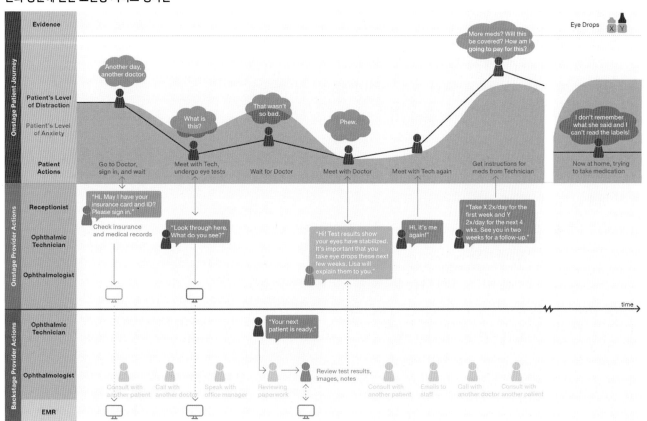

10.3 관련 접근 방법

'린(Lean)'은 다양한 방식으로 사용되는 광의의 용어다. 하지만 어디에 사용되든 한 가지 공통적인 의미를 지니고 있다. 낭비를 줄인다는 개념이다. 린 운동의 선구자인 제임스 워맥(James Womack)과 다니엘 존스(Daniel Jones)는 기념비적인 공저《린 싱킹(Lean Thinking)》에서 '린' 개념의 기본 원칙을 설명했다. 두 사람이 추천하는 단계는 다음과 같다.

1. **가치를 명시한다**: 창출하고자 하는 가치가 무엇인지 고객 관점에서 밝히는 것이다. 개별 상호 작용의 측면이 아니라, 전체 경험 측면에서 가치를 정의해야 한다.

2. **가치 사슬을 확인한다**: 가치 사슬은 조직이 가치를 전달하는 데 필요한 모든 행위와 프로세스를 나타낸 것이다. 린 방법론에서 목표는 가치가 부가되지 않는 단계를 제거하는 것이다.

3. **흐름을 최적화한다**: 린 방법론은 생산 효율성을 증대하려는 것이다. 이 말은 무대 뒤편의 서비스 프로세스를 최적화해야 한다는 뜻이다.

4. **수요 주도(customer pull) 모델로 만든다**: 흐름이 확립된 후에는 고객이 가치를 상류로 끌어당기게 한다. 고객의 니즈에서 출발해서 조직의 제품이나 서비스를 그 니즈에 맞추려는 것이다.

도표는 린 방법론의 본질적인 요소다. **가치 흐름 매핑**(value chain mapping)은 두 번째 단계에서 설명한 가치 사슬을 보여주는 구체적인 기법이다. 이 도표는 고객에게 가치를 제공하는 데 필요한 무대 뒤편의 프로세스에만 초점을 맞춘다. 그림 10-8에 **가치 흐름 지도**(value stream map)를 예시했다.

이 도표는 전형적인 서비스 청사진의 아래쪽 절반을 닮았다. 특별히 고객 중심적이라는 사실이 눈에 띄지는 않지만, 가치 흐름 지도의 목적은 가치가 어떻게 제공되는지 이해하는 것이다. 카렌 마틴(Karen Martin)과 마이크 오스털링(Mike Osterling)은 공저《가치 흐름 매핑(Value Stream Mapping)》에서 이 도표의 장점을 다음과 같이 설명했다.

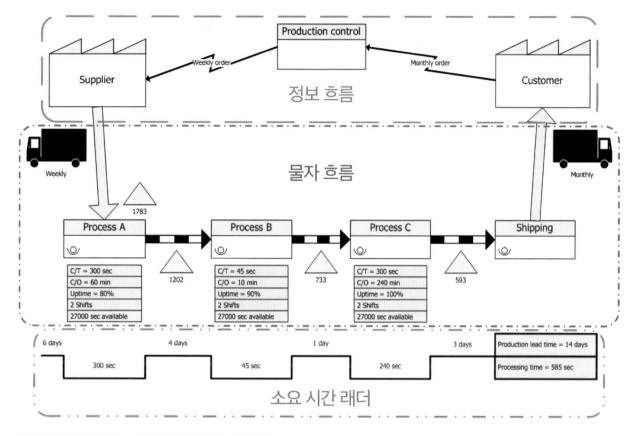

그림 10-8 가치 흐름 지도는 시간과 효율성에 초점을 맞추고 있다.

어느 조직에서건 고객 니즈를 제품이나 서비스로 변환하는 데 필요한 일련의 이벤트 전체를 한 사람이 기술할 수 있는 경우는 거의 없다. … 이런 지식의 부족 때문에 한 기능 영역을 개선하면, 다른 기능 영역에서 새로운 문제가 발생하는 현상이 생긴다. … 기업은 문제를 해결한다는 좋은 의도로 값비싼 기술을 도입해 '경험 기술 솔루션'을 이행하지만, 진짜 문제를 처리하거나 고객 경험을 개선하는 데는 거의 도움이 되지 않는다.

'린'한 상태는 정렬된 상태를 뜻한다. 정렬 도표는 린 원칙에 맞을 뿐 아니라, 범위를 넓혀 고객 경험까지도 풍부하게 표현하고 있다.

린 소비

가치 중심 디자인의 목표 중 하나는 고객의 입장에 서서 복잡성을 줄이는 것이다. 쇼스택은 이것을 보여주기 위해, 1980년대에 처음 작성한 서비스 청사진에 각 상호 작용에 소요되는 시간을 표시했다.

그림 10-9는 쇼스택이 제시한 예로, **서비스 접점**(service encounter)의 정확한 발생 시점을 보여준다. 이 경우는 골목에 있는 구두닦이를 예로 든 것이다. 서비스 접점은 실시간으로 발생하기 때문에, 서비스 디자이너는 표준에 부합하는 타임라인을 설정해 서비스 청사진에 표시해야 한다.

제임스 워맥(James Womack)과 다니엘 존스(Daniel Jones)는 2005년, 같은 제목의 글에서 **린 소비**(lean consumption)라는 용어를 만들어 냈다. 두 사람은 한 쪽 변에는 사업 수익의 증가, 다른 쪽 변에는 가치 창출의 증가를 넣은 방정식으로 이 개념을 설명했다.

그림 10-9 이 간단한 서비스 청사진은 구두닦이가 대상이며, 초 단위까지 소요 시간이 표시되어 있다.

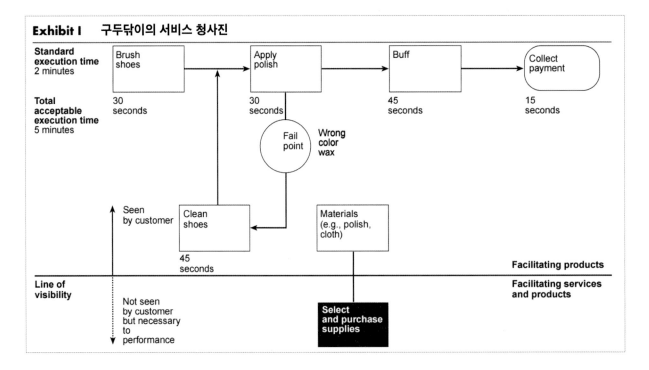

기업은 컴퓨터를 켜는 것은 고객의 문제라면서, 고객에게 일을 전가하고 시간과 비용을 절약했다고 생각할지도 모른다. 하지만 사실은 그 반대가 되어야 맞다. 점점 많은 기업이 상품이나 서비스 제공 시스템을 간소화하여 고객이 쉽게 사서 사용할 수 있게 만듦으로써, 실질적 비용을 낮추고 기업과 고객 모두의 시간을 절약하고 있다. 기업은 이 프로세스에서 고객에 대해 더 많은 것을 알게 되고, 고객 충성도를 높일 수 있으며, 사용자 친화적이지 않은 경쟁사로부터 새로운 고객을 끌어올 수 있다.

두 사람은 린 소비를 시각화하기 위해, 고객이 제품이나 서비스를 소비하기 위해 밟는 절차를 도표화해 보라고 권한다. 두 사람은 이 도표를 **린 소비 지도**라 부른다.

그림 10-10과 10-11은 서비스 디자인 및 비즈니스 컨설턴트인 피트 아빌라(Pete Abilla)가 작성한 린 소비 지도다. 미국에서 해마다 실시하는 정기 자동차 검사 및 등록에 관한 서비스 접점의 개선 전후 상태를 비교해 보기 바란다(그림 10-10 개선 전, 그림 10-11 개선 후).

막대그래프를 보면, 소비자가 전체 프로세스를 거치는 데 자동차 정비소와 차량국(DMV)의 두 접점을 거쳐 총 210분이 소요된다. 하지만 미 전역에 퍼져 있는 자동차 서비스 체인점 지피루브(Jiffy Lube)에서 검사와 등록을 통합 처리하게 하니 총 소요 시간이 65분으로 줄었다.

린 소비의 관점에서 봤을 때 서비스 제공자가 해야 할 일은 명확하다. 소비자의 시간을 빼앗지 말아야 한다는 것이다. 소비자의 경험을 가능한 한 '린'하게 만들면, 만족도와 충성도가 높아진다. 이것은 결국 기업의 최종 결산에 반영되게 된다.

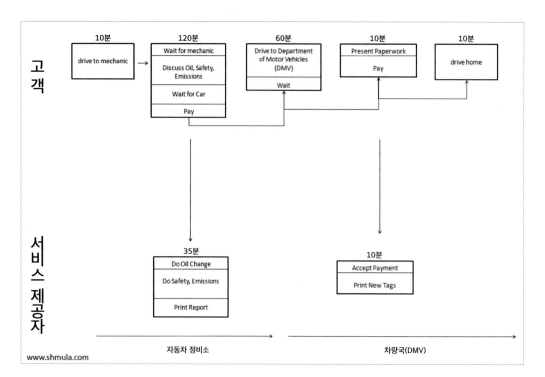

그림 10-10 개선 전: 자동차 검사 및 등록을 하려면 두 곳의 서비스 제공자를 거쳐 210분이 소요된다.

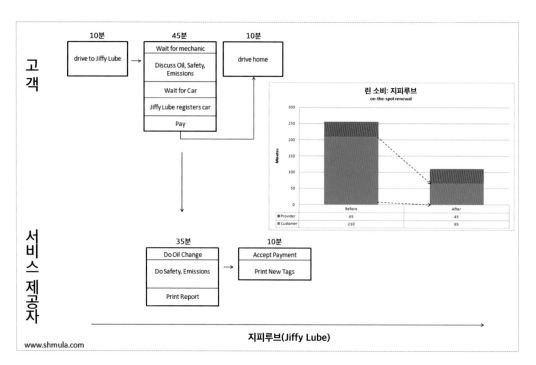

그림 10-11 개선 후: 서비스를 다시 설계했더니, 고객이 투자하는 시간이 65분으로 줄었다.

3부 · 주 요 도 표 유 형 살 펴 보 기

10.4 서비스 청사진의 요소

서비스 청사진은 다수의 정보 계층으로 구성되어 있다. 서비스 경험에 시스템적 시각을 부여하는 것이 이 정보 계층 간의 상호 작용이다. 그림 10-12에서 보는 바와 같이 서비스 청사진은 다섯 가지 주요 요소로 구성되어 있다.

- **물적 증거:** 고객이 상호 작용하는 접점의 외연을 말한다. 물리적 장치, 소프트웨어, 대면 상호 작용 등이 있다.

- **고객 행위:** 조직이 제공하는 서비스와 상호 작용하기 위해 고객이 취하는 주요 단계를 말한다.

그림 10-12 서비스 청사진의 기본 구조는 주요 표준 요소를 각 가로줄에 나열한 모습이다.

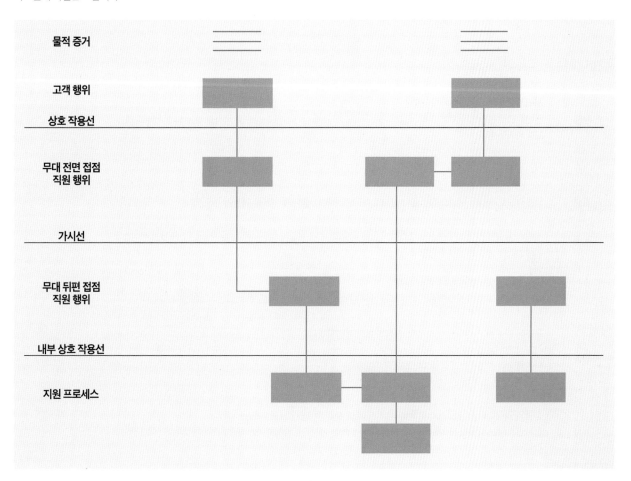

서비스 청사진

- **무대 전면 접점:** 고객의 눈에 보이는 서비스 제공자의 행위를 말한다. 가시선에 의해 무대 전면 접점과 무대 뒤편 행위가 나뉜다.
- **무대 뒤편 행위:** 조직 내부의 서비스 제공 메커니즘을 말한다. 고객의 눈에는 보이지 않지만, 고객 경험에 직접적인 영향을 미친다.
- **지원 프로세스:** 고객 경험에 간접적인 영향을 미치는 내부 프로세스를 말한다. 조직과 협력업체, 또는 제3의 공급자 사이의 상호 작용까지 여기에 포함될 수 있다.

표 10-1은 2장에서 다룬 매핑의 기본 프레임워크를 사용해, 서비스 청사진을 정의하는 주요 요소를 요약한 것이다.

표 10-1 서비스 청사진을 정의하는 요소

관점	서비스를 받는 사람으로서의 개인 일반적으로 단일 행위자 위주로 작성하지만, 서비스의 전체 생태계를 대상으로 작성할 때는 다수 행위자를 포함하기도 한다.
구조	시간 순서
범위	일반적으로 하나의 서비스 접점을 대상으로 하지만, 서비스 생태계 전체를 개관할 수도 있다.
초점	서비스 접점의 서비스 제공 프로세스에 초점을 맞추고, 무대 뒤편의 행위와 접점을 강조한다. 확장된 서비스 청사진에는 감정 정보가 추가된다.
사용 목적	기존 서비스 시스템의 진단, 개선, 관리 서비스 상호 작용의 정확한 타이밍을 분석하는 데 유용하다. 경우에 따라 분 단위까지 분석할 수 있다.
강점	구조가 단순하고, 미리 정해져 있다. 관심의 초점이 명확하다. 비교적 가벼운 조사만 해도 된다. 팀원들이나 관계자들과 공동 작업하기에 적합하다. 도표 한 장만 보여줘도 이해시키기 쉽다.
약점	경험의 맥락이나 환경 단서가 부족하다(예, '시끄러운 환경', '아주 맛있는 음식' 등) 청사진이라는 비유는 부적절하다. 건축 설계에서 쓰는 청사진이라기보다는 플로차트(flow diagram)에 훨씬 가깝다.

Case Study

실용 서비스 청사진
공동 워크숍 진행하기

수행자

에릭 플라워스(Erik Flowers)

메건 밀러(Megan Miller)

서비스 청사진은 기업이 실제로 작동하는 방식을 종합하여 한눈에 볼 수 있게 해, 합의와 공감대를 형성하는 실현 가능한 통찰을 제공한다. 우리는 전통적인 청사진이 개별 상호 작용에 초점을 맞추는 경향이 있어 큰 그림을 놓칠 때가 많다는 사실을 발견했다. 그래서 청사진을 전체 그림을 더 잘 보여주는 보다 실용적인 도구로 발전시키는 작업에 착수했다.

우리는 그 둘의 차이를, 미술가가 물감으로 그린 건물 예상도(전통적인 청사진)를 보고 집을 짓는 것과 건축 설계사가 그린 실제 청사진(실용 서비스 청사진)을 보고 집을 짓는 것의 차이와 같다고 본다. 둘 다 스토리를 들려주지만, 그중 하나만 실제로 행동으로 옮길 수 있도록 해 준다.

우리가 만든 청사진 형식은 스토리텔링 요소만이 아니라 고전적인 서비스 청사진, 고객여정지도, 공감 지도 등 여러 도표에서 DNA를 차용해 왔다. 이 접근 방식은 고객과 관련된 실제 세계의 문제를 해결하면서 발전해 왔다. 따라서, 그 적용성(applicability)은 이 기법을 반복 적용하는 동안 검증되었다. **실용 서비스 청사진**(practical service blueprint)은 우리 주위에 있는 요소를 취합하고 전 세계 수천 명의 생각을 지렛대 삼아 더 대단한 것으로 결합하는 정신에 뿌리를 두고 있다.

우리는 은행과 의료 서비스 사업자, 기술기업, 비디오 스트리밍 회사, 정부 등이 이 형식을 사용하는 법을 익히고, 업무 공간 촉진 기법을 개발할 수 있도록 지원했다. 우리는 통찰을 했으면 워크숍 중에라도 진행의 일환으로 삼아 곧바로 실행하는 것이 가장 중요하다는 사실을 발견했다. 실질적인 변화를 가져올 실천 항목 없이 실용 서비스 청사진 워크숍을 끝내면 안 된다. 그것은 워크숍을 한 것이 아니라 일을 한 것일 뿐이다.

전체적으로 실용 서비스 청사진 프로세스는 다음 여섯 단계를 거친다.

1. **기회 공간을 탐색한다.** 먼저, 작업하고자 하는 기회를 명확히 정한다. 이미 알려진 문제일 수도 있고, 채널이나 팀 또는 맥락에 걸쳐 있을 빈틈을 메우려는 욕망에서 비롯된 것일 수도 있다.

2. **시나리오를 선택한다.** 청사진으로 작성할 중요한 시나리오나 특히 고충이 심한 시나리오를 몇 개 선택한다.

3. **시나리오의 청사진을 작성한다.** 실용 서비스 청사진 기법을 사용해 서비스 경험의 전체 모습을 매핑한다.

4. **결정적 순간과 아이디어를 취합한다.** 서비스 개선의 가능성은 팀원들이 함께 얻은 통찰을 해석하면서 나온다.

5. **주제를 찾는다.** 결정적 순간들을 묶어 주제별로 분류한 후 각 시나리오에 적용해, 장기적 관점에서 전체적으로 개선이 되는지 확인한다.

6. **조치를 취한다.** 장기적으로 전개할 전략적 혁신과 함께 당장 실현할 수 있는 전술적 솔루션이 포함된 서비스 개선 로드맵을 만든다.

그림 10-13은 인튜이트의 교차 기능 팀이 앞에서 말한 프로세스를 적용해 작성한, 완성된 실용 서비스 청사진의 예다. 도표 가운데에 표시한 결정적 순간뿐만 아니라 해결해야 할 서비스 경험의 핵심 포인트를 강조하는 화살표와 원들을 볼 수 있을 것이다.

사람들이 실용 서비스 청사진을 작성하기 위해 모이면 항상 두 가지 일이 생긴다. 첫째, 이런 활동에 저항감을 보이며 전에도 이런 일을 해 봤지만 도움이 되지 않았다고 불평하는 사람들이 있다. 두 번째는 그랬던 사람들이 퍼실리테이터에게 고마움을 표한다

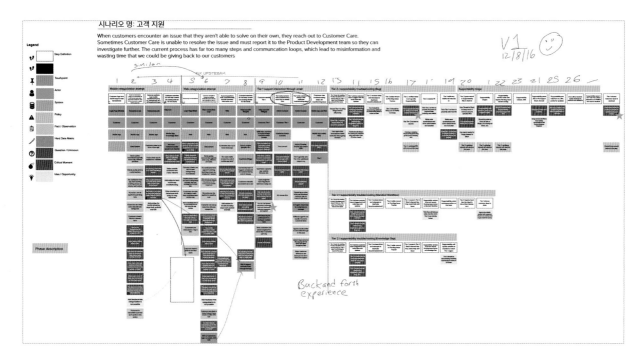

그림 10-13 이 실용 서비스 청사진 완성본은 구체적인 후속 조치를 반영한 아이디어뿐만 아니라 분석 및 논의에 필요한 정보 계층도 보여준다.[1]

1
이 서비스 청사진 작성
방법에 대해 더 알고 싶으면,
MURAL에 접속하여 인튜이트
디지털 도식화에 관한 사례
연구(https://mural.co/cases/
intuit)를 참고하라.

는 것이다. 이들은 이번 프로세스는 얼마나 달랐는지, 이전에는 얻지 못했던 통찰을 얼마나 많이 발견했는지, 자신들이 얼마나 잘못 생각했는지에 대해 열변을 토한다.

우리는 수십억 달러의 매출을 올리는 기업이 워크숍 당일에 시스템과 프로세스, 경험에 의미 있는 변화를 일으키는 조치를 취하는 광경을 직접 목격했다. 실용 서비스 청사진은 이론이나 실험실의 실험과는 정반대다. 진격해서 교두보를 확보하기 위해 만들어진 유효하고 입증된 전술이다.

실무자들이 실용 서비스 청사진을 수용하는 것을 보면 놀라울 정도다. 전 대륙의 대기업과 대학교, 정부가 우리 기법을 쓰고 있다. 동시에 스타트업과 중소기업도 자사 제공품에 대한 개선책을 모색하기 위한 방법으로 실용 서비스 청사진을 쓰고 있다. 이런 폭넓은 수용과 사랑은 이 기법의 내재 가치를 보여주는 증거다.

오스트레일리아의 클라우드 서비스 회사 Cloudwerx의 CEO 토비 윌콕(Toby Wilcock)은 실용 서비스 청사진에 대해 다음과 같이 말했다. "여러분들이 Cloudwerx에서 진행한 워크숍은 훌륭했습니다. 우리 회사는 세일즈포스(Salesforce) 생태계에서 서비스 청사진의 도움을 엄청나게 받았습니다. 이는 우리 비즈니스의 중추입니다. 에릭과 메건이 대단한 일을 해냈습니다!"

실용 서비스 청사진은 오픈 소스 기법이다. 우리는 대행사도 아니고 상업적으로 이 일을 하는 것도 아니다. 그 대신 우리는 집단적 지혜를 모아 기법을 만들었다. 그것이 이 기법의 성공 이유라고 생각한다. 하지만 진짜 찬사는 실용 서비스 청사진의 프로세스와 형식을 받아들여 실제 상황에 적용한 사람들에게 돌아가야 한다. 결과가 스스로 증명할 것이다.

수행자 소개

에릭 플라워스(Erik Flowers)는 실용 서비스 디자인(Practical Service Design)의 공동 설립자이며, 인튜이트의 수석 고객 경험 설계자로 20년 이상의 경력을 보유하고 있다. 플라워스는 현대 서비스 디자인이라는 렌즈를 통해 인튜이트의 다양한 생태계에서 이루어지는 고객 경험을 다시 구상하고, 처음부터 끝까지 또 겉에서 속까지의 경험을 보는 회사의 역량을 구축하고 있다.
트위터: @erik_flowers

메건 밀러(Megan Miller)는 실용 서비스 디자인(Practical Service Design)의 공동 설립자이며, 스탠퍼드대 서비스 디자인 책임자로 캠퍼스 커뮤니티의 매끄럽고 뛰어난 고객 경험을 설계하는 일을 담당하고 있다. 밀러는 브랜드, 커뮤니케이션, 아이덴티티, 비주얼, 사용자 경험, 제품, 서비스 디자인 등 다양한 분야에 경험이 있다.
트위터: @meganerinmiller

Mapping Experiences

chapter

11

고객여정지도

1
얀 칼슨의 책 《결정적 순간 15초
(Moments of Truth)》를 참고하라.

2
루이스 카본과 스테판 해켈,
<고객 경험 설계하기(Engineering
Customer Experiences)>,
《마케팅 매니지먼트(Marketing
Management)(1994 겨울)》

3
콜린 쇼와 존 아이브스, 《위대한
고객 경험 구축하기(Building Great
Customer Experiences)(2002)》

고객여정지도(CJM)라는 용어의 정확한 시작은 분명하지 않다. 접점 전체를 죽 훑어본다는 기본 아이디어를 보면, 얀 칼슨(Jan Carlson)이 말한 진실의 순간 개념에 뿌리를 두고 있다는 느낌이 든다.[1] 그러나 그는 생태적 관점에서 고객 경험을 봐야 한다는 주장을 하긴 했지만, 고객 여정을 매핑한다는 말을 입 밖에 낸 적은 없다.

21세기에 들어서기 직전 고객 경험 관리 분야가 각광을 받고 나서야, 여정 매핑이 등장했다. 예를 들어, 루이스 카본(Lewis Carbon)과 스테판 해켈(Stephan Haeckel)은 1994년 《마케팅 매니지먼트(Marketing Management)》에 기고한 독창적인 논문에서 '경험 청사진'이라는 용어를 사용했다. 두 사람에 따르면, **경험 청사진**이란 "설계 제작할 경험 단서를 그림으로 나타내고, 경험 단서와 이들 각각의 기능에 관한 상세한 설명을 덧붙인 것"[2]이었다.

2002년 고객 경험 개척자인 콜린 쇼(Colin Shaw)는 (얀 칼슨을 떠올리게 하는) '순간 매핑(moment mapping)'이라는 개념을 소개했다.[3] 그 결과 만들어진 도표는 화살이 날아가는 모습을 이용해 고객 경험의 단계를 나타내는 것이었다(그림 11-1).

이 도표로부터 긍정적인 고객 경험을 창출할 수 있는 분석 기회를 도출할 수 있다. 그림 11-2에 이것을 예시했다.

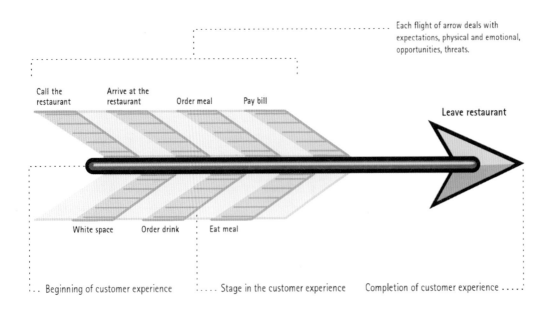

Each flight of arrow deals with expectations, physical and emotional, opportunities, threats.

Call the restaurant
Arrive at the restaurant
Order meal
Pay bill
Leave restaurant

White space
Order drink
Eat meal

Beginning of customer experience · · · · · Stage in the customer experience Completion of customer experience · · · · ·

그림 11-1 콜린 쇼의 2002년 순간 지도(moment map)에서 쓰인 요소 묘사 방식은 현대의 고객여정지도와 닮았다.

단계	예약	화이트 스페이스	이동	주차장 도착	식당에 들어감	주문
기대	I'll get through quickly and they'll have availability	Nothing is going to happen until I get to the restaurant on the night	I am not going to be offered any form of directions	The parking will be easy	I will be greeted with a smile and they will be friendly —take me to my table	There will be sufficient choice—it will be presented in a friendly way
위협	They are fully booked	Nothing does happen—lost opportunity	Customer doesn't know where it is	There are no parking spaces when customer arrives	Customer is ignored because all the staff are busy	There is nothing on the menu that the customer likes—restaurant runs out of an advertised choice
물리적 기대치를 뛰어넘는 기회	Wow—when I made the booking they realised I had been before and what I had eaten!	Wow—I have just received a letter confirming my reservation together with a copy of the menu	Wow—the restaurant has sent me a map!	Wow—they have reserved me a space!	Wow—they were waiting to greet us as we walked through the door!	Wow—waiter gives you his personal recommendation about what is good
감정적 기대치를 뛰어넘는 기회	They recognise you and can remember when I dined last time	The letter is personalised to me and suggests some dishes I may like. This makes me happy	I'm reading the menu; it sounds great!	There is a sign outside the restaurant saying welcome to me!	We are greeted like long lost family	They remember what I had last time which shows they care
떠오르는 감정	Surprise, anticipation	Surprise and anticipation	They care	I'm special	I'm with my friends	They care

그림 11-2 콜린 쇼와 존 아이브스가 집필한 《위대한 고객 경험 구축하기(Building Great Customer Experiences)(2002)》에 수록된 순간 지도에는 고객 여정의 감정 요소가 포함되어 있다.

현대적 양식의 고객여정지도는 2000년대 중반 무렵 모습을 드러냈다. 고객 경험 분야의 중심 인물인 브루스 템킨(Bruce Temkin)은 고객여정지도의 초기 옹호자 중 하나로, 미 전역에 고객여정지도를 사용할 것을 적극적으로 권장했다. 템킨은 포레스터 리서치의 2010년 보고서 〈고객 여정 매핑(Mapping the Customer Journey)〉에서, 고객여정지도를 "고객이 기업과 관계를 맺는 과정에서 거치는 고객의 프로세스, 니즈, 인식 등을 시각적으로 나타낸 문서"라고 정의했다.

템킨은 또한 〈모두 고객 여정에 달렸다(It's All About Your Customer's Journey)〉라는 자신의 최근 블로그 포스트에서 고객여정지도의 중요성에 대해 다음과 같이 강조했다.

> 기업은 고객의 실제 니즈에 대한 이해를 강화해 주는 도구나 프로세스를 사용해야 한다. 이 분야의 주요 도구 중 하나가 고객여정지도다. … 고객여정지도를 제대로 사용하기만 한다면, 안에서 밖을 보던 기업의 관점을 밖에서 안을 보도록 돌려놓을 수 있다.

그림 11-3은 광대역 통신 사업자를 위한 고객여정지도의 예를 보여준다. 디지털 경험 컨설팅 분야의 선두 주자인 이펙티브 유아이(Effective UI)에서 작성한 것이다. 지도 한가운데 배치된 감정을 나타내는 선이 두드러진다. 이렇게 함으로써 여러 요소 중 감정 요소가 가장 중요하다는 사실을 분명하게 밝히고 있다.

고객여정지도는 개인을 조직의 제품 및 서비스의 소비자로 간주하는 동시에 조직 중심적이다. 그것은 한 기업이 어떻게 시장에 진출하는지에 대해서 이야기한다. 그 결과, 고객여정지도는 세 가지 주요 요소에 의해 다음과 같이 정의된다.

첫 번째 단계는 개인이 서비스나 브랜드를 인식하게 되는 초기 단계다. (그림 11-3에서 보는 바와 같이) '인식', '발견' 또는 '문의' 와 같은 단계 라벨은 여정 시작 지점을 표시하는 일반적인 장치다.

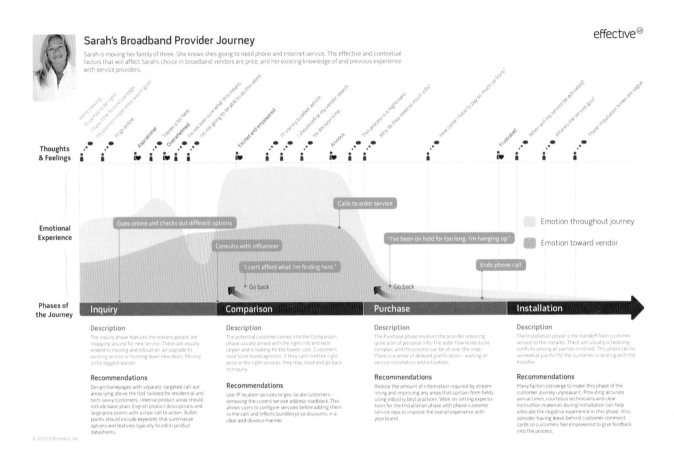

그림 11-3 이펙티브 유아이가 작성한 광대역 통신 사업자의 고객여정지도는, 여정의 감정 요소에 초점을 맞추고 있다.

다음은 일반적으로 구매와 관련된 결심 지점이다. 여정 중간에 '구매', '선택', 또는 '획득'이라는 라벨이 붙는 단계가 있는 것이 보통이다. 이전 예(그림 11-3)에는 '구입(purchase)'이라고 표시된 명확한 단계가 있다.

마지막으로, 고객여정지도는 고객이 충성도를 유지하고 서비스를 계속 사용하는 이유를 보여주어야 한다. 이는 흔히 단순히 '사용' 또는 이와 유사한 단계로 표시되지만, '지원받기', '갱신' 또는 '지지'와 같은 추가적인 상호작용이 있을 수 있으며, 이는 모두 개인이 솔루션에서 가치를 얻는 방식을 반영한다.

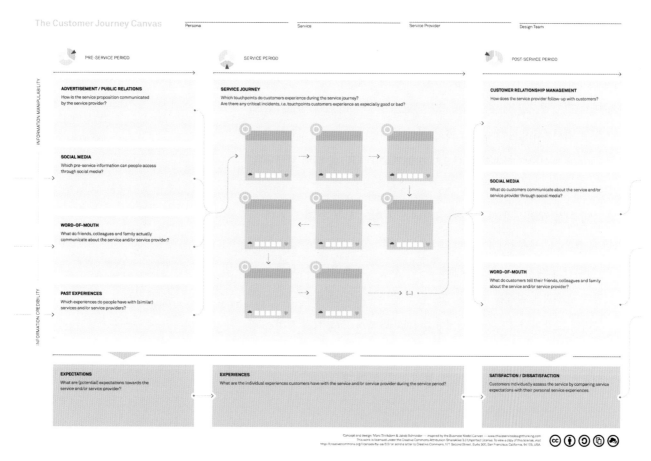

그림 11-4 고객 여정 캔버스는 전형적인 고객여정지도를 변형한 것이다(마르크 스틱도른과 야코프 슈나이더 작성).

고객여정지도는 다음과 같은 질문에 답하는 데 도움이 된다. 어떻게 하면 고객을 더 끌어들일 수 있을까? 어떻게 하면 고객이 다시 찾을 만한 가치를 제공할 수 있을까? 어떻게 하면 고객에게 도움이 되는 서비스를 제공할 수 있을까?

이러한 질문에 대한 답변은, 훌륭한 경험 구축이 개별 접점 최적화에 관한 것이 아니라 어떻게 접점들이 통합된 전체로 합쳐지는지에 관한 것임을 보여준다. 고객여정지도는 접점을 시각화하여 보다 효과적으로 관리할 수 있는 전략 도구이다.

고객 여정 캔버스(그림 11-4)는 고객여정지도를 변형한 것으로, 팀 전체가 작성에 참여할 수 있다는 것이 장점이다. 개방된 캔버스 구조라 여러 사람이 자기 아이디어를 덧붙이는 것이 가능하다. 고객 여정 캔버스는 서비스 설계 전문가 마르크 스틱도른(Marc Stickdorn)과 야코프 슈나이더(Jakob Schneider)의 영향력 있는 저서 《서비스 디자인 교과서(This is Service Design Thinking)》에서 소개되었다. 캔버스 형식의 템플릿을 사용하기 때문에 팀원들이 함께 고객 여정을 검토해 볼 수 있다.

고객 여정 캔버스의 기본 형식은 서비스 경험의 무대 전면 요소와 무대 뒤편 요소를 모두 나타낼 수 있다. 고객 여정 캔버스는 제공자(공급자)의 서비스 전 행위와 고객의 기대치를 정렬할 뿐 아니라, 서비스 접점 이후에 제공자가 어떻게 고객과의 관계를 지속적으로 관리해 나갈지도 보여준다.

그러나 고객여정지도는 (앞 장에서 설명한 바와 같이) 전통적인 서비스 청사진만큼 형식과 공식에 대한 엄격한 규칙을 갖고 있지는 않다. 이 접근 방법은 다재다능하다. 예외에 속하는 경우를 쉽게 찾을 수 있다.

11.1 고객 라이프사이클 지도

실무자에 따라서는 고객여정지도와 **고객 라이프사이클 지도**를 구분하는 경우도 있다.[4] 고객 라이프사이클 지도의 범위가 더 넓어서, 고객과 조직 간의 평생 관계를 다룬다. 고객 라이프사이클에는 일반적으로 특정 여정이 아닌 전반적인 관계를 반영하는 다소 추상적인 단계가 포함된다.

고객 라이프사이클 지도의 역사는 1960년대 초까지 거슬러 올라간다. 1961년 러셀 콜리(Russell Colley)는 광고의 성공 여부를 평가하는 체계를 개발해, 《DAGMAR 광고 이론(Defining Advertising Goals for Measured Advertising Results)》이란 책에 소개했다. 줄여서 DAGMAR라고 불리는 콜리의 모델은, '인식'에서 '행동'까지 여러 단계의 상호 작용으로 구성되어 있다. 같은 해에 로버트 래비지(Robert Lavidge)와 개리 슈타이너(Gary Steiner)도 비슷한 모델을 제시

4
《Livework》에 실린 라브랑 뢰블리의 글 〈고객 여정과 고객 라이프사이클(Customer Journeys and Customer Lifecycles)〉을 참고하라. https://www.liveworkstudio.com/blog/customer-journeys-and-customer-lifecycles

5
로버트 래비지와 개리 슈타이너,
《〈A Model for Predictive Measurements
of Advertising Effectiveness〉〉,
《Journal of Marketing(1961.10)》

했다.[5]

이런 모델과 1960년대에 개발된 여러 다른 모델을 바탕으로 존 젠킨스 (John Jenkins)는 포괄적인 초기 라이프사이클 지도를 개발해, 1972년 그의 책 《마케팅과 소비자 행동(Marketing and Customer Behavior)》에 실었다. 그림 11-5 는 젠킨스가 만든 원작 모델이다. 젠킨스는 이 모델을 '**시장 연속체 모델**(market continuum model)'이라고 불렀다.

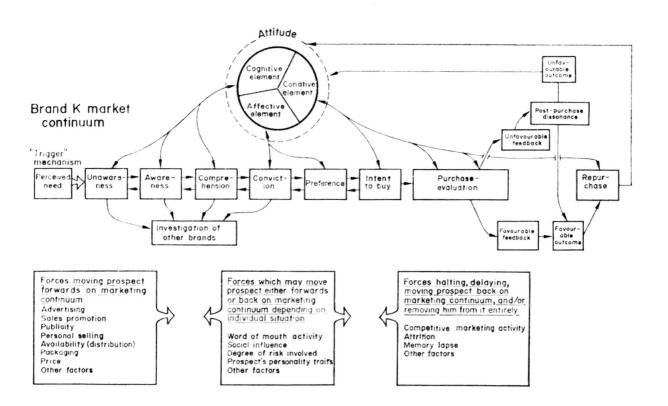

그림 11-5 고객 라이프사이클 지도를 표현한 존 젠킨스의 모델(1972)은 초기 고객여정지도라고 할 수 있다.

고객 경험 분야의 리더이자 작가인 케리 보딘(Kerry Bodine)은 고객 라이 프사이클 지도를 위한 현대적인 형식을 제공했다. 그녀가 제안한 구조는 초기 선택의 필요성 인식에서부터 옹호나 이탈에 이르기까지 전 단계를 살펴보는 것이다. 그림 11-6은 이러한 단계를 화살표로 표시하여 대략적인 전체 경험 모션을 보여준다. 처음에는 왼쪽 다이아몬드의 화살표에 반영된 발산 형태의 찾기(Seek) 모션이 오른쪽의 수렴 형태의 선택(Choose)으로 귀결된다. 솔루션(수리 포함)은 지속적으로 사용(Use)되며 오른쪽에 있는 원에 반영된다.

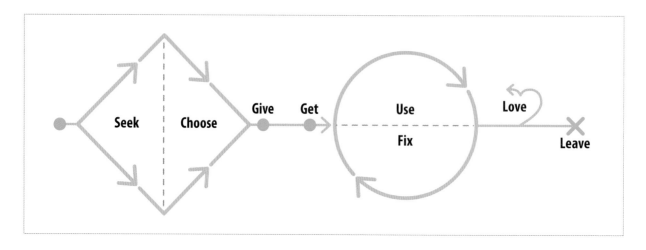

그림 11-6 이 최신 버전의 고객 라이프사이클 지도(케리 보딘 작성)는 솔루션이나 브랜드에 대한 소비자의 전반적인 경험을 보여준다.

나는 고객 라이프사이클 지도와 고객여정지도의 차이를 계층 구조의 차이라고 본다. 서비스 청사진을 비교에 포함시킨다면, 셋 사이에 **래더링 효과**(laddering effect)가 존재한다. 라이프사이클 지도는 시간이 지남에 따라 개인과 브랜드 간의 전반적인 관계를 살펴본다. 고객여정지도는 구체적인 솔루션 획득을 보다 상세하게 검토한다. 서비스 청사진은 서비스 구매 후 주로 고객 여정 내에서 일어나는 특정 상호 작용에 대해 자세히 설명한다.

그림 11-7은 고객 라이프사이클 지도, 고객여정지도, 서비스 청사진 간의 대략적인 관계를 보여주고 있는데, 자동차를 구입하여 소유하는 경험을 표현한 것이다. 실제로는 이러한 도표 유형에 대한 다른 해석들도 존재한다. 예시는 그들 간의 관계를 볼 수 있는 한 가지 방법만을 나타냈을 뿐이다.

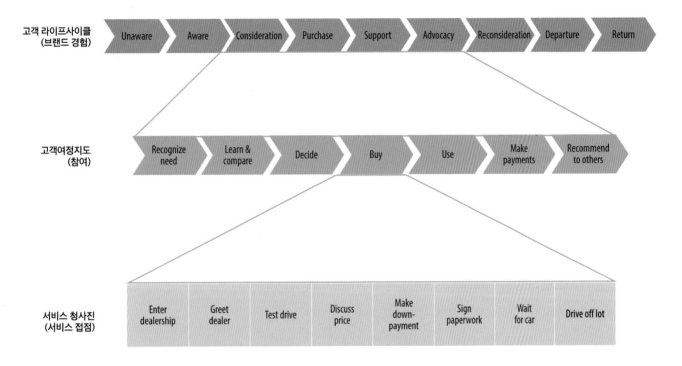

그림 11-7 고객 라이프사이클 지도는 브랜드와 관련한 전반적인 관계(relationship)를 나타낸다. 반면 고객여정지도는 특정 유형의 참여(engagement)에 초점을 맞춘다. 서비스 청사진은 일반적으로 특정 유형의 서비스 접점(encounter)을 분석한다.

11.2 관련 모델

비상업 분야에서는 에버렛 로저스(Everett Rogers)가 신제품 수용의 복잡성을 밝혀냈다. 로저스는 기념비적 저서《개혁의 확산(Diffusion of Innovations)》에서 수십 년에 걸친 연구 결과를 바탕으로 혁신-결정 프로세스에 대하여 개략적으로 설명했다(그림 11-8).

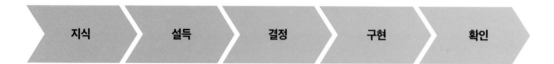

| 지식 | 설득 | 결정 | 구현 | 확인 |

혁신-결정 프로세스는 1960년대에 발표된 내용임에도 불구하고 현대 고객여정지도의 일반적인 단계와 유사하다. 핵심 인식(identifying) 단계는 두 가지 흐름 모두에 존재한다. 시작에는 인식, 중간에는 결정 지점, 그다음에는 결정을 확인하고 채택한 혁신에 대한 충성도를 유지하는 단계가 있다. 로저스의 프로세스가 현대 고객여정지도와 동일한 기본 프레임을 가지고 있다는 것에는 의심의 여지가 없다. 실제로 존 젠킨스(John Jenkins)는 그림 11-5의 초기 지도를 작성할 때 로저스 모델로부터 직접적인 영향을 받았다고 밝힌 바 있다.

이 모델에서는 '설득' 단계에서 개인의 태도가 특히 중요하다. 로저스는 설득 단계에서 의사 결정의 예측 변수로 다섯 개의 기본 원칙을 제시했다. 새로운 제품이나 서비스를 수용하기 전에 의사 결정권자들이 최종적으로 물어보는 다섯 가지 질문이다.

- **상대적 우위성**: 기존 대체품보다 나은가?
- **적합성**: 적합한가? 내 신념이나 가치와 잘 어울리는가?
- **복잡성**: 쉽게 이해하고 사용할 수 있는가?
- **시험 가능성**: 별도 비용 없이 시험해 볼 수 있는가?
- **관찰 가능성**: 관찰을 통해 이해되는가?

그림 11-8 에버렛 로저스가 최초로 설명한 혁신-결정 프로세스는 고객여정지도의 기반이 되는 초기 모델이다.

질문에 대해 대부분 답이 긍정적이라면, 이 제품은 수용 가능성이 아주 커진다. 다른 말로 하면, 이 다섯 가지 질문이 의사결정 프로세스에 영향을 주는 핵심 요인인 것이다.

이들 주요 요인이 **인식되는** 특성이라는 점에 유의하기 바란다. 즉, 가치는 제품이나 서비스의 절대적인 속성이 아니며, 고객의 마음속에서 인식되는 것이다. 마찬가지로 고객여정지도는 고객의 자리에서 제품이나 서비스가 실제로 어떻게 인식되는지 이해하고자 한다.

전환 퍼널(전환 깔때기)

일반적으로 구매 결정은 퍼널(funnel, 깔때기) 모양으로 나타낸다(그림 11-9). 그 과정에서의 정확한 단계는 퍼널을 어떻게 구상하느냐에 따라 여러 가지로 달리 표현될 수 있다.

이 비유는 사람들이 넓은 입구로 들어가, 퍼널을 통과하며 점점 걸러진 다음 최종적으로 구매를 하는 것임을 암시한다. 각 단계마다 프로세스를 떠나는 의사 결정이 가능하므로, 전환에 이르기까지 사람 수는 점점 줄어들게 된다.

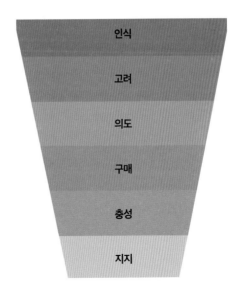

그림 11-9 고객 여정에 따른 진행 단계를 보여주는 전형적인 마케팅 퍼널

맥킨지앤컴퍼니(McKinsey and Company)의 시장조사 전문가들은 **소비자 결정 여정**(consumer decision journey)이라는 새로운 모델을 제시했다.[6] 이들이 만든 업데이트된 의사-결정 모델이 그림 11-10이다.

모델을 동그란 형태로 만든 이유는, 소비자가 의사 결정 프로세스를 거치는 방법을 재평가할 필요성을 반영했기 때문이다. 권한을 가진 소비자의 시대에, 이 프로세스는 보다 순환적이다. 소비자 한 사람이 구매한 후 갖는 경험은 다른 소비자의 평가 기준이 된다. 이 모델에는 소비자들이 우르르 몰려 들어가는 '퍼널 입구'가 더 이상 존재하지 않는다.

6
《맥킨지 쿼터리(McKinsey Quarterly) (2009.6)》에 실린 데이비드 코트 등이 쓴 글 <소비자 결정 여정(The Consumer Decision Journey)> 및 《하버드 비즈니스 리뷰 (2010.12)》에 실린 데이비드 C. 에델먼의 글 <디지털 시대의 브랜딩: 엉뚱한 곳에 돈을 낭비하고 있다(Branding in the Digital Age: You're Spending Your Money in All the Wrong Places)>를 참고하라.

그림 11-10 맥킨지의 컨설턴트들이 시각화한 소비자 의사-결정 여정은, 기존의 퍼널 개념을 바꿔 놓았다.

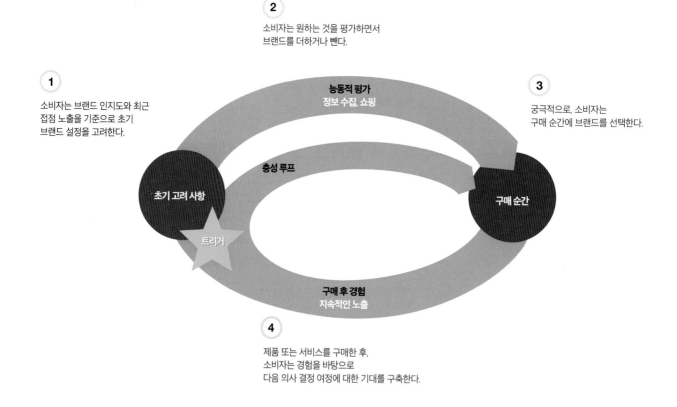

2
소비자는 원하는 것을 평가하면서 브랜드를 더하거나 뺀다.

1
소비자는 브랜드 인지도와 최근 접점 노출을 기준으로 초기 브랜드 설정을 고려한다.

3
궁극적으로, 소비자는 구매 순간에 브랜드를 선택한다.

능동적 평가
정보 수집, 쇼핑

충성 루프

초기 고려 사항

구매 순간

트리거

구매 후 경험
지속적인 노출

4
제품 또는 서비스를 구매한 후, 소비자는 경험을 바탕으로 다음 의사 결정 여정에 대한 기대를 구축한다.

더욱이, 저자들은 소비자들이 제품과 서비스를 조사하고 구매하는 방식을 점점 더 바꾸고 있다고 믿고 있다. 소비자들은 특히 온라인에서 그 어느 때보다도 훨씬 더 많은 사전 조사와 비교를 한다.

전통적으로 상거래 상황에는 세 가지 유형의 주요 접점이 있다.

- **자극:** 고객이 해당 제품 또는 서비스를 처음 알게 된 순간
- **첫 번째 진실의 순간:** 고객이 제품 또는 서비스를 구매하기로 결정한 순간
- **두 번째 진실의 순간:** 고객이 제품 또는 서비스를 사용한 첫 번째 순간

점점 더 많은 소비자들이 다른 소비자들의 리뷰를 읽는다. 그들은 결정에 필요한 정보를 얻기 위해 아마존과 같은 사이트를 보거나 트위터 팔로워들에게 의견을 묻는다. 또한 링크트인이나 페이스북의 프로필을 조사하면서 누가 서비스의 배후에 있는지 살펴본다. 업계나 업종을 막론하고 오늘날 고객들은 불과 10년 전보다 훨씬 더 많은 정보를 얻고 있다.

첫 번째와 두 번째 진실의 순간 외에도, 구글의 시장 조사원들은 새로운 주요 접점인 '0번째 진실의 순간' 즉, 간단히 말해서 **ZMOT**를 찾아냈다.[7] 그것은 자극과 구매 결정 사이에 위치한다(그림 11-11).

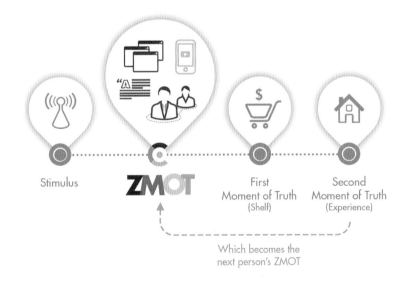

Stimulus

ZMOT

First
Moment of Truth
(Shelf)

Second
Moment of Truth
(Experience)

Which becomes the
next person's ZMOT

그림 11-11 소비자 행동의 새로운 단계인 ZMOT(Zero Moment of Truth)는 구글의 시장 조사원들에 의해 소개되었다.

ZOMT에서는 콘텐츠가 결정적이다. 그런데 콘텐츠는 마케팅 플러프(fluff)[8]라는 인상을 주면 안 된다. ZOMT 접점에서의 정보는 유의미하고 가치 있어야 한다. 성공적인 기업은 시장 전체와 먼저 대화한 뒤, 고객과의 일대일 대화에 임한다. 그들은 스스로를 "날 사줘!" 배너가 아니라, 신뢰할 수 있는 조언자로 포지셔닝한다.

ZOMT에 입력되는 제품 추천 글은, 누군가 이미 제품을 사용한 후에 올려진다는 점에 주목하라. 이제 사용 경험은 구매 결정 이전에 관련되게 되었다. 더 중요한 것은, 사람들이 점점 더 ZMOT 동안 그들이 구입하는 제품과 서비스에서 의미를 찾기 시작한다는 것이다. 그들은 제품과 서비스 뒤에 있는 기업과 사람들에 대해 알고 싶어 한다. 제품과 서비스가 자신의 가치체계에 잘 맞는지, 개인 안에서 어떻게 정의될지 알고자 한다.

여러분은 사람들이 항상 브랜드와 대화를 해왔다며 일리 있는 지적을 할지도 모른다. 물론, 시장은 곧 대화다. 예전과 달라진 점은 이용 가능한 콘텐츠의 폭과 소비자가 특정 콘텐츠에 접근할 수 있는 속도의 조합이다. 이제 고객이 여러분의 회사 또는 그 제품 및 서비스와 직접 접촉하기 전에 비즈니스의 다양한 측면을 조사하리란 것을 예상할 수 있다.

그 어떤 경우에도, 제품이나 서비스 경험의 다양한 부분들은 10년 전에 비해 훨씬 더 상호 연관되어 있다. 진실의 순간을 연결하고 사람들을 위한 의미 있는 경험을 설계하기 위해서는 총체적인 사고방식이 필요하다.

8
'보푸라기'라는 뜻으로, 가치를 주지 못하는 말이나 정보를 가리킨다. 읽는 사람에게 부정적인 효과를 준다. -편집주

11.3 고객여정지도의 요소

고객여성지도는 단순한 접점의 나열이 아니다. 고객의 동기와 태도에 대한 깊은 통찰을 담은 것이다. 고객이 구매하는 이유는 무엇인가? 고객을 만족시키려면 어떻게 해야 하는가? 고객여정지도는 이런 질문에 답을 할 수 있어야 한다.

고객여정지도는 서비스 청사진에 비해 형식이 자유로운 편이다. 따라서 여러 가지 다른 요소나 정보 유형이 포함될 수 있다. 고객여정지도 작성자는 조직의 요구 사항에 부합하는 요소를 포함시켜야 한다. 고객여정지도의 일반적인 요소로는 행위와 목표, 감정, 고충, 진실의 순간, 접점, 브랜드 인식, 만족도, 기회 등을 들 수 있다.

그림 11-12 고객여정지도는 다양한 범주의 정보와 데이터를 통합하여 경험을 더 풍부하게 묘사한다.

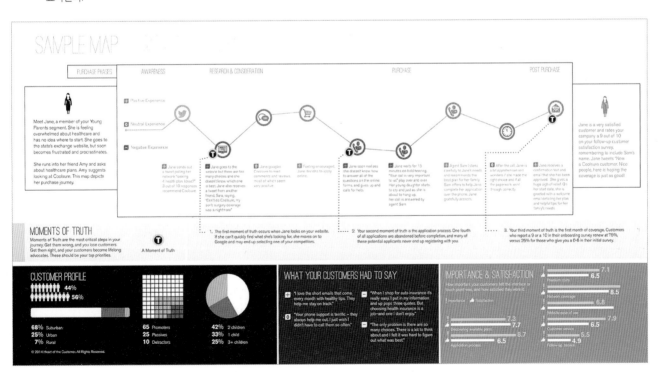

고객여정지도

그림 11-12는 저명한 고객 경험 및 여정 매핑 컨설팅 회사인 하트오브더커스토머스(Heart of the Customers)에서 작성한 고객여정지도 템플릿이다. 여기에는 페르소나와 고객 프로파일링, 중요도 및 만족도 지표 등, 여정 지도와 관련된 추가 요소가 포함된다.

표 11-1은 2장에서 다룬 매핑의 기본 프레임워크를 사용해, 고객여정지도를 정의하는 주요 요소를 설명한 것이다.

관점	소비자로서의 개인
구조	시간 순서
범위	필요성을 인식해서 관계가 끝날 때까지, 즉 처음부터 끝까지의 경험 보통은 고객 한 사람의 여정을 중심으로 작성하지만, 여러 페르소나와 접점에 걸친 전체적이고 종합적인 여정 지도를 작성할 수도 있다.
초점	주로 소비자의 경험에 초점을 맞추고, 무대 뒤편의 프로세스는 거의 나타내지 않는다.
사용 목적	접점 분석과 최적화 고객 경험 관리, 마케팅, 브랜딩 이니셔티브를 위한 전략 기획 수립
강점	이해하기 쉽다. 널리 사용되고 있다. 팀원이나 관계자들과 협업을 하기에 적합하다.
약점	일반적으로 개인을 소비자로 본다. 내부 프로세스나 행위자를 무시할 때가 많다.

표 11-1 고객여정지도를 정의하는 요소

가치 스토리 매핑: 고객여정지도의 대안

수행자

마이클 데니스 무어(Michael Dennis Moore)

전통적인 고객여정지도는 본디 거래 지향적이다. 이 도표는 일정 기간에 일어나는 일련의 이벤트를 보여주는데, 고객의 생각과 감정마저도 대개 이런 불연속적인 이벤트와 연관되어 있다.

하지만 좋은 스토리가 으레 그렇듯 고객여정지도에도 사실상 두 가지 스토리라인이 있다. 하나는 이벤트의 줄거리로, 나는 이것을 '거래 스토리라인'이라고 부른다.

다른 하나는 어떤 문제에 직면하고, 중심축이 되는 결정을 내리고, 결국은 (아주 적게라도) 자기 자신과 다른 사람과 관계 맺는 방식을 바꾸는, 주인공(고객)의 캐릭터 아크(인물호)다. 이들은 브랜드 애호가가 되기도 하고, 브랜드 혐오자가 되기도 하고, 그 중간 어디쯤에 머물기도 한다. 그리하여 여러분의 제품이나 서비스를 다른 사람에게 적극 추천하기도 하고, 맹비난하기도 하고, 아무런 언급을 하지 않기도 한다.

대부분의 기업에서는 긍정적인 고객 전환(transformation)이 CX/UX의 최종 전략 목표이다. 다행스럽게도 기업의 이런 목표는 대부분의 고객이 마음속 깊이 가지고 있는 목표와도 잘 맞아떨어진다. 해피 엔딩으로 끝나는, 현명한 선택으로 가득한 이야기의 주인공이 되는 것 말이다.

새로 만든 고객여정지도를 처음 보면 마찰 지점이 분명해 보이면서, 손쉽게 해결할 수 있을 것 같은 문제가 눈에 띌 것이다. 그러면 고객 경험의 걸림돌을 제거해 줄 전술적 개선 방안을 찾기 위한 브레인스토밍을 바로 시작하고 싶을 것이다.

하지만 바로 전술적 사고로 뛰어들면, 의도하지 않게 내부자의 시각으로 바라보는 익숙한 안전지대로 팀원들을 성급하게 다시 끌어들이는 결과를 초래할 때가 많다. 이렇게 되면 초기에 차올랐던 고객 공감은 사라지고, 총체적인 가치 중심 스토리가 그저 일련의 개별 거래(transaction)로 변하면서 '미끄러운 비탈길(slippery slope)'이 되어 버릴 수 있다.

신속한 전술적 솔루션은 단기적으로 필요한 것일 수도 있다. 하지만 고객여정지도를 최대한 활용하려면 생각을 한곳에 집중할 전략적 프레임워크가 필요하다. **가치 스토리 매핑**은 여정 지도의 중심축이 되는 결정을 추가해, 거래 스토리라인 위에 전환 스토리라인을 덧씌우는 방법이다.

이 프로세스는 다음 세 단계를 거친다.

그림 11-13 가치 스토리 맵은 솔루션을 획득하는 거래 단계를 보여주는 것이 아니라, 주어진 솔루션을 이용함으로써 개인이 겪는 전환을 보여준다.

1 여정을 가치 스토리로 구성한다

그림 11-13이 기본적인 가치 스토리의 여정이다. 그림에서 보듯이 네 단계로 나뉘어 있고 단계마다 중심점(pivot point)이 있다. 각 단계에 붙은 이름이 일반적으로 익숙한 비즈니스 중심의 단계(인지, 고려, 구매, 유지, 지지)와 다르다는 점에 유의하라.

2

개연성 있는 가설을 세운다

네 단계 중 하나를 고른 뒤, 정성적 조사를 활용해 고객이 그 단계의 마지막에 내리는 중심축이 되는 결정과 관련해 다음 질문에 답하라.

1. **고객을 이 결정으로 이끈 동인은 무엇인가? 다음 네 가지 범주의 동인을 고려하라.**

   · 기능적 목표
   · 이성적 접근
   · 사회적 영향
   · 감성적 동인

2. **고객은 어떻게 이런 힘의 우선순위를 매겨, 동기를 부여하고 정당화해 개연성을 만드는가?**

고객에게 직접 어떤 결정을 내린 이유를 물어보면, 기능적 목표나 이성적 접근에 기반해 자신의 결정을 정당화하는, 개연성 있고 명시적인 스토리를 들려줄 것이다. 그렇지만 사실은 거의 언제나 그런 결정을 내리도록 동기를 부여하는, 개연성 있으면서도 더 깊고 암묵적인 스토리가 있다. 여기에는 종종 고객이 선뜻 공유하려고 하지 않을 (혹은 자신도 인식하지 못하고 있을) 사회적 영향이나 감성적 동인이 들어 있다. 고객이 이례적으로 솔직하지 않은 한, 암묵적 스토리에 대해서는 정성적 조사에서 발견한 주제를 기반으로 경험에서 우러난 추측을 해야 할 것이다.

3

스토리에서 여러분이 맡은 역할을 평가한다

끝으로, 여러분이 선택한 단계의 각 접점이 고객이 여러분 조직에 긍정적으로 작용할, 중심축이 되는 결정을 내리는 데(혹은 그런 결정을 내리지 못하게 하는 데) 얼마나 기여하는지 평가할 차례다.

여기서 조심해야 한다. 한번 접점의 설계나 실행을 바라보기 시작하면, 내부자의 시각으로 다시 빨려 들어가기 쉽기 때문이다. 그보다는 다음과 같은 고객 가치 중심의 질문을 사용해 평가에 착수하는 편이 좋다. "고객의 개연성 있는 스토리에서, 우리는 어떤 역할을 할 것인가?"

일부 역할은 보편적이다. 예컨대 전문가, 제공자, 조력자 같은 역할이다. 하지만 경쟁업체보다 더 나은 서비스를 제공해 더 많은 잠재 고객을 충성스러운 브랜드 지지자로 전환시키고 싶다면, 그림 11-14처럼 서로의 역할을 기반으로 발전하는, 각 단계에 특화된 역할을 추가할 수 있다.

- **공감자:** 신뢰 기반의 관계를 시작한다
- **스토리텔러:** 주인공의 보상을 구상한다
- **안내자:** 결과와 경험에 상당하는 가치를 보장한다
- **파트너:** 지속해서 신뢰할 만한 기업이라는 사실을 증명한다

고객 여정을 가치 스토리 맵으로 구성하면 여러 가지 이점이 있지만, 그중에서도 다음 두 가지가 중요하다.

첫째, 가치 스토리 맵은 팀원들이 신속한 전술적 승리를 추구하는 중에도 고객 전환이라는 전략적 목표에 집중할 수 있게 한다. 그렇다. 마케터는 여전히 주로 초기 단계에 초점을 맞출 것이고, 디자이너와 서비스 관리자는 그 이후의 단계에 초점을 맞출 것이다. 그러면서도 모든 팀원이, 자신이 브랜드의 장기적 성공에 얼마나 기여하고 있는지 쉽게 알 수 있게 될 것이다.

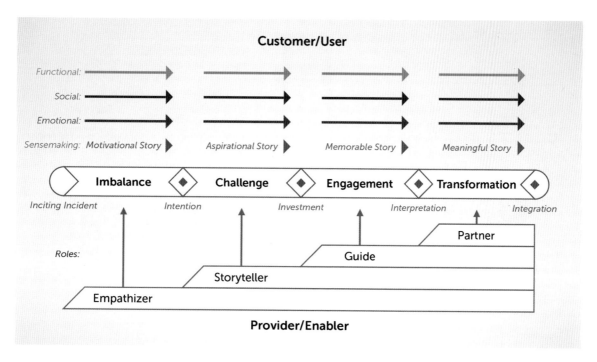

그림 11-14 가치 스토리 매핑을 통해 각기 다른 전환 단계를 여정에 덧씌우게 된다.

둘째, 가치 스토리 맵은 단순히 하나의 거래에서 다음 거래로 넘어가며 고객 감정의 기복을 추적하는 대신, 중심 결정의 결과라는 관점에서 고객의 생각과 감정을 구성한다. 바꿔 말하면, 거래 여정의 '누가', '언제', '어디서', '무엇을', '어떻게'를 넘어서 가장 중요한 질문인 '왜'를 파고든다. 결국, 궁극적으로 가장 중요한 것은 고객의 마음에서 일어나는 순간이다.

그림 11-15는 기업용 그룹 커뮤니케이션 솔루션인 슬랙(Slack)을 예로 들어 작성한 완성된 가치 스토리 맵의 예다.

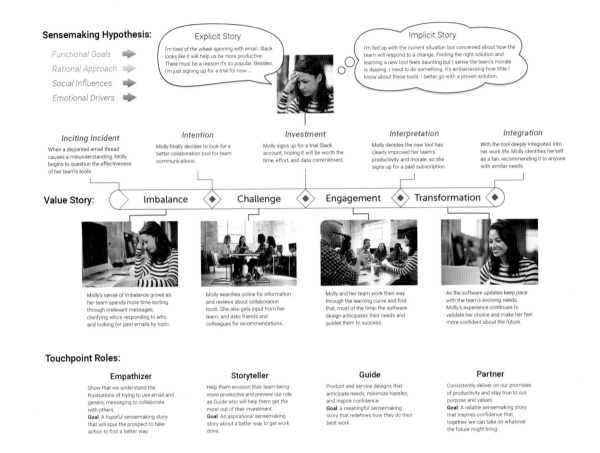

Sensemaking Hypothesis:

Functional Goals ➡
Rational Approach ➡
Social Influences ➡
Emotional Drivers ➡

Explicit Story

I'm tired of the wheel spinning with email. Slack looks like it will help us be more productive. There must be a reason it's so popular. Besides, I'm just signing up for a trial for now ...

Implicit Story

I'm fed up with the current situation but concerned about how the team will respond to a change. Finding the right solution and learning a new tool feels daunting but I sense the team's morale is dipping. I need to do something. It's embarrassing how little I know about these tools. I better go with a proven solution.

Inciting Incident

When a disjointed email thread causes a misunderstanding, Molly begins to question the effectiveness of her team's tools.

Intention

Molly finally decides to look for a better collaboration tool for team communications.

Investment

Molly signs up for a trial Slack account, hoping it will be worth the time, effort, and data commitment.

Interpretation

Molly decides the new tool has clearly improved her team's productivity and morale, so she signs up for a paid subscription.

Integration

With the tool deeply integrated into her work life, Molly identifies herself as a fan, recommending it to anyone with similar needs.

Value Story: ⟨ Imbalance ⟩ ◆ ⟨ Challenge ⟩ ◆ ⟨ Engagement ⟩ ◆ ⟨ Transformation ⟩ ◆

Molly's sense of imbalance grows as her team spends more time sorting through irrelevant messages, clarifying who's responding to who, and looking for past emails by topic.

Molly searches online for information and reviews about collaboration tools. She also gets input from her team, and asks friends and colleagues for recommendations.

Molly and her team work their way through the learning curve and find that, most of the time, the software design anticipates their needs and guides them to success.

As the software updates keep pace with the team's evolving needs, Molly's experience continues to validate her choice and make her feel more confident about the future.

Touchpoint Roles:

Empathizer

Show that we understand the frustrations of trying to use email and generic messaging to collaborate with others.
Goal: A *hopeful* sensemaking story that will spur the prospect to take action to find a better way.

Storyteller

Help them envision their team being more productive and preview our role as Guide who will help them get the most out of their investment.
Goal: An *aspirational* sensemaking story about a better way to get work done.

Guide

Product and service designs that anticipate needs, minimize hassles, and inspire confidence.
Goal: a *meaningful* sensemaking story that redefines how they do their best work.

Partner

Consistently deliver on our promises of productivity and stay true to our purpose and values.
Goal: A *reliable* sensemaking story that inspires confidence that, together, we can take on whatever the future might bring

그림 11-15 이 가치 스토리 맵 완성본은 사건의 발단부터 통합에 이르는 전환의 단계를 자세히 보여준다.

수행자 소개

마이클 데니스 무어(Michael Dennis Moore)는 라이크와이즈(Likewhys)의 수석 컨설턴트로, 가치 스토리 매핑 프로세스를 개발했다. 무어는 중소기업 오너, 애플을 비롯한 여러 기업의 제품 관리자, 제록스의 경험 디자인 그룹 매니저 등을 역임하며 가치 중심적 경험을 쌓았다.

이메일: michael@likewhys.com

Mapping Experiences

고객여정지도

chapter

경험 지도

서비스 청사진이나 고객여정지도에서 보듯이, 우리는 경험을 나타낸 도표를 제품이나 서비스의 사용과 연관 지어 생각하는 경향이 있다. 물론, 이 책의 대부분은 상업 지향적인 경험을 매핑하는 데 초점을 맞추고 있다. 하지만 꼭 그렇게 한정할 필요는 없다. 특정 제품이나 서비스와 무관한 경험을 매핑하는 것도 가능하다.

특히 (이 책에서 정의하는) **경험 지도**는 어느 한 조직의 제품 혹은 서비스 제공을 뛰어넘어, 인간 활동의 맥락을 광범위하게 보여준다. 경험 지도는 사람과 장소, 사물 사이의 관계를 보여줄 뿐만 아니라 생태계를 설계하는 데도 도움이 된다.

바꿔 말해 여기서의 경험 지도는 고객여정지도와는 완전히 다른 관점을 가지고 있다. 즉, 개인을 브랜드나 제품의 소비자로 보지 않는다. 대신 솔루션과 관계없이 개인의 목표나 목적에 초점을 맞춘다.

그 예로, 미국 보훈부 최고설계책임자 세라 브룩스(Sarah Brooks)가 작성한 그림 12-1의 도표를 보자.[1] 이 도표는 시간의 경과에 따라 생기는 다양하면서도 이질적인 목표·목적을 반영한, 퇴역 군인의 인생 경험을 나타낸 지도다. 기존의 고객여정지도와 다른 관점에서 작성했기 때문에 '인지' 단계나 '구매'

[1]
브룩스의 도표에 대해 더 알고 싶으면, 《패스트컴퍼니(Fast Company)》(2016.7)에 실린 카일러 풀렌윈더(Kyla Fullenwinder)의 글 〈시민 중심의 디자인은 정부의 대국민 업무 처리 방식을 어떻게 변화시키는가(How Citizen-Centered Design Is Changing the Way the Government Serves the People)〉를 참고하라.

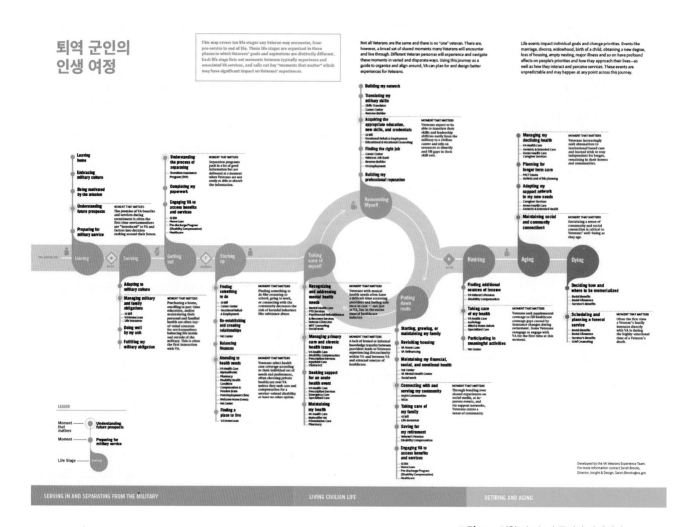

퇴역 군인의 인생 여정

그림 12-1 경험 지도는 솔루션과 관계없이 경험을 보여주거나, 이 지도에서처럼 다양한 유형의 제공자를 거치는 경험을 보여준다.

단계 같은 것이 없다. 이 도표는 거래에 관한 스토리가 아니라 경험에 관한 스토리를 들려준다. 말 그대로 군에서 복무한 사람의 인생 스토리다.

　이번에는 설계 전략가 디에고 베르나르도(Diego S. Bernardo)가 작성한 그림 12-2의 도표를 보자. 이 도표를 만든 도시에서 채소를 재배하는 일의 장점과 단점을 보여주기 위해서이다. 부정적인 경험(빨간색)은 채소 재배를 중단하는 이유를 나타낸다. 아래로 향한 빨간색 선은 채소 재배에서 손을 떼는 시점을 표시한 것이다.

긍정적인 경험(파란색)은 도시에서 채소를 재배하는 일의 좋은 점을 보여준다. 이 도표는 우리가 고충이나 힘든 일, 두려움만이 아니라, 동기를 유발하거나 용기를 북돋우는 측면도 볼 수 있도록 일깨워 준다. 도표의 루프 구조는 경험 내내 지속되는 긍정적 피드백의 순환과 참여 증가를 나타낸다.

전반적으로 그림 12-2의 도표는 개인과 제품이나 서비스, 브랜드 간의 관계가 아니라 개인과 활동(도시 농업) 간의 관계에 대한 스토리를 들려준다. 중요한 것은 경험을 이런 식으로 보면 기회가 보인다는 점이다. 경험 지도는 조직에 개인이 어떻게 제품을 소비하는가를 보여주는 대신, "어떻게 하면 우리가 개인의 삶에 맞물려 들어갈 수 있을까?"라고 자문하게 한다. 이 질문에 대한 답은 새로운 성장의 기회로 이어질 때가 많다.

그림 12-2 시카고에서 채소를 재배하는 경험을 다룬 이 도표는 긍정적 요인과 부정적 요인 양쪽에 초점을 맞추었다.

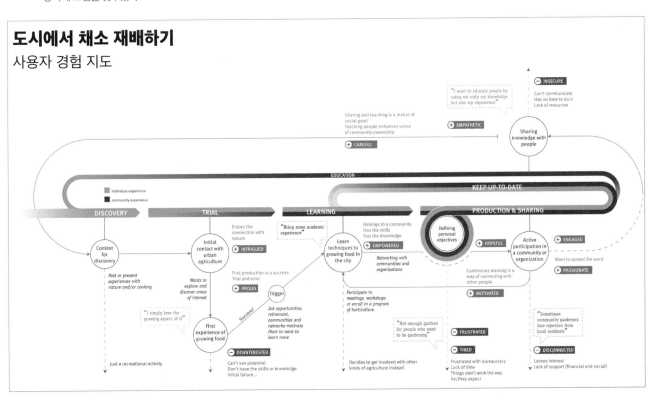

Group 1

	Trip Possibility	Flight Research	Book First Meeting	(Personal) Activity Planning	Book Flight	Hotel & GT Research	Hotel & GT Booked	Itinerary	(assess) Change Plans
GOAL	confirm availability (clearing the schedule)	confirm timing works		identify duration of trip / early itinerary (other meetings)	secure ticket and price	confirm hotel/GT is convenient and has desired amenities (ease)	secure room and ground travel	avoid logistical errors	adapt plans to changes
PAIN POINTS	confirming availability with home-one (and other 3rd party factors)	don't have time to research/delegate (30-60 min)	back and forth of confirming availability (days to weeks to confirm)	finding time to prioritize, go/no-go decision (time management)	⚠ (illegible)	fear (anxiety) of chitty hotel: safety, hygiene, get to have spa & wifi, availability, consideration of AirBnb	finding the time, is there uber/average wait time?, policy compliance	⚠ (illegible)	re-do work, fees, reduced options
FORCES	opportunity vs. scheduled priorities	perfectionism (need to find possible option, people feel need to search 22 websites [?], time scarcity)	business goals, responsiveness of collaborator	responsiveness of others,	fear of waiting and flight is $$$ or no longer available	colleagues, lifestyle peculiarities, location, recommendations, if location is known or new		non-trip related work, recommendations, need to impress	need for predictability

Group 2

	Trip Possibility	Flight Research	Book First Meeting	(Personal) Activity Planning	Book Flight	Hotel & GT Research	Hotel & GT Booked	Itinerary	(assess) Change Plans
GOAL	(illegible) competing priorities	(illegible)	(illegible)	(illegible)	get there on time	(illegible)	reduce room and ground travel	(illegible)	adapt plans to changes
PAIN POINTS	(illegible)	more first-time research, waiting for feedback from colleagues	(illegible)		worry about breaking policy	research takes more time than flight research, talking to a person, choose, book (UX)	can't get there on time?	⚠ (illegible)	re-do work, fees, reduced options
FORCES		company policy, comfort over convenience	likely to be told where they need to be (vs. choosing themselves)	working remote policy, do I know people there, can I get work to pay for personal travel	who else from work is going?	driven by neighborhood, cares for something, immediate amenities, either actuate travel to co. solutions	habit: Uber default, more likely to consider public transit	need to justify travel expense, tends to under schedule	has more buffer time

Group 3

	Trip Possibility	Flight Research	Book First Meeting	(Personal) Activity Planning	Book Flight	Hotel & GT Research	Hotel & GT Booked	Itinerary	(assess) Change Plans
GOAL	confirm availability (clearing the schedule)	Confirm timing works		identify duration of trip / early itinerary (other meetings, and a few personal plans)	find flight & earn rewards	confirm hotel/GT is convenient, meets business requirements and has desired amenities	secure hotel/GT & earn rewards	balancing work and extracurriculars	adapt plans to changes
PAIN POINTS	confirming availability with home-one (and other 3rd party factors)	send more time flight research (most of it), still searching everything, going to preferred sites first ⚠	back and forth of confirming availability (days to weeks to confirm)	FOMO (being in the know / savvy traveler)	FOC (fear of commitment >>> waited too long)	search within hotel group	stress if preferred doesn't fit needs	FOMO, uncertainty in itinerary, mis-estimated time (waiting, have & wifi, budgeting for time to stay, various of comfort)	re-do work, fees, reduced options
FORCES	opportunity vs scheduled priorities	(more like 1), need to not feel wasteful	business goals, responsiveness of collaborator	hyper-optimizer but make time for fun	brand preferences, (reduced pain on airline site)	(just as busy as group 1)	colleagues, lifestyle peculiarities, location, recommendations, if location is known or new	more detailed planning (personal notes), (less fun stuff than group 2)	(more like group 1)

그림 12-3 경험 지도는 여러 페르소나를 같은 타임라인에 배치함으로써 한눈에 비교할 수 있게 한다.

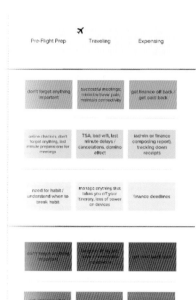

Pre-Flight Prep · Traveling · Expensing

PERSONA 1: IN & OUT

- traveling weekly
- convenience driven (time is at a premium)
- strictly business
- low brand loyalty
- likely to be in a leadership role
- travel is part of the job
- likely has some routine and some ad hoc travel
- connectivity is highly important

PERSONA 2: WORK TO PLAY

- traveling monthly (or less)
- few homebase commitments
- experience driven
- low brand loyalty
- tend to be more JR
- fewer personal commitments (outside of work) (sometimes)
- work travel is assigned (vs. optional)
- don't have as many est. travel habits
- still kind of a novelty to travel for work
- travel still = fun
- price sensitive (but not looking for the cheapest option)
- connectivity is less crucial

PERSONA 3: SITUATIONAL & STRUCTURED

- traveling bi-monthly
- highly situational
- adheres to structure
  - high expense report pain
  - high brand loyalty
- have families
- earning rewards towards family vacations
- wants PA but doesn't have 1
- loss averse for experience
- rational maximizer
- some routine travel (but lower than group 1)
- hardest to please but biggest potential net promoters
- tend to have external roles

Pre-Flight Prep · Traveling · Expensing

하나의 경험 지도로 다수 행위자의 경험을 보여주는 것도 가능하다. 그림 12-3에 예시한 도표는 AI 기반의 여행 지원 서비스 Gallop.ai의 공동 창업자이자 CEO인 타룬 우파데이(Tarun Upaday)가 작성한 것이다. 이 지도는 서로 다른 세 페르소나를 여행이라는 공동의 타임라인에 배치했다. 각기 다른 유형의 여행자를 서로 비교할 수 있게, 각각의 가로줄에 목표와 고충, 동력(행동을 견인하는 동기 유발 요인)이라는 같은 유형의 정보를 서술했다.

그림 12-4 소셜 게이머에 관한 이 경험 지도는 왼쪽에서 오른쪽으로 진행되는 시간 순서를 명확히 보여준다.

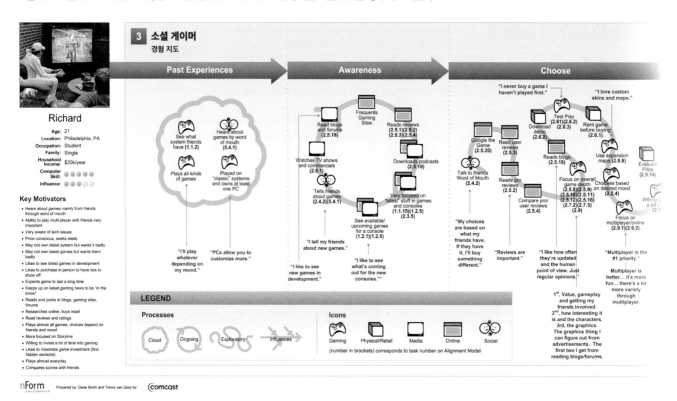

12.1 하이브리드 경험 지도

그러나 주의해야 한다. 앞에서 설명한 것처럼 나는 경험 지도를 꽤 엄격하게 정의하지만, 많은 경우 경험 지도(experience map)라는 용어는 고객여정지도(customer journey map)와 상당히 겹쳐 사용되기 때문이다. 실무에서는 두 용어가 바뀌어 쓰이는 일이 잦다. 심지어 두 용어를 섞어 '고객 경험 지도(customer experience map)'나 '경험 여정(experience journey)'으로 쓰는 경우도 찾아볼 수 있다.

상업 지향적인 경험 지도는 개인의 기본 경험을 보는 시각을 특정 솔루션과 결합한다. 이런 예로는 캐나다의 선도적인 경험 디자인 에이전시 앤폼(nForm)의 진 스미스(Gene Smith)와 트레버 반 고프(Trevor van Gorp)가 작성한 초창기의 경험 지도를 들 수 있다. 그림 12-4가 바로 그것으로, 비디오 게임 마니아에 관한 지도다.

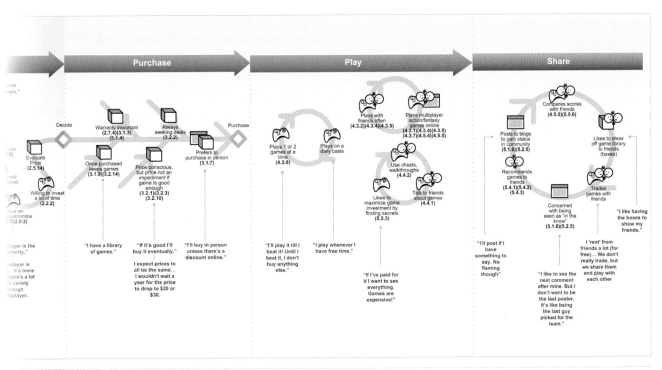

경험 지도에는 소비자 여정이라는 사실을 명확히 보여주는 '구매' 단계가 들어 있기는 하지만, 구매는 이 지도에서 초점이 아니다. 스미스는 〈경험 지도: 게이머의 교차 채널 경험 이해하기(Experience Maps: Understanding Cross-Channel Experiences for Gamers)〉라는 자신의 블로그 포스트에서, 이 도표를 작성한 동기는 게이밍의 전체 맥락을 깊이 있게 이해하기 위해서라고 밝혔다.

우리가 찾아낸 솔루션은 경험 지도, 즉 게임 찾는 일부터 시작해 구매해서 즐기고 게임에 대한 경험을 공유하는 일까지, 게이머의 여정에 관한 압축된 스토리와 페르소나를 결합한 도표였다. 우리는 이 스토리에 조사를 통해 파악한 게이머가 정보를 획득하는 다양한 채널에 관한 세부 사항과 그것을 뒷받침하는 인용문도 포함시켰다.

사람들은 여러 상황에서 다수 제공자가 제공하는 다양한 제품이나 서비스와 상호 작용한다는 것이 경험 지도의 기본적인 인식이다. 이런 경험이 사람들의 행동과 어느 한 조직과의 관계를 형성한다. 제품이나 서비스가 서로 연관됨에 따라, 이렇게 광범위한 맥락을 자세히 살펴보는 것이 점점 중요해질 것이다.

그림 12-5는 경험 지도의 또 다른 예를 보여준다. 어댑티브패스(Adaptive Path)의 브랜든 샤우어(Brandon Schauer)와 동료 디자이너들이 익스플로러토리움(Exploratorium)이라 불리는 박물관 방문 경험을 나타낸 도표다. 이 도표에는 고객여정지도에서라면 보여야 할 구매 결정 단계가 없다. 대신, 박물관을 찾는 사람들이 박물관 안팎에서 하는 행위와 생각을 보여주고자 한다. 이 지도에 나오는 대부분의 내용은 어떤 박물관에라도 적용할 수 있겠지만, 그래도 이 지도는 특정 박물관, 즉 익스플로러토리움의 방문 경험을 중심으로 작성된 것이다. 그래서 나는 이 지도를 **하이브리드 경험 지도**라 부른다.

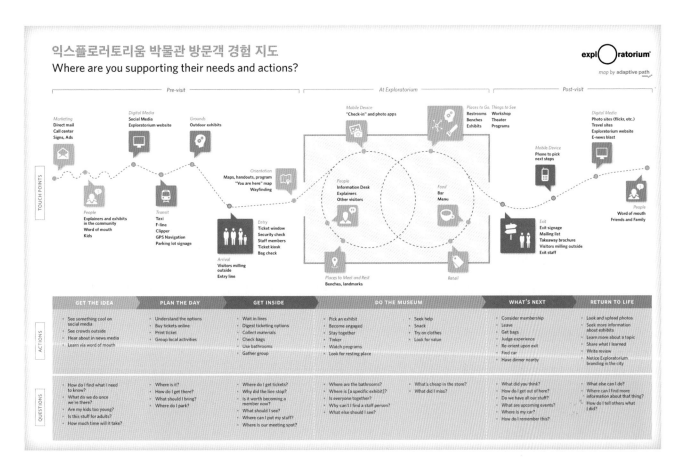

익스플로러토리움 박물관 방문객 경험 지도
Where are you supporting their needs and actions?

expl◯ratorium®

map by adaptive path

그림 12-5 익스플로러토리움 방문객의
경험을 한 장의 도표에 담았다.

하이브리드 방식이든 아니든 경험 지도는 밖에서 안을 보는 시각으로
조직을 볼 수 있게 한다. 예컨대 샤우어에 따르면, 익스플로러토리움 직원들은
매핑 프로세스를 거치며 긍정적인 영향을 받았다.

> 이 각양각색의 그룹이 방문자 경험에 가장 큰 영향을 줄 수 있는 작은 기회
> 들의 지도를 사용함으로써 얼마나 빨리 합일되는지를 보고, 우리는 깊은
> 인상을 받았다.[2]

논의의 중심축으로 경험 지도를 사용하자, 팀은 의견 일치를 이루고 정
렬할 수 있었던 것이다.

2
브랜든 샤우어, <익스플로러토리움:
실험 경험 매핑하기(Exploratorium:
Mapping the Experience of
Experiments)>, 어댑티브패스
블로그(2013.4)

12.2 관련 모델

경험 지도는 조직이 제공하는 제품이나 서비스가 개인의 경험에 얼마나 적합한지에 관한 것이지, 그 반대는 아니다. 경험 지도는 사용자의 관점에서 특정 영역의 모습을 가시화한다. 이런 관점을 갖는 유사 도표로는 일상생활 도표, 업무 흐름도, 과제 지도 등이 있다.

일상생활 도표(day-in-the-life diagram)

개인의 경험을 도표에 옮기는 일반적인 방법 중 하나는 이른바 **일상생활 도표**라는 것을 작성하는 것이다. 이름에서 알 수 있듯이, 이 도표는 일반인의 전형적

그림 **12-6** 일상생활 도표는 한 사람이 하루 중에 겪는 다양한 육체적, 인지적, 감정적 모드를 반영할 수 있다.

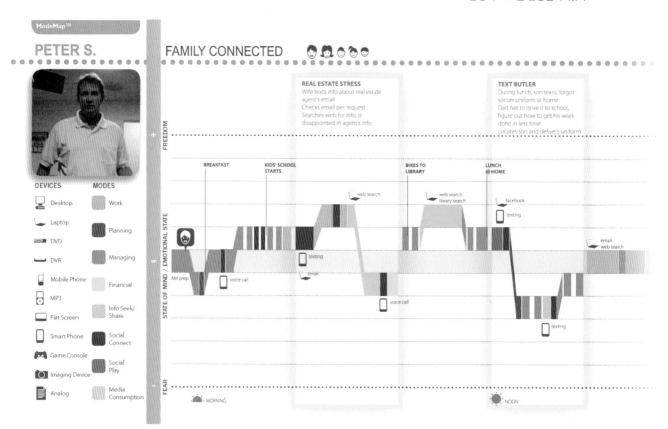

인 하루 혹은 전형적인 날들의 '평범함'을 보여준다.

그림 12-6은 카튼디자인(Karten Design)의 스튜어트 카튼(Stuart Karten)
이 작성한 일상생활 도표다. 이 도표는 개인이 하루 중에 겪는 다양한 모드를
각기 다른 색깔을 사용해 강조한다. 이런 이유로 카튼은 이 기법을 '**모드 매핑**
(mode mapping)'이라고 부른다. 예컨대 그림 12-6을 보면 정보 탐색은 하늘색으
로, 다른 사람과의 커뮤니케이션은 보라색으로 표시되어 있다. 도표를 가로질
러 뻗어 나간 모드의 선은 위아래로 움직이며, 각각 긍정적 또는 부정적 감정
상태를 반영한다.

캐런 홀츠블랫(Karen Holtzblatt)과 휴 바이어(Hugh Beyer)는 《맥락 디자인
(Contextual Design)》 2판에서, 사람들이 실제로 어떤 활동을 어떻게 완료하는지

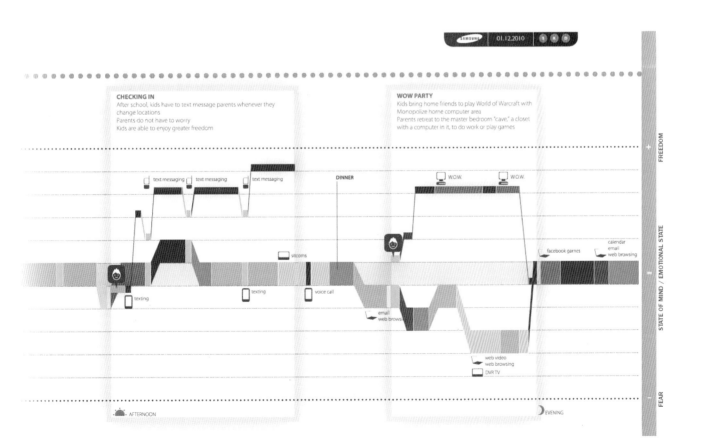

보여주려면 일상생활 모델을 사용하라고 권한다. 두 사람은 시간을 두고 조사를 해 가면서 도표를 완성하라고 말한다. 이런 의미에서 일상생활 도표는 일종의 데이터 수집 메커니즘이기도 하다.

예를 들어 사람들이 직장에 출퇴근하는 방법을 조사한다면, 홀츠블랫과 바이어는 그림 12-7에 보이는 것과 같은 간단한 프레임워크를 준비하라고 제안한다. 통찰이 하나씩 떠오를 때마다 도표에 추가해 완전한 스토리를 만들 수 있다. 그러면 그림에서 보는 것처럼 하나의 모델 안에 모든 정보를 통합하는 것이 가능하다. 두 사람은 조언한다. "조그만 삶의 스토리를 모아라. 추상적인 것이 아니라 실제 사례를 모아야 한다."

일상생활 도표는 페르소나와 쉽게 결합할 수 있어 공감을 형성하는 데 도움이 된다. 일반적으로 일상생활 도표에는 개인이 극복해야 하지만 할 수 없는 난관과 어려움이 들어 있다. 도표의 목적은, 여러 유형의 과업과 발생 빈도 그리고 전형적인 하루 동안에 그런 과업들이 서로 어떻게 맞물리는지 보여주는 것이다. 도표를 보면, 최적화할 수 있는 맥락의 전환(context switching)과 다른 업무 흐름 패턴에 대한 통찰을 얻을 수 있다.

사람들에게 전형적인 하루에 대해 물어보면 "저에겐 전형적인 하루라는 것이 없어요." 라는 대답을 들을 때가 많다. 그럴 때는 어제 무엇을 했는지 물어본 다음, 패턴이 나타날 때까지 그 전날, 또 그 전날에는 무엇을 했는지 계속 묻고 비교하면 된다.

아니면 전형적인 하루 일과를 찾기 위해 논의하는 어려움을 피하기 위해 전형적인 한 주를 매핑할 수도 있다. 이렇게 하면 여러 활동이 어떻게 맞물려서 전체 업무 흐름을 이루는지 더 넓은 시각에서 볼 수 있다.

그림 12-7 홀츠블랫과 바이어는 조사를 해가면서, 간단한 프레임워크를 사용해 개인의 일상생활 스토리에 관한 실제적인 통찰을 모으라고 권한다.

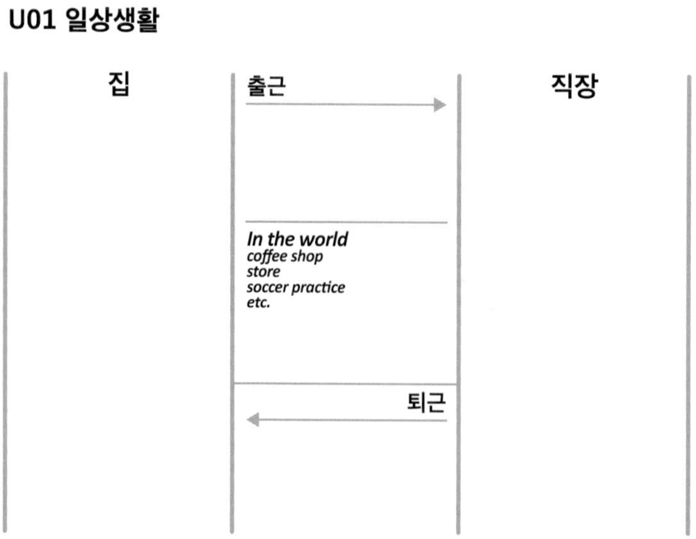

U01 일상생활

그림 12-8은 프랑스 소송 변호사의 전형적인 한 주에 관한 도표다. 내가 렉시스넥시스(LexisNexis)에서 수행한 프로젝트의 일환으로 작성한 것인데, 더 자세한 내용은 이 장 말미에서 다룰 것이다. 우리는 변호사들로부터 '전형적인 하루'가 없다는 말을 자주 들었지만, 이 도표를 보면 전체를 아우르는 어떤 패턴이 드러나 보인다. 우리의 조사 대상이었던 사람들은 오전 중에는 법정에 있는 일이 잦았고, 오후에는 의뢰인을 면담했으며, 일과 후에는 밀린 의뢰인 관련 업무와 조사를 수행했다.

길이가 다양하고, 심지어 상호 작용이 반복되거나 지속되는 여러 단계

그림 12-8 매핑할 전형적인 하루를 찾기 어려우면(조사 대상자가 설명할 수 없을 때가 많다), 전형적인 한 주를 대상으로 할 것을 고려해 보자.

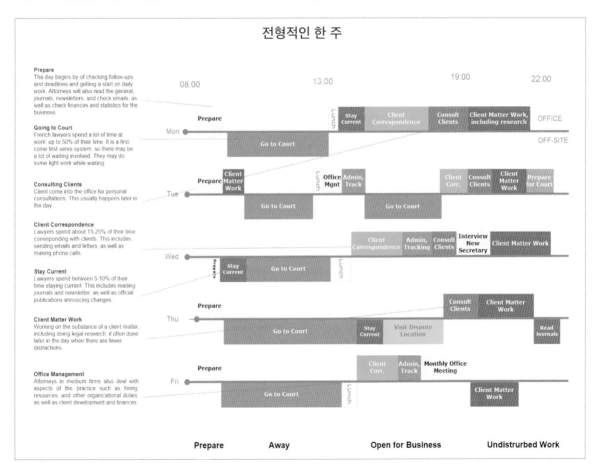

로 경험을 나누는 고객여정지도와 달리, 일상생활 도표나 주간생활 도표는 특정 시간 단위로 측정된 엄격한 시간순 형식으로 작성된다. 그림 12-6과 그림 12-8의 시간 단위는 하루 중의 시간이다. 이들 도표를, 특정한 시나리오를 작은 스토리보드 형식으로 나타낸 것으로 생각하면 좋다.

이 형식을 확장해서 더 긴 시간 동안의 스토리를 들려줄 수도 있다. 그림 12-9의 도표가 택한 관점을 살펴보자. 이 도표는 매드포(Mad*Pow)의 제이미 톰슨(Jamie Thomson)이 작성한 것으로, 1년 동안 콜레스테롤 수치를 낮춘 경험을 나타낸 것이다. 여기에는 동일한 시간 단위, 즉 1개월마다 표시된 뚜렷한 선형 여정이 나타나 있다. 비록 앞에서 정의한 일상생활 도표는 아니지만(하루 단위가 아니므로), 이 도표는 1년에 걸쳐 그와 유사한 스토리를 들려준다.

그림 12-9 이 경험 지도는 건강 습관 바꾸기 게임에 참가한 사람의 1년간 여정을 보여준다.

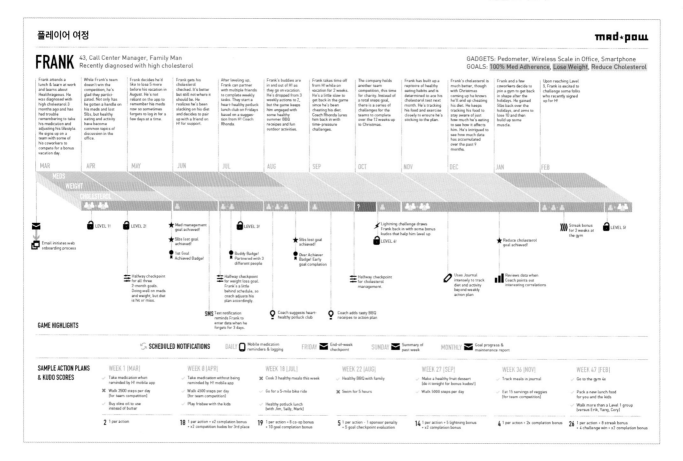

업무 흐름도(workflow diagram)

경험 지도와 관련하여, **업무 흐름도**는 목표를 달성하기 위해 취한 단계를 세분화한다. 이 도표는 '일련의 업무가 얼마나 상호 유기적으로 돌아가는가'에 초점을 맞추는데, 행위자가 여러 사람일 때가 많다. 고객여정지도보다는 서비스 청사진에 더 가깝다.

    수영장 레인 도표는 업무 흐름을 보여주기 위해 널리 쓰이는 문서 유형 중 하나다. 일반적으로 이런 형식의 도표는 사용자와 시스템 내 여러 부분 간 상호 작용의 단계를 매우 기계적인 방식으로 보여준다. 도표의 방향에 따라 가로줄이나 세로줄이 '수영장 레인'이 된다. 이런 형식 덕분에 상호 작용에 관여하는 다수 행위자나 여러 가지 구성 요소가 눈에 잘 띈다.

그림 12-10 분리된 세로줄에 각각의 행위를 배치한 전형적인 수영장 레인 도표

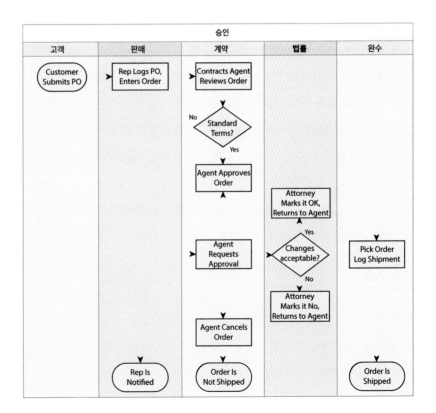

경험 지도

그림 12-10은 시스템 내의 행위를 병렬적으로 배치한 전형적인 수영장 레인 도표로, 고객이 판매대리점에 매입 주문을 발주하는 업무 흐름에 관한 것이다.

이 도표에는 맥락 정보나 고객의 감정에 대한 세부 정보가 분명하게 표시되어 있지 않다. 대신 시간 순서에 따른 업무와 물자, 정보의 흐름에 초점을 맞춘다. 종종 업무 흐름도는, 광범위한 맥락 내에서 특정 단계의 세부적인 상호 작용을 보여주기 위해 경험 지도에 덧붙여 작성된다.

수영장 레인 도표를 확장해 개인의 경험에 관한 정보를 덧붙일 수도 있다. 그림 12-11은 앤폼(nForm)의 이본느 섹(Yvonne Shek)이 작성한 도표다. 여기에는 그래픽 스토리보드와 상호 작용에 관련된 사람에 대한 자세한 정보가 들어 있다. 이 방법은 경험적인 맥락을 덧붙여 수영장 레인 기법을 확장한 것이다.

나는 법률 뉴스와 비즈니스 정보를 제공하는 기업 렉시스넥시스에서 일할 때, 국제 시장 다섯 군데(프랑스, 오스트레일리아, 뉴질랜드, 독일, 오스트리아)에서 일하는 변호사의 업무 흐름을 매핑하는 프로젝트를 수행한 적이 있다.

우리의 방법은, 각국마다 변호사의 관점에서 수임 사건의 라이프사이클을 따라가는 것이었다. 우리는 의뢰를 완수하기 위해 변호사가 취하는 일련의 복잡한 행동을 처음부터 끝까지 이해하고 싶었다. 이것은 당시 회사의 비즈니스와 전략적으로 연관된 일이기도 했다.

나는 기존의 연구 자료를 검토하고 각국 사업 관계자의 의견을 청취한 후, 우리 시장의 고객과 많은 인터뷰를 진행했다. 이런 조사를 거쳐 지역별로 상세한 업무 흐름도를 작성할 수 있었다.

도표에는 변호사와 사무비서, 그 밖의 모든 행위자라는 서로 다른 유형의 세 행위자가 동시에 등장한다. 그 결과 이들은 그림 12-12의 왼편에 표시한 것처럼 여러 가로줄의 정보로 구성되었다. 이 도표는 전체 업무 흐름의 일부만 나타낸 것이다. 전체 도표는 발췌된 것의 20배 정도 크기다.

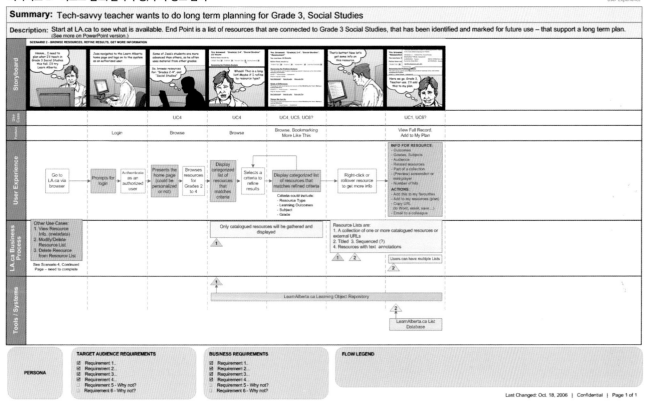

그림 12-11 사용자 경험의 풍부한 맥락을 담아 수영장 레인 도표를 확장할 수 있다.

고충과 목표도 포함했고, 심리 상태와 감정도 표시했다. 변호사의 경험을 완벽하게 표현하기 위해, 페르소나와 주당 근무표(그림 12-8과 유사한 것) 및 조직도 등도 업무 흐름도에 덧붙였다.

나는 국가별 프로젝트 담당 조장과 함께 도표를 자세히 검토하기 위해 여러 차례 워크숍을 진행했다. 우리는 개선과 성장을 위한 새로운 기회를 발견할 수 있었다. 전체적으로, 각국에서 실시한 업무 흐름 매핑 작업 덕분에 변호사의 일상적 경험을 깊이 있게 이해할 수 있었다.

경험 지도

3. 법정으로

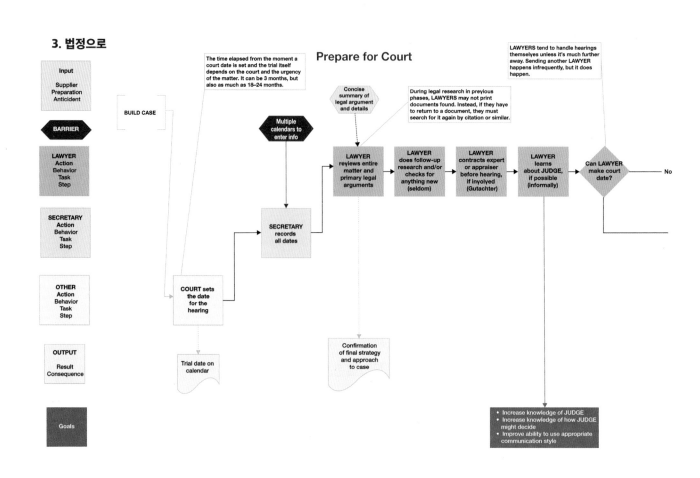

그림 12-12 경험을 자세하게 나타낸 20페이지짜리 업무 흐름도의 한 페이지

과제 지도(job map)

해결과제(jobs to be done, JTBD)라는 개념은 가치 창출을 이해할 수 있는 렌즈를 제공한다. 이 프레임워크는 비즈니스 환경에서 고객의 동기를 보게 해준다. 해결과제라는 용어는 유명한 경영학자 클레이튼 크리스텐슨(Clayton Christensen)이 자신의 기념비적 저서 《혁신기업의 딜레마(The Innovator's Dilemma)》의 속편으로 쓴 《성장과 혁신(The Innovator's Solution)》에서 사용하면서 대중화되었다. 아주 간단한 원칙이다. 사람들은 과제를 해결하기 위해 제품이나 서비스를 '고용한다(hire)'는 것이다.

예컨대 여러분은 아마 취업 면접에서 말쑥하게 보이려고 새 양복을 고용할 것이다. 혹은 매일 친구와 연락을 주고받으려고 페이스북을 고용할 것이다. 스트레스를 해소하기 위해 초콜릿 바를 고용할 수도 있다. 이 모든 것이 해결과제다.

이런 관점에서 보면 사람은 원하는 결과를 얻기 위해 애쓰는 목표 지향적인 존재다. 따라서 그런 결과를 달성할 수 있도록 지원하는 것이 궁극적으로 조직이 창출하는 가치다.

토니 얼윅(Tony Ulwick)은 '해결과제' 이론을 실무에 적용하는 데 가장 뛰어난 업적을 쌓은 사람이다. 그가 설립한 회사 스트레티진(Strategyn)은 해결과제를 기반으로 컨설팅 업무를 수행한다. 얼윅은 동료 랜스 베텐코트(Lance Bettencourt)와 함께 일련의 단계를 이용해 해결과제를 이해하는 모델을 개발했다. 두 사람은 이 모델을 **과제 지도**(job map)라 부른다.[3]

어떤 사람의 해결과제는 하나의 과정으로 볼 수 있는데, 얼윅과 베텐코트에 따르면 이 과정은 보편적인 단계를 거친다(그림 12-13).

3
랜스 베텐코트와 토니 얼윅,
<고객 중심의 혁신 지도(The Customer-
Centered Innovation Map)>,
《하버드 비즈니스 리뷰(2015.1)》

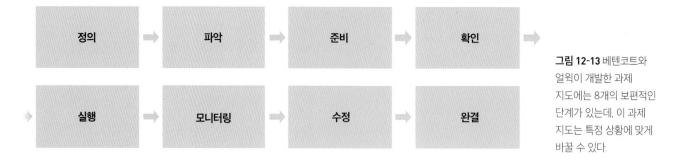

그림 **12-13** 베텐코트와 얼윅이 개발한 과제 지도에는 8개의 보편적인 단계가 있는데, 이 과제 지도는 특정 상황에 맞게 바꿀 수 있다.

1. **정의:** 목표를 설정하고, 과제를 해결하기 위한 접근 방법을 계획한다.

2. **파악:** 시작하기 전에 과제 해결에 필요한 투입물을 찾고, 아이템을 모으고, 정보를 알아본다.

3. **준비:** 환경을 세팅하고, 물품을 정리한다.

4. **확인:** 물품과 환경이 제대로 준비되었는지 확인한다.

5. **실행:** 계획대로 과제를 실행한다. 개인의 관점에서 봤을 때 과제 지도에서 가장 중요한 단계다.

6. **모니터링:** 과제 실행이 제대로 되고 있는지 평가한다.

7. **수정:** 과제를 마치려면 수정, 변경, 반복 등이 필요할 수도 있다.

8. **완결:** 과제를 마무리하고 정리하는 데 필요한 모든 행위를 말한다.

이들 단계가 반드시 과제 지도의 항목이어야 할 필요는 없다. 그보다는 과제 지도에 포함될 단계의 범주로 보면 된다. 이런 보편적인 과제 지도 범주는, 처음부터 끝까지 전체 과정에서 빠진 부분이 없도록 상기시켜 주는 역할을 한다고 생각하라.

과제 지도를 손에 넣으면, 조직은 사람들이 실제 필요로 하는 제품이나 서비스를 더 잘 만들 수 있다. 베텐코트와 얼윅은 팀원들에게 과제 지도를 이용해 함께 기회를 찾아보도록 독려한다.

> 과제 지도가 있으면 가치 창출 기회를 체계적으로 찾기 시작할 수 있다.
> … 제일 좋은 방법은 지도의 각 단계에서 기존 솔루션의 가장 큰 문제점부

과제 지도를 손에 넣으면, 조직은 사람들이 실제로 필요로 하는 제품과 서비스를 더 잘 만들 수 있다.

터 찾아보는 것이다. 특히, 실행 속도나 가변성이나 산출물의 품질과 관련된 문제점을 찾아보도록 한다. 이 방법의 효과를 높이려면, 다양한 분야의 전문가(마케팅, 디자인, 엔지니어링, 주요 고객 등)를 논의에 참여시키는 것이 좋다.

혁신 기회는 과제 지도의 어느 단계에서나 찾을 수 있다. 다음에 제시한 예를 참고하자.

- 웨이트 워처스(Weight Watchers)는 칼로리 계산이 필요 없는 시스템을 구축하여 '정의' 단계를 간소화했다.
- 유홀(U-Haul)은 이사 가는 고객들이 '탐색' 단계에서 아이템을 모으도록, 고객들이 필요로 하는 다양한 유형의 박스가 담긴 키트를 제공했다.
- 나이키는 조깅하는 사람들이 목표 달성을 했는지 확인할 수 있도록, '확인' 단계에서 운동화에 시간, 거리, 속도, 소모 열량을 측정하는 센서를 달아 아이폰과 애플워치에 연결했다.
- 브라우저 기반의 SaaS 소프트웨어는 자동으로 업데이트되기 때문에, 사용자가 새 버전을 설치할 필요가 없어 '수정' 단계에서 번거로움을 피할 수 있다.

그림 12-14는 과학 정보 검색의 주요 과제에 대한 과제 지도다. 지도에 감정적 요소나 열망적 요소가 없다는 점에 주목하라. 과제 지도는 오로지 과제를 해결하는 단계에 초점을 맞춘다. 원하는 결과나 감정적 과제, 사회적 과제 등은 이해해야 할 중요한 것이기는 하나, 다른 곳에서 취합되어 별도로 처리된다. 과제 지도는 앞서 설명한 단계에 따라 진행되는 무미건조한 과정이다.

과제 지도와 경험 지도는 둘 다 어떤 기술이나 솔루션과 무관한 시간 순 형식을 기반으로 하기 때문에, 과제 지도를 경험 지도의 기본 자료로 활용할 수 있다. 예컨대 먼저 그림 12-14와 같은, 기본적인 단계로만 이루어진 간단한 과제 지도를 작성한다. 그런 다음 이것을 수영장 레인 형태 안에 시간 순서대로 배치한 뒤, 위나 아래에 가로줄을 추가해 여정의 경험적이거나 감정적인 측면을 덧붙이면 된다.

과제 지도: 과학 정보 검색

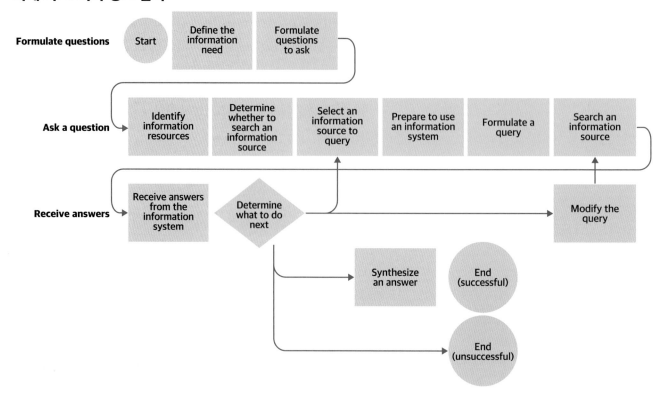

그림 12-14 온라인으로 과학 정보를 검색하는 과정에 대한 이 과제 지도는 준비에서 실행을 거쳐 마무리에 이르는, 과제를 해결하는 과정을 보여준다.

12.3 경험 지도의 요소

경험 지도의 요소는 고객여정지도와 매우 유사하다. 그렇지만 경험 지도는 스토리가 되는 내용에 따라 정보의 여러 측면을 포함할지 말지 구애받지 않는, 훨씬 더 자유로운 형식인 경향이 있다. 그래도 공통 형식이 서서히 생겨나고 있다.

경험 지도의 일반적인 요소는 다음과 같다. 이 중 일부 또는 전체가 포함된다.

- 행동의 단계

- 행위나 조치

- 해결과제나 목표, 니즈

- 생각과 질문

- 감정과 심리 상태

- 고충

- 물적 산출물과 장치

- 기회

경험 지도는 구매 결정에 초점을 맞추지 않는다. 이것이 고객여정지도와 가장 크게 구별되는 특징이다. 구매가 경험의 한 부분일 수는 있겠지만, 그 결정을 내리는 것이 경험 지도의 초점일 필요는 없다는 뜻이다.

표 12-1은 2장에서 다룬 매핑의 기본 프레임워크를 사용해, 경험 지도를 정의하는 주요 요소를 요약한 것이다.

표 12-1 경험 지도를 정의하는 요소

관점	광역 시스템이나 영역 내에서 운영되는, 여러 잠재적 서비스와 상호 작용하는, 목표 지향적인 개인
구조	시간 순서
범위	지정된 경험의 처음부터 끝에 이르는 전체적인 프로세스, 행위, 생각, 감정 개인 한 사람 또는 여러 행위자 간의 통합된 행동
초점	주로 개인의 경험에 초점을 맞추고, 무대 뒤편의 프로세스는 거의 나타내지 않는다.
사용 목적	생태계 관계 분석 또는 해결 방안 설계 전략적 기획 수립 또는 혁신에 필요한 정보 제공
강점	조직 외부를 바라보는 새로운 관점을 제공해 공감 형성에 도움이 된다. 단일 조직 또는 브랜드와의 관계를 뛰어넘는 통찰을 제공한다.
약점	관계자에 따라 너무 추상적으로 보일 수도 있다. 너무 자세한 도표는 과잉 분석과 '매핑 과부하'를 초래할 수 있다.

경험 지도

Case Study

가정 폭력 여정 매핑

수행자

캐런 우드 박사(Dr. Karen Wood)

가정 폭력은 내가 태어난 캐나다뿐만 아니라 전 세계에서 사람들에게 고통을 주는 광범위한 문제다. 캐나다인의 대략 3분의 2가 육체적 또는 성적 학대를 직접 경험했거나 그런 일을 겪은 여성을 적어도 한 명 정도는 알고 있다. 또, 배우자 폭력을 목격한 어린이의 70%가 자기 어머니가 공격받는 것을 보거나 들었다. 최악의 경우에는 피해자가 살해당하는데, 캐나다에서는 6일에 한 명꼴로 이런 일이 일어난다.

대부분의 경우 가해자는 남성으로, 피해자와 아는 사이거나 직접적으로 관련된 사람이다. 캐나다에는 여성 안전을 책임져야 하는 가정폭력지원센터(DVSS)가 여성을 제대로 보호하지 못하고 있다는 생각이 널리 퍼져 있다.

그러나 조사에 의하면, 대다수의 가정 폭력 사건은 신고되지 않는다. 그러므로 정량적 데이터만 가지고는 전체 이야기를 알 수가 없다. 하나의 가정 폭력 사건을 둘러싼 상황은 복잡하다. 여기에는 시간의 흐름에 따라 일어나는 결정, 실패, 실수가 포함되어 있다.

심리학자 팀과 함께, DVSS는 매핑 기법을 이용하여 가정 폭력을 더 잘 이해하고 싸워나갈 수 있는 기회를 포착했다. 우리는 일반적으로 중대 사건으로 이어지는 상호 작용, 결정, 감정이라는 광범위한 시스템을 조사하고, 그 이후에 어떤 일이 일어나는지 이해하고 싶었다.

가정 폭력 시스템은 진입점이 많고, 여정 전반에 걸쳐 여러 가지 요소가 작용하는 다면적인 시스템이다. 예컨대 시골 여성은 집을 잘 떠나지 않는 것이 일반적이다. 이용할 수 있는 지원 서비스도 정부 기관부터 비영리단체까지 다양하다. 피해자 혼자 이런 시스템을 탐색하는 것은 어려운 일이다.

그렇다면 피해자는 어떻게 이 모든 것을 이해하고 있을까? 어떤 패턴을 찾아야 가정 폭력을 총체적으로 예방하는 데 도움을 줄 수 있을까? 우리는 여정 매핑을 통해 맥락에 따라 이 깊은 바다를 탐험하기 시작했다. 더는 시스템의 개별 요소에 초점을 맞춰 평가해서는 안 되고, 시스템 전체를 개관할 필요가 있었다. 우리는 지원 서비스와의 상호 작용에 초점을 맞추고, 가정 폭력 시스템의 여정을 거치는 것이 어떤 느낌인지 알고 싶었다.

우리가 취한 프로세스는 숙련된 가정 폭력 전문가와 심리학자의 주도하에 잘 통제된 것이었다는 사실에 유의하라. 대단히 충격적이고 감정적인 사건을 매핑할 때는 참가자와 도표 작성자 모두가 안전해야 하며, 또 안전하다고 느끼는 것이 매우 중요하다. 혼자 시도해서는 안 된다!

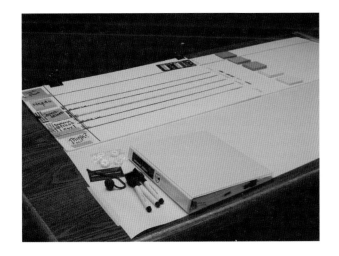

그림 12-15 가정 폭력 여정 매핑을 위해 미리 만들어 놓은 격자 형식의 레이아웃, 색깔 펜, 접착식 메모지를 이용했다.

우리는 7명의 여성을 우리 워크숍에 초대했다. 워크숍은 경비원이 지키고 있는 안전한 방에서 진행되었는데, 이 방에는 입구와 동떨어진 탈출구도 있었다. 임상 심리학자가 인터뷰를 진행했고, 나는 매핑 작업을 이끌었다. 작업을 단순화하기 위해 우리는 격자 형식의 레이아웃을 미리 워크숍 참가자 앞에 한 장씩 준비해 두었다. 참가자들은 여정을 밟아 나가며 각 지점에 단계와 니즈, 예상 행위, 스트레스 수준, 자신의 생각 및 감정을 표시했다(그림 12-15). 우리는 가정 폭력에 대한 참가자들의 경험이 펼쳐지는 대로 그들과 이야기를 나누며 여정 지도를 만들어 나갔다.

조사 결과

프로젝트를 통해 알게 된 놀라운 사실 중 하나는 여성들이 접촉한 지원 기관의 숫자다. 우리가 발견한 지원 기관은 모두 합해 61개나 되었다. 가정 폭력을 경험한 여성은 평균적으로 22개의 서로 다른 기관과 상호 작용을 했다.

우리는 참가자들에게서 세 가지 전형적인 가정 폭력 여정 유형을 발견했다.

- **여정 유형 I:** 가해자와 함께 산다. 이 시점에서는 피해자에게 기본적인 안전 정보가 필요할 뿐만 아니라, 두려움을 해소하기 위해 다른 사람의 보증이 필요하다.
- **여정 유형 II:** 가해자와 떨어져 산다. 피해자가 가해자의 집을 벗어난 뒤 시스템을 탐색하고 자원에 접근할 수 있게 도와줄 손길이 필요하다. 피해자는 개인적 변화와 자율에 대한 열망에 사로잡힌다.
- **여정 유형 III:** 가해자가 집에서 쫓겨난다. 이 단계에서는 피해자에게 재정적 지원과 정서적 지원이 필요하다. 피해자는 다른 사람의 연민과 이해를 갈구한다.

우리는 이 세 유형을 가정 폭력 생태계의 다양한 지원 서비스 상호 작용과 요소에 맞춰 매핑했다(그림 12-16). 우리는 지원 서비스마다 별도의 코드를 부여해, 조사 팀이 피해자가 인식하는 상대적 가치를 느낄 수 있게 했다. 조사 결과에 따르면 시스템은 전반적으로 상당히 견실하고 정직했지만, 피해자들이 더 많은 온정을 원한다는 것을 알게 되었다.

매핑 워크숍에서 의도하지 않았던 중요한 결과 중 하나는 피해자들이 매핑 프로세스를 거치며 힘을 얻었다고 밝혔다는 점이다. 우리는 피해자들이 자신의 여정을 더 잘 이해할 수 있도록 자신이 만든 여정을 주고 혼자 있게 내버려 두었다. 많은 여성이 재앙적인 사건의 발전 과정과 그 후 어떻게 앞으로 나아가야 할지 이해할 수 있게 도움을 준 데 대해 감사를 표했다.

전반적으로 워크숍은 성공적이었다. 경험 매핑은 개개인 차원이 아니라 여정 전반에 걸친 지원 기관의 효율성을 평가할 수 있게 하는 효과적인 도구임이 입증되었다. 덕분에 연구원들은 피해자의 경험을 더 넓은 시각으로 볼 수 있게 되었다. 이런 사실은 《시스템

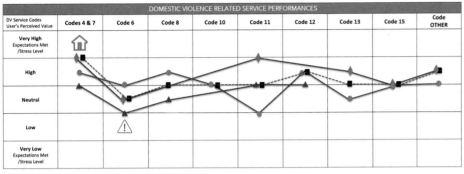

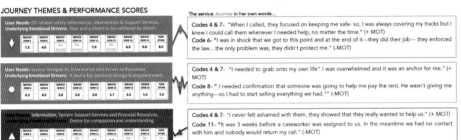

그림 12-16 가정 폭력 여정의 세 가지 유형에 걸쳐 서비스의 인식된 가치를 매핑하면 개선의 기회가 드러난다.

내에서 생각하기(Thinking in Systems)》의 저자 도넬라 메도우스(Donella Meadows)의 다음 말을 떠올리게 한다. "시스템을 구성하는 요소를 안다고 해서 시스템의 작용을 알 수는 없다."

이 내용에 대해 더 알고 싶은 사람은 다음 사이트에서 보고서 전문을 참고하기 바란다.

· https://wcsleadershipnetwork.com/portfolio/
  domestic-violence-ux-journey-maps

수행자 소개

캐런 우드(Karen Wood) 박사는 연구원 겸 의사로 서스캐처원에서 활동하고 있으며, 서스캐처원과 뉴브런즈윅에 연고가 있다. 사회복지와 교육, 건강 분야의 학문적 배경이 있는 우드 박사는 페미니스트적 분석을 더해 폭력 및 학대와 관련된 복잡성을 탐구한다. 박사의 연구는 특히 친밀한 파트너의 폭력과 가정 폭력, 아동 성폭행에 초점을 맞추고 있다.

chapter

13

멘탈 모델 도표

멘탈 모델(mental model)이라는 용어는 심리학에 뿌리를 두고 있다. 이 용어는 세상이 어떻게 작동하는지에 관한 사람의 사고 과정, 즉 현실 인식의 틀을 가리키는 말이다.

멘탈 모델 덕분에 우리는 세상이 어떻게 작동할지 예측할 수 있다. 멘탈 모델은 믿음과 추정, 과거 경험 등의 토대 위에 쌓아 올려진 인지적 구조물이다. 하지만 어떤 개인의 멘탈 모델은 시스템이 어떻게 작동할 것이라는 본인의 인식일 뿐이지, 시스템이 실제로 그렇게 작동한다는 뜻은 아니다.

예를 들어서 여러분이 어느 추운 날 미국에 있는 집에 돌아왔다고 하자. 여러분은 실내 온도를 올리기 위해 온도 조절 스위치를 한껏 올린다. 여러분이 하는 추정은, 온도 조절 스위치를 올리면 더 많은 열기가 나오리라는 것이다.

하지만 미국의 온도 조절 스위치는 수도꼭지와 작동 원리가 다르다. 온도 조절 스위치는 전등 스위치와 더 가깝다. 설정 온도에 도달했는지 여부에 따라 열기가 나왔다 끊어졌다 하기 때문이다(그림 13-1). 이 시나리오에서 어

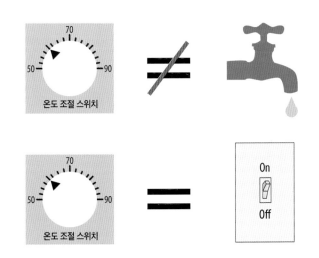

그림 13-1 미국에서 온도 조절 스위치는 수도꼭지보다 전등 스위치에 가깝다.

러분은 시스템 작동 방식에 대한 잘못된 멘탈 모델을 가진 셈이다. 온도 조절 스위치를 올린다고 실내 공기가 더 빨리 따뜻해지진 않을 것이다. 그 대신, 그저 집이 원하는 온도에 도달할 때까지 히터가 더 오래 켜져 있을 뿐이다.

　　이 예는 제품이나 서비스의 제공자에게 커다란 교훈을 준다. 여러분이 만든 시스템에 대한 여러분의 이해와 사용하는 고객의 이해는 다르다는 것이다. 여러분은 시스템이 실제로 어떻게 작동하는지 누구보다도 훨씬 많이 알고 있다.

　　멘탈 모델 간의 차이는 도널드 노먼(Donald Norman)이 자신의 기념비적 저서 《디자인과 인간 심리(The Design of Everyday Things)》에서 다루었던 핵심 내용이다. 그림 13-2는 이제는 노먼의 상징이 된, 서로 다른 세 개의 모델이 작동하는 그림이다. 여기서 세 가지 모델이란, 설계자가 시스템에 대해 생각하는 모델, 실제 시스템이 작동하는 모델, 사용자인 고객이 시스템에 대해 갖고 있는 멘탈 모델을 가리킨다.

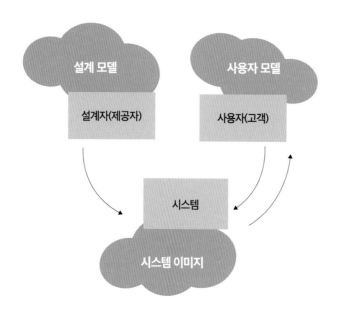

그림 13-2 도널드 노먼의 이 유명한 도표는 설계자(제공자)가 생각하는 모델과 사용자(고객)의 멘탈 모델이 다르다는 것을 보여준다.

설계의 목표는, 여러분이 설계하는 제품이나 서비스를 사용할 고객의 멘탈 모델을 이해하는 것이다. 그러기 위해서는 그림 13-2의 오른편에 화살표 두 개로 표시한 것처럼 피드백 루프가 필요하다. 그러려면 여러분의 관점은 옆으로 내려놓고, 고객이 보리라고 예상하는 관점으로 시스템을 보는 능력이 있어야 한다. 한마디로 하자면, 설계 작업에는 고객과의 **공감 능력**이 필요하다.

이 책에서 살펴본 도표는 모두 사용자인 고객과 시스템 사이의 피드백 루프를 이해하는 데 도움이 된다. 고객이 시스템에 대해 갖고 있는 멘탈 모델 자체도 이 시스템에 의해 프레임화된 것이다. 그러므로 시스템의 사용자(고객)가 아니라, 목적을 이루려고 하는 개인들의 멘탈 모델을 탐색하면 이 시스템의 프레임을 깰 수 있다. 그래야 시스템과는 상관없이, 그 사람이 자신의 의도를 완수하는 방법과 관련된 모든 요소에 대해 어떻게 생각하는지 알아낼 수 있다.

매핑은 멘탈 모델을 이해하고, 조직이 이를 볼 수 있게 만드는 주요 기법이다. 사실 경험 매핑은 누군가의 멘탈 모델을 효과적으로 도표로 옮기는 작업이다. 이 장에서 논의하는 접근 방식은 인디 영(Indi Young)이 개발한 특정 기법에 초점을 맞춘다. 간단히 **멘탈 모델 도표**(mental model diagram)라 부른다.

13.1 멘탈 모델 매핑

2008년 인디 영은 동명의 저서 《멘탈 모델》에서 멘탈 모델을 시각화하는 공식 방법론을 발표했다. 그림 13-3이 이 책에 담긴 멘탈 모델 도표의 초기 모델이다. 예는 '영화 보러 가는 과정'을 다루고 있다. 일반적으로 멘탈 모델 도표는 매우 길어서, 인쇄해서 벽에 붙이면 3~5m에 이른다. 그림 13-3의 도표도 한 페이지에 담으려고 둘로 나누었다. 도표의 위쪽 반은 여러 사람으로부터 만든 멘탈 모델 패턴이다.

이 부분의 정보 수준은 기본적으로 세 가지다(그림 13-4).

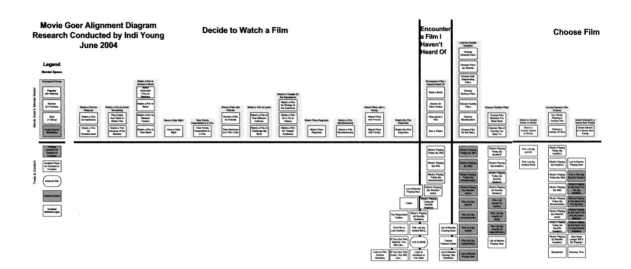

그림 13-3 인디 영이 작성한 이 멘탈 모델 도표는 영화 보러 가는 과정에 대한 전반적인 경험을 보여준다.

Learn More about a Film

Choose a Theater

Choose a Time

Watch the Film

Identify with a Film

Interact with People about the Film

Follow the Industry

멘탈 모델 도표

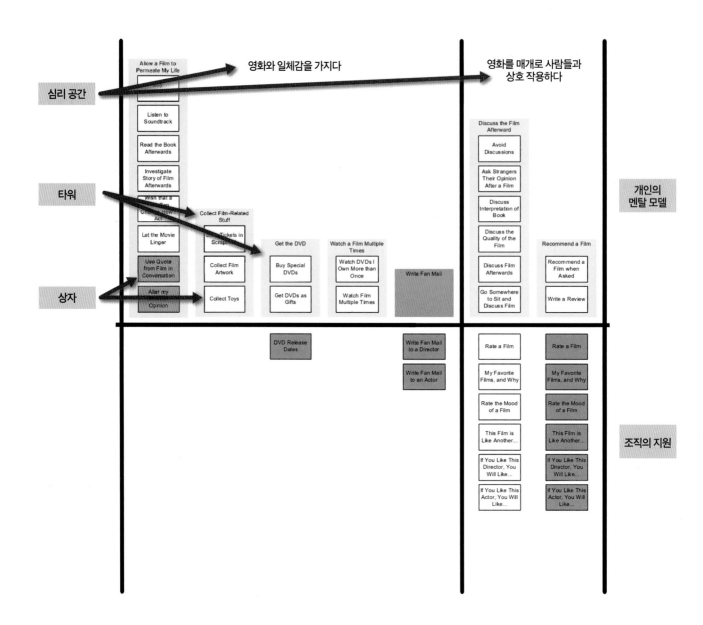

그림 13-4 멘탈 모델 도표의 기본 요소는 상자, 타워, 심리 공간 세 가지다.

상자(box)

도표를 구성하는 기본 단위로, 작은 사각형 모양이다. 상자 안에는 개인들의 사고방식이나 반응, 인생관 등이 들어간다(애초 영은 '과업'이라는 이름을 붙였으나, 물리적 행위만을 뜻하는 듯한 느낌을 피하려고 그 이름을 사용하지 않게 되었다).

타워(tower)

관련성이 있는 상자를 그룹으로 묶은 것을 타워라 부른다. 도표에서 유색 배경 처리된 영역이다.

심리 공간(mental space)

관련성이 있는 타워끼리 다시 묶은 것을 심리 공간이라 부른다. 검은 수직선으로 나누어지며, 타워 위쪽에 이름을 붙여 놓았다.

도표 가운데 검은 수평선은 멘탈 모델과 '지원'을 구분하는 선이다. 지원이란 타워 안에 있는 사고 과정을 돕는 제품이나 서비스를 말한다. 이런 배치를 보면 정렬의 기본 원칙이 적용되었다는 것을 알 수 있다.

전체적으로 멘탈 모델의 접근 방법은 도구가 아니라 개인들에 초점을 맞추고 있다. 예를 들어서 '포토샵에서 이미지 컬러 필터링하기'라고 표현하지 않고, 기본 과업에 초점을 맞춰 '이미지 컬러 바꾸기'나 '이미지 컬러 개선하기'로 표현하는 식이다.

멘탈 모델 도표에 개인적인 선호도나 의견은 반영하지 않는다. 대신 개인들 마음속을 스치는 생각, 즉 내면의 목소리를 붙잡아 도표에 담아야 한다.

그러다 보니 자연스럽게 이 책에서 다루는 모든 유형의 도표 중, 멘탈 모델 도표의 위쪽 절반이 가장 사람 중심적인 것이 된다. 이는 멘탈 모델 도표에 유연성이라는 이점을 제공한다. 즉, 어떤 영역이나 상황에도 적용할 수 있다. 또, 멘탈 모델 도표는 수명이 길다는 장점이 있다. 일단 완성되면 바뀌는 것이 거의 없기 때문에, 경우에 따라서는 몇 년 동안 유효할 때도 있다.

한 가지 위험은, 멘탈 모델 도표가 내용이 너무 상세해 관계자들에게 부담을 주기도 한다는 것이다. 나도 단순한 도표를 요구하는 임원을 많이 보았다. 그래도 심리 상태를 깊이 이해하고 싶어 하는 관계자들에게는, 이런 세밀함이 강점이 된다.

녹취록 결합하기

멘탈 모델 도표를 작성하는 프로세스는 5~8장에서 설명한 단계와 비슷하다. 가장 큰 차이라면 조사 결과를 표준화된 표현 방식으로 바꾸는 것이다. 이렇게 표준화를 거치면 항목들 사이의 관련성을 찾는 과정이 훨씬 쉬워진다.

분석을 하려면 우선 관련 있는 정보를 찾기 위해 인터뷰 녹취록을 결합하는 일부터 시작해야 한다. 시간이 많이 소요되겠지만, 인터뷰 참가자들이 무슨 말을 하려고 했는지 훨씬 잘 이해할 수 있게 된다. 이 프로세스가 멘탈 모델 기법의 핵심이다. 도표의 모든 요소는 다음과 유사한 형식을 따른다.

1. 목표보다는 생각에 초점을 맞춰 동사로 끝을 맺는다.
2. 조사자가 인터뷰 참가자의 입장에 서기 위해 1인칭으로 표현한다.
3. 간단명료해 보이도록 상자 하나에 아이디어 하나만 넣는다.

각 요소는 인터뷰 참가자가 말한 생각에서 도출되어야 한다. 만약 인터뷰를 녹음해 녹취록을 작성했다면, 녹취록에 나오는 말을 인용해 요소로 삼으면 된다. 요소 간의 관련성을 쉽게 찾으려면 인용한 말을 다음 형식으로 간략히 나타내 보면 된다.

[나는(선택 사항)] [명사] [수식어] [동사]

이 엄격한 균일성 덕분에 요소를 계층적으로 배치하는 것이 가능하다. 상자를 묶어 타워를 만들고, 타워를 묶어 심리 공간을 만들면 된다. 이 프로세스는 녹취록에서 요소를 추출하는 일부터 시작된다. 목표는 개인들의 멘탈 모델에서 본질을 추출해 정해진 형식으로 나타내는 것이다.

정보를 정해진 표현 방식으로 나타내려면 연습이 필요하다. 조사 도

중에 취합한 원문을 그대로 복사하는 것이 아니기에 그렇다. 설명을 위해, 표 13-1에 커피 마시는 일에 관한 가상 원문을 예시했다. 오른쪽은 이 데이터를 표준화된 형식에 따라 요약한 예시 문장이다.

조사 도중 취합한 원문	요약
"아침에 일어나면, 내 몸이 마치 '커피 좀 마시자!'라고 말하는 것 같은 느낌이 들어요. 커피가 들어가지 않으면 움직이지 못할 것 같은 느낌이랄까요? 그래서 거의 매일 아침 맨 처음으로 하는 일이 커피 내리는 일이에요. 거의 자동이죠. 자면서도 커피 내리는 일은 할 수 있을 것 같아요. 그런 다음에는 아침 먹으면서 커피를 마시든지, 기사를 읽으면서 마시든지 하죠."	· 커피를 마실 때까지 무기력하다. · 아침이면 커피를 내려야 한다는 압박을 느낀다. · 아침에 커피를 마신다.
"아내와 저는 둘 다 아침에 커피 마시는 것을 정말 좋아하죠. 잠 깨는 데 제일 좋은 방법이에요. 커피를 마셔야 활력이 생기죠. 사실 아침에 커피 한 잔 마시기 전까지는 몸이 정상이 아닌 것만 같아요."	· 아침에 커피를 마신다. · 아침에 커피를 갈망한다. · 커피를 마시기 전까지는 몸이 정상이 아닌 것 같이 느낀다.

표 13-1 조사 도중 취합한 원문(왼쪽)을 표준화된 표현 방식으로 요약한 문장(오른쪽)

속성 멘탈 모델 작성하기

멘탈 모델 도표를 작성하려면 많은 작업이 필요하다. 20~30명과의 인터뷰를 거쳐 작성하는 정식 프로젝트는 몇 주에서 몇 개월까지 걸린다. 가치가 있는 사전 투자이기는 하지만, 조직에 따라서는 그 정도까지 할 필요가 없다.

《멘탈 모델》을 출판하고 나서 영은 멘탈 모델 도표를 속성으로 (며칠 내에) 작성하는 방법을 개발했다. 영은 이 작성법을 〈'번개처럼 빠른' 작성법을 시도해 보라(Try the 'Lightning Quick' Method)〉라는 제목으로 블로그에 올렸다. 이 방법은 관계자들과 딱 한 번 시행하는 워크숍에 초점을 맞춘다. 데이터를 수집하고 관련성을 찾는 영의 속성 작성법을 요약하자면 다음과 같다.

1. 미리 스토리를 요청한다

1주일쯤 전에 대상 고객들로부터 특정 주제에 관한 짧은 스토리를 수집한다. 직접 만나거나 이메일로 받아도 되고, 소셜 미디어나 그 밖의 온라인 공간에서 받아도 된다. 수집하려는 스토리는, 개인들이 목표를 향해 가는 길을 어떻게 추론하는지를 설명한 것으로, 한두 페이지로 정리하면 된다. 필요하다면 수집한 스토리를 1인칭으로 수정해서, 모든 내용이 동일한 관점을 갖도록 한다.

2. 샅샅이 훑어보고 요약한다

수집한 스토리를 워크숍에서 큰 소리로 읽는다. 여러분이 읽는 동안 다른 팀원들이 청취한 내용을 요약해 큰 접착식 메모지나 공유 문서 등에 적으라고 한다. 몇 시간만 지나면 100여 개의 서로 다른 요약 내용이 모일 것이다.

3. 패턴에 따라 분류한다

요약 내용이 쌓이기 시작하면 말한 사람의 의도에 따라 내용을 분류한다. 요약 내용이 더해지다 보면 처음에 정한 분류가 바뀔 수도 있다. 계속 진행하면서 타워를 거쳐 심리 공간까지 만들 수 있을 것이다. 오후 시간 내에 임시 구조를 만들어 낼 수 있어야 한다.

4. 브레인스토밍 시간을 갖는다

남은 워크숍 시간에는 브레인스토밍을 거쳐 솔루션을 찾는다. 개인들이 추론하는 방식과 조직이 그것을 지원하는 방식 사이의 빈틈은 어디에 있는가? 어떤 기회가 보이는가?

속성 멘탈 모델은 도출된 결과를 빨리 행동으로 옮길 필요가 있는 팀에는 이상적이다. 워크숍에서 작성한 도표는 그 시점까지 취합한 모든 결과를 반영한 1세대 도표라고 할 수 있다. 그러므로 추가 검증이 필요할 수도 있다. 하지만 사전에 개인들의 스토리를 수집해 작성한 것이기에, 데이터에 근거한 도표라는 사실에는 변함이 없다.

심리 구성에서 구조 도출하기

멘탈 모델 도표가 가진 계층적 특성은 정보 아키텍처를 구성하는 것과 연관된다. 그 과정은 근거에 기반을 두었다고 할 수 있다. 즉, 개인들이 조직이 제공하는 제품이나 서비스보다 더 큰 목적을 성취하는 과정에서, 자신의 사고 방식, 반응, 인생관이 어떻게 작용했는지를 설명한 내용을 요약하는 것부터 시작하는 상향식 접근 방식이다. 그런 다음에는 계속해서 정보를 묶어 더 높은 수준의 범주로 분류하는 작업을 한다(그림 13-5).

그 결과 고객의 실제 멘탈 모델과 맞게 분류되고, 개인들이 인터뷰할 때 사용하던 어휘를 반영한 도표가 만들어지는 것이다. 앱이나 웹 기획자는 이 구조를 내비게이션 설계의 기초로 사용한다. 이렇게 하면 내비게이션의 사용성이 크게 향상되고 수명도 연장된다.

그림 13-5 멘탈 모델 도표에서 구조를 도출하는 프로세스는 현실 세계의 통찰에 근거한 상향식 접근 방식이다.

영은 구조를 도출해 내비게이션 설계에 반영하는 프로세스를 자세히 설명한 바 있다. 그림 13-6은 영이 자신의 책에서 설명한 프로세스를 나타낸 것이다. 어떻게 심리 공간을 범주별로 그룹화해 웹 사이트의 내비게이션으로 기능하게 하는지 보여주고 있다.

그림 13-6 심리 공간을 묶어 만든 최상위의 범주를 웹 사이트의 내비게이션 설계에 활용한다.

13.2 관련 접근 방법

멘탈 모델에 대한 연구의 기원은 1943년 케네스 크레익(Kenneth Craik)의 책 《설명의 본질(The Nature of Explanation)》로 거슬러 올라간다. 크레익이 정의한 멘탈 모델은 간결하면서도 이해하기 쉽다.

마음은 사건을 예측하거나, 추론하거나, 설명의 기본 논리를 제공하기 위해 소규모의 현실 모델을 구성한다.

그 뒤 필립 존슨-레어드(Philip Johnson-Laird)는 이 주제에서 매우 의미있는 연구를 한 끝에 1983년 《멘탈 모델(Mental Models)》이라는 책을 출간했다. 멘탈 모델을 시각적으로 보여주려고 한 이 초기 시도를 보면, 정보를 계층적으로 배치한 모습이 눈에 띈다. 예를 들면, 어떻게 여러 이벤트와 에피소드가 합쳐져 의미 있는 스토리가 되는가를 살펴보는 것이다. 그의 접근 방법은 텍스트 분석에 기초한 것이었고, 그 후 이것을 시각화했다(그림 13-7).

그림 13-7 이 도표에는 멘탈 모델 분석의 계층적 특징이 반영되어 있다(필립 존슨-레어드 작성).

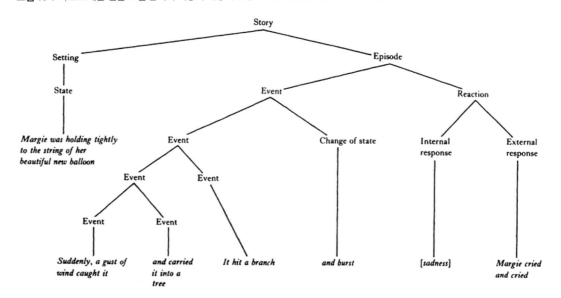

Figure 14.1 The syntactic structure of a story according to the story grammar of Table 14.2

크게 보아 이 접근 방법은 래더링(laddering) 기법이라고 할 수 있다. 조그만 증거로부터 높은 수준의 결론으로 이어지는 인과 관계의 계층을 보여주기 때문이다. 멘탈 모델 도표도 일종의 래더링 기법에 근거한다.

그림 13-8에서 목표-수단이라는 프레임워크가 적용된 래더링 기법을 살펴보기로 하자. 이 프레임워크는 설계자 베스 카일(Beth Kyle)이 작성한 것으

그림 13-8 목표-수단의 프레임워크는 기본 목표와 솔루션을 연결하고 있다.

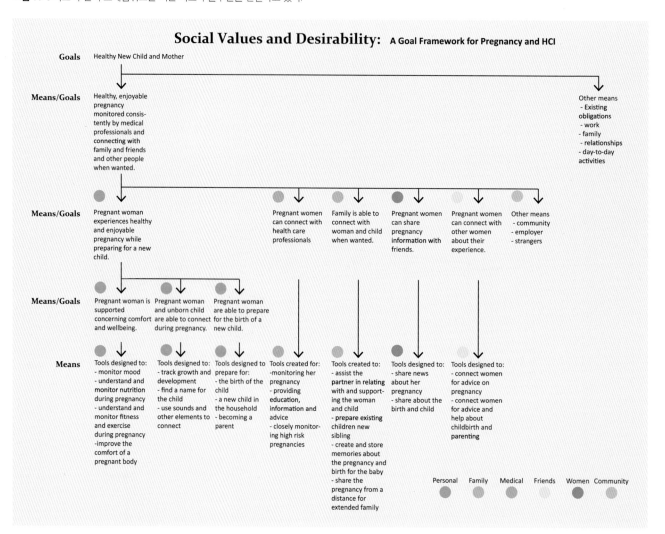

로, 임신과 관련한 목표와 수단을 계층적으로 보여준다. 제일 꼭대기에 건강한 아기와 산모라는 가장 중요한 목표가 자리한다. 그 아래 이 목표를 달성할 수 있는 수단이 열거된다. 가장 아래 단계에 구체적인 솔루션과 기능이 나올 때까지 이 프로세스가 반복된다.

다른 예로, 그림 13-9에서 건설 회사의 신규 사업 활동과 관련된 도표를 보기로 하자. 예전에 프로젝트를 진행하면서 작성한 도표인데, 회사와 의뢰인이 드러나지 않게 내용을 일부 수정했다.

신규 사업 활동은 순서에 상관없이 일어날 수 있으므로, 이런 경우에는 계층적 구조로 작성하는 것이 타당하다고 생각했다. 그러자 타임라인 위에 행위를 배치할 필요 없이 행위 간의 관계를 보여줄 수 있었다. 그런 다음 래더링 기법을 적용해 높은 수준의 목표와 니즈를 찾아낼 수 있었다.

그림 13-9 이 도표는 건설 회사의 신규 사업 개발 활동을 계층화하여 보여준다.

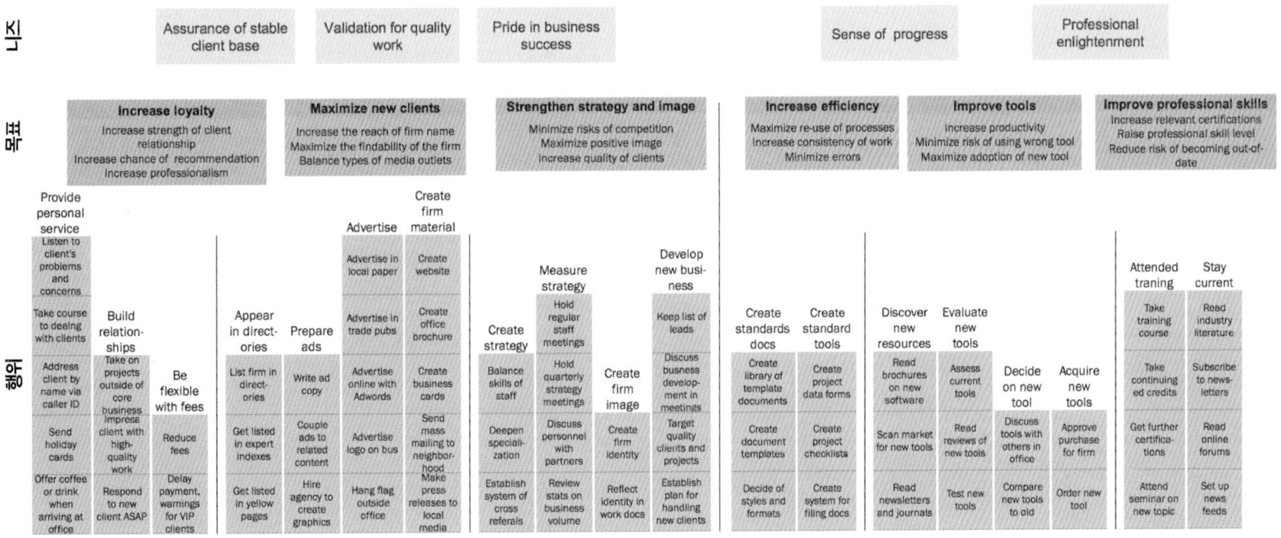

니즈
- Assurance of stable client base
- Validation for quality work
- Pride in business success
- Sense of progress
- Professional enlightenment

목표

- **Increase loyalty**
  Increase strength of client relationship
  Increase chance of recommendation
  increase professionalism

- **Maximize new clients**
  Increase the reach of firm name
  Maximize the findability of the firm
  Balance types of media outlets

- **Strengthen strategy and image**
  Minimize risks of competition
  Maximize positive image
  increase quality of clients

- **Increase efficiency**
  Maximize re-use of processes
  Increase consistency of work
  Minimize errors

- **Improve tools**
  increase productivity
  Minimize risk of using wrong tool
  Maximize adoption of new tool

- **Improve professional skills**
  Increase relevant certifications
  Raise professional skill level
  Reduce risk of becoming out-of-date

행위

Provide personal service: Listen to client's problems and concerns / Take course to dealing with clients / Address client by name via caller ID / Send holiday cards / Offer coffee or drink when arriving at office

Build relationships: Take on projects outside of core business / Impress client with high-quality work / Respond to new client ASAP

Be flexible with fees / Reduce fees / Delay payment, warnings for VIP clients

Appear in directories: List firm in directories / Get listed in expert indexes / Get listed in yellow pages

Prepare ads: Write ad copy / Couple ads to related content / Hire agency to create graphics

Advertise: Advertise in local paper / Advertise in trade pubs / Advertise online with Adwords / Advertise logo on bus / Hang flag outside office

Create firm material: Create website / Create office brochure / Create business cards / Send mass mailing to neighborhood / Make press releases to local media

Create strategy: Balance skills of staff / Deepen specialization / Establish system of cross referrals

Measure strategy: Hold regular staff meetings / Hold quarterly strategy meetings / Discuss personnel with partners / Review stats on business volume

Create firm image: Create firm identity / Reflect identity in work docs

Develop new business: Keep list of leads / Discuss business development in meetings / Target quality clients and projects / Establish plan for handling new clients

Create standards docs: Create library of template documents / Create document templates / Decide on styles and formats

Create standard tools: Create project data forms / Create project checklists / Create system for filing docs

Discover new resources: Read brochures on new software / Scan market for new tools / Read newsletters and journals

Evaluate new tools: Read reviews of new tools / Test new tools

Decide on new tool: Discuss tools with others in office / Compare new tools to old

Acquire new tools: Approve purchase for firm / Order new tool

Attended training: Take training course / Take continuing ed credits / Get further certifications / Attend seminar on new topic

Stay current: Read industry literature / Subscribe to newsletters / Read online forums / Set up news feeds

13   **멘탈 모델 도표**

13.3 멘탈 모델 도표의 요소

3부에서 설명하는 여러 유형의 도표 중 계층적 구조로 작성하는 대표적인 도표가 멘탈 모델 도표다. 인디 영은《멘탈 모델》에서 이 도표를 작성하는 방법을 하나하나 단계적으로 설명할 뿐 아니라, 실무에서 활용하는 방법도 다루었다.

크게 보아 멘탈 모델 도표는 래더링 개념을 적용한 기법이라고 할 수 있다. 관찰을 기반으로 해서 개인들의 경험에 관한 모델을 작성하는, 현실에 근거한 상향식 접근 방식이다.

표 13-2는 2장에서 다룬 매핑의 기본 프레임워크를 사용해, 멘탈 모델 도표를 정의하는 주요 요소를 설명한 것이다.

표 13-2 멘탈 모델 도표를 정의하는 요소

관점	주어진 상황에서 목적을 성취하려고 하는 개인들의 마음속에 떠오르는 생각과 감정, 인생관
구조	계층적
범위	매우 광범위하고, 여러 사람의 다양한 관점을 포괄한다.
초점	개인의 행동과 추론 방식, 신념, 철학 조직이 제공하는 지원
사용 목적	개인들의 마음속에 일어나는 일을 이해해 공감 형성하기 인간 행동에 대한 깊은 이해를 바탕으로 혁신의 기회 찾기 내비게이션 및 높은 수준의 정보 아키텍처 도출 도표에 드러난 생각을 지원할 수 있도록 제품이나 서비스의 흐름을 이끌기
강점	표준화된 표현 방식을 사용하기 때문에 결과가 한결같다. 성취하려고 하는 목적의 범위와 관련된 개인들의 생각에 대해 깊은 통찰을 제공한다.
약점	도표가 너무 상세해 보기에 부담스러울 수 있다. 시간적 흐름이 드러나지 않는다.

포워드 씽킹
보험사를 위한
멘탈 모델

수행자

인디 영(Indi Young)

이 특별한 연구는 제품이나 서비스를 이미 보유하고 있으면서 점진적 개선 방안을 모색하는 조직이라면 공통적으로 해당되는 시나리오다.

사례로 든 조직은 한 보험사다.[1] 이 회사는 자동차 보험과 주택 보험을 취급한다. 회사 안에는 사업과는 분리되어 전략 방향 수립과 신상품 개발의 임무를 띤 팀이 따로 있다. 몇몇 임원들이 경쟁과 혁신에 관해 토의한 끝에 만든 팀으로, 2년 전에 창설되었다. 임원들이 원하는 것은 업계의 전통적인 방식에서 벗어난 비즈니스를 시험해 보는 것이었다.

이 팀은 사람에 초점을 둔 연구 몇 가지를 수행했다. 그중 하나는 자동차 사고가 일어났을 때, 사고 순간이나 그 직후 사람들 머릿속에 어떤 생각이 떠오르는가에 관한 것이었다. 이 연구 결과, 팀원들은 사고가 날 뻔한 순간의 사고 패턴에서도 뭔가 더 알아낼 것이 있다는 생각을 하게 되었다.

그들은 이미 수행한 사고 관련 연구의 후속으로 별도의 연구를 수행할 계획을 세웠다. 전략 방향을 수립하기 위한 새로운 아이디어 도출의 근거를 더욱 확실하게 하기 위해서였다. 팀원들은 여기서 알아낸 사실을 이용해 보험 가입자들에게 제공하는 서비스 방식을 개선하기를 바라고 있었다.

1
실제 연구 자료나 녹취록을 쓰려면 법적 허가를 받아야 하는데, 이것이 까다로워 여기서는 가상의 보험 회사를 대상으로 했다. 참가자 24명으로부터 수집한 스토리는 사실이지만, 거기서 발견한 내용에서 도출한 아이디어는 20년간의 경험을 바탕으로 만들어 낸 것이다.

후속 연구 범위는 이러했다. "사고가 날 뻔한, 잊을 수 없는 순간과 그 직후 마음속에 떠오른 생각은 무엇인가?" 사고의 종류나 장소에 제한은 없었다. 부엌에서든, 도로에서 든, 혼자 있을 때든, 여러 사람과 같이 있을 때든, 잘못을 저지른 사람이 있었든 없었든 상 관없이, 사고가 날 뻔한 일을 겪었던 사람들의 스토리를 듣기로 했다. 사람을 초점에 둔 연구이기 때문에 회사가 제공하는 상품, 즉 집이나 자동차 보험과 관련된 사고에만 국한 할 필요가 없었다. 직원들은 자동차와 관련되었든 아니든, 사고가 날 뻔한 순간에 사람 들이 사고하는 방식과 의사를 결정하는 태도에 관해 정보를 수집하고 싶었던 것이다. 이 렇게 알게 된 생각의 패턴은 자동차 보험과 관련된 새로운 아이디어의 프레임을 잡는 데 이용할 수 있을 것이었다.

사고가 날 뻔한 순간

팀은 처음에 24명의 사람들과 인터뷰를 하는 것으로 연구를 시작했다. 우선 각 인터 뷰 참가자에게 이런 질문을 던졌다. "사고가 날 뻔한, 잊을 수 없는 순간과 그 직후 마음속 에 떠오른 생각은 무엇인가?" 그런 다음 질문 범위 안에서 참가자들이 무슨 말을 하든 그 대로 들었다.

이들 스토리 중 일부를 소개하겠다. 질문자는, 사고가 날 뻔한 순간 응답자의 마음속 을 스쳐간 추론과 반응을 확실하게 이해하기 위해 응답자가 언급한 여러 가지 내용을 깊 이 있게 파고들었다.

17. 트럭에서 이음쇠가 떨어지다 - 녹취록

질문자 저는 사고를 당할 뻔하거나 다칠 뻔한 일이 생기는 순간, 사람들 마음속에 어떤 생각이 드는지 알고 싶어 그런 일을 겪은 사람들 얘기를 찾고 있습니다. 혹시 그런 일을 겪은 적이 있으신지요?

응답자 이런 것도 사고당할 뻔한 일에 들어가는지 모르겠네요. 진짜 사고가 났었거든요. 그렇지만 더 큰 사고가 날 뻔했으니 둘 다에 해당할 것 같아요. 최근에 일어난 일은 아니고, 아마 제 딸이 네댓 살쯤 되었을 때일 겁니다. 자동차 사고만 해당하는 건 아니죠?

질문자 그렇습니다.

응답자 고속도로에서 시속 100km로 달릴 때 일어난 일이에요. 제 차 앞에는 짐을 실은 트럭이 달리고 있었지요. 그런데 갑자기 트럭에 실려 있던 조그만 상자에서 알루미늄 이음쇠가 떨어졌어요. 트럭에 그렇게 바싹 붙지는 않았고, 그냥 보통 정도의 거리를 유지했었지요. 그때는 혼다 오디세이를 몰 땐데, 이음쇠가 운전석 바로 앞 유리창에 부딪쳤어요. 순식간에 거미줄 같은 금이 쫙 가더라고요! 눈 깜빡할 순간이었지요. 아드레날린이 솟구쳐 오르더군요. 얼른 트럭을 따라잡아 길 옆에 세워야겠다는 생각이 들었어요. 그래서 옆 차선으로 들어가 차를 따라잡았지요. 트럭 안을 봤더니 남자 네 명이 타고 있었는데, 세 명이 자고 있더라고요! 차를 세워서 수리비를 청구하려고 했죠. 그래서 세우라고 손짓을 했어요. 그런데 제 옆으로 지자체 관용차같이 보이는 차가 한 대 지나가는 거예요. 이 차에 속도를 좀 줄이라고 손짓을 했더니 운전자가 어리둥절한 표정을 짓더라고요. 결국, 그냥 집으로 돌아와 사고 당한 곳을 살펴봤죠. 강화 유리라 얼마나 다행이었는지 모르겠다는 생각이 들더군요. 50년 전이었다면 저는 죽었을 거예요. 뒷자리 유아용 카 시트에 앉아 있던 딸이 아무것도 모르고 "엄마, 뭐해?" 하고 묻더군요.

질문자　어휴! 맞아요, 강화 유리라 참 다행이었네요. 생각만 해도 떨리네요! 그런데 '아드레날린'이란 말씀을 하셨는데, 어떤 의미로 말씀하신 거죠?

응답자　일종의 공황 상태라고나 할까요? 모든 일이 순식간에 일어나면서도 동시에 느리게 흘러간다는 느낌이 드는 상황이었어요. 심장 박동이 빨라지고 무엇을 해야 할지 아무 생각도 나지 않았지만, 무슨 일인가는 해야 하잖아요? 핸들을 잘못 꺾어 도로 밖으로 차가 튀어 나가게 해서는 안 된다는 생각도 들었고요. 하지만 한 번도 겪어 본 적이 없는 일이라 아드레날린이 솟구칠 수밖에 없었어요. 무슨 일을 해야 할지 모르겠더라고요. 회사 이름을 알아야겠다는 생각이 들었어요. 차량 번호를 외울 생각도 했죠. 집에 돌아와 인터넷으로 찾아본 기억이 나네요. 전화를 해서 '당신들이 내 차에 이러이러한 짓을 저질렀다'라고 말할까 하는 생각을 했어요. 속이 많이 상했죠.

질문자　속이 많이 상하셨겠네요.

응답자　일단 차에 문제가 생기면 적어도 500달러는 들잖아요! 하지만 그것보다는, 더 큰 사고로 이어질 수도 있었다 생각하니 아드레날린이 솟구친 거죠. 겁이 무척 났어요. 트럭에 짐을 실을 땐 끈으로 묶어 고정해야 하잖아요? 하지만 이런 식으로 무서운 일이 언제나 일어나죠. 완벽한 세상이라면 이런 일이 절대 일어나지 않을 거예요. 이럴 때 뭔가 역할을 하는 게 아드레날린이죠. 싸우든지 도망치든지 하라고. 아니면 둘 다 조금씩 하든지요. (웃음)

질문자　집에 돌아와 인터넷으로 찾아봤다고 하셨나요?

응답자   회사 이름이 맞는지 확인하려고 인터넷으로 찾아봤죠. 전화할 생각도 했었지만, 해 봤자 무슨 말을 하겠어요? 그런 일이 일어났다는 사실을 어떻게 증명할 수 있겠어요? 고속도로에서 시속 100km로 달리다 일어난 일인데요. 목격자도 없었고요. 저한테 남은 것은 앞 유리창이 깨져 운전할 수 없는 차밖에 없었지요. 결국, 또 하나의 인생 경험으로 삼는 수밖에는 할 수 있는 일이 없었어요. 그 일에서 교훈을 얻자고 생각했죠. 절대로 그런 짐 실은 트럭 뒤에서 운전하지 말자. 자식들에게 절대로 트럭 뒤에서 운전하지 말라고 가르쳐 주자. 별의별 끔찍한 생각이 다 들었어요. 그러다 잘못하면 미쳐 버릴 것 같더라고요. 나중에 남편한테 이야기했더니 제가 운이 좋았대요. 남편이 이러더라고요. "정말로 위험한 위치에서 운전했어. 안 다친 게 천만다행이야."

질문자   남편이 그런 말을 했을 때 마음속에 무슨 생각이 들던가요?

응답자   100% 맞다고 생각했죠. "그래, 당신 말이 맞아." "그래, 그냥 상상으로만 그런 게 아니야." 그 말이 맞다고 생각했죠. 제가 운이 아주 좋았다고요.

1 요약하기

스토리를 수집한 뒤, 팀원들은 이것을 글로 옮겨 자세히 살펴보기 시작했다. 녹취록을 읽으니 그냥 듣기만 했을 때보다 훨씬 깊이 있게 이해할 수 있었다. 아무렇게나 두서없이 하는 말을 정리하고, 필요한 말을 뽑아 참가자가 한 다른 말과 묶는 과정을 거쳐 정말로 하고자 했던 말이 무엇인지 더 확실하게 알아 가는 작업이었다. 이 작업을 마치고 나니 팀원들은 참가자들의 생각이나 반응, 인생관을 충분히 알게 되었다. 참가자들과 깊은 인지적 공감을 형성한 것이다.

다음은 팀이 작업한 몇 가지 인용 예시이다. 팀은 우선 하나의 녹취록에서 같은 개념을 표현하려고 쓴 말들을 찾아 엮고, 그것이 추론/생각인지, 반응인지, 아니면 인생관인지 적었다. 그리고 요약 형식에 사용할 만한 재치 있는 동사 몇 개를 골라 시험해 본 다음, 해당 개념에 대한 요약문을 작성했다.

회사 이름을 알아야겠다는 생각이 들었어요. 차량 번호를 외울 생각도 했죠. … 만약 다른 사람한테 그런 일이 일어나 나한테 이야기했다면, "누가 그랬어?"라고 물었겠지요. … 사고를 유발한 사람에 대해 알아야 하니 … 집에 돌아와 인터넷으로 찾아본 기억이 나네요. … 회사 이름이 맞는지 확인하려고 인터넷으로 찾아봤죠.

(생각)　　**동사: 알다, 찾다, 확인하다 …**

　　　　　요약: 누가 사고를 유발했는지 알아야 했기에, 회사 이름이나 차량 번호를 이용해 사고를 유발한 사람을 확인하다.

결국, 집으로 돌아오기로 결심했죠. … 또 하나의 인생 경험으로 삼는 수밖에는 할 수 있는 일이 없었어요.

(생각)　　**동사: 돌아오다, (경험으로) 삼다, 결심하다, 깨닫다, 결론짓다 …**

　　　　　요약: 내가 할 수 있는 일이 없었기에 집으로 돌아오다.

패턴 찾기

녹취록 24개의 개념 요약을 끝내고, 팀원들은 요약문에서 패턴을 찾기 시작했다. 패턴이 형성되기 시작하자, 그들은 예상했던 패턴뿐 아니라 생각도 못 한 새로운 패턴도 발견했다. 예상했던 패턴이나 새로운 패턴 모두 나중에 팀원들이 사고의 프레임을 새로 바꾸는 데 크게 도움이 되었다.

이 일을 마친 팀원들은 다시 한번 분류한 내용을 훑어보며 더 큰 그룹으로 묶어 나갔다. 팀원들이 이름을 붙인 분류 내용(a, b, c로 기호를 붙임)과 이 내용을 기반으로 형성된 그룹(1, 2, 3으로 번호를 붙임)은 다음과 같다.

사고가 날 뻔한 순간을 설명한 녹취록 요약문에서 찾은 패턴

1. 내가 위험에 처했다는 사실을 인식하다.

    a. 갑자기 위험해질 수 있는 상황에 놓여 경악하다.

    b. 사고가 날 것 같아 (혹은 다칠 것 같아) 겁먹다.

    c. 위험한 상황인지 생각해 보다.

2. 다시 안전한 상태가 되다.

    a. 아드레날린이 솟구쳤지만, 위험한 상황에서 안전하게 벗어나기 위해 슬기롭게 행동하다.

    b. 이 상황에서 벗어나기 위해 마음속으로 다른 사람의 도움을 요청하다.

3. 다친 사람이 있는지 확인하다.

    a. 다른 사람을 다치게 하지 않았는지 걱정하다.

    b. 내가 (혹은 다른 사람이) 다치지 않아 안심하다.

    c. 내가 다치지 않았다고 말해 사람들을 안심시키다.

4. 상황이 끝나 안심하다.

    a. 위험한 상황에서 벗어날 수 있도록 도와준 사람에게 고마운 마음을 가지다.

    b. 위험이 지나가 안심하다.

    c. 아드레날린을 가라앉히기 위해 잠시 시간을 보내다.

    d. 내가 이런 식의 반응을 보인 데 놀라다.

5. 사고를 낼 뻔한 사람에게 화가 나다.

    a. 이런 일이 안 일어나게 할 수도 있었던 사람에게 화가 나다.

    b. 나를 위험에 처하게 했다는 사실을 알리려고 사고 낼 뻔한 사람을 만나다(혹은 만나지 못하다).

    c. 다시는 다른 사람에게 이런 일을 저지르지 않도록 사고 낼 뻔한 사람을 만나다.

    d. 나와 사고 낼 뻔한 사람 사이의 갈등을 누그러뜨리려고 하다.

    e. 사고를 낼 뻔한 사람이 무슨 생각을 하는지 궁금해하다.

6. 사고를 낼 뻔한 사람이 주위를 기울이지 않았거나 조심하지 않은 것 같아 속상하다

    a. 자신에게 속상하다.

    b. 이 일에 (부분적으로 책임이 있는) 내 역할 때문에 스스로에게 속상하다.

    c. 내가 보인 반응이나 기교의 미숙함 때문에 당혹스럽다.

7. 집으로/하던 일로 되돌아가다.

    a. 내가 하던 일(혹은 아무것도 안 하고 있던 상태)을 계속하다.

    b. 집으로 돌아가다.

8. 보험 관련 절차를 밟다.

    a. 조그만 손상이 있어 서로 보험 정보를 교환하다.

    b. 보험사의 업무 프로세스 때문에, 불필요한 일을 해야 하는 것 같은 압박을 느끼다.

9. 잠시 무슨 일이 일어났는지 생각하다.

      a. 무슨 일이, 어떻게 일어났는지 되짚어 보다.

      b. 혹시라도 일어날 수 있었던 일에 대해 생각하다.

      c. 아주 조그만 일이 매우 큰 영향을 끼쳤다는 사실을 생각하고 놀라다.

      d. 그 일로 사람들이 마음을 써 준 사실에 고마워하다.

      e. 잘못했으면 정말 큰 사고로 이어질 수도 있었다고 생각하다.

10. 재발 방지를 위해 노력하다.

      a. 무슨 일이 일어났는지 알 수 있도록 관계 당국에 신고하다(혹은 하지 않다).

      b. 책임자에게 재발 방지를 위한 조치를 취하라고 말하다.

      c. 이런 일이 다시 일어나지 않도록 내 행동을 바꾸다.

      d. 안전 습관을 몸에 익혀 사고를 예방하다.

3

멘탈 모델 도표

팀원들이 분류 내용에 붙인 이름은 멘탈 모델 도표의 타워 명칭이 되었다. 각 타워에 있는 상자에는 요약문을 그대로 집어넣었다. 분류 내용을 관련성에 따라 묶은 그룹은 도표의 심리 공간으로 삼았다(그림 13-10).

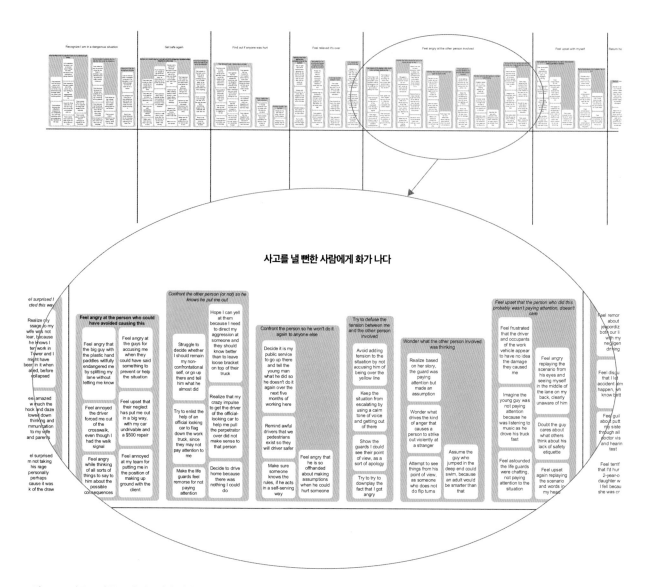

그림 13-10 기초 조사를 통해 만들어진 멘탈 모델 도표의 윗부분

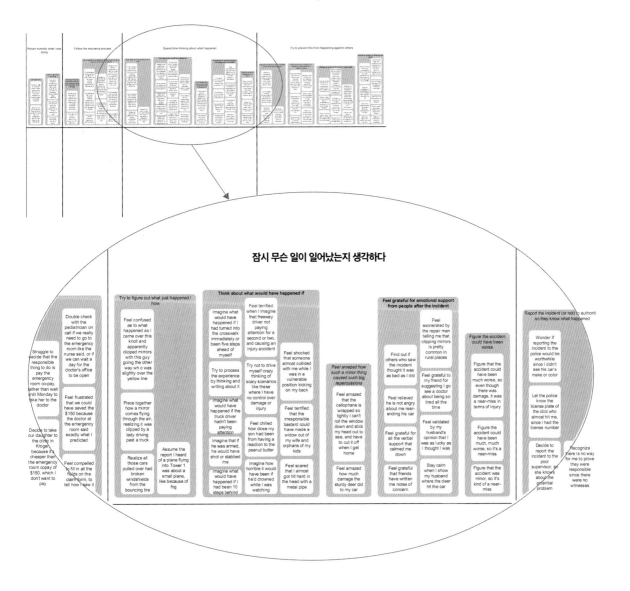

잠시 무슨 일이 일어났는지 생각하다

4

현재의 사업 목표에 초점 맞추기

팀원들은 요약문에서 상당수의 패턴을 찾아냈다. 다음 단계는 이 중 금년도 사업 목표에 명시된 우선순위와 관련된 행동을 찾는 일이었다. 금년도 사업 목표는 다음과 같았다.

- 고객 증가 - 더 많은 보험 가입자 모집하기(장기 목표)

- 보험금 청구 감소(장기 목표)

- 회사의 사회적 자본 활용(4년 동안 지속된 목표)

- 모바일 앱이나 전화, 태블릿을 이용한 서비스 확충 - 현장에서 이용할 수 있는 서비스 제공(지난 2년간 지속된 목표)

- 회사 역할에 대한 직원들의 자긍심 고취(올해 신규 목표)

팀원들은 이런 조직 전체의 목표를 염두에 두고 패턴을 하나하나 살펴보며 가장 관심이 가는 패턴을 골랐다. 조직의 목표 달성에 부분적으로 영향을 미칠 수 있다고 생각한 패턴들이었다.

연간 목표와 관련이 있는 패턴

- 내가 다치지 않았다고 말해 사람들을 안심시키다

- 다시는 다른 사람에게 이런 일을 저지르지 않도록 사고 낼 뻔한 사람을 만나다

- 나와 사고 낼 뻔한 사람 사이의 갈등을 누그러뜨리려고 하다

- 이 일에서 (부분적으로 책임이 있는) 내 역할 때문에 스스로에게 속상하다

- 내가 보인 반응이나 기교의 미숙함 때문에 당혹스럽다

- 아드레날린을 가라앉히기 위해 잠시 시간을 보내다

- 무슨 일이 일어났는지 알 수 있도록 관계 당국에 신고하다(혹은 하지 않다).

- 책임자에게 재발 방지를 위한 조치를 취하라고 말하다

- 이런 일이 다시 일어나지 않도록 내 행동을 바꾸다
- 보험사의 업무 프로세스 때문에, 불필요한 일을 해야 하는 것 같은 압박을 느끼다
- 안전 습관을 몸에 익혀 사고를 예방하다
- 잘못했으면 정말 큰 사고로 이어질 수도 있었다고 생각하다

5 아이디어 도출하기

끝으로 팀원들은 주요 관계자들과 실무 회의를 개최했다. 앞에서 찾아낸 패턴을 이용해 아이디어를 도출하기 위한 회의였다. 팀원들은 실제로 들었던 스토리를 활용해 참가자들에게 부연 설명을 하며 조직에 도움이 될 수 있는 방향으로 확장되게끔 회의를 이끌었다. 기존 제품이나 서비스에 관련된 아이디어에 국한될 필요가 없다는 것을 강조했다.

회의 참가자들이 내놓은 아이디어 일부를 소개하자면 다음과 같다. 참가자들은 아이디어를 실행에 옮기기 전에 실현 가능성이나 의문점 등 추가로 조사해야 할 사항이 눈에 띄면 관련 내용을 옆에 적었다.

1. 사건의 위험성에 대해 경고

패턴 무슨 일이 일어났는지 알 수 있도록 관계 당국에 사건을 신고하고 싶어 하는 고객이 있었다. 그래야 당국이 위험성이나, 일이 정해진 절차대로 돌아가지 않는다는 사실을 알 것이다.

아이디어 위험성이나 잘못된 점을 드러낼 수 있는 정보를 몇 개 선택한다. 이 정도로 해서 실상을 다 알릴 수 없다면, 구체적인 내용을 입력한다. 여러 사람에게 위험성을 경고할 수 있는 사람에게 이 정보를 전한다.

보험금청구감소   교통 정보나 구글 지도 등 고객들이 이미 사용하고 있는 채널을 이용해 이 정보를 전파하면, 해당 도로의 위험성을 알게 될 것이다. 그러면 좀 더 안전한 길로 운전할 것이다.

사회적자본축적   고객이 이런 중요한 위험 정보를 제공했다는 사실을 알릴 뿐 아니라, 위험성을 경고할 수 있는 사람에게 이 정보를 전한다면, 회사 평판에 분명히 도움이 될 것이다.

고객증가   고객은 자신이 경험한 일을 다른 사람이 겪지 않도록 도왔다는 사실에 만족감을 느낄 것이다. 이런 얘기를 다른 사람에게 전할 것이다.

2. 간편한 보험금 청구 절차 신설

패턴   사고 날 뻔했다고 느낀 순간의 사고는 대부분 경미한 사고였다. 사람들은 '훨씬 더 큰 사고로 이어졌을 수도 있었다'라고 생각한다. 고객은 사고 날 뻔한 순간 정도로 생각하는데, 보험 관련 절차를 밟는 후속 상호 작용이 너무 까다롭다.

아이디어   사고 당사자가 경미한 사고로 판단해, 보험 절차가 까다롭지 않았으면 좋겠다고 생각하는 경우에 적용할 새로운 보험금 청구 절차를 만들자.

부합하는 목표

고객증가　새 청구 절차가 긍정적인 경험이라면 고객들은 이런 스토리를 전파할 것
이다. 이 절차가 안정적으로 작동한다는 판단이 서면 마케팅에 활용할 수도 있을
것이다.

보험금청구감소　　　일정 비율의 청구를 간편 청구로 대체할 예정이므로, 실제 청
구 건수 감소라고 볼 수 있다.

이 보험 회사의 예는 사람을 초점에 둔 연구가 제품이나 서비스, 내부 프로세스를 개
선하기 위한 조직의 접근 방식을 재구성할 수 있다는 사실을 입증한다. 도출된 아이디어
를 모두 실행할 필요는 없다. 팀원들은 모두 시험해 보고 싶어 할 테지만, 일부 아이디어
는 나중으로 미루어질 것이고, 일부는 사장될 것이다. 심지어는 조직에 도움이 되는 아이
디어가 하나도 없을 수도 있다. 너무 집착하지 않도록 하자. 중요한 것은 아이디어에 자원
을 추가로 투입할 것인지 말 것인지 판단할 때, 해당 아이디어가 지원하려는 개인들에 대
해 공감이 동반된 이해가 필요하다는 것이다. 잘나가는 조직은 이 차이를 안다.

수행자 소개

인디 영(Indie Young)은 포용적 제품 전략에 대해 지도하고 집필하고 가르
치는 연구원이다. 그녀의 연구는 사용자가 아닌 사람에 초점을 맞춘 문제
영역에 뿌리를 두고 있다. 그녀는 기회 지도, 멘탈 모델 도표, 씽킹 스타일
을 개척했다. 그녀가 문제에 접근하는 방법은 팀들이 인지적 편견과 추정
이 스며들게 하지 않고 진정으로 사람들에게 주의를 기울일 수 있게 해준
다. 그녀는 《실천적 공감(Practical Empathy)》과 《멘탈 모델(Mental
Models)》이라는 두 권의 책을 썼다.

14

생태계 지도

인터넷이 성장과 진화를 거듭하면서 서비스 생태계는 훨씬 복잡해졌다. 제품은 서로 연결되었다. 독립형 제품이나 서비스를 공급한다는 개념은 벌써 옛날 이야기가 되어 버렸다. 훨씬 더 나은 제품을 만든다고 반드시 시장에서 이긴다는 보장도 없다.

그 대신 생태계 측면에서 생각해야 새로운 경쟁 우위를 차지할 수 있게 되었다. 《포브스》의 유명 경제 기고가 스티브 데닝(Steve Denning)은 그 말을 이렇게 표현한다.

> 더 나은 제품이라도 무섭게 빠른 속도로 사라질 수 있다. 그런 반면 고객을 만족시키는 생태계는 구축하기 어렵지만, 일단 구축만 하면 경쟁 상대를 찾기 어렵다.[1]

이제 기업의 성공은 서비스가 서로 얼마나 잘 맞물려 돌아가는가, 아니 그보다도 서비스가 사람들의 생활에 얼마나 잘 맞물려 돌아가는가에 달려 있다.

생태계에 대한 생각은 대기업에만 적용되는 것이 아니다. 예를 들어, GOQii는 손목에 착용할 수 있는 피트니스 밴드를 만드는 작은 회사다. 하지만 다른 브랜드와 달리 이 밴드는 트레이너와 연결되어 있어서 트레이너가 개

1
스티브 데닝, <왜 더 나은 제품을 만들어도 팔리지 않을까(Why Building a Better Mousetrap Doesn't Work Anymore)>, 《포브스(2014.2)》

인 맞춤형 건강 피드백을 줄 수 있다. 트레이너가 설정한 일일 목표를 달성하면 '카마(Karma) 포인트'라는 것을 받을 수 있는데, 사용자는 이 포인트를 좋은 목적에 사용하도록 기부할 수도 있다.

GOQii는 피트니스 분야의 여러 활동을 연결함으로써 경험의 생태계를 창출했다. 이것은 GOQii가 제안하는 가치의 필수적인 부분으로, 그림 14-1에 예시한 것처럼 회사의 고객 대면 자료에 반영되어 있다.

그림 14-1 GOQii는 건강과 트레이닝의 생태계에서 여러 접점을 통합했다.

생태계를 생각하라는 것이 생태계를 실제로 만들라는 뜻이 아니라는 사실에 유념하라. 그보다는 사람의 관점에서 여러분 솔루션이 서비스 상호 작용의 광범위한 맥락에 어떻게 맞물려 돌아가는지 이해하라는 뜻이다. 그 취지는 생태계의 여러 접점을 통과할 때의 경험을 고려하는 것이다. 여러분이 모든 접점을 통제할 수 없다 해도 마찬가지다.

이 장에서는 여러 유형의 생태계 지도와 다중 채널 지도에 초점을 맞추고, 몇 가지 핵심 기법과 목적을 설명할 것이다.

14.1 생태계 지도

생태계 지도(ecosystem map)는 정보를 시간 순서보다 네트워크 형식으로 배치하는 것을 선호하는 경향이 있다. 그렇게 해서 고객여정지도나 경험 지도와 차별을 꾀한다. 의도는 경험을 구성하는 여러 주체 간의 **관계**를 보여주자는 것이다. 생태계 지도는 현대 비즈니스가 제공하는 제품이나 서비스의 복잡성을 수용하고, 이것이 경쟁사를 비롯해 자신을 둘러싼 다른 제품이나 서비스와 어떻게 공존할 수 있는지 보여준다.

생태계 지도는 일반적으로 개인의 경험에 간접적으로밖에 영향을 끼치지 않을 수도 있는 광범위한 요인을 수용하기 위해 축척을 크게 해서 작성하는 경향이 있다. 그러므로 고객여정지도에 비해 세밀도가 떨어진다. 이런 이유로 생태계 지도를 먼저 작성한 다음, 한 가지 측면에 더 깊이 초점을 맞추는 다른 유형의 도표를 작성할 때가 많다. 생태계 모델은 다른 유형의 도표를 구성하고 그 도표와 연동하기 위한 프레임워크를 제공한다.

크리스 리스돈과 패트릭 쿼틀바움(Patrick Quatelbaum)은 공저 《경험 조율하기(Orchestrating Experiences)》에서 더 거대한 생태계를 보는 것에서부터 시작하라고 조언한다.

> 기본 프로세스에는 생태계를 구성하는 요소와 그들의 관계를 정의하는 것이 포함된다. … 경험 생태계는 고객과 고객의 경험에 대한 통찰을 제공하는 다른 모델, 예컨대 페르소나나 고객여정지도 같은 것을 보완해 준다.

그림 14-2는 이 책에 나오는 생태계 지도의 예다. 미국의 의료 시스템을 다룬 이 도표는 다양한 주체와 그 주체 간의 기본적인 관계를 보여준다. 동심원은 각 요소가 가운데 위치한 개인에게 미치는 즉각적·직접적인 영향을 반영한다.

목표는 개인이 시스템 내의 경로를 따라 이동하는 동안 거치는 접점과 상호 작용을 보는 것이다. 모델 내에 있는 다양한 요소 간의 통합 지점이 눈

그림 14-2 생태계 지도는 광범위한 시스템 내에 있는 여러 요소 간의 관계를 개괄적으로 보여준다.

에 띌 것이고, 이것은 다시 기회와 솔루션에 대한 논의로 이어질 것이다. 즉, 시각화는 즉각적으로 이해하게 만듦으로써 전략적 결론을 도출하는 데 도움이 된다.

생태계 지도는 생태계 내의 상호 관계를 보여주는 것이다. 생물학에서 생태계는 생물이 환경 내의 다른 생물이나 무생물과 상호 작용하는 공동체를 말한다. 식물, 동물, 곤충을 생각해 보고, 그들이 하늘과 물, 땅에서 어떻게 살아가는지 떠올려 보라. 전체는 부분을 합한 것보다 크다. 생태계는 다양한 관계의 집합이다. 조직과 조직의 고객인 개인도 이와 유사하게 서로 다른 부분의 합이 아니라 전체로 볼 수 있다.

생태계 매핑은 복잡한 환경 내의 다양한 주체를 전체적으로 고려하는 **시스템 씽킹**(systems thinking)이라 불리는 기법을 적용한 것이다. 시스템 씽킹은 기본적으로 다양한 구성 요소 간의 관계를 전체로 보는 방법이다. 이렇게 하면 변화와 개선의 기회를 찾기 위한 레버리지 포인트(영향을 미칠 수 있는 지점)를 발견할 수 있다.

예컨대 그림 14-2의 모델을 기반으로 개인의 전반적인 건강에서 건강 기준이 갖는 역할이 무엇이며, 혹시 이보다 더 직접적인 영향을 끼칠 수 있는 것이 있는지에 대해 논의할 수 있을 것이다. 이 도표에서는 각 측면이 의도적으로 지나치게 단순화되어 있다. 요소 내의 복잡성보다는 요소 간의 관련성에 초점을 맞출 수 있게 하기 위해서이다.

캐나다 기반의 컨설팅 업체 Ampli2de의 책임 파트너 코르넬리우스 라치에루(Cornelius Rachieru)도 상업 환경에서의 생태계 지도 및 시스템 씽킹과 관련하여 많은 일을 했다. 라치에루의 접근 방식은 시스템 씽킹과 디자인 씽킹(창의적 문제 해결 방식)을 결합한 것이다.

생태계 지도는 뚜렷이 구별되는 하나의 관점을 가질 수 있다. 다시 말해 시스템의 여러 측면 중 한 측면에만 초점을 맞출 수 있다. 라치에루는 다양한 관점에서 생태계 지도를 작성할 수 있다고 말한다. 여기에는 서비스 생태계와 디바이스 생태계, 콘텐츠 생태계가 포함되며, 각각의 생태계에 대해서는 다음 절들에서 자세히 다루기로 하겠다. 라치에루의 생태계 매핑 프로세스에 대한 자세한 내용은 이 장 말미의 [Case Study]를 참고하기 바란다.

서비스 생태계

서비스 생태계 지도는 광범위한 서비스 환경 내의 상호 작용과 접점에 초점을 맞춘다. 목적은 시스템 내에서 개인의 목표와 니즈를 이해하고, 어떻게 하면 더 나은 서비스를 제공할 수 있을지 궁리하는 것이다.

그림 14-3에 앤디 폴레인(Andy Polaine), 라브랑 뢰블리(Lavrans Løvlie), 벤 리즌(Ben Reason)이 공저 《서비스 디자인(Service Design)》에서 소개한 생태계 지도를 예시했다. 피아트(Fiat)사를 위해 작성한 차량 공유 서비스에 관한 지도다.

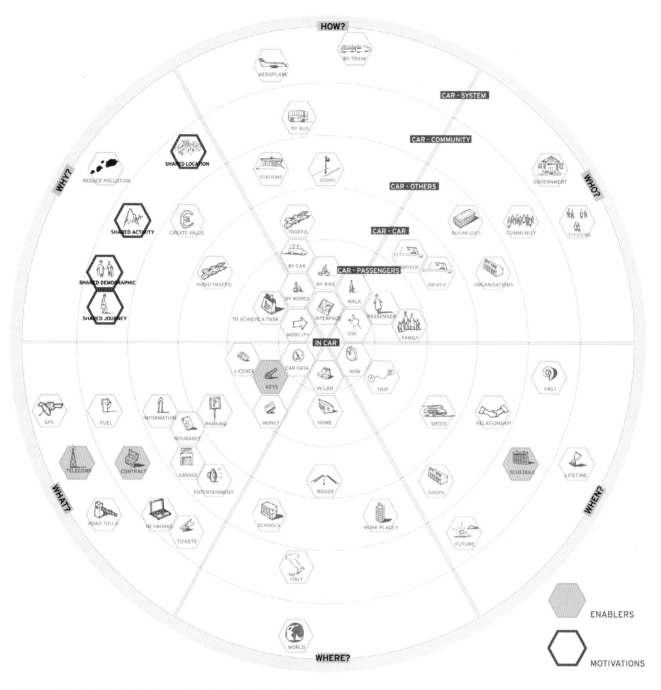

그림 14-3 차량 공유 서비스 생태계 지도는 차량 내의 경험에서 지역 사회의 차량과 그 이상의 범위에 이르기까지 다양한
수준의 세밀도로 상호 작용을 보여준다.

도표의 각 '파이 조각'은 시스템 내의 다양한 고려 사항을 보여준다. 이 도표에서는 '언제, 어디서, 누가, 무엇을, 어떻게, 왜'가 해당된다. 동심원은 관련된 요인의 서로 다른 중요도 수준 또는 규모 순위를 반영한 것이다.

도표 한가운데 운전자와 차의 관계가 있다. 원의 중심에서 멀어질수록 관계의 대상도 동승자, 다른 차, 다른 서비스, 지역 사회, 사회 전체, 지구로 점점 넓어진다. 이런 도표가 있으면, 팀원들은 다양한 관계를 눈으로 보면서 논의할 수 있을 것이다.

일리노이 공대 디자인 연구소 부교수인 킴 어윈(Kim Erwin)은 대안적 접근 방식을 제안한다. 어윈은 **소비자 통찰 지도**(consumer insight map)라 불리는 정보 집약적인 도표 형식을 개발했다. 어윈은 이 도표에 대해 다음과 같이 설명한다.

소비자 통찰 지도는 감정적 내용의 조사를 하도록 촉진하고, 소비자 삶의 복잡한 모습 중 중요한 내용을 보여주며, 디자인 프로세스 내내 (때로는 그 이후까지도) 소비자의 목소리를 반영하려고 노력한다. … 소비자 통찰 지도는 소비자 삶의 복잡한 모습(골치 아프고 복잡한 욕망, 활동, 걱정 따위가 상호 연관되어 일상을 구성하는 모습)을 포착해 자세히 펼쳐 보임으로써, 훨씬 체계적으로 그 모습을 살펴볼 수 있게 한다.[2]

그림 14-4는 소비자 통찰 지도의 예다. 어윈에 따르면, 이 도표의 유효성을 확보하기 위한 관건은 정보의 배치 방법이다. 어윈은 정보 유형 간의 관계를 보여주는 '지도 작성법'의 원칙에 따라 소비자 통찰 지도를 작성했다.

예를 들면 그림 14-5에서 보는 것처럼, 정보 구역을 여러 개로 나누어 사고 방식과 활동, 걱정, 태도, 제품 기회 등과 같이 정의한다. 그런 다음 각 구역을 다시 더 작은 정보 구역으로 나눠 지도에서 보여주고자 하는 전체 스토리에 정교함과 깊이를 더한다.

2
킴 어윈, 〈소비자 통찰 지도: 디자인 과정에서 스토리 플랫폼으로서의 지도(Consumer Insight Maps: The Map as Story Platform in the Design Process)〉, 《파슨스 정보도식화 저널(Parsons Journal for Information Mapping)(2011. 겨울)》

그림 14-4 소비자 통찰 지도는 다양한 콘텐츠 유형을 한눈에 볼 수 있게 배치한다.

그림 14-5 소비자 통찰 지도는
구역으로 나눠 도표에 배치한 다양한
범주의 콘텐츠를 기반으로 한다.

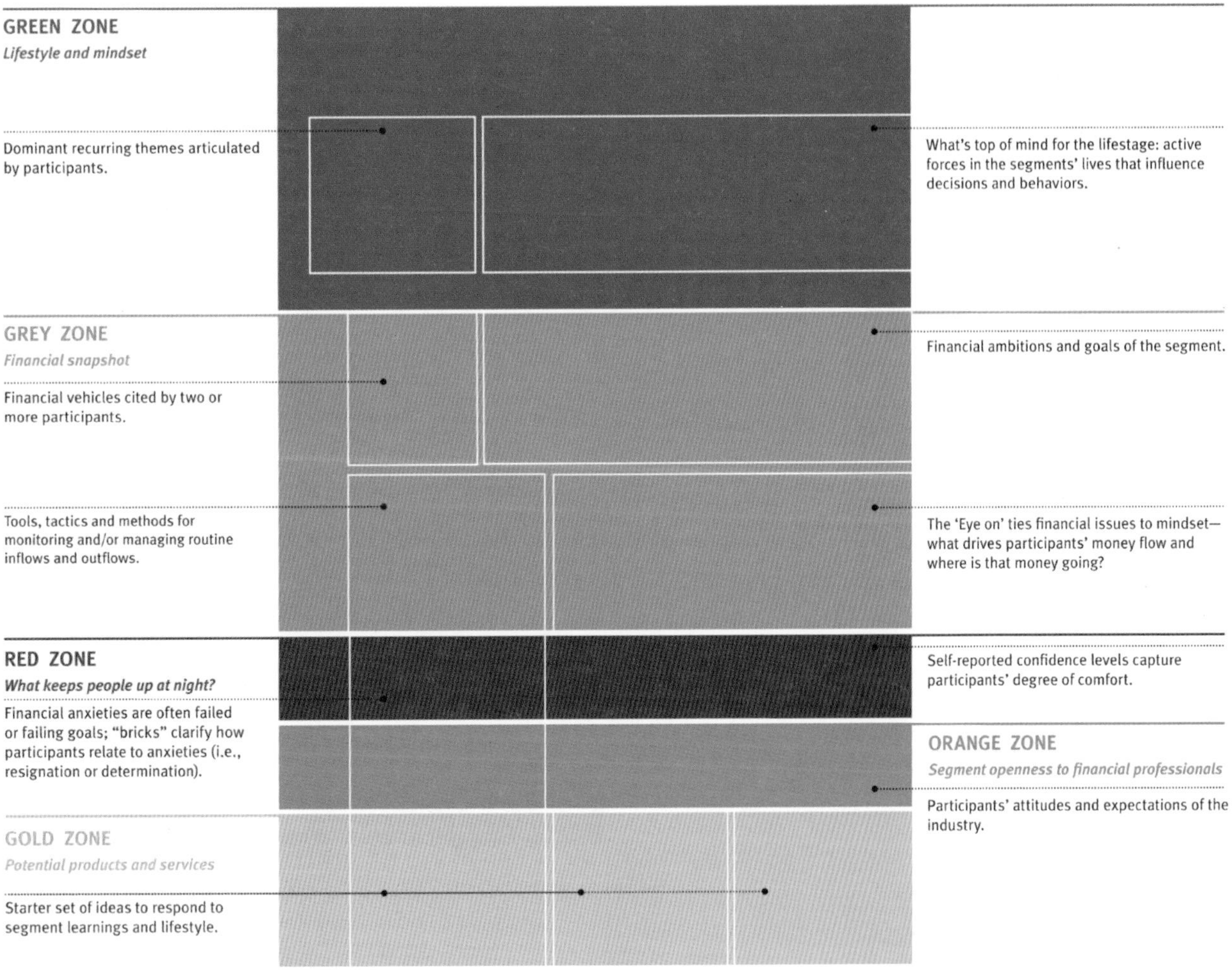

GREEN ZONE
Lifestyle and mindset

Dominant recurring themes articulated by participants.

What's top of mind for the lifestage: active forces in the segments' lives that influence decisions and behaviors.

GREY ZONE
Financial snapshot

Financial vehicles cited by two or more participants.

Financial ambitions and goals of the segment.

Tools, tactics and methods for monitoring and/or managing routine inflows and outflows.

The 'Eye on' ties financial issues to mindset— what drives participants' money flow and where is that money going?

RED ZONE
What keeps people up at night?

Self-reported confidence levels capture participants' degree of comfort.

Financial anxieties are often failed or failing goals; "bricks" clarify how participants relate to anxieties (i.e., resignation or determination).

ORANGE ZONE
Segment openness to financial professionals

Participants' attitudes and expectations of the industry.

GOLD ZONE
Potential products and services

Starter set of ideas to respond to segment learnings and lifestyle.

이렇게 해서 나온 도표는 지나치게 단순화하지 않고도 경험의 다양한 면을 한눈에 이해하기 쉽게 보여준다. 소비자 통찰 지도는 매핑 원칙을 빌려와 맥락에 맞게 정보를 표시한다. 그럼으로써 보는 사람들로 하여금 지향하는 영역을 설정하고 원하는 대로 미시 차원과 거시 차원을 오가며 정보를 얻을 수 있게 한다.

또 다른 예는 그림 14-6과 같이 두 가지 형식을 결합한 서비스 생태계 모델이다. 이 도표의 윗부분은 공간 지도 형식이고 아랫부분은 전형적인 고객 여정 형식이다. 이런 도표가 있으면 시스템 내 다양한 요소 간의 관계를 논의할 수 있을 뿐 아니라, 시간의 흐름에 따라 경험이 어떻게 전개되는지도 볼 수 있다.

전반적으로 서비스 생태계 매핑은 따라야 할 기준이나 규칙이 거의 없는 광범위한 접근 방법이다. 목적은 복잡성을 줄이고 전략적 결정을 내릴 수 있도록, 다양한 요소로 이루어진 네트워크에 대한 통찰을 제공하는 것이다.

> 생태계 모델은
> 다른 유형의 도표를
> 구성하고 연동하기 위한
> 프레임워크를 제공한다.

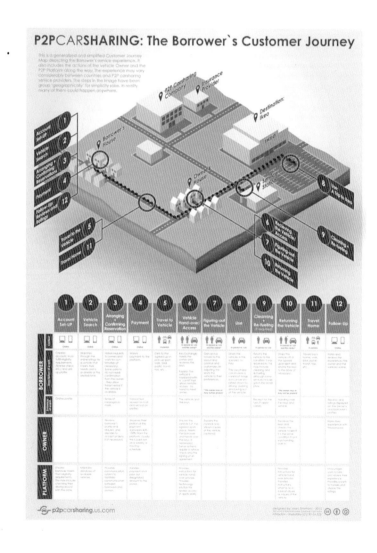

그림 14-6 차량 공유 서비스 생태계 지도

디바이스 생태계

오늘날에는 일상생활에서 다양한 디바이스와 상호 작용하는 것이 일반적이다(그림 14-7 참조). 한 디바이스에서 시작해 다른 디바이스에서 거래를 끝마치는 식으로 여러 디바이스를 넘나들며 온라인으로 쇼핑하는 사람이 인구의 3분의 2에 이른다. 마찬가지로 은행 거래도 스마트폰에서 시작해 ATM으로 넘어갔다가 컴퓨터에서 끝나기도 한다. 차량 공유 서비스 이용은 차량을 예약하는 것에서 시작해(가령 노트북으로), 차량 내의 카드 리더기로 넘어갔다가, 스마트폰을 통해 상호 작용하는 것으로 끝난다.

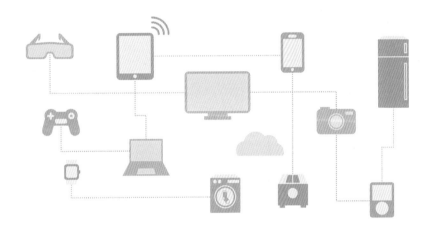

그림 14-7 다수 디바이스로 연결된 시스템이 점점 커지고 있어, 디바이스 간 상호 작용을 매핑함으로써 그 모습을 명확히 보여줄 필요성도 커지고 있다.

하지만 이상적으로는 매끄럽게 연결되어야 할 경험이 실제로는 자주 끊어지곤 한다. 사람들은 자신에게 URL을 이메일로 보낸다든가, 한 디바이스 화면의 정보를 다른 디바이스에서 쓰기 위해 캡처하는 등, 경험의 단절을 피하기 위한 편법을 만들어 왔다. 결국 디바이스 경험 사이에 난 빈틈에서 고객은 인내심을 잃고, 기업은 벌어야 할 돈을 잃고 있는 것이다.

새로운 기회는 개별 접점을 설계하는 것보다는 접점 사이의 상호 작용(물리적, 디지털적, 음성적, 아니면 어떤 방법이든 관계없이)을 설계하는 것에서 나올 가능성이 크다. 이런 관점에서 제품 아키텍처는 다양한 디바이스 접점과 매끄럽게 상호 작용할 때 새로운 사용자 경험이 된다.

디바이스 수가 증가할수록 일관된 경험을 포착해 설계에 반영하기가 어려워진다. 디바이스 사일로를 무너뜨리는 것이 모든 생태계 설계자의 공통된 도전 과제다.

하지만 그러기 위해선 균형을 맞춰야 할 여러 요소가 있으며, 또 그것을 한 번에 이해할 수 있어야만 한다. 《멀티스크린 UX 디자인(Multiscreen UX Design)》의 저자 볼프람 나겔(Wolfram Nagel)은 설계자는 다음 네 가지 요소에 초점을 맞춰야 한다고 말한다.

디바이스

처음부터 하드웨어와 그 성능을 깊이 이해할 필요가 있다.

사용자

사용자와 그들의 목표 및 니즈도 알아야 한다.

맥락

디바이스가 사용되는 환경은 그 시스템 설계에 있어 매우 중요하다.

콘텐츠

정보는 다양한 디바이스와 크기가 다른 화면을 쉽게 넘나들 수 있도록 모델링되고 설계되어야 한다.

나겔은 이 모든 요소를 한눈에 보기 위해, 그림 14-8처럼 접점 매트릭스에 상호 작용을 시각화하라고 추천한다. 그림 14-8은 한 페르소나의 일상생활을 그가 사용한 모든 디바이스 및 상호 작용과 함께 보여준다. 이 화면에서 저 화면으로의 이동과 그때마다 필요한 사용자 니즈를 볼 수 있는, 간단하지만 효과적인 접근 방식이다.

아니면 이들 요소를 한곳에 결합한 클라우드워시(Cloudwash) 같은 방법을 고려해 보는 것은 어떨까? 클라우드워시는 버그(Berg)에서 개발한 신개념 세탁기의 실험적인 프로토타입이었다.[3] 이 시스템은 배관공 연락, 세탁 시간

> 디바이스 사일로를
> 무너뜨리는 것은
> 모든 생태계 설계자의
> 공통된 도전 과제이다.

3
브루스 스털링(Bruce Sterling),
<'클라우드워시', 클라우드로 연결된
버그의 세탁기('Cloudwash', the BERG
Cloud-Connected Washing Machine)>,
《와이어드(Wired)(2014.2)》

점접 매트릭스

(daily routine | activities | environment | needs | media/service touchpoints)

로버트 설리번

Digital pros

⏱ WHEN?	Waking up 5:30	Early in the morning 6:00	Mid-morning 7:30	Mid-day 12:30	Afternoon 15:00	Early evening 19:30	Late evening 20:30	Going to sleep 23:30
ACTIVITY WHAT?	Getting up, showering	Having breakfast, reading newspaper, sometimes on the laptop	Working, meetings, organisation	Eating, having a break, privately surfing the Internet	Working, organisation, customer meetings	Working	Sport, meeting friends, watching a film, work-related events	Going to bed, reading
LOCATION WHERE?	Bedroom (bed), bath	Dining room (dining table)	Office (own and employee's desk, conference room)	Office (kitchen), bar (dining table), nature (park bench)	Office (desk, employee's workplace), at the customer	Office (desk)	Restaurant (dining table), event (podium, foyer), living room (sofa)	Bedroom (bed)
ENVIRONMENT WHERE?								
NEEDS WHY? (POSITIVE / NEGATIVE)	Discipline, diligence, conscientiousness, efficiency, ambition	Order, diligence, efficiency, excellence, curiosity	Reliability, loyality, assurance, diligence, responsibility, conscientiousness, excellence, power, influency, quality, status, trailblazer	Bon vivant, recreation, well-being, phantasy, dreaminess, friendship, curiosity	Reliability, order, diligence, conscientiousness, power, influency, excellence, quality, trailblazer	Conscientiousness, diligence, excellence, quality, order, willpower, acceptance, recognition, popularity, honour, ambition	Recreation, safety, variety, enjoyment, bon vivant, well-being, stimulation, relaxation, coziness, friendship, relatedness	Curiosity, trailblazer, phantasy, enjoyment, carefreeness, relaxation, stimulation
CHANNEL WITH WHAT?	🌐 📺 🗒 📖	🌐 📺 🗒 📖	🌐 📺 🗒 📖	🌐 📺 🗒 📖	🌐 📺 🗒 📖	🌐 📺 🗒 📖	🌐 📺 🗒 📖	🌐 📺 🗒 📖
DEVICE TOUCHPOINT WITH WHAT?								

 그림 14-8 접점 매트릭스를 사용하면 다양한 디바이스를 넘나드는 상호 작용과 정보의 흐름을 알 수 있다.

설정, 세제 주문 등 의류 세탁과 관련된 다양한 서비스를 통합했다(그림 14-9). 버그는 이런 보완적인 여러 서비스와 직접적인 이해 관계가 없었지만, 이 실험적 시스템은 이런 여러 서비스를 매끄럽게 결합했다.

멀티 디바이스 설계에 대한 접근 방법은 상황에 따라 달라질 수 있다. 디바이스와 디바이스 사이에 일관성 있는 경험을 제공하는 것이 목적일 때도 있고, 디바이스마다 서로 다른 경험을 보완하기 위한 것일 때도 있다. 프로그램이나 기능, 화면 크기, 맥락, 사용자 니즈가 바뀌면 여러 디바이스를 넘나드는 설계도 바뀌어야 한다.

미할 레빈(Michal Levin)은 멀티 디바이스 설계 분야에서 광범위한 작업을 수행했다. 레빈은 자신의 저서 《멀티 디바이스 UX 디자인(Designing Multi-Device Experiences)》에서 경험을 창출하는 세 가지 서로 다른 접근 방식을 제시했다.

일관성

디바이스마다 동일한 기본 경험을 복제해 가능한 한 콘텐츠, 흐름, 구조, 핵심 기능을 동일하게 유지하는 것이다. 트위터가 좋은 예다. 트위터는 화면 크기에 따라 레이아웃은 바뀌더라도 전체 경험은 디바이스 사이에서 매끄럽게 이어지게 한다. 사용자는 어떤 디바이스에서도 광범위한 과업을 수행할 수 있다.

연속성

이 접근 방법은 경험에 중점을 둔다. 한 디바이스에서 다른 디바이스로 경험을 넘겨줌으로써, 활동을 계속 진행하거나 다음 과정을 밟아 나갈 수 있게 하는 것이다. 예컨대, 아마존 킨들 클라우드 리더(Kindle Cloud Reader)를 쓰는 고객은 한 디바이스에서 읽기를 멈추어도, 다른 디바이스에서 자신이 읽다 만 지점부터 이어 읽을 수 있다.

보완성

이 접근 방식은 디바이스가 각각 다른 경험을 제공해 서로를 보완하는 것이다. 집카(Zipcar) 앱이 좋은 예다. 노트북에서 zipcar.com에 로그인하면 전 범위의 계정 및 차량 예약 옵션에 접근할 수 있지만, 모바일 앱은 그중 일부에만(주행 경험 위주로) 접근할 수 있다. 옵션은 디바이스 맞춤형으로 설계되어 있다. 모바일 앱에는 자동차 경적을 울려서 주차된 집카를 찾는 옵션이 있는데, 브라우저 경험에는 없는 옵션이다.

그림 14-9 클라우드워시는 여러 공급자의 광범위한 서비스를 통합했다. (사진: 티모 아널(Timo Arnall), 저작권: 버그)

여러 디바이스 사이의 빈틈에는 아직 미개척된 기회가 있다. 멀티 디바이스 설계는 고객 충성도와 기업의 성장을 제고할 잠재적 기회의 문을 열어줄 수 있다. 이런 트렌드가 지속됨에 따라, 다른 방법으로는 볼 수 없는 설계 측면을 보기 위해 도표 형태로 경험을 시각화할 필요성은 점점 커질 수밖에 없을 것이다.

콘텐츠 생태계

생태계 모델은 정보 아키텍처와 분류 체계 개발에 구조적 기반을 제공할 수 있다. 특히 **콘텐츠 생태계 지도**는 시스템 내에서 정보가 어떻게 만들어지고, 만들어진 정보가 종단점 사이에서 어떻게 흐르는가에 초점을 맞춘다. 즉, 콘텐츠 제작자와 소비자가 정보를 어떻게 경험할 것인가를 보여주는 것이다.

그림 14-10a~d는 폴 칸(Paul Kahn), 줄리아 무아상드 에게아(Julia Moisand Egea), 로랑 클링(Laurent Kling)이 작성한 일련의 도표다. 프랑스 대형 정부 기관인 프랑스 국립안전보건연구원(Instut National de Recherche et de Sécurité, INRS)의 콘텐츠 제작 생태계를 도표로 나타낸 것이다.

그림 14-10a에 보이는, 색이 다른 여러 카펫은 조직 내의 각 팀을 나타내는 것으로, 이 카펫이 기본 도표를 이룬다. 카펫, 즉 색을 입힌 배경 영역 위에 콘텐츠 형식과 시스템을 덧씌워 다양한 관점에서 통찰을 제공한다.

그림 14-10b~d는 기본 도표에 정보의 계층과 유형을 추가하여 변형한 것이다. 그림 14-10b는 팀 간의 콘텐츠 흐름을 나타낸 것인데, 특히 한 팀에서 다른 팀으로 콘텐츠가 복사되는 모습이다. 그림 14-10c는 같은 모델을 사용해 조직 내의 연구 활동을 살펴본 모습이다. 여기서는 도표의 배색을 달리했다. 그림 14-10d는 웹 사이트에 접근하는 모습을 보여주는 것인데, 여기서도 배색을 바꾸었다.

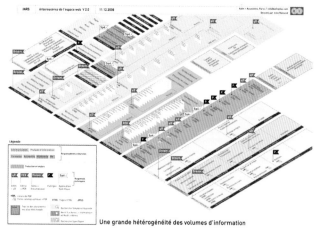

그림 14-10a 조직 내의 콘텐츠 제작을 보여주는 기본 지도.

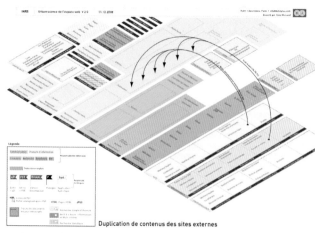

그림 14-10b 외부 사이트로 콘텐츠를 복사하는 모습을 보여준다.

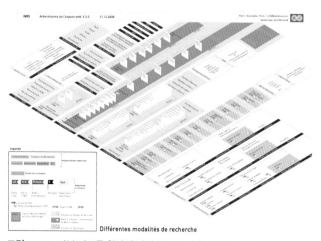

그림 14-10c 기본 지도를 확장해 여러 종류의 검색 엔진과 색인을 보여준다.

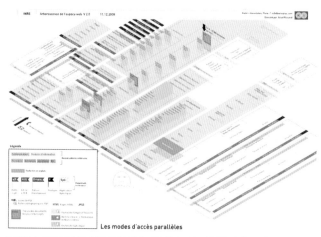

그림 14-10d 구글이 검색 색인으로 사용할 수 있도록 웹 사이트 일부를 복제한 모습을 보여준다.

그림 14-10a~d는 **등측투영도**(isometric projection)라 불리는 도표 유형이기도 하다. 등측투영법은 3차원의 물체를 2차원의 그림으로 나타내는 방법론이다. 지도상의 물체가 등측으로 보이게 하려면 물체를 상하좌우로 돌려 각도에 변화를 주어야 한다. 그렇게 해서 세 축의 각도가 같아지면 평면(plane)의 느낌이 만들어진다.

콘텐츠 생태계 모델의 핵심은 매체에 관계없이 이용할 수 있도록 정보를 설계하는 것이다. 콘텐츠 모델은 생태계 내의 정보를 묘사하고 태그를 붙이는 방법에 대한 패턴을 정의한다.

그림 14-11은 조너선 칸(Jonathan Kahn)이 작성한 도표를 본떠 전문 콘퍼런스에 참가하는 모습을 나타낸 콘텐츠 모델이다. 콘텐츠 모델의 각 요소는 콘텐츠 생태계 지도의 요소를 가져다 쓰면 된다.

전반적인 시스템을 다룬 도표가 있으면, 해당 시스템의 콘텐츠를 구성할 때 콘셉트와 주제가 서로 어떻게 관련되어 있는지 더 잘 이해할 수 있다. 이렇게 얻은 통찰을 이용해 데이터베이스 모델이나 웹 사이트의 사이트맵, 내비게이션, 콘텐츠 관리 시스템 등을 개발할 수 있다.

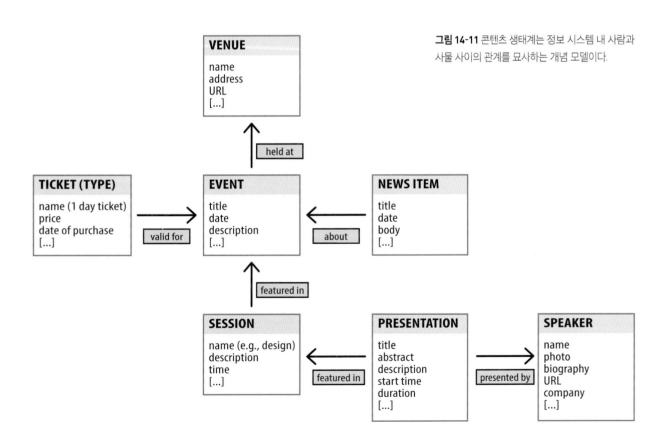

그림 14-11 콘텐츠 생태계는 정보 시스템 내 사람과 사물 사이의 관계를 묘사하는 개념 모델이다.

14.2 생태계 지도의 요소

생태계 지도는 시간적 모델이나 계층적 모델과 대비된다. 요소의 타임라인이나 래더링을 보여주는 대신, 요소를 네트워크 형식으로 배치해 요소 간의 관계를 보여준다. 통찰은 정보의 공간적 배치에서 얻을 수 있다. 예컨대 동심원을 이용해 안으로 들어갈수록 우선순위가 높다는 것을 보여주는 식이다.

생태계 지도는 시스템을 한눈에 볼 수 있게 개관을 제공하는 것을 목표로 한다. 한 걸음 물러나 바라보면 큰 그림이 한눈에 들어오고, 한 부분을 확대해서 보면 자세한 내용이 보인다. 도표에 정보를 덧씌우거나 도표를 변형하면, 다양한 가치 창출 스토리를 들려주는 다른 측면의 통찰을 얻을 때가 많다.

핵심 요소는 행위자나 물체 또는 콘텐츠 등의 주체와 그 주체들 사이의 관계다. 목표는 한 지점에서 다른 지점으로 흘러가는 가치의 흐름을 보여주는 것이다.

표 14-1은 2장에서 다룬 매핑의 기본 프레임워크를 사용해, 생태계 지도를 정의하는 주요 요소를 요약한 것이다.

표 14-1 생태계 지도를 정의하는 요소

관점	다양한 행위자의 시각과 조직과의 다양한 상호 작용 유형
구조	정보의 네트워크적 또는 공간적 배치
범위	전체론적. 여러 수준의 상호 작용에서 경험의 요소를 포착한다.
초점	행위자 간의 다양한 관계, 목표, 콘텐츠, 상호 작용 유형에 초점을 맞춘다.
사용 목적	여러 행위자와 접점에 걸쳐 있는 경험에 대한 광범위한 이해 정보를 덧씌워 시스템의 부족한 점과 비효율성 강조 전략 수립과 이해 경험을 새롭고 유의미하게 혁신 콘텐츠 시스템의 목표 체계화
강점	사람들이 공감할 수 있는 비유를 사용한다. 전체를 볼 수 있게 해 준다. 사람들을 몰입시켜 워크숍에서 사용하기에 적합하다.
약점	정보의 차례나 시간 순서를 알 수 없다. 작성하는 데 시간이 오래 걸릴 수 있다. 그룹으로 공동 작업하기 어렵다. 세부적인 내용이 빠져 있고, 감정이나 느낌을 나타내는 표지가 없다.

Case Study

수행자

코르넬리우스 라치에루(Cornelius Rachieru)

기초부터 서비스
생태계 지도 매핑하기

서비스 생태계 매핑은 복잡한 비즈니스 도전을 시각화해, 전략가가 관계자들과 함께 솔루션을 찾을 수 있도록 돕는다. 이 접근 방식은 해당 분야를 잘 몰라도 쓸 수 있지만, 해결해야 할 문제를 조명할 수 있는 관련 데이터 렌즈를 사용하는 것이 좋다.

이 프로세스는 내가 일하는 캐나다의 전략 설계 컨설팅 업체 Ampli2de(ampli2de.com)에서 지난 몇 년 동안 성공적으로 사용되어 왔다. 서비스 생태계 지도는 디자인 씽킹과 시스템 씽킹의 기법을 결합했고, 이전의 방법론에서 쓰이던 요소와 로절린드 암슨(Rosalind Armson), 피터 체크랜드(Peter Checkland), 러셀 애코프(Russell Ackoff), 소피아 후세인, 짐 캘박 등이 쓴 글의 내용도 통합했다.

우리 프로세스는 각각 세 개의 작은 단계로 이루어진 두 단계의 상향식 접근 방식이다.

1 1단계: 조사 및 정의

문제 공간을 적어도 2주 정도 조사하는 것부터 시작한다. 사용자 조사만 하는 것이 아니라 업계 내의 수직적 경쟁도 조사하고, 가끔 시장 조사도 해야 한다.

다음에는 생태계를 풍부하게 스케치하기 시작한다. 데이터가 쌓임에 따라 반복해서 수정하게 하므로 충실도를 높이지 않는 것이 중요하다.

그리고 나서, 주 행위자와 부 행위자를 찾는다. 서비스 생태계 매핑의 목적을 고려해 인간 행위자와 비인간 행위자를 모두 염두에 두고 찾도록 한다. 그림 14-12는 '퇴직'을 주제로 한 생태계 지도의 첫 번째 세 단계를 거친 스케치를 예시한 것이다.

그림 14-12 생태계 모델링은 조사를 거쳐 시스템 내에 있는 주체 및 행위자의 대략적인 스케치를 하는 것으로 시작된다.

2단계: 통합 및 시각적 탐구

두 번째 단계는 생태계를 매핑하기 위해 시스템 씽킹 기법을 적용하는 것이다. 이 일은 주 행위자의 관점에서 서비스의 기저 계층(underlayer)을 까는 것으로 시작한다. 그림 14-13과 같이, 해결과제(JTBD) 기법을 이용해 모델 내의 각 서비스 클러스터에 주 행위자의 목표를 매핑한다. 해결과제는 서비스 생태계의 주요 분석 단위가 되어, 개인의 관점에서 서비스 제공자가 지원해야 할 니즈가 무엇인지 보여준다.

그다음에는 초점의 범위를 넓혀 추가 클러스터를 찾는다. 추가 클러스터는 부가 서비스로 간주되지만, 생태계를 전체적으로 이해하려면 모델에 들어가야 할 중요한 요소다. 그림 14-14는 주 목표로 이루어진 기본 모델에 중요한 클러스터를 찾아 추가한 그림이다.

서비스 생태계는 범위가 굉장히 넓다. 그래서 서비스 제공자는 향후 적극 검토할 부분을 중심으로 경계를 설정해야 한다. 도표의 서비스 영역 언저리에 선을 그어 후속 작업의 초점을 전략적으로 좁힐 수 있다.

가장 중요한 마지막 단계는 다양한 데이터 렌즈 중 적합한 렌즈를 선택해서 보정하는 것이다. 비즈니스나 상황에 가장 적합한 요소를 고르라는 뜻이다. 예컨대 그림 14-15의 생태계 지도를 보면, 서비스 제공의 빈틈(붉은색 아이콘)과 서비스 획득 비용(초록색 아이콘)에 초점이 맞춰져 있다. 이 도표가 있으면, 서비스 제공자는 서비스 제공 비용을 바탕으로 어떤 빈틈을 메우는 것이 좋을지 전략적 판단을 할 수 있을 것이다.

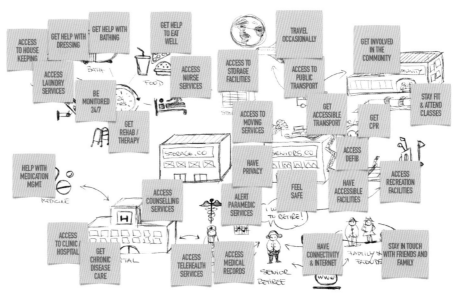

그림 14-13 해결과제를 논리적으로 그룹화하여 모델 위에 덧씌웠다.

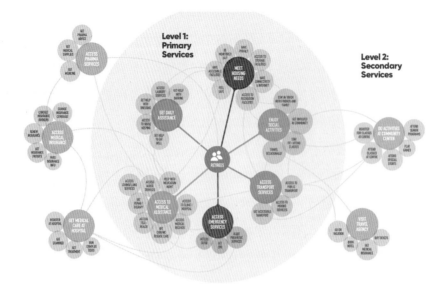

그림 14-14 생태계 모델을 확장해 부수적인 서비스 클러스터를 추가했다.

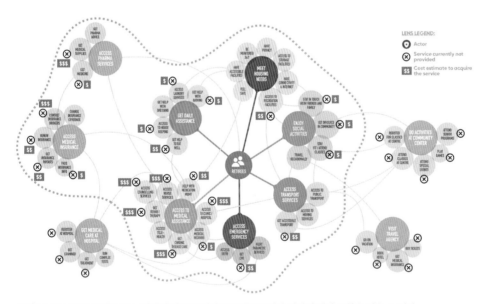

그림 14-15 고려할 전략적 요소(데이터 렌즈)를 덧씌우면 기회와 개입 지점에 대한 통찰을 얻을 수 있다.

핵심은 뒤로 한 발 물러나 비즈니스 전략, 리스크 관리, 인적 자원, 다양성, 제품 등 조직의 모든 영역을 폭넓게 고려하는 것이다. 익숙한 데이터 렌즈에만 기대면 전략적 기회를 놓칠 수도 있다. 다양한 데이터를 덧씌우는 것이 가능하다는 사실도 기억하라. 덧씌워진 데이터 계층에 따라 서비스 생태계 내에서 보이는 기회도 독특한 관점을 갖게 된다.

생태계 매핑 프로세스의 마지막은 워크숍이다. 조사에 기반을 둔 강력한 생태계 지도로 무장한 채, 우리는 다양한 논의를 이어가며 관계자들의 전략을 명확히 할 수 있다. 워크숍은 일반적으로 하루 일정이며, 다양한 관계자 집단의 논의와 상호 작용을 촉진하는 조직적 활동이 이루어진다.

수행자 소개

코르넬리우스 라치에루(Cornelius Rachieru)는 Ampli2de의 책임 파트너로서, 캐나다 최고의 UX 콘퍼런스인 CanUX의 창설자이자 공동의장이다. 라치에루는 약 20년 경력을 가진 서비스 설계 및 경험 설계 분야의 리더로, 인간의 니즈를 설계의 중심에 두고 일한다. 그는 여러 해 동안 생태계 지도에 대해 가르치고 글을 써 왔으며, 이 분야에서 인정받는 이론가다.

도표 및 이미지 출처

1장

그림 1-3: Customer journey map by James Kalbach, modified from its original form, created in MURAL in Proxima Nova

그림 1-4: Expressive service blueprint by Susan Spraragen and Carrie Chan, 허가 후 사용

그림 1-5: Experience map for Rail Europe by Chris Risdon as found in his article "The Anatomy of an Experience Map," 허가 후 사용

그림 1-6: Section of a mental model diagram created by Indi Young and included in her book Mental Models, 허가 후 사용

그림 1-8: Diagram by Andy Polaine from the article "Blueprint+: Developing a Tool for Service Design," 허가 후 사용

그림 1-9: Touchpoint matrix created by Gianluca Brugnoli, originally appearing in his article "Connecting the Dots of User Experience," 허가 후 사용

그림 1-10: Cross-channel blueprint by Tyler Tate, taken from "Cross-Channel Blueprints: A Tool for Modern IA," CC BY-SA 3.0

그림 1-11: Draft experience mapping by James Kalbach, created in MURAL

그림 1-12: Photos by James Kalbach, all rights reserved

그림 1-13: Formers' experience map by James Kalbach, created in Figma

2장

그림 2-2: Harry Beck's London Underground map, licensed from TfL from the London Transport Museum collection

그림 2-4: Excerpt of experience map by Gene Smith and Trevor van Gorp (see full map in Chapter 12), 허가 후 사용

그림 2-7: Image of Booking.com from Andre Manning, "The Booking Truth: Delighting Guests Takes More Than a Well-Priced Bed," 허가 후 사용

그림 2-8: 360° touchpoint matrix created by Accelerom AG (accelerom.com), an international consultancy and research firm based in Zurich, 허가 후 사용 http://bit.ly/1WM1QyU

그림 2-9, 2-10: Consumer Intervention Maps by Matt Sinclair, Leila Sheldrick, Mariale Moreno, and Emma Dewberry, 허가 후 사용

그림 2-11: Photo by Matt Sinclair, 허가 후 사용

3장

그림 3-2: Employee experience map created by UXPressia (uxpressia.com), 허가 후 사용

그림 3-3: Day-in-the-life employee experience diagram created by Chris McGrath, Tangowork: Consultants for Digital Transformation (tangowork.com), 허가 후 사용

그림 3-4: Employee experience map based on a template created by Rafa Vivas, creative director at XPLANE (xplane.com), 허가 후 사용

그림 3-6: CX/EX alignment template by Seema Jain, 허가 후 사용

그림 3-7: Photo by Martin Ramsin, co-founder and CEO of CareerFoundry (careerfoundry.com), 허가 후 사용

그림 3-9: Screenshot of Kitewheel (kitewheel.com)

그림 3-10: Qualtrics XM suite screenshot (qualtrics.com)

그림 3-12: CX/EX alignment diagram created by Seema Jain and Emilia Åström in MURAL, 허가 후 사용

4장

그림 4-1: Diagram re-created and adapted from a figure appearing in Ram Charan's book What the Customer Wants You to Know

그림 4-4: Excerpt of a diagram created by James Kalbach for LexisNexis

그림 4-5: Ecosystem map created by Sofia Hussain, appearing in her article "Designing Digital Strategies, Part 2: Connected User Experiences," 허가 후 사용

그림 4-8: Ecosystem map for Nike FuelBand created by Claro Partners, from their free resource "A Guide to Succeeding in the Internet of Things," 허가 후 사용

그림 4-9: Strategy map example created by Intrafocus Limited, UK (intrafocus.com), thanks to Clive Keyte

그림 4-10: Patagonia strategy map created by Michael Ensley of PureStone Partners, originally appearing in his blog post "Going

Green," 허가 후 사용

그림 4-11: Strategy canvas for Southwest Airlines, redrawn and adapted from W. Chan Kim and Renée Mauborgne, Blue Ocean Strategy

그림 4-15: Strategy blueprint created by James Kalbach

그림 4-16: Business model canvas by Alexander Osterwalder, http://www.businessmodelgeneration.com/canvas/bmc CC BY-SA 3.0

그림 4-17: Example of a completed business model canvas comparing Xiameter to Dow Corning, created by James Kalbach

그림 4-18: Photo of a business model canvas used in a workshop, by James Kalbach

그림 4-19: The value proposition canvas, created by Alexander Osterwalder and Strategizer, http://www.businessmodelgeneration.com/canvas/vpc 허가 후 사용

그림 4-20: Original photo by Elizabeth Thapliyal, 허가 후 사용

그림 4-24: Extended mental model diagram created by Amber Braden, Elizabeth Thapliyal, and Ryan Kasper, 허가 후 사용

5장

그림 5-3: Example persona created by James Kalbach

그림 5-4: Customer journey map created by Jim Tincher of Heart of the Customer (heartofthecustomer.com), 허가 후 사용

그림 5-6~5-8: Example diagrams created by James Kalbach in MURAL

6장

그림 6-2: Sketch by James Kalbach reflecting feedback from interview participants

그림 6-3: Journey map template available from UXPressia (uxpressia.com), 허가 후 사용

그림 6-4: Touchpoint inventory created by Chris Risdon, appearing in his article "The Anatomy of an Experience Map," 허가 후 사용

그림 6-6: Example of research analysis by James Kalbach, created in MURAL

그림 6-8: Image from Mental Models by Indi Young, retrieved from flickr (https://www.flickr.com/photos/rosenfeldmedia/sets/72157603511616271)

그림 6-9: Example of an online spreadsheet for data collection in Google Sheets, 기존판 수정

그림 6-10: Image of MaxQDA, by James Kalbach

그림 6-11: Model for curating music with Sonos created by Amber Braden, 허가 후 사용

7장

그림 7-1: Customer journey diagram for Starbucks created by Eric Berkman, 허가 후 사용

그림 7-3: Diagram created by Sofia Hussain, appearing in her article "Designing Digital Strategies, Part 1: Cartography," 허가 후 사용

그림 7-12: Experience map for organizing a conference created by Hennie Farrow with James Kalbach

그림 7-13: Journey map created by Craig Goebel (linkedin.com/in/craiggoebel), 허가 후 사용

그림 7-14: Excerpt from a diagram appearing in Ed Thompson and Esteban Kolsky's Gartner research report "How to Approach Customer Experience Management," 허가 후 사용

그림 7-16: Image of Touchpoint Dashboard (touchpointdashboard.com)

그림 7-17: Screenshot of experience map by James Kalbach, created in MURAL

그림 7-18~7-21: Created by Jonathan Podolsky, Ebae Kim, Paul Kahn, and Samantha Louras at Mad*Pow, 허가 후 사용

8장

그림 8-2: Photo of Nathan Lucy running an alignment workshop, 허가 후 사용

그림 8-3: Photo by James Kalbach

그림 8-4: Photo of a team using business origami by Jess McMullin, 허가 후 사용

그림 8-5: Photos of workshop diagrams by James Kalbach

그림 8-6: Author journey diagram by James Kalbach, created in Visio

그림 8-8: Photo of assumption challenging exercise by James Kalbach

그림 8-11: Photo of prioritization exercise by James Kalbach

그림 8-12: Example storyboard created during a workshop by Erik Hanson, 허가 후 사용

그림 8-13: Photo of wireframes created during a workshop by James Kalbach

그림 8-14: Photo of concept testing during a workshop by James Kalbach

그림 8-15: Photo of a Presumptive Design evaluation session by Leo Frishberg, 허가 후 사용

그림 8-19, 그림 8-20: Photos by Christophe Tallec, 허가 후 사용

9장

그림 9-2: Image from workshop by James Kalbach

그림 9-4: Example of a to-be map from the IBM Enterprise Design Thinking toolkit (ibm.com/design)

그림 9-6: Photo of storyline exercise by Donna Lichaw, 허가 후 사용

그림 9-7: Photo by Scott Merrill (skippy.net), 허가 후 사용

그림 9-8: Service blueprint created by Brandon Schauer of Adaptive Path, 허가 후 사용

그림 9-9: Example design map created by James Kalbach using MURAL

그림 9-10: Image of design map by James Kalbach

그림 9-11: User story map created by Steve Rogalsky of Protegra (protegra.com), 허가 후 사용

그림 9-12: Image of user story map by Steve Rogalsky, 허가 후 사용

그림 9-13: Example of a user story map by James Kalbach, created in MURAL

그림 9-14: Illustration from Jeff Patton's book User Story Mapping

그림 9-15: Design sprint schedule from Sprint by Jake Knapp, 허가 후 사용

그림 9-16: Journey map and team brainstorming session by James Kalbach, created in MURAL

그림 9-17: Example of a design studio by James Kalbach, created in MURAL

10장

3부 좌하단: Customer journey map created by Adam Richardson, originally appearing in "Using Customer Journey Maps to Improve Customer Experience," 허가 후 사용

그림 10-2: Service blueprint by G. Lynn Shostack from her article "Designing Services That Deliver," 허가 후 사용

그림 10-3: Service blueprint from Mary Jo Bitner, Amy L. Ostrom, and Felicia N. Morgan's article "Service Blueprinting: A Practical Technique for Service Innovation," 허가 후 사용

그림 10-4: Modern example of a service blueprint created by Brandon Schauer, 허가 후 사용

그림 10-5: Service blueprint from Thomas Wreiner et al.'s article "Exploring Service Blueprints for Multiple Actors," 허가 후 사용

그림 10-6: Practical service blueprint template developed by Erik Flowers and Megan Miller, created in MURAL, 허가 후 사용

그림 10-7: Expressive service blueprint created by Susan Spraragen and Carrie Chan, 허가 후 사용

그림 10-8: Value stream map from Wikipedia, uploaded by Daniel Penfield, CC BY-SA 3.0

그림 10-9: Blueprint for getting a corner shoeshine by G. Lynn Shostack from her article "Designing Services That Deliver," 허가 후 사용

그림 10-10, 10-11: Diagrams from Pete Abilla's blog post "Lean Service: Customer Value and Don't Waste the Customer's Time," 허가 후 사용

그림 10-13: Example of a completed practical service blueprint by Erik Flowers, James Kalbach, and the team at Intuit, created in MURAL

11장

그림 11-1, 11-2: Moment map diagram and table from Colin Shaw and John Ivens's book Building Great Customer Experiences, 허가 후 사용

그림 11-3: Example of a CJM for a broadband provider created by Effective UI, 허가 후 사용

그림 11-4: The customer journey canvas created by Marc Stickdorn and Jakob Schneider, This is Service Design Thinking, CC BY-SA 3.0

그림 11-5: Model of the customer lifecycle by John Jenkins from his book Marketing and Customer Behaviour

그림 11-6: Customer journey model by Kerry Bodine, 허가 후 사용

그림 11-10: Image from David Court et al.'s article "The Consumer Decision Journey," 허가 후 사용

그림 11-12: Template of a customer journey map from Heart of the Customer, 허가 후 사용

그림 11-15: Value story map framework by Michael Dennis Moore, 허가 후 사용

12장

그림 12-1: Experience map of the veteran experience by Sarah Brown, 허가 후 사용

그림 12-2: Experience map created by Diego S. Bernardo, taken from his blog post "Agitation and Elation [in the User Experience]," 허가 후 사용

그림 12-3: Multi-persona experience map created by Tarun Upaday, cofounder and CEO of Gallop.AI (gallop.ai), 허가 후 사용

그림 12-4: Experience map created by Gene Smith and Trevor van Gorp of nForm, taken from Smith's blog post "Experience Maps: Understanding Cross-Channel Experiences for Gamers," 허가 후 사용

그림 12-5: Experience map for the Exploratorium from a case study by Brandon Schauer, taken from "Exploratorium: Mapping the Experience of Experiments," 허가 후 사용

그림 12-6: Mode model diagram created by Stuart Karten of Karten Design, 허가 후 사용

그림 12-7: Framework for capturing a day-in-the-life story, adapted from Contextual Design by Karen Holtzblatt and Hugh Beyer

그림 12-8: Typical week diagram created by James Kalbach in Visio

그림 12-9: Customer journey map created by Jamie Thomson (Mad*Pow), originally appearing in Megan Grocki's article "How to Create a Customer Journey Map," 허가 후 사용.

그림 12-10: Swim lane diagram from Wikipedia, public domain

그림 12-11: Swim lane diagram with storyboard by Yvonne Shek of nForm, 허가 후 사용

그림 12-12: Workflow diagrams by James Kalbach in Visio, LexisNexis, 허가 후 사용

그림 12-14: Job map of retrieving scientific information, adapted by James Kalbach in MURAL

그림 12-15: Photo of mapping domestic violence by Karen Woods, 허가 후 사용

그림 12-16: Map of domestic violence services per journey type from a study conducted by Karen Woods, 허가 후 사용

13장

그림 13-2: Diagram by Don Norman adapted from his book The Design of Everyday Things

그림 13-3: Diagram by Indi Young from her book Mental Models, 허가 후 사용

그림 13-6: Image from Indi Young's book Mental Models, 허가 후 사용

그림 13-7: Diagram by Philip Johnson-Laird from his book Mental Models

그림 13-8: Goals-means framework by Beth Kyle from "With Child: Personal Informative and Pregnancy," 허가 후 사용

그림 13-9: Diagram by James Kalbach

그림 13-10: Diagram by Indi Young, 허가 후 사용

14장

그림 14-2: Ecosystem diagram by Chris Risdon and Patrick Quatelbaum from their book Orchestrating Experiences, 허가 후 사용

그림 14-3: Ecosystem diagram by Andy Polaine, Lavrans Løvlie, and Ben Reason from their book Service Design, 허가 후 사용

그림 14-4, 14-5: Consumer insight maps and template by Kim Erwin, originally appearing in her article "Consumer Insight Maps: The Map as Story Platform in the Design Process," 허가 후 사용

그림 14-6: Diagram created by Mark Simmons and Aaron Lewis, CC BY-SA 3.0, 허가 후 사용

그림 14-8: Example of a device touchpoint matrix created by Wolfram Nagel from his book Multiscreen UX Design, 허가 후 사용

그림 14-9: Photos of the Cloudwash prototype by Timo Arnall, copyright Berg, 허가 후 사용 (thanks to Sofia Hussain for pointing the example out in her presentation at the UX STRAT 2014 conference)

그림 14-10a~14-10d: Isometric maps created by Paul Kahn, Julia Moisand Egea, and Laurent Kling, originally appearing in Kahn and Moisand's article "Patterns That Connect: The Value of Mapping Complex Data Networks," 허가 후 사용

그림 14-11: Content model based on an example originally created by Jonathan Kahn

그림 14-12~14-15: Examples of an ecosystem model in different stages created by Cornelius Rachieru, 허가 후 사용

참고문헌

수

12totu. "SteveJobs CustomerExperience" (Oct 2015) https://www.youtube.com/watch?v=r2O5qKZlI50

A

Abilla, Pete. "Lean Service: Customer Value and Don't Waste the Customer's Time," Schmula.com (Jun 2010) http://www.shmula.com/lean-consumption-dont-waste-the-customers-time/2760

Anthony, Scott, Mark Johnson, Joseph Sinfield, and Elizabeth Altman. The Innovator's Guide to Growth (Harvard Business Press, 2008)

B

Banfield, Richard, C. Todd Lombardo, and Trace Wax. Design Sprint: A Practical Guidebook for Building Great Digital Products (O'Reilly, 2015)

Berkun, Scott. The Myths of Innovation (O'Reilly, 2007)

Bernardo, Diego. "Agitation and Elation [in the User Experience]" (Jan 2013) https://diegobernardo.com/2013/01/05/agitation-elation-in-the-user-experience

Berners-Lee, Tim, James Hendler, and Ora Lassila. "The Semantic Web," Scientific American (May 2001) https://www.scientificamerican.com/article/the-semantic-web

Bettencourt, Lance, and Anthony W. Ulwick. "The Customer-Centered Innovation Map," Harvard Business Review (May 2008) https://hbr.org/2008/05/the-customer-centered-innovation-map

Beyer, Hugh, and Karen Holtzblatt. Contextual Design (Morgan Kaufmann, 1997)

Bitner, Mary Jo, Amy L. Ostrom, and Felicia N. Morgan. "Service Blueprinting: A Practical Technique for Service Innovation," Working Paper, Center for Leadership Services, Arizona State University (2007) https://er.educause.edu/-/media/files/article-downloads/erm1266.pdf

Bodine, Kerry. "How to Map Your Customer Experience Ecosystem," Forrester Reports (May 2013) https://www.slideshare.net/AlexIlo-rens/how-to-map-your-customer-experience-ecosystem

Bodine, Kerry. "The State of Journey Managers" (2018) https://kerry-bodine.com/product/journey-manager-report

Booz and Company. "Executives Say They're Pulled in Too Many Directions and That Their Company's Capabilities Don't Support Their Strategy" (Feb 2011) https://www.globenewswire.com/news-release/2011/01/18/1209299/0/en/Executives-Say-They-re-Pulled-in-Too-Many-Directions-and-That-Their-Company-s-Capabilities-Don-t-Support-Their-Strategy-According-to-Booz-amp-Company-Survey.html

Bringhurst, Robert. The Elements of Typographic Style, 3rd ed. (Hartley & Marks, 2008)

British Standards Institution. "BS 7000-3:1994 Design Management Systems. Guide to Managing Service Design" (1994)

Brown, David. "Supermodeler: Hugh Dubberly," GAIN: AIGA Journal of Design for the Network Economy (May 2000) http://www.aiga.org/supermodeler-hugh-dubberly

Brown, Tim. Change by Design: How Design Thinking Transforms Organizations and Inspires Innovation (HarperBusiness, 2009)

Browne, Jonathan, with John Dalton and Carla O'Connor. "Case Study: Emirates Uses Customer Journey Maps to Keep the Brand on Course," Forrester Reports (2013) https://docplayer.net/35789295-Case-study-emirates-uses-customer-journey-maps-to-keep-the-brand-on-course.html

Brugnoli, Gianluca. "Connecting the Dots of User Experience," Journal of Information Architecture (Apr 2009) http://journalofia.org/volume1/issue1/02-brugnoli/jofia-0101-02-brugnoli.pdf

Business Roundtable. "Business Roundtable Redefines the Purpose of a Corporation to Promote 'An Economy That Serves All Americans'" (Aug 2019) https://www.businessroundtable.org/business-roundtable-redefines-the-purpose-of-a-corporation-to-promote-an-economy-that-serves-all-americans

C

Carbone, Lewis P., and Stephan H. Haeckel. "Engineering Customer Experiences," Marketing Management (Jan 1994) https://www.researchgate.net/publication/265031917_Engineering_Customer_

Experiences

Card, Stuart, Jock Mackinlay, and Ben Shneiderman (Eds.). Readings in Information Visualization: Using Vision to Think (Morgan Kaufmann, 1999)

Carlzon, Jan. Moments of Truth (Reed Business, 1987)

Charan, Ram. What the Customer Wants You to Know (Portfolio, 2007)

Christensen, Clayton. The Innovator's Dilemma (Harvard Business Press, 1997)

Christensen, Clayton. The Innovator's Solution (Harvard Business School Press, 2003)

Christensen, Clayton, Scott Cook, and Taddy Hall. "Marketing Malpractice: The Cause and the Cure," Harvard Business Review (Dec 2005) https://hbr.org/2005/12/marketing-malpractice-the-cause-and-the-cure

Christensen, Clayton, and Derek van Beyer. "The Capitalist's Dilemma," Harvard Business Review (Jun 2014) https://hbr.org/2014/06/the-capitalists-dilemma

Claro Partners. "A Guide to Succeeding in the Internet of Things" (2014) https://www.slideshare.net/claropartners/a-guide-to-succeeding-in-the-internet-of-things

Clatworthy, Simon David. The Experience-Centric Organization: How to Win Through Customer Experience (O'Reilly, 2019)

Colley, Russell. Defining Advertising Goals for Measured Advertising Results (Association of National Advertisers, 1961)

Constable, Giff. Talking to Humans: Success Starts with Understanding Your Customers (Self-published, 2014)

Constantine, Larry. "Essential Modeling: Use Cases for User Interfaces," ACM Interactions (Apr 1995)

Cooper, Alan. About Face 2.0: The Essentials of Interaction Design (Wiley, 2003)

Court, David, Dave Elzinga, Susan Mulder, and Ole Jørgen Vetvik. "The Consumer Decision Journey," McKinsey Quarterly (Jun 2009) http://www.mckinsey.com/insights/marketing_sales/the_consumer_decision_journey

Craik, Kenneth. The Nature of Explanation (Cambridge University Press, 1943)

D

Danielson, David. "Transitional Volatility in Web Navigation," IT & Society (Jan 2003) https://pdfs.semanticscholar.org/87af/8d464f206fe-

86b2c9b29a2937849474c1112.pdf

Denning, Steve. "The Copernican Revolution in Management," Forbes (2013) http://www.forbes.com/sites/stevedenning/2013/07/11/the-copernican-revolution-in-management

Denning, Steve. "Why Building a Better Mousetrap Doesn't Work Anymore," Forbes (Feb 2014) http://onforb.es/1SzZdPZ

Diller, Steve, Nathan Shedroff, and Darrel Rhea. Making Meaning: How Successful Businesses Deliver Meaningful Customer Experiences (New Riders, 2005)

Drucker, Peter. The Practice of Management (Harper and Brothers, 1954)

Dubberly, Hugh. "A System Perspective on Design Practice" [Video talk at Carnegie Melon] (2012) http://vimeo.com/51132200

E

Edelman, David C. "Branding in the Digital Age: You're Spending Your Money in All the Wrong Places," Harvard Business Review (Dec 2010) https://hbr.org/2010/12/branding-in-the-digital-age-youre-spending-your-money-in-all-the-wrong-places

Ellen MacArthur Foundation and IDEO. The Circular Design Guide (2017) https://www.circulardesignguide.com

Ensley, Michael. "Going Green," PureStone Partners blog (Jun 2009) http://purestonepartners.com/2009/06/17/going-green

Ertel, Chris, and Lisa Kay Solomon. Moments of Impact: How to Design Strategic Conversations That Accelerate Change (Simon & Schuster, 2014)

Erwin, Kim. "Consumer Insight Maps: The Map as Story Platform in the Design Process," Parsons Journal for Information Mapping (Winter, 2011) https://www.academia.edu/1264057/Consumer_insight_maps_the_map_as_story_platform_in_the_design_process

F

Flom, Joel. "The Value of Customer Journey Maps: A UX Designer's Personal Journey," UXmatters (Sep 2011) http://www.uxmatters.com/mt/archives/2011/09/the-value-of-customer-journey-maps-a-ux-designers-personal-journey.php

Flowers, Erik, and Megan Miller. "Practical Service Design" [website]. http://www.practicalservicedesign.com

Frishberg, Leo, and Charles Lambdin. Presumptive Design: Design Provocations for Innovation (Morgan Kaufmann, 2015)

Frishberg, Leo, and Charles Lambdin. "Presumptive Design: Design

Research Through the Looking Glass," UXmatters (Aug 2015) https://www.uxmatters.com/mt/archives/2015/08/presumptive-design-design-research-through-the-looking-glass.php

Fullenwinder, Kyla. "How Citizen-Centered Design Is Changing the Ways the Government Serves the People," Fast Company (Jul 2016) https://www.fastcompany.com/3062003/how-citizen-centered-design-is-changing-the-ways-the-government-serves-the-people

Furr, Nathan, and Jeff Dyer. The Innovator's Method (Harvard Business Review Press, 2014)

G

Gary, Loren. "Dow Corning's Big Pricing Gamble," Strategy & Innovation (Mar 2005) https://hbswk.hbs.edu/archive/dow-corning-s-big-pricing-gamble

Geertz, Clifford. "Thick Description: Toward an Interpretive Theory of Culture," in The Interpretation of Cultures: Selected Essays (Basic Books, 1973)

Gibbons, Sarah. "Journey Mapping 101," NN/g blog (Dec 2019) https://www.nngroup.com/articles/journey-mapping-101

Golub, Harvey, Jane Henry, John L. Forbis, Nitin T. Mehta, Michael J. Lanning, Edward G. Michaels, and Kenichi Ohmae. "Delivering Value to Customers," McKinsey Quarterly (Jun 2000) http://www.mckinsey.com/insights/strategy/delivering_value_to_customers

Gothelf, Jeff, with Josh Seiden. Lean UX: Designing Great Products with Agile Teams (O'Reilly, 2013)

Gray, Dave, Sunni Brown, and James Macanufo. Gamestorming: A Playbook for Innovators, Rulebreakers, and Changemakers (O'Reilly, 2010)

Grocki, Megan. "How to Create a Customer Journey Map," UX Mastery (Sep 2014) http://uxmastery.com/how-to-create-a-customer-journey-map

H

Harrington, Richard, and Anthony Tjan. "Transforming Strategy One Customer at a Time," Harvard Business Review (Mar 2008) https://hbr.org/2008/03/transforming-strategy-one-customer-at-a-time

Hobson, Kersty, and Nicholas Lynch. "Diversifying and De-Growing the Circular Economy: Radical Social Transformation in a Resource-Scarce World," Futures (Sep 2016) https://doi.org/10.1016/j.futures.2016.05.012

Hohmann, Luke. Innovation Games: Creating Breakthrough Products Through Collaborative Play (Addison-Wesley, 2006)

Holtzblatt, Karen, Jessamyn Burns Wendell, and Shelley Wood. Rapid Contextual Design: A How-to Guide to Key Techniques for User-Centered Design (Morgan Kaufmann, 2004)

Hoober, Steven, and Eric Berkman. Designing Mobile Interfaces: Patterns for Interaction Design (O'Reilly, 2011)

Hubert, Lis, and Donna Lichaw. "Storymapping: A MacGyver Approach to Content Strategy, Part 2," UXmatters (Mar 2014) http://www.uxmatters.com/mt/archives/2014/03/storymapping-a-macgyver-approach-to-content-strategy-part-2.php

Hussain, Sofia. "Designing Digital Strategies, Part 1: Cartography," UX Booth (Feb 2014) http://www.uxbooth.com/articles/designing-digital-strategies-part-1-cartography

Hussain, Sofia. "Designing Digital Strategies, Part 2: Connected User Experiences," UX Booth (Jan 2015) http://www.uxbooth.com/articles/designing-digital-strategies-part-2-connected-user-experiences

J

Jenkins, John R. G. Marketing and Customer Behaviour (Pergamon Press, 1971)

Johnson-Laird, Philip N. Mental Models: Towards a Cognitive Science of Language, Inference, and Consciousness (Harvard University Press, 1983)

Jones, Phil. Strategy Mapping for Learning Organizations: Building Agility into Your Balanced Scorecard (Rutledge, 2016)

K

Kahn, Paul, and Julia Moisand. "Patterns That Connect: The Value of Mapping Complex Data Networks," Information Design Journal (Dec 2009) https://www.researchgate.net/publication/233704486_Patterns_that_connect_The_value_of_mapping_complex_data_networks

Kalbach, James. "Alignment Diagrams," Boxes and Arrows (Sep 2011) https://boxesandarrows.com/alignment-diagrams

Kalbach, James. "Business Model Design: Disruption Case Study," Experiencing Information (Sep 2011) https://experiencinginformation.wordpress.com/tag/business-model-canvas

Kalbach, James. Designing Web Navigation (O'Reilly, 2007)

Kalbach, James. "Strategy Blueprint," Experiencing Information (Oct 2015) https://experiencinginformation.com/2015/10/12/strategy-blueprint

Kalbach, James, and Paul Kahn, "Locating Value with Alignment Diagrams," Parsons Journal of Information Mapping (Apr 2011) https://experiencinginformation.com/2011/04/19/locating-value-with-alignment-diagrams

Kaplan, Robert S., and David P. Norton. "Having Trouble with Your Strategy? Then Map It," Harvard Business Review (Sep 2000) https://hbr.org/2000/09/having-trouble-with-your-strategy-then-map-it

Kaplan, Robert S., and David P. Norton. "Linking the Balanced Scorecard to Strategy," (1996) https://www.strimgroup.com/wp-content/uploads/pdf/KaplanNorton_Linking-the-BSC-to-Strategy.pdf

Kaplan, Robert S., and David P. Norton. Strategy Maps: Converting Intangible Assets into Tangible Outcomes (Harvard Business Review Press, 2004)

Katz, Joel. Designing Information: Human Factors and Common Sense in Information Design (Wiley, 2012)

Ke, Chenghan. "Business Origami: A Method for Service Design," Medium (Aug 2018) https://medium.com/@hankkechenghan/business-origami-valuable-method-for-service-design-43a882880627

Kempton, Willett. "Two Theories of Home Heat Control," Cognitive Science (Jan–Mar 1986) https://doi.org/10.1207/s15516709cog1001_3

Kim, W. Chan, and Renée Mauborgne. Blue Ocean Strategy (Harvard Business Review Press, 2005)

Knapp, Jake, Sprint: How to Solve Big Problems and Test New Ideas in Just Five Days (Simon & Schuster, 2016)

Kolko, Jon. "Dysfunctional Products Come from Dysfunctional Organizations," Harvard Business Review (Jan 2015) https://hbr.org/2015/01/dysfunctional-products-come-from-dysfunctional-organizations

Kuniavsky, Mike. Observing the User Experience: A Practitioner's Guide to User Research, 2nd ed. (Morgan Kaufman, 2012)

Kyle, Beth. "With Child: Personal Informatics and Pregnancy." http://www.bethkyle.com/EKyle_Workbook3_Final.pdf

L

Lafley, A. G., and Roger Martin. Playing to Win: How Strategy Really Works (Harvard Business Review Press, 2013)

Lavidge, Robert, and Gary Steiner. "A Model for Predictive Measurements of Advertising Effectiveness," Journal of Marketing (Oct 1961) https://www.jstor.org/stable/1248516?seq=1

Lazonick, William. "Profits Without Prosperity," Harvard Business Review (Sep 2014) https://hbr.org/2014/09/profits-without-prosperity

Lecinski, Jim. ZMOT: Winning the Zero Moment of Truth, Google (2011) http://ssl.gstatic.com/think/docs/2011-winning-zmot-ebook_research-studies.pdf

Lee Yohn, Denise. Fusion: How Integrating Brand and Culture Powers the World's Greatest Companies (Brealey, 2018)

Leinwand, Paul, and Cesare Mainardi. The Essential Advantage: How to Win with a Capabilities-Driven Strategy (Harvard Business Review Press, 2010)

Levin, Michal. Designing Multi-Device Experiences: An Ecosystem Approach to User Experiences Across Devices (O'Reilly, 2014)

Levitt, Theodore. "Marketing Myopia," Harvard Business Review (Jul–Aug 1960) https://hbr.org/2004/07/marketing-myopia

Lichaw, Donna. The User's Journey: Storymapping Products That People Love (Rosenfeld Media, 2016)

Løvlie, Lavrans. "Customer Journeys and Customer Lifecycles," Livework blog (Dec 2013) http://liveworkstudio.com/the-customer-blah/customer-journeys-and-customer-lifecycles

M

Manning, Andre. "The Booking Truth: Delighting Guests Takes More Than a Well-Priced Bed," (Jun 2013) http://news.booking.com/the-booking-truth-delighting-guests-takes-more-than-a-well-priced-bed-us

Manning, Harley, and Kerry Bodine. Outside In: The Power of Putting Customers at the Center of Your Business (New Harvest, 2012)

Martin, Karin, and Mike Osterling. Value Stream Mapping: How to Visualize Work and Align Leadership for Organizational Transformation (McGraw Hill, 2014)

Maurya, Ash. Running Lean: Iterate from Plan A to a Plan That Works (O'Reilly, 2012)

McGrath, Rita Gunther. The End of Competitive Advantage (Harvard Business Review Press, 2013)

McMullin, Jess. "Business Origami," Citizen Experience blog (Apr 2011) http://www.citizenexperience.org/2010/04/30/business-origami

McMullin, Jess. "Searching for the Center of Design," Boxes and Arrows (Sep 2003) https://boxesandarrows.com/searching-for-the-center-of-design

Meadows, Donella H. Thinking in Systems: A Primer (Chelsea Green Publishing, 2008)

Meirelles, Isabel. Design for Information: An Introduction to the

Histories, Theories, and Best Practices Behind Effective Information Visualizations (Rockport, 2013)

Melone, Jay. "Problem Framing v2: Parts 1-4," New Haircut blog (Aug 2018) https://designsprint.newhaircut.com/problem-framing-v2-part-1-of-4-5bbb236000f7

Merchant, Nilofer. The New How: Creating Business Solutions Through Collaborative Strategy (O'Reilly, 2009)

Mintzberg, Henry. "The Strategy Concept I: Five Ps for Strategy," California Management Review (Fall 1987)

Mintzberg, Henry, Joseph Lampel, and Bruce Ahlstrand. Strategy Safari: A Guided Tour Through The Wilds of Strategic Management (Free Press, 1998)

Morgan, Jacob. The Employee Experience Advantage (Wiley, 2017)

N

Nagel, Wolfram. Multiscreen UX Design: Developing for a Multitude of Devices (Morgan Kaufmann, 2015)

Norman, Don. The Design of Everyday Things (Basic Books, 1988)

O

Ogilvie, Tim, and Jeanne Liedtka. "Journey Mapping," in Designing for Growth (Columbia University Press, 2011)

O'Reilly III, Charles A., and Michael L. Tushman. "The Ambidextrous Organization," Harvard Business Review (Apr 2004) https://hbr.org/2004/04/the-ambidextrous-organization

Osterwalder, Alexander, and Yves Pigneur. Business Model Generation: A Handbook for Visionaries, Game Changers, and Challengers (Wiley, 2010)

P

Patton, Jeff. User Story Mapping: Discover the Whole Story, Build the Right Product (O'Reilly, 2014)

Pine II, B. Joseph, and James H. Gilmore. Authenticity: What Consumers Really Want (Harvard Business School Press, 2007)

Pine II, B. Joseph, and James H. Gilmore. The Experience Economy (Harvard Business School Press, 1999)

Polaine, Andy. "Blueprint+: Developing a Tool for Service Design," Service Design Network Conference (2009) http://www.slideshare.net/apolaine/blueprint-developing-a-tool-for-service-design

Polaine, Andy, Lavrans Løvlie, and Ben Reason. Service Design: From Insight to Implementation (Rosenfeld Media, 2013)

Porter, Michael. "Creating Shared Value, an HBR Interview with Michael Porter," Harvard Business IdeaCasts (Apr 2011) Part 1: https://www.youtube.com/watch?v=F44G4B2uVh4 / Part 2: https://www.youtube.com/watch?v=3xwpF1Ph22U

Porter, Michael, and Mark R. Kramer. "Creating Shared Value," Harvard Business Review (Jan–Feb 2011) https://hbr.org/2011/01/the-big-idea-creating-shared-value

Portigal, Steve. Interviewing Users: How to Uncover Compelling Insights (Rosenfeld Media, 2013)

Pruitt, John, and Tamara Adlin. The Persona Lifecycle: Keeping People in Mind Throughout Product Design (Morgan Kaufmann, 2006)

R

Rawson, Alex, Ewan Duncan, and Conor Jones. "The Truth About Customer Experience," Harvard Business Review (Sep 2013) https://hbr.org/2013/09/the-truth-about-customer-experience/ar/1

Reichheld, Fred. The Ultimate Question: Driving Good Profits and True Growth (Harvard Business School Press, 2006)

Reis, Eric. The Lean Startup: How Today's Entrepreneurs Use Continuous Innovation to Create Radically Successful Business (Crown Business, 2011)

Reynolds, Thomas, and Jonathan Gutman. "Laddering Theory, Method, Analysis, and Interpretation," Journal of Advertising Research (Feb–Mar 1988)

Richardson, Adam. "Touchpoints Bring the Customer Experience to Life," Harvard Business Review (Dec 2010) https://hbr.org/2010/12/touchpoints-bring-the-customer

Richardson, Adam. "Using Customer Journey Maps to Improve Customer Experience," Harvard Business Review (Nov 2010) https://hbr.org/2010/11/using-customer-journey-maps-to

Risdon, Chris. "The Anatomy of an Experience Map," Adaptive Path blog (Nov 2011) https://articles.uie.com/experience_map

Risdon, Chris. "Un-Sucking the Touchpoint." Adaptive Path blog (Nov 2014) https://articles.uie.com/un-sucking-the-touchpoint

Risdon, Chris, and Patrick Quattlebaum. Orchestrating Experiences: Collaborative Design for Complexity (Rosenfeld Media, 2018)

Rogers, Everett. Diffusion of Innovations, 5th ed. (Free House, 2003)

Royal Society of Arts. "The Great Recovery Report" (Jun 2013) https://www.thersa.org/discover/publications-and-articles/reports/

the-great-recovery

S

Sauro, Jeff. "Measuring Usability with the System Usability Scale (SUS)," Measuring U (Feb 2011) http://www.measuringu.com/sus.php

Schauer, Brandon. "Exploratorium: Mapping the Experience of Experiments," Adaptive Path blog (Apr 2013)

Schrage, Michael. The Innovator's Hypothesis: How Cheap Experiments Are Worth More Than Good Ideas (MIT Press, 2014)

Schrage, Michael. Who Do You Want Your Customers to Become? (Harvard Business Review Press, 2012)

"Service Design Tools" [website]. https://servicedesigntools.org

Shaw, Colin. The DNA of Customer Experience: How Emotions Drive Value (Palgrave Macmillan, 2007)

Shaw, Colin, and John Ivens. Building Great Customer Experiences (Palgrave Macmillan, 2002)

Shedroff, Nathan. "Bridging Strategy with Design: How Designers Create Value for Businesses," Interaction South America [presentation] (Nov 2014) https://www.youtube.com/watch?v=64-HpMC1tCw

Sheth, Jagdish, Bruce Newman, and Barbara Gross. Consumption Values and Market Choices (South-Western Publishing, 1991)

Shostack, G. Lynn. "Designing Services That Deliver," Harvard Business Review (Jan 1984) https://hbr.org/1984/01/designing-services-that-deliver

Shostack, G. Lynn. "How to Design a Service," European Journal of Marketing (Jan 1982) https://www.servicedesignmaster.com/wordpress/wp-content/uploads/2018/10/EUM0000000004799.pdf

Sinclair, Matt, Leila Sheldrick, Mariale Moreno, and Emma Dewberry. "Consumer Intervention Mapping—A Tool for Designing Future Product Strategies Within Circular Product Service Systems," Sustainability (Jun 2018) https://www.mdpi.com/2071-1050/10/6/2088

Skjelten, Elisabeth Bjørndal. Complexity and Other Beasts (Oslo School of Architecture and Design, 2014)

Smith, Gene. "Experience Maps: Understanding Cross-Channel Experiences for Gamers," nForm blog (Feb 2010) https://www.nform.com/ideas/experience-maps-understanding-cross-channel-experiences-for-gamers

Spengler, Christoph, Werner Wirth, and Renzo Sigrist. "360° Touchpoint Management–How Important Is Twitter for Our Brand?" Marketing Review St. Gallen (Feb 2010) https://documents.pub/document/2010-marketing-review-360-degree-touchpoint-management.html

Spraragen, Susan. "Enabling Excellence in Service with Expressive Service Blueprinting," Case Study 9 in Design for Services by Anna Meroni and Daniela Sangiorgi (Gower, 2011)

Spraragen, Susan, and Carrie Chan. "Service Blueprinting: When Customer Satisfaction Numbers Are Not Enough," International DMI Education Conference [presentation] (Apr 2008) https://public.webdav.hm.edu/pub/__oxP_a1e6c9eb1d936c5f/Service%20Blueprinting/DMIServiceBlueprintingFullPaperSSpraragen.pdf

Sterling, Bruce. "'Cloudwash,' the BERG Cloud-Connected Washing Machine," Wired (Feb 2014) https://www.wired.com/2014/02/cloudwash-berg-cloud-connected-washing-machine

Stickdorn, Marc, Markus Edgar Hormess, Adam Lawrence, and Jakob Schneider. This is Service Design Doing (O'Reilly, 2018)

Stickdorn, Marc, and Jakob Schneider. This is Service Design Thinking: Basics, Tools, Cases (Wiley, 2012)

Stillman, Daniel. Good Talk: How to Design Conversations That Matter (Management Impact Publishing, 2020)

"SUMI" [website]. http://sumi.uxp.ie

Szabo, Peter. User Experience Mapping (Packt, 2017)

T

Tate, Tyler. "Cross-Channel Blueprints: A Tool for Modern IA" (Feb 2012) http://tylertate.com/blog/ux/2012/02/21/cross-channel-ia-blueprint.html

Temkin, Bruce. "It's All About Your Customer's Journey," Experience Matters blog (Mar 2010) https://www.xminstitute.com/blog/all-about-customer-journeys

Temkin, Bruce. "Mapping the Customer Journey," Forrester Reports (Feb 2010) http://www.iimagineservicedesign.com/wp-content/uploads/2015/09/Mapping-Customer-Journeys.pdf

Thompson, Ed, and Esteban Kolsky. "How to Approach Customer Experience Management," Gartner Research Report (Dec 2004) https://www.gartner.com/en/documents/466017

Tincher, Jim, and Nicole Newton. How Hard Is It to Be Your Customer? Using Journey Mapping to Drive Customer Focused Change (Paramount, 2019)

Tippin, Mark, and James Kalbach. The Definitive Guide to Facilitating Remote Workshops (MURAL, 2019)

Tufte, Edward. Envisioning Information (Graphics Press, 1990)

Tufte, Edward. Visual Explanations: Images and Quantities, Evidence and Narrative (Graphics Press, 1997)

U

Ulwick, Anthony. "Turn Customer Input into Innovation," Harvard Business Review (Jan 2002) https://hbr.org/2002/01/turn-customer-input-into-innovation/ar/1

Ulwick, Anthony. What Customers Want: Using Outcome-Driven Innovation to Create Breakthrough Products and Services (McGraw Hill, 2005)

Unger, Russ, Brad Nunnally, and Dan Willis. Designing the Conversation: Techniques for Successful Facilitation (New Riders, 2013)

V

Vetan, John, Dana Vetan, Codruta Lucuta, and James Kalbach. Design Sprint Facilitator's Guide V3.0 (Design Sprint Academy, 2020) https://designsprint.academy/facilitation-guide

W

Walters, Jeannie. "What IS a Customer Touchpoint?" Customer Think blog (Oct 2014) https://customerthink.com/what-is-a-customer-touchpoint

Wang, Tricia. "The Human Insights Missing from Big Data," TEDxCambridge talk (Sep 2016) https://www.ted.com/talks/tricia_wang_the_human_insights_missing_from_big_data

Wang, Tricia. "Why Big Data Needs Thick Data," Ethnography Matters (May 2013) http://ethnographymatters.net/blog/2013/05/13/big-data-needs-thick-data

Whelan, Jonathan, and Stephen Whitla. Visualising Business Transformation: Pictures, Diagrams and the Pursuit of Shared Meaning (Rutledge, 2020)

Williams, Luke. Disrupt: Think the Unthinkable to Spark Transformation in Your Business, 2nd ed. (FT Press, 2015)

Womack, James, and Daniel Jones. "Lean Consumption," Harvard Business Review (Mar 2005) https://hbr.org/2005/03/lean-consumption/ar/1

Womack, James, and Daniel Jones. Lean Thinking: Banish Waste and Create Wealth in Your Corporation, 2nd ed. (Simon & Schuster, 2010)

Wreiner, Thomas, Ingrid Mårtensson, Olof Arnell, Natalia Gonzalez, Stefan Holmlid, and Fabian Segelström. "Exploring Service Blueprints for Multiple Actors: A Case Study of Car Parking Services," First Nordic Conference on Service Design and Service Innovation (Nov 2009) http://www.ep.liu.se/ecp/059/017/ecp09059017.pdf

Y

Young, Indi. Mental Models: Aligning Design Strategy with Human Behavior (Rosenfeld Media, 2008)

Young, Indi. Practical Empathy: For Collaboration and Creativity in Your Work (Rosenfeld Media, 2015)

Young, Indi. "Try the 'Lightning Quick' Method" (Mar 2010) https://rosenfeldmedia.com/mental-models/the-lightening-quick-method

Z

Zeithaml, Valarie, Mar Jo Bitner, and Dwayne Gremler. Services Marketing: Integrating Customer Focus Across the Firm, 6th ed. (McGraw-Hill, 2012)

찾아보기

역자에 대하여

장용원

대학에서 경영학을 공부하고 기업체에 입사해 재무 관련 부서, IT 해외영업 부서, 윤리경영 부서 등에서 근무했다.
퇴직 후 '글밥 아카데미'를 수료하고 '바른번역'에서 전문 번역가로 활동 중이다. 깔끔하고 정확한 번역을 통해 독자에게 좋은 책을 소개하고 싶다는 목표로 일을 하고 있다.
지금까지 번역한 책으로는《보통 사람들의 전쟁》,《뱅크 4.0》,《자율주행》,《XPRIZE 우주여행의 시작》등이 있다.